Kohlhammer

Der Herausgeber und die Herausgeberin

Prof. Dr. Christian Roesler, Prof. Dr. habil. Dipl.-Psych., Psychologischer Psychotherapeut, Psychoanalytiker (C. G. Jung-Institut Zürich) ist Professor für Klinische Psychologie an der Katholischen Hochschule Freiburg und für Analytische Psychologie an der Fakultät für Psychologie der Universität Basel sowie Privatdozent für Psychotherapiewissenschaft an der Sigmund-Freud-Universität Linz. Dozent an den C. G. Jung-Instituten Zürich und Stuttgart sowie Lehranalytiker am Aus- und Weiterbildungsinstitut für Psychoanalytische und Tiefenpsychologisch fundierte Psychotherapie am Universitätsklinikum Freiburg (DGPT). Privatpraxis für Analytische Psychotherapie und Paartherapie in Freiburg.

Prof. Dr. Sonja Bröning, Prof. Dr. phil., ist Professorin für Entwicklungspsychologie an der Medical School Hamburg (MSH) und Systemische (Sexual-)Therapeutin (DGSF, DGfS) sowie Mediatorin (BM) in freier Praxis. Sie forscht und lehrt zum Einfluss digitaler Medien auf intime Beziehungen sowie zu den vielfältigen Erscheinungsformen von Partnerschaft, Liebe und Sexualität. Ein Schwerpunkt ihrer paartherapeutischen Praxis liegt auf der Arbeit mit queeren und nicht-monogamen Beziehungen.

Christian Roesler
Sonja Bröning

Paarbeziehung im 21. Jahrhundert

Psychosoziale Entwicklungen und
Spannungsfelder

Verlag W. Kohlhammer

Dieses Werk einschließlich aller seiner Teile ist urheberrechtlich geschützt. Jede Verwendung außerhalb der engen Grenzen des Urheberrechts ist ohne Zustimmung des Verlags unzulässig und strafbar. Das gilt insbesondere für Vervielfältigungen, Übersetzungen, Mikroverfilmungen und für die Einspeicherung und Verarbeitung in elektronischen Systemen.

Pharmakologische Daten, d. h. u. a. Angaben von Medikamenten, ihren Dosierungen und Applikationen, verändern sich fortlaufend durch klinische Erfahrung, pharmakologische Forschung und Änderung von Produktionsverfahren. Verlag und Autoren haben große Sorgfalt darauf gelegt, dass alle in diesem Buch gemachten Angaben dem derzeitigen Wissensstand entsprechen. Da jedoch die Medizin als Wissenschaft ständig im Fluss ist, da menschliche Irrtümer und Druckfehler nie völlig auszuschließen sind, können Verlag und Autoren hierfür jedoch keine Gewähr und Haftung übernehmen. Jeder Benutzer ist daher dringend angehalten, die gemachten Angaben, insbesondere in Hinsicht auf Arzneimittelnamen, enthaltene Wirkstoffe, spezifische Anwendungsbereiche und Dosierungen anhand des Medikamentenbeipackzettels und der entsprechenden Fachinformationen zu überprüfen und in eigener Verantwortung im Bereich der Patientenversorgung zu handeln. Aufgrund der Auswahl häufig angewendeter Arzneimittel besteht kein Anspruch auf Vollständigkeit.

Die Wiedergabe von Warenbezeichnungen, Handelsnamen und sonstigen Kennzeichen in diesem Buch berechtigt nicht zu der Annahme, dass diese von jedermann frei benutzt werden dürfen. Vielmehr kann es sich auch dann um eingetragene Warenzeichen oder sonstige geschützte Kennzeichen handeln, wenn sie nicht eigens als solche gekennzeichnet sind.

Es konnten nicht alle Rechtsinhaber von Abbildungen ermittelt werden. Sollte dem Verlag gegenüber der Nachweis der Rechtsinhaberschaft geführt werden, wird das branchenübliche Honorar nachträglich gezahlt.

Dieses Werk enthält Hinweise/Links zu externen Websites Dritter, auf deren Inhalt der Verlag keinen Einfluss hat und die der Haftung der jeweiligen Seitenanbieter oder betreiber unterliegen. Zum Zeitpunkt der Verlinkung wurden die externen Websites auf mögliche Rechtsverstöße überprüft und dabei keine Rechtsverletzung festgestellt. Ohne konkrete Hinweise auf eine solche Rechtsverletzung ist eine permanente inhaltliche Kontrolle der verlinkten Seiten nicht zumutbar. Sollten jedoch Rechtsverletzungen bekannt werden, werden die betroffenen externen Links soweit möglich unverzüglich entfernt.

1. Auflage 2024

Alle Rechte vorbehalten
© W. Kohlhammer GmbH, Stuttgart
Gesamtherstellung: W. Kohlhammer GmbH, Stuttgart

Print:
ISBN 978-3-17-041464-8

E-Book-Formate:
pdf: ISBN 978-3-17-041465-5
epub: ISBN 978-3-17-041466-2

Inhalt

I Grundlagen

1 **Einleitung: Paarbeziehung im 21. Jahrhundert: Vielfalt – und Verunsicherung?** 9
Christian Roesler und Sonja Bröning

2 **Entwicklungspsychologische Perspektiven auf Paarbeziehungen** 16
Sonja Bröning und Sabine Walper

3 **Biologisch angelegt *und* sozial konstruiert. Biokulturelle Grundlagen der spätmodernen Paargesellschaft** 45
Thomas Müller-Schneider

II Gesellschaftliche Entwicklungen

4 **Die Zukunft von Sexualität und Beziehung im 21. Jahrhundert: Wo stehen wir und wo wollen wir sein?** 63
Peggy J. Kleinplatz, Maxime Charest, Hailey DiCaita und Karen Rayne

5 **Radikale Diskurse, aber (ziemlich) konventionelle Praxis? Versuch einer Analyse der gesellschaftlichen Diskurse um Paarbeziehung** 82
Christian Roesler

6 **Love has no boundaries: Die Vielfalt der Liebes- und Sexualbeziehungen** 114
Agostino Mazziotta und Birgit Möller-Kallista

III Technologisierung

7 Bedeutung, Gefahren und Chancen von mobilem Online-Dating im Kontext von Partnersuche und Beziehungen 133
Johanna Degen

8 Chancen und Probleme digitaler Mediennutzung in bestehenden Partnerschaften 151
Christiane Eichenberg

9 Überlegungen zu Zweier- und Dreierbeziehungen mit Liebespuppen und Sexrobotern 171
Oliver Bendel

IV Ausblick

10 Paartherapie und die Versorgung von Paarproblemen: Gegenwart und Zukunft 195
Christian Roesler

11 Epilog zum Herausgeberband »Paarbeziehung im 21. Jahrhundert:« Spannungsfelder und Entwicklungsperspektiven 233
Christian Roesler und Sonja Bröning

V Verzeichnisse

Autorinnen- und Autorenverzeichnis 270

Stichwortverzeichnis 272

I Grundlagen

1 Einleitung: Paarbeziehung im 21. Jahrhundert: Vielfalt – und Verunsicherung?

Christian Roesler und Sonja Bröning

Dieses Buch entstand in einer Zeit erheblicher Verunsicherung, geprägt durch Corona-Pandemie, Klimawandel, Ukraine-Krieg und die sich abzeichnende Energie-Krise. Bestehende Quellen menschlichen Unglücks wie Leistungsdruck in der Arbeitswelt, soziale Ungleichheit und das Wegbrechen sozialen Zusammenhalts in familiären und religiösen Gemeinschaften werden hierdurch verschärft. Diese und weitere global relevante Entwicklungen werfen Fragen auf. Worauf ist in der Gegenwart Verlass? Wohin soll die Zukunft gerichtet werden? Und: Wie soll der Mensch so glücklich werden? In unserer individualistischen Gesellschaft ist jeder seines Glückes Schmied. Und nach wie vor zählt Paarbeziehung für die meisten Menschen in unserer Kultur zu der wichtigsten Quelle von Zufriedenheit und Lebensglück. Für junge Menschen ist *Familie* auch 2019 noch die mit Abstand wichtigste Wertorientierung (18. Shell-Jugendstudie; Albert et al., 2019). Und nicht nur in der Wunschvorstellung, sondern auch empirisch haben gelingende Paarbeziehungen eine enorme Bedeutung für die psychische und körperliche Gesundheit der Partner sowie, wenn Kinder vorhanden sind, für deren Entwicklung. Daher erscheint es nicht verwunderlich, dass Liebe und Partnerschaft keineswegs am Ende sind, wie von manchen angesichts sinkender Heiratsneigung und hoher Scheidungsraten befürchtet (Mortelmans, 2020). Auch wenn der Anteil der nicht-ehelichen Partnerschaften gegenüber den Ehen in den letzten 20 Jahren deutlich zugenommen hat, lebt praktisch jeder zweite in einer Partnerschaft im gemeinsamen Haushalt (Horn, 2021). Seit 2015 lässt sich sogar ein kontinuierlicher Anstieg der Eheschließungszahl feststellen, während gleichzeitig die Zahl der Scheidungen sinkt (ebenda). Auch die *Ehe für Alle* hat zu dieser Entwicklung beigetragen, die von manchen als Renaissance von Heirat und Ehe betrachtet wird. Allerdings sind die Trennungsraten nicht-verheirateter Paare nicht erfasst, so dass diese Aussage mit Vorsicht zu betrachten ist. Auf europäischer Ebene lässt sich jedenfalls feststellen, dass die Beziehungsstabilität abgenommen hat und weiter abnimmt (Mortelmans, 2020).

In Spannung zueinander stehen bei Trennungsüberlegungen bei Paaren mit Kindern häufig die Bedürfnisse betroffener Kinder nach Stabilität und Kontinuität mit dem *Diktat der Individualisierung*, d. h., den Bedürfnissen der Erwachsenen nach Neuanfang und Weiterentwicklung, danach, ihr persönliches (Liebes-)Glück zu finden und ihrer Wege zu ziehen. Doch auch die Belastungen für Erwachsene, die aus einer Trennung entstehen, sind – je nach familiären Ressourcen – häufig weitreichend, was im Vorwege einer solchen Entscheidung nicht immer bedacht wird. Vieles spricht für eine Aufwertung von Langzeitbeziehungen und die Überwindung partnerschaftlicher Schwierigkeiten. Dies steht jedoch im Kontrast zur schlechten

Versorgungslage im Bereich Paarprävention und -therapie in Deutschland. Der Ausbau schulischer und außerschulischer präventiver Förderung von Beziehungskompetenzen erscheint ebenfalls dringend geboten. Die Auswirkungen der Corona-Pandemie verschärfen diesen Bedarf noch. Familien mit geringen Ressourcen waren von den Einschränkungen im Bereich Beruf, Kinderbetreuung und Schule besonders betroffen (Bröning & Clüver, 2022), und es gibt Hinweise auf erhöhte Partnerschaftskonflikte und -gewalt in dieser Zeit. Die psychische Mehrbelastung von Kindern und Jugendlichen durch die Pandemie ist bereits evident (Ravens-Sieberer et al., 2021), was nicht nur die Gefahr von Kindeswohlgefährdung im häuslichen Setting erhöht, sondern auch für die beginnenden Liebesbeziehungen dieser Generation ein Gefährdungspotenzial darstellen dürfte.

Während durch alle Gesellschaftsschichten hindurch auch weiterhin geliebt, geheiratet und getrennt wird, verändern sich kulturelle Vorstellungen darüber, wie Paarbeziehung gestaltet sein sollte, und auch die gelebte Praxis aktuell in teilweise rasantem Tempo. Ein Grund hierfür ist die *Technologisierung*. So kommt ein erheblicher Prozentsatz der Paarbeziehungen auch in Deutschland mittlerweile über digitale Kontaktplattformen zustande. Online Dating ist mittlerweile nicht nur quantitativ ein Massenphänomen geworden, sondern darüber hinaus eine gesellschaftlich akzeptierte Form der Kontaktanbahnung (Aretz et al., 2017). Allerdings wird dies von verschiedenen gesellschaftlichen Gruppen, z. B. unterschiedlichen Altersgruppen, sehr unterschiedlich genutzt, und mit einigen Nutzungsformen scheinen auch Gefahrenpotenziale verbunden. Auch etablierte Paarbeziehungen pflegen mittlerweile ihren Kontakt über digitale Medien und virtuelle Kanäle, nicht nur in beruflich bedingten Fernbeziehungen. Sie erleben ebenfalls Gewinne, aber auch Risiken der Medien, wie die Möglichkeit, den anderen online zu stalken und zu kontrollieren. Durch technologische Weiterentwicklungen ist mittlerweile sogar virtueller Sex möglich. Künstliche Sexpuppen werden mit künstlicher Intelligenz ausgestattet und werden zu Sexrobotern, wobei die gelebte Praxis zeigt, dass zu diesen künstlichen Wesen tatsächlich auch romantische Beziehungen entstehen.

Ein weiterer Grund für den aktuellen Wandel ist die *zunehmende Sichtbarkeit von Vielfalt in der Liebe* und der laute Ruf nach Akzeptanz verschiedener Formen des Begehrens, der geschlechtlichen Identität und der Beziehungsgestaltung. Gleichgeschlechtliche Partnerschaft ist mittlerweile in Deutschland und vielen anderen westlichen Ländern im Mainstream angekommen, doch nun erobern sich weitere sexuelle Identitäten gleiche Rechte und bereichern die Landschaft der Partnerschaftsformen. Was wissen klassische Paartherapeuten über Beziehungsthemen von Trans*Menschen? Daneben entstehen Beziehungsmodelle wie Polyamorie und weitere offene bzw. Mehr-Personen-Beziehungsmodelle. Sexualitäten und Geschlechtsidentitäten differenzieren sich aus, zu Selbstbezeichnungen wie *pansexuell*, *nicht-binär* und *asexuell* kommen fast täglich weitere hinzu. Im Internet bilden sich Communities, Gemeinschaften von Menschen, die sich ganz bewusst über derartige Identitäten finden und verbinden. Nachdem zum Begriff LGBT (Lesbian, Gay, Bisexual, Trans) immer mehr Buchstaben hinzukamen (I = Inter, A = Asexuell, Q = Queer, P = Poly etc.) hat man im internationalen Diskurs begonnen, diese ganze Vielfalt mit GSRD (Gender, Sexual, and Romantic Diversity) abzukürzen. Auch an wissenschaftlichen Versuchen, den Begriff *Paarbeziehung* zu definieren, lassen sich diese Veränderungsprozesse ablesen. Allein in den letzten 20 Jahren haben (wissenschaftliche) Definitionen von Paarbeziehung grundlegende Veränderungen durchlaufen. Diese tendieren eher weg von Exklusivität und Verbindlichkeit hin zu mehr Offenheit. Hier zunächst einige klassische Definitionen:

> »Eine enge, verbindliche und auf Dauer angelegte Beziehung zweier Personen unterschiedlichen oder gleichen Geschlechtes, die sich durch eine besondere Zuwendung auszeichnet und die Praxis sexueller Interaktion einschließt.« (Lenz, 2003, S. 16)

> »Eine Paarbeziehung ist eine enge, persönliche und intime, auf Dauer angelegte, exklusive Beziehung zwischen erwachsenen Personen unterschiedlichen oder gleichen Geschlechts. Typischerweise zeichnet sich eine Paarbeziehung durch Liebe, persönliches Vertrauen und sexuelle Interaktion aus.« (Huinink & Konietzka, 2007)

> »Paarbeziehungen werden als Institution einer sozialen Beziehung zweier Personen verstanden, welche auf Reziprozität sowie individueller Einzigartigkeit fußt und über ein relativ hohes Maß an Verbindlichkeit, Dauerhaftigkeit, Exklusivität und Zuwendung, Interdependenz sowie Affektivität charakterisiert ist. Dabei gehen die Partner in diese thematisch unbegrenzte diffuse Sozialbeziehung als ganze Person ein und nicht nur begrenzt auf eine soziale Rolle.« (Wutzler & Klesse, 2021, S. 23)

Und hier im Kontrast dazu eine aktuelle Definition, die versucht, den vielfältig aufgebrochenen postmodernen Diskursen um Paarbeziehung gerecht zu werden:

> »Deshalb schlage ich vor, weiterhin auf Basis der konstitutiven Reziprozität der Partner und der praktischen Prozesshaftigkeit des Sozialen, Paarbeziehungen als gesellschaftliche Institution einer Beziehung zwischen zwei Personen zu verstehen, die ein hohes Potenzial dahingehend aufweist, das zwei Personen reziprok unter den Möglichkeitsbedingungen der je historischen und sozialen Titulierung – der gesellschaftlichen Ordnung der Intimität – ein hohes Maß an Intimität herausbilden und unterschiedliche Dimensionen der Intimität in verschiedenen Weisen und hinsichtlich unterschiedlicher Solidarität assoziieren. Daraus kann keine normative Überlegenheit einer Paarbeziehungsform abgeleitet werden und anstatt einer präskriptiven starren Grenzziehung sind die Übergänge und Verbindungen zu anderen Beziehungen zunächst diffus, denn sie müssen praktisch gezogen und gelebt werden. Aus der je konkreten Praxis und Potentialitätsentfaltung geht eine Eigenkomplexität als Paar hervor.« (Wutzler, 2021, S. 37)

Das Ende des Spektrums bilden Positionen, die die Begriffe *Paarbeziehung* und *Paartherapie* ohnehin angesichts möglicher polyamorer Konstellationen für ein Auslaufmodell halten.

Die oben beschriebenen Entwicklungen werfen eine ganze Reihe von Fragen auf, die nicht nur für einen akademischen Diskurs interessant sind, sondern große Relevanz für die gelebte Praxis von Paarbeziehung, für Paartherapie und -beratung sowie die gesellschaftliche Entwicklung insgesamt haben. Einige wichtige seien hier genannt: Wie verändern sich Liebesbeziehungen durch aktuelle Entwicklungen im Bereich Digitalisierung, Technisierung, neuer Beziehungsvorstellungen, Individualisierung etc.? Was können mögliche Gewinne sowohl auf individueller als auch auf gesellschaftlicher Ebene sein, wo liegen vielleicht aber auch Risiken bzw. zeichnen sich problematische Entwicklungen ab? Sind diese Entwicklungen und die dabei entstehenden neuen Beziehungsformen dem Menschen gemäß? Gibt es nicht auch eine biologische Grundlage von Paarbeziehung? Oder sind Formen von Paarbeziehungen grundsätzlich sozial konstruiert und können insofern durch neue soziale Entwicklungen auch verändert, neu geschaffen oder abgeschafft werden? Wie entwickeln sich junge Menschen in diese Vielfalt von Beziehungsmodellen hinein? Woran orientieren sich heutige Paare bei der Frage, was sie als gelingende Beziehung und als befriedigende Sexualität erleben – Pornographie, Beziehungsratgeber, Präventionsprogramme, kirchliche Ehevorbereitungsseminare? Was bedeutet das für den Bereich der Erziehung? Bilden bestehende sexualpädagogische Programme die sich abzeichnende Vielfalt angemessen ab? Inwiefern verändern diese Entwicklungen die Anforderungen an den Bereich der beraterischen und therapeutischen Intervention? Und nicht zuletzt: welche zusätzlichen Kenntnisse und Kompetenzen müssen Berater und Paartherapeuten heute besitzen, um die auftauchenden Anfragen angemessen versorgen zu können?

Der hier vorgestellte Band stellt den Versuch dar, die Wirklichkeit von Paarbeziehung und sich abzeichnende Entwicklungen zu Beginn des 21. Jahrhunderts möglichst realistisch wiederzugeben, sowohl in ihrer Vielfalt in der gelebten Praxis als auch die sich darum gruppierenden Diskurse, theoretischen Konzepte, Debatten und gesellschaftlichen Bewegungen. Wir wollen einen wissenschaftlichen Überblick geben über neue Beziehungsformen und -modelle, die gelebte Praxis von Paarbeziehung und Sexualitäten sowie die Einflüsse von Digitalisierung, Technisierung und Individualisierung. Dies verbindet sich jeweils mit der Frage, wie sich Paarbeziehung in diesen Feldern entwickelt, welche Problemstellungen dadurch entstehen bzw. auch welche neuen Möglichkeiten gewonnen werden. Hierfür reicht die Beschränkung auf eine Wissenschaft allein (wie es z. B. manche Soziologen für die soziologische Beschreibung der aktuellen Paarbeziehungslandschaft fordern) nicht aus. Natürlich sind die gelebte Praxis von Paarbeziehung sowie die Vorstellungen, die Individuen in einer Gesellschaft darüber im Kopf haben, durch gesellschaftliche Prozesse, Werthaltungen, Idealisierungen und Normen beeinflusst. Ebenso wird die Realität von Paarbeziehungen aber auch durch psychologische Grundbedürfnisse bestimmt, die sich allein durch gesellschaftswissenschaftliche Konzepte nicht beschreiben lassen. Wir sind der Auffassung, dass man die Formen, in denen sich Paarbeziehung heute findet, nicht auf allein soziale Konstruktionen reduzieren kann, sondern sie sozusagen eine anthropologisch-biologische Grundlage haben. Daher wollen wir in diesem Herausgeberband viele Perspektiven zu Wort kommen lassen und diese in eine *interdisziplinäre Betrachtung* darüber münden lassen, wie sich die gelebte Praxis als auch die Vorstellungen von Paarbeziehung in einer konkreten Gesellschaft wie der unseren zu Beginn des 21. Jahrhunderts gerade aus dem Wechselspiel der genannten Kräfte gestaltet.

Die Kapitel und ihre Inhalte

Wir sind froh über die vielfältigen und differenzierten Beiträge dieses Bandes. Diese spannen den Bogen von den *Grundlagen* menschlicher Paarbeziehungen, über neuere *gesellschaftliche Entwicklungen* im Bereich Liebe, Partnerschaft und Sexualität, über Trends im Bereich der *Technologisierung* bis hin zu einem *Ausblick* in die Zukunft von Paarbeziehungen. Die in den Kapiteln vertretenen Auffassungen sind vielfältig und spiegeln nicht immer die Meinung der Herausgeber wider. Fast ebenso vielfältig wie die Beiträge sind die dort vertretenen Varianten des Umgangs mit der

Genderproblematik in Texten. Wir haben dies bewusst nicht vereinheitlicht, sondern möchten jedem Autor, jeder Autorin die Freiheit lassen, dies nach Gutdünken zu gestalten. Wir weisen darauf hin, dass beim Verzicht auf eine geschlechtsneutrale Differenzierung dies aus Gründen der besseren Lesbarkeit geschah. Entsprechende Begriffe gelten im Sinne der Gleichbehandlung grundsätzlich für alle Geschlechter. Die verkürzte Sprachform beinhaltet keine Wertung.

I Grundlagen

Psychologische Perspektive: Paardynamik über die Lebensspanne (S. Bröning und S. Walper)
Was macht Menschen in intimen Beziehungen glücklich oder unglücklich? Sonja Bröning und Sabine Walper stellen aktuelle Forschungsbefunde vor und beziehen dabei auch neurobiologische Erkenntnisse mit ein.

Biologisch angelegt *und* sozial konstruiert. Biokulturelle Grundlagen der spätmodernen Paargesellschaft (T. Müller-Schneider)
Ist eine bestimmte Form von Paarbeziehung biologisch präformiert? Thomas Müller-Schneider (s. a. 2019) präsentiert in seinem Beitrag eine detaillierte Darstellung einer biokulturellen Theorie der Paarbeziehung.

II Gesellschaftliche Entwicklungen

Die Zukunft von Sexualität und Beziehung im 21. Jahrhundert: Wo stehen wir und wo wollen wir sein? (P. J. Kleinplatz, M. Charest, H. DiCaita und K. Rayne)
Der Beitrag der kanadischen Autorinnen Peggy J. Kleinplatz, Maxime Charest, Hailey DiCaita & Karen Rayne skizziert wichtige Herausforderungen und Entwicklungen des 21. Jahrhunderts: Von existenziellen Bedrohungen wie der Klimakrise bis hin zu Erfreulichem wie dem gesetzlichen Schutz für sexuelle und geschlechtliche Minderheiten.

Radikale Diskurse, aber (ziemlich) konventionelle Praxis? Versuch einer Analyse der gesellschaftlichen Diskurse um Paarbeziehung (C. Roesler)
In seiner Übersicht über gesellschaftliche Diskurse beschreibt Christian Roesler maßgebliche Veränderungen hinsichtlich der gesellschaftlichen Konstruktion von Paarbeziehung in den letzten Jahrzehnten.

Love has no boundaries: Die Vielfalt der Liebes- und Sexualbeziehungen (A. Mazziotta und B. Möller-Kallista)
Die Vielfalt der Liebes- und Sexualbeziehung, die (schwindende?) Dominanz der Monogamie und alternative Gestaltungsmöglichkeiten von Partnerschaft sind Themen des Beitrags von Agostino Mazziotta und Birgit Möller-Kallista.

III Technologisierung

Bedeutung, Gefahren und Chancen von mobilem Online-Dating im Kontext von Partnersuche und Beziehungen (J. Degen)

Vermittlungsinstanzen bei der Partnersuche sind nicht neu, jedoch ergeben sich durch mobile Applikationen wie Tinder und deren Aufbau neue Nutzungspraktiken. Johanna Degen zeigt in ihrem Beitrag auf, welche Logiken sich im Kontext von mobilem Online-Dating (MODA) entwickeln und welche Bedeutung diese für Subjekte und Beziehungen haben.

Chancen und Probleme digitaler Mediennutzung in bestehenden Partnerschaften (C. Eichenberg)

Christiane Eichenberg bezeichnet in ihrem Beitrag die Wirkung neuer Medien auf (bestehende) Paarbeziehungen pointiert als dialektisch. Die Existenz neuer Medien bringt viele Vorteile, doch sie erhöht auch die zu bewältigende Komplexität in Paarbeziehungen z. B. im Hinblick auf das Aushandeln von Grenzen.

Überlegungen zu Zweier- und Dreierbeziehungen mit Liebespuppen und Sexrobotern (O. Bendel)

Oliver Bendel (2021 und in diesem Band) zeigt empirische Erkenntnisse und Entwicklungen in dem jungen Forschungsfeld zu Sex-Robotern und Liebespuppen auf, führt ein in die technologischen Möglichkeiten und fasst philosophische, weltanschauliche und ethische Diskussionen aus dem Bereich des Transhumanismus in Bezug auf Beziehungen zusammen.

IV Ausblick

Paartherapie und die Versorgung von Paarproblemen – Gegenwart und Zukunft (C. Roesler)

Für die Paartherapie stellt die zunehmende Vielfalt der Beziehungsformen und -vorstellungen eine enorme Herausforderung dar. Christian Roesler gibt einen Überblick über die Versorgung von Paarproblemen mit Paartherapie und entwickelt vor dem Hintergrund der gesellschaftlichen Notwendigkeit einer guten Versorgung ein Zukunftsmodell.

Epilog (C. Roesler und S. Bröning)

Im letzten Kapitel wird der Versuch unternommen, die Inhalte und Perspektiven der Beiträge zu bündeln und zu diskutieren. Diese Diskussion erfolgt entlang der oben bereits angesprochenen großen Spannungsfelder der Technologisierung, der Diversitätsdebatte, und der Selbstverwirklichung, die oft im Widerspruch zu partnerschaftlicher und familiärer Bezogenheit zu stehen scheint. Für jeden dieser Bereiche werden Optionen entwickelt und Bedarfe aufgezeigt, dort, wo problematische Situationen Weiterentwicklungen erfordern.

Literatur

Albert, M., Hurrelmann, K. & Quenzel, G. (2019). *Jugend 2019–18. Shell Jugendstudie: Eine Generation meldet sich zu Wort.* Weinheim: Beltz.

Aretz, W., Gansen-Ammann, D. N., Mierke, K. & Musiol, A. (2017). Date me if you can: Ein systematischer Überblick über den aktuellen Forschungsstand von Online-Dating. *Zeitschrift für Sexualforschung*, 30(01), 7–34.

Horn, C. (2021): »und jetzt hat man eben manchmal das Gefühl, dass die Entscheidung zur Ehe eine Entscheidung gegen den gesellschaftlichen mainstream is«. Ehe im Zeitalter der Singularisierung. In: Buschmeyer, A. & Zerle-Elsässer, C. (Hg.) (2020): *Komplexe Familienverhältnisse. Wie sich das Konzept Familie im 21. Jahrhundert wandelt* (S. 123–149). Münster: Verlag westfälisches Dampfboot.

Mortelmans, D. (2020). *Divorce in Europe. New insights in trends, causes and consequences of relation break-ups.* Cham: Springer Open.

Ravens-Sieberer, U., Kaman, A., Erhart, M., Otto, C., Devine, J., Löffler, C., … & Hölling, H. (2021). Quality of life and mental health in children and adolescents during the first year of the COVID-19 pandemic: results of a two-wave nationwide population-based study. *European child & adolescent psychiatry*, 1–14.

2 Entwicklungspsychologische Perspektiven auf Paarbeziehungen

Sonja Bröning und Sabine Walper

Nichts illustriert die Hoffnungen und Sehnsüchte, die sich an eine Paarbeziehung richten, besser als der Hashtag »#couplegoals« auf Instagram. Dort finden sich (meist junge) Paare im Sonnenuntergang, beim Heiratsantrag, im Brautkleid am Strand, beim Einrichten der gemeinsamen Wohnung und an traumhaften Urlaubsorten. Paarbeziehung ist ein Sehnsuchtsort, das zeigen auch Daten der aktuellen, repräsentativen ElitePartner-Umfrage (2022): Über 70% der Befragten wünschen sich jeweils Folgendes von ihrer Liebesbeziehung (die Reihenfolge entspricht der Rangfolge): (1) sich gegenseitig treu sein, (2) Harmonie und Ruhe finden, (3) sich öffnen, (4) über Gefühle sprechen, (5) ausreichend Freiraum, Zeit für sich selbst haben, (6) sich durch die Beziehung persönlich weiterentwickeln, (7) sich gegenseitig zu Neuem ermutigen, (8) dauerhaft zusammenbleiben, möglichst ein Leben lang, (9) den besten Freund im anderen haben, (10) tiefsinnige und gesellschaftliche Gespräche führen. Erst auf Platz 12 finden sich »Erotik/guten Sex haben«, während »gemeinsam materiellen Besitz schaffen« und »gemeinsam Kinder bekommen« das Schlusslicht der Bedürfnisliste bilden. Paarbeziehung im 21. Jahrhundert? Zumindest in Europa und anderen westlichen Kulturen wird die *psychologische Bedeutung der Paarbeziehung* sehr hoch bewertet. Paarbeziehung soll uns glücklich machen. Ein gängiges (eher US-amerikanisch geprägtes) Stereotyp sieht dabei zunächst vor, *The One* zu finden, d. h. die eine einzigartige Person, die uns glücklich machen kann. Für den Rest des Lebens soll die Beziehung dann ein Heilmittel sein: Gegen den Stress der Leistungsgesellschaft, die Heimatlosigkeit in der globalisierten Welt, die Beziehungslosigkeit durch aufgelöste Großfamilienbande, die Orientierungslosigkeit im Selbstverwirklichungsdschungel der individualisierten Gesellschaft.

Mit dieser immer weiter voranschreitenden Entwicklung des Funktionswandels weg von der Versorgungs- und Reproduktionsgemeinschaft hin zu der Erfüllung emotionaler und sozialer Bedürfnisse durch die Partnerschaft steigt auch der *Anspruch an die sozialen und emotionalen Kompetenzen jedes Individuums*. Eine lebenslange, glückliche Beziehung zu führen, in der die eigenen Bedürfnisse und die des Partners gewinnbringend vereinbart werden, die dafür nötige Autonomie und Verbundenheit dabei geschickt balanciert wird (Bröning, 2009), während der Alltagsstress gemeinsam gemeistert wird – das ist *Spitzenleistung auf höchstem psychologischem Niveau*. Gleichzeitig wird nach Finkel und Kollegen (2015) immer *weniger an Zeit und Ressourcen in die Beziehung* investiert, was die Autoren zur Formulierung ihres »Suffocation Model of Marriage« (Erstickungsmodell der Ehe) führte: Wenn auf dem Gipfel der Ansprüche immer weniger belebender »Sauerstoff« für die Beziehung (z. B. in Form von Zuwendung) zugeführt wird, muss die Liebe ersticken.

Wenn die Ansprüche, den Berggipfel erreichen, auf dem – im Bilde gesprochen – immer mehr Sauerstoff zum Atmen benötigt wird, gleichzeitig aber immer weniger Sauerstoff zugeführt wird, dann erstickt die Partnerschaft. Bedenkt man dazu noch, dass die *Ausstiegsbarrieren aus einer Paarbeziehung stetig sinken* – z. B. durch die zunehmende Berufstätigkeit und finanzielle Unabhängigkeit der Frau – erscheinen hohe Trennungsraten plötzlich fast weniger verwunderlich als der weiterhin nicht unerhebliche Prozentsatz von Paaren, die zusammenbleiben.

Eine Fülle psychologischer Forschung untersucht, was Menschen in intimen Beziehungen glücklich oder unglücklich macht. Sie betrachtet dies als ein multifaktorielles Geschehen und bezieht aktuelle gesellschaftliche Entwicklungen wie die fortschreitenden Digitalisierungsprozesse ebenso mit ein wie Persönlichkeits- und weitere Kontextfaktoren sowie neurobiologische Erkenntnisse zu Bindung, Partnerwahl, sexuelle Anziehung, Traum und Stress. *Was lässt sich aus den Ergebnissen dieser Forschung über Paarbeziehungen im 21. Jahrhundert schlussfolgern? Wie lässt sich damit die Beratung und Begleitung von Paaren und Familien verbessern?* Dieser Frage widmet sich der nachfolgende Beitrag. Dabei werden (1) grundlegende psychologische Perspektiven auf Paarbeziehungen vorgestellt, (2) die wesentlichen Fundamente der Liebe, nämlich Bindung und Sexualität beleuchtet und (3) lebensphasentypische Aspekte von Partnerschaft erörtert. Den Abschluss bildet ein Ausblick auf Entwicklungspotenziale von Liebe und Partnerschaft im 21. Jahrhundert.

2.1 Psychologische Perspektiven auf Paarbeziehungen

Bei aller Unterschiedlichkeit gegenwärtiger Beziehungsentwürfe existiert doch ein gemeinsamer Nenner: es sollte *Liebe* im Spiel sein. Sternberg (1988) postuliert drei Komponenten von Liebe: *Leidenschaft*, d. h. sexuelle Anziehung und Erregung und romantische Gefühle, *Intimität*, d. h. Gefühle von Wärme, Verbundenheit, Vertrauen und Wertschätzung, und *Commitment*[1], d. h. Entscheidung für eine Person und Festlegung auf Verantwortung und Partnerschaft. Sind alle drei Komponenten in hoher Ausprägung vorhanden, handelt es sich seine Theorie zufolge um die »vollkommene Liebe« – diese Variante entspricht dem *romantischen Ideal* der Gegenwart.

Auch wenn sich Vorstellungen von Liebe gewandelt haben, sind Liebesgefühle kein rein westliches, modernes Phänomen, wie gelegentlich fälschlicherweise behauptet wird. Liebe wurde im Verlauf der Geschichte in so gut wie allen menschlichen Kulturen dokumentiert (Jankowiak & Fisher, 1992). Über Kulturen hinweg

---

1 »Commitment« ist schwer übersetzbar. Es meint ungefähr eine Entscheidung, innere oder äußere Verpflichtung gegenüber einer Person oder Sache. Aufgrund der schwierigen Übersetzbarkeit hat sich der Begriff als eingedeutschter Fachterm in der Psychologie durchgesetzt und wird daher auch hier so verwendet.

zeigen verliebte Menschen ähnliche Hirnaktivitäten (Acevedo & Aron, 2014). Dies deutet darauf hin, *dass Liebe Bestandteil unseres evolutionären Erbes ist* (Sigelman & Rider, 2022). Physiologische Ähnlichkeiten zwischen romantischer Liebe und dem *Bonding*, d. h., dem Entstehungsprozess der besonders starken emotionalen Verbundenheit zwischen der Mutter und dem Säugling, legt nahe, dass romantische Liebesgefühle durch einen Ko-Options-Prozess der Eltern-Kind-Bindung entstanden sein könnten (Numan & Young, 2016). Ko-Option ist ein bekannter evolutionärer Vorgang, bei dem ein Merkmal übernommen, aber *umgewidmet* wird, d. h. eine andere Funktion übernimmt als die bisherige (McLennan, 2008).[2] Vielfach werden Paarbeziehungen daher als Fortsetzung früher Bindungserfahrungen betrachtet (Hazan & Shaver, 1987; ▶ Kap. 3). Sie übernehmen im späteren Leben die Funktion der emotionalen Versorgung und Wiederherstellung psychischer Sicherheit. Bindung findet hier, im Gegensatz zur Eltern-Kind-Beziehung, prinzipiell *symmetrisch* statt, das heißt, *die Partner können sich gegenseitig unterstützen und emotional regulieren.*

Bindung ist aber nur *ein* Bestandteil der Liebe. Die Anthropologin Helen Fisher (2006) fügt der *Bindung noch zwei weitere evolutionär gewachsene Emotions- und Motivationssysteme* hinzu, die in der Liebe wirksam werden: Das *sexuelle Begehren* motiviert Menschen dazu, sich zu reproduzieren, und die *Attraktion*, d. h. das sich Hingezogen fühlen zu einem bestimmten Partner, motiviert sie, eine möglichst geeignete Partnerwahl zu treffen. Den *drei Triebfedern der Liebe, Bindung, Attraktion und Begehren,* können unterschiedliche physiologische Prozesse zugeordnet werden. So spielt bei der Attraktion das Hormon *Dopamin* eine zentrale Rolle, das auch für Belohnungsgefühle beim Konsum von Schokolade oder Drogen sorgt. Das sexuelle Begehren entsteht ebenfalls im Belohnungszentrum. Beim Ausleben genussvoller Sexualität werden *Endorphine* freigesetzt, die für ein Stimmungshoch sorgen. Beim Orgasmus wird der Körper mit den Hormonen *Oxytocin, Vasopressin und Serotonin* geflutet, die für positive Gefühle sorgen. Oxytocin und Vasopressin wiederum fördern auch die die Bindung zwischen zwei Menschen, die dann als oben beschriebene Regulationshilfe dient: Körperkontakt mit dem Partner hilft, in schwierigen Situationen Stresshormone abzubauen (Coan et al., 2017).

Deutlich aus dieser neurobiologischen Analyse wird *erstens die prinzipielle Verschiedenheit dieser drei Triebfedern der Liebe.* So ist es möglich, sich mit einem langjährigen Partner verbunden zu fühlen, in eine zweite Person rasend verliebt zu sein und abends in einer Bar spontan eine dritte Person sexuell zu begehren. Genauso deutlich wird *zweitens*, dass die Motivationssysteme *nicht unabhängig voneinander sind, sondern dass sich Attraktion, Bindung und Sexualität gegenseitig verstärken:* So begünstigt das Dopamin der Verliebtheit auch den Genusscharakter sexueller Handlungen, was wiederum Botenstoffe freisetzt, die für den Aufbau von Bindung (s. u.) sorgen.[3] Erahnen lässt sich hier *drittens* der zwangsläufig angelegte *Verände-*

---

2 Der evolutionäre Vorteil der Umwidmung von Bindung auf Erwachsene lag möglicherweise in seiner Funktion als »Commitment Device« (= Verpflichtungsmechanismus; Bode & Kushnick, 2021, S. 22). Ein Paar, das sich einander in emotionaler Verbundenheit verpflichtet fühlte, blieb länger zusammen und steigerte über das gemeinsame Versorgen der Kinder die Chancen auf ein erfolgreiches Überleben der Nachkommenschaft.

3 Somit ist unverbindlicher Sex nicht ganz risikolos, was die – physiologisch begünstigte – Entstehung von Liebe und Verbundenheit angeht.

rungscharakter von Liebesbeziehungen. Bindung baut sich über die ersten zwei Beziehungsjahre erst auf (Fraley & Davis, 1997), während Dopaminausschüttung (und damit Verliebtheitsgefühle) über die Zeit abnimmt. Die Zeitdauer dieses Abklingens wird – je nach Studie – mit zwischen sechs Monaten und drei Jahren angegeben (Bode & Kushnick, 2021). Besteht die Paarbeziehung danach fort, kann eine neue Verliebtheit in eine andere Person große emotionale Wirkung entfalten und den Eindruck vermitteln, die alte Liebe sei beendet.[4] Findet jedoch eine Trennung statt, stellen beide Partner häufig fest, dass sie intensive Gefühle von Trauer und Verlust spüren – das Bindungssystem wurde aktiviert. Dennoch – eine neue Liebe ist genauso möglich wie der Aufbau neuer Bindungen über die Zeit. So scheint die *Tendenz zu langfristigem Commitment* zwar im Menschen angelegt zu sein, jedoch scheint sie – genau wie Attraktion und Begehren – von ihrer Funktion her nicht unbedingt auf eine Aufrechterhaltung über die gesamte Lebensspanne (und heute übliche lange Lebensdauer) hinweg angelegt.

Die tägliche Gestaltung von Liebesbeziehungen lässt sich gut aus der Perspektive der *Interdependenztheorie* (Kelley & Thibaut, 1978) betrachten, die von der *systemischen Paartherapie* aufgegriffen wurde (Retzer, 2004). Liebesbeziehungen werden hier als ein eng verflochtenes System gesehen, in dem die wechselseitige emotionale Abhängigkeit der Partner voneinander ständig im Fluss ist. Aus den vielen alltäglichen Interaktionen eines Paares schälen sich über die Zeit wiederkehrende Beziehungsmuster heraus, die konstruktiv oder destruktiv sein können, und letztlich über Glück und Unglück entscheiden. Diese *kommunikative Eigendynamik* des Paarwesens ist für Paartherapeuten von Anfang einer Beratung an deutlich spürbar. Normen und Werte, der soziale Kontext, aktuelle Rahmenbedingungen, die Persönlichkeit beider Partner, sie alle fließen als Zutaten in dieses Paargemisch ein. In dieser speziellen, sich immer weiter entfaltenden Alchemie der Paarbeziehung stellen Bindung und Sexualität besonders potente Zutaten dar.

2.2 Einfluss von Bindung auf Paarbeziehungen

Die Bindungsforschung belegt, dass die Summe früher Erfahrungen mit nahen Bezugspersonen die emotionale Qualität von Liebesbeziehungen nachhaltig beeinflusst (Treboux, Crowell & Waters, 2004; Givertz et al., 2013; Karantzas et al., 2014). Eine bindungssichere Person fühlt sich im Allgemeinen emotional eng mit ihrer Bezugsperson verbunden. Sie vertraut darauf, dass diese Nähe erwidert wird und dass der andere angemessen reagiert, wenn seine Hilfe gebraucht wird. Eine unsichere Bindung ist entweder durch Bindungsangst (allgemeine Angst vor Ablehnung und Verlassenwerden) oder durch bindungsbezogene Vermeidung (allgemeines Unbehagen gegenüber Nähe und Abhängigkeit und Vorliebe für ein hohes Maß an

---

4 Folgerichtig wird in polyamoren Kreisen eine solche neue Attraktion auch als »New Relationship Energy« bezeichnet.

Selbstständigkeit; Mikulincer & Shaver, 2012) gekennzeichnet. Die Übertragung früherer Bindungserfahrungen in die Paarbeziehung erfolgt vor allem durch emotionale Kompetenzen. So ist eine unsichere Bindung mit größerer *Stresssensitivität* und verringerter *Fähigkeit zur emotionalen Regulation* assoziiert (Cooke, et al., 2019). *Soziale Unterstützung wird als weniger lohnend empfunden* (Ein-Dor, Mikulincer, Doron & Shaver, 2010). Diese Einflüsse führen zu Unterschieden in der Kommunikation je nach Bindungstyp (Ein-Dor, Mikulincer, Doron & Shaver, 2010). Sicher gebundene Menschen sind offener gegenüber eigenen Gefühlen und denen des anderen. Ihre Interaktionen zeigen mehr Annäherung und kooperative Problemlösung als diejenigen von unsicher gebundenen Menschen (Girme et al., 2021). Vor allem im *Konflikt* wird das Bindungsprogramm durch negativen Affekt aktiviert, und der Versuch, das emotionale Gleichgewicht wiederherzustellen, fällt sehr unterschiedlich aus (Gottman & Levenson, 1992). Neben dem Bindungstyp spielen hierbei auch *Kulturaspekte* eine Rolle, so zeigen sich deutliche *Variationen zwischen Kulturen, z. B. bezogen auf die Priorisierung von Streitbarkeit versus Harmonie.* Bei Langzeitpaaren findet eine *Entwicklung in der Bindungssicherheit* statt: *Langzeitpaare sind sich im Bindungstyp eher ähnlicher*, die Sicherheit in stabilen Partnerschaften nimmt in der Tendenz zu (Hudson et al., 2014).

2.3   Einfluss von Attraktion und sexuellem Begehren auf die Paarbeziehung

Sexuelle Lust zeigt sich schon in der frühen Kindheit (de Graaf & Rademakers, 2011). Anzeichen einer physiologischen sexuellen Reaktion sind fast von Geburt an erkennbar (Lehmiller, 2017). Erste Gefühle *sexueller Anziehung* zu einem anderen Menschen werden meist ab dem Alter von ca. 10 Jahren berichtet. *Erste sexuelle Erfahrungen* mit einer anderen Person machen Teenager in Deutschland in der Zeitspanne zwischen 14 und 19 Jahren (BzgA, 2020).

Eine Vielfalt sich entwickelnder Einflüsse prägt das *sexuelle Begehren und Verhalten*. Dazu zählen einerseits angeborene Faktoren wie Persönlichkeitseigenschaften, z. B. Extraversion, Sensation Seeking, (d. h. das Streben nach einem hohen Erregungsniveau) und Neurotizismus (d. h. emotionale Instabilität), aber auch Erfahrungen und Lerneffekte (Lehmiller, 2017). Auch der unbewusst ablaufende Erwerb kultureller Werte und Normen zu Paarbeziehung, Sexualität und Geschlechterrollen zählt als Lerneffekt. Eine Studie über 53 Nationen hinweg fand stabile Geschlechtsunterschiede im sexuellen Begehren: Männer wiesen im Durchschnitt einen ausgeprägteren selbst berichteten Sexualtrieb[5] auf (Lippa, 2009). Die Entste-

---

5   Gemessen wurde der Sexualtrieb mit folgenden Items: »Ich habe einen starken Sexualtrieb«, »Ich denke häufig an Sex«, »Es braucht nicht viel, um mich sexuell zu erregen«, »Ich denke fast jeden Tag an Sex«, »Sexuelles Vergnügen ist das intensivste Vergnügen, das ein Mensch haben kann«.

hung *sexueller Vorlieben* verorten Psychoanalytiker wie Jean Laplanche und Ilka Quindeau in frühen sensumotorischen Lernerfahrungen, wie gehalten, gestreichelt und gestillt werden. Die eigene körperliche und emotionale Reaktion darauf hinterlässt Quindeau (2013) zufolge eine vorsprachliche Erinnerungsspur im Körper, die während der Pubertät reaktiviert und sexuell aufgeladen wird. Sehr frühe Erfahrungen dieser Art sind schwer empirisch überprüfbar und nicht hinreichend erforscht.[6] Doch scheinen sexuelle Erlebnisse und Erfahrungen in der Kindheit und Jugend die spätere Sexualität entscheidend zu prägen. Das Ergebnis *sexueller Formierungsprozesse im Kindes- und Jugendalter* ist die *Lovemap* eines Menschen (Money, 1986), d. h. das Spektrum seiner sexuellen Erregbarkeit. Letzteres ist das nach Abschluss der Pubertät kaum veränderbar (Briken, 2019).

Mit diesen Entwicklungsaspekten von Sexualität sind Risiken für die partnerschaftliche Sexualität verbunden. Die aktuelle Debatte um *Missbrauchserfahrungen und Trauma* im Kindes- und Jugendalter zeigt *eindeutige Risiken für die Sexualentwicklung aller Altersstufen* auf. Seelische und körperliche Verletzungen im Kindesalter sind verbreitet, so erlebten einer internationalen Übersichtsarbeit zufolge 20 % aller Frauen vor dem 18. Lebensjahr sexuelle Gewalt (Pereda et al., 2009), die nicht nur von Erwachsenen, sondern auch von Gleichaltrigen ausgeübt wurde. Sexualisierte Gewalt verstört das epistemische Vertrauen von Kindern in Erwachsene und führt zu Defiziten oder Stillstand in vielfältigen Entwicklungsbereichen (ebenda).[7] Sie steigert das Risiko für psychische Probleme und für sexuelle Probleme in der Partnerschaft (Büttner et al., 2014).

Aktuell wird außerdem die *erfahrungsbildende Wirkung früher Nutzung von Pornografie* diskutiert, die Kindern im digitalen Zeitalter in der Regel bereits vor den ersten eigenen sexuellen Erfahrungen zugänglich ist. Kliniker beklagen die »Pornografisierung« der Gesellschaft und den bei jungen Menschen entstehenden *Druck*, harte Sexpraktiken auszuüben. Am stärksten belegt die Forschung den Zusammenhang zwischen häufigem oder sehr frühem Pornografiekonsum und traditionellen Geschlechterstereotypen hinsichtlich Macht und Dominanz (Massey, Burns & Franz, 2021). Manche Autoren betonen aber auch den *informativen Charakter von Pornografie* als positiven Aspekt und weisen darauf hin, dass sich junge Menschen häufig der Tatsache bewusst seien, dass Pornografie die Realität nicht hinreichend abbilde (Litsou, Byron, McKee & Ingham, 2021). Dies ist sicher alters- und entwicklungsabhängig.

Schließlich hat die *Vielfalt sexuellen Begehrens* den öffentlichen Diskurs über intime Beziehungen in den letzten Jahrzehnten stark mitbestimmt. Etwa 3–4 % der Bevölkerung in Deutschland bezeichnen sich als lesbisch, schwul oder bisexuell (Briken et al., 2021). Der Anteil der Personen, die sich als nicht ausschließlich heterosexuell bezeichnen, ist höher und liegt bei Frauen zwischen 11 und 22 % und

---

6 Allerdings gibt das von Quindeau angeführte Fallbeispiel »Monika«, in dem diese als Säugling aufgrund einer Erkrankung flach auf den Beinen ihrer Mutter liegend mit einer Magensonde ernährt werden musste, und die später mit ihren Puppen ebenfalls so agierte, Hinweise auf derartige vorsprachliche Erinnerungen (S. 29).

7 Dieser Stillstand ist nach Briken (2019) auch für die Erklärung von Pädophilie von Bedeutung ist (ein relativ großer Anteil pädophiler Männer berichtet von Missbrauch, Misshandlung oder Vernachlässigung; ebenda).

bei Männern zwischen 10 und 14% (Pöge et al., 2020). Hierunter fallen auch weitere sexuelle Identitäten wie pansexuell und asexuell. Sexuelles Begehren und romantische Attraktion jenseits der Hetero- und Mononormativität wurden über die Menschheitsgeschichte hinweg vielfach dokumentiert, jedoch auch über lange Zeit kriminalisiert oder pathologisiert. Aggressionen gegen queere Menschen in westlichen Ländern haben abgenommen, sind aber lange noch nicht eliminiert (Wilson, 2020). Junge Menschen, die sich meist in der Pubertät ihrer Zugehörigkeit zu einer *sexuellen Minderheit* bewusstwerden, stehen vor besonderen Herausforderungen, was die Akzeptanz ihrer eigenen Identität, erste Liebesbeziehungen und ihr sexuelles Debüt in der Familie und bei Gleichaltrigen angeht. Für manche Jugendliche ist auch verwirrend, dass sie bezogen auf ihr sexuelles Begehren oder ihre Geschlechtsidentität *Fluidität* verspüren, d.h., sie sich je nach Kontext und Person unterschiedlich orientieren (Diamond, 2021).[8] Der Ausbau von Internet-Ressourcen, -Beratungsmöglichkeiten und -Netzwerken trägt zunehmend zur Entlastung und Orientierung bei, doch kann auch Anpassungsdruck an bestimmte Körperbilder oder Identitätsvorlagen entstehen. Alle Formen der Stigmatisierung können das Selbstwertgefühl beeinträchtigen und Psychopathologie fördern (Hatzenbühler, Phelan & Link, 2013).

Zahlreiche Forschungsergebnisse belegen durch den entstehenden Minoritätenstress eine *schlechtere psychische Gesundheit und ein geringeres Wohlbefinden bei sexuellen Minderheiten aller Altersstufen* (Ploderl & Tremblay, 2015).[9] Diese Faktoren können gleichgeschlechtliche Paare belasten, aber auch zusammenschweißen. Viele finden im großen *Zelt* der queeren Community eine *logische Familie*, die sie besser unterstützt als die *biologische Familie*. Zu ersterer gehört dann auch der Partner – ein verbindender Faktor. Trotz dieser Besonderheiten überwiegen in LGBTQ+-Beziehungen die oben beschriebenen, universellen Mechanismen von Bindung und Beziehung, auch wenn diese Gemeinsamkeiten im Diskurs über verschiedene Identitäten häufig aus dem Fokus geraten. Forschung zu queeren Beziehungen zeigt nur *wenig Unterschiede zu gegengeschlechtlichen Beziehungen* auf, was Partnerschaftsprozesse, -qualität und -dynamik angeht (z.B. Joyner, Manning & Prince, 2019). Ein nennenswerter Unterschied ist der erhebliche Prozentsatz an LGBTQ+-Menschen, der in verschiedenen Arten von *einvernehmlich nicht monogamen Beziehungen* lebt, wie etwa offene, swingende oder polyamore Beziehungen (mehr hierzu ▶ Kap. 6).

Statistisch auffällig ist eine Überschneidung zwischen sexuell vielfältigen Populationen und geschlechtlich vielfältigen Populationen wie trans*, genderqueer und nicht-binären Identitäten.[10] Die Anzahl junger Menschen, die sich als geschlechts-

---

8 Unklar ist, ob die Tatsache, dass dies bei biologischen Frauen verbreiteter ist als bei biologischen Männern, evolutionär bedingt ist (Anpassungsleistung von Frauen an jegliche Situation, um ihr Überleben zu sichern) oder ein Effekt sozialer Erwünschtheit (es ist gesellschaftlich weniger akzeptabel für Männer, Männer zu begehren als für Frauen, Frauen zu begehren).

9 Erst die kommenden Jahrzehnte werden zeigen, ob diese mit zunehmender Normalisierung abnimmt.

10 Diese kann hier nicht ausführlich diskutiert werden. Ein möglicher Grund für diesen Overlap können gemeinsame biologische/hormonelle Einflüsse sein. Den Einfluss prominenter Merkmale wie sexuelle Orientierung auf die gefühlte Andersartigkeit bezogen auf

divers und/oder sexuell fluide definieren, nimmt zu.[11] Über den Verlauf der Liebesbeziehungen von geschlechtsdiversen Menschen ist kaum etwas bekannt. In ihren Jugendjahren weisen sie Klinikern zufolge häufig negative Körperbilder auf, die den Einstieg in partnerschaftliche Sexualität erschweren könnten. Die australische »Trans & Gender Diverse Sexual Health«-Studie (Holt et al., 2021) untersuchte über 1.600 Teilnehmende, die sich als trans* und/oder nicht-binär identifizierten. Über die Hälfte war in einer festen Beziehung. Die sexuelle und romantische Zufriedenheit war eher niedrig. Dies war vor allem bei älteren Menschen mit wenig Zugang zu trans*-affirmativer Beratung und zur queeren Community der Fall. Ca. 39 % der Teilnehmenden gaben an, besorgte und ängstliche Gefühle gegenüber partnerschaftlicher Sexualität zu verspüren.

2.4 Entwicklungsperspektiven auf Partnerschaft

2.4.1 Das Fundament der Liebe – Kindheit und Jugend

Attraktion im Sinne leidenschaftlicher Verliebtheit in einen anderen Menschen lässt sich *bereits weit vor Einsetzen der Pubertät* feststellen (Cacciatore, Korteniemi-Poikela & Kaltiala, 2019). Im Jugendalter ist leidenschaftliche Verliebtheit dann sogar weiter verbreitet als im jungen Erwachsenenalter (Hill, Blakemoore & Drumm, 1997). Dennoch sind beginnende intime Beziehungen im Jugendalter zunächst noch mehr auf die Stärkung des eigenen Selbstkonzepts und des sozialen Status ausgerichtet. Der Beziehungscharakter wird erst schrittweise ausgebaut. Hierfür bieten Familienbeziehungen einen zentralen Ausgangspunkt. Ein *positives Familienklima* und *starker familiärer Zusammenhalt* in der Herkunftsfamilie fördern wesentliche Beziehungskompetenzen wie prosoziales Verhalten, Kommunikationsfähigkeiten und Empathie (Fosco, Van Ryzin, Xia & Feinberg, 2016). Heranwachsende in solchen Familien haben eine höhere Wahrscheinlichkeit, später enge, intime und befriedigende Beziehungen einzugehen (z. B. Masarik et al., 2013). Ein konfliktbelastetes Aufwachsen und ein rigider Erziehungsstil bringen hingegen jeweils ein erhöhtes Risiko für schlechtere Problemlösung und geringeres Engagement in der Liebesbeziehung mit sich (Topham, Larson & Holman, 2015). Freundschaften mit Gleichaltrigen, die zunehmend von Kommunikation und gegenseitiger Unterstützung geprägt sind, stellen einen wichtigen Schritt in Richtung Liebesbeziehung dar, denn in ihnen können zwischenmenschliche Kompetenzen sich emotional verfestigen und ausgebaut werden (Adamczyk & Segrin, 2016). In Längsschnittstudien

---

das eigene Geschlecht und deren Zusammenhang mit Geschlechtsinkongruenz diskutieren Perry, Pauletti & Cooper (2019).
11 Dies wird in der Community zum Teil auch kritisch gesehen, vielleicht, weil die hart erkämpfte kategoriale Identität (»Ich bin schwul und das ist gut so«) durch Fluidität in Zweifel gezogen werden könnte (Tierney, Spengler, Schuch & Grzanka, 2021).

lassen sich mittlerweile *Ketten der Beziehungsfähigkeit* ablesen: Von sicherer Bindung im Säuglingsalter über positive Beziehungen zu Gleichaltrigen und ersten Liebesbeziehungen bis hin zu emotional stabilen Beziehungen im frühen Erwachsenenalter (Simpson, Collins, Tran & Haydon, 2007; Kansky, Allen & Diener, 2019). Gleichzeitig sind diese Ketten nicht so stark, dass von einem schlichten Determinismus auszugehen wäre. Neue Partner ermöglichen auch neue Erfahrungen, die Beziehungskompetenzen stärken können.

Forschung zur Kindheit in belasteten Familiensituationen wie *Armut, Suchtbelastung oder chronischer gesundheitlicher Beeinträchtigung* zeigt, dass die Auswirkungen dieser Risikolagen auf die Kinder ebenfalls oft über familiäre Beziehungen transportiert werden (Conger, Conger & Martin, 2010; Bröning, 2023). Sind diese Beziehungen weiterhin intakt, verliert der spezifische Risikofaktor allein deutlich an Bedeutung (Hohm et al., 2017). Und auch andersherum stimmt diese Gleichung: *Erfahrungen von Misshandlung und Vernachlässigung durch nahe Bezugspersonen* bergen kulturübergreifend und unabhängig von der sozialen Lage der Familie ein Risiko für die sozialen und emotionalen Kompetenzen der Betroffenen im Erwachsenenalter (Raby et al., 2019;).

Zur *Bedeutung elterlicher Trennung* und Neuverpartnerung im Kindes- und Jugendalter für die spätere Liebesbeziehung wurde intensiv geforscht. Nachdem sich in den 1980er und 1990er Jahren herausstellte, dass der Erhalt bestehender Bindungen für bessere Entwicklungsergebnisse sorgte, wurde das Recht des Kindes auf Kontakt zu seinen Bezugspersonen 1998 in Deutschland rechtlich verankert. Die daraus resultierende Frage nach dem Wohnort des Kindes, der Organisation multilokaler Betreuung, der Verteilung finanzieller Ressourcen und der emotionalen Bewältigung der Trennung bei fortgesetztem Kontakt fordern Familien in der Trennungssituation weiterhin sehr heraus (Walper, Entleitner-Phleps, & Langmeyer, 2020). Die meisten Kinder zeigen zunächst Belastungssymptome, deren Intensität davon abhängt, wie viele solcher Stressoren im Zuge der Trennung auftreten, und wie viele protektive Faktoren (z. B. soziale Unterstützung durch Freunde und Familie) dem entgegen stehen (Walper, Amberg & Langmeyer, 2022). Ob die *Entwicklung der Kinder langfristig beeinträchtigt bleibt,* hängt auch hier wieder maßgeblich von der *psychischen Verfassung der Eltern* (vor allem der Mutter, die oft die Hauptbetreuungsperson bleibt), der *Erziehungsqualität und der Qualität der Eltern-Kind-Beziehungen, zum Teil auch von der Finanzlage der Familie ab.* Die psychische Verarbeitung der Trennung durch die leiblichen Eltern und deren Kooperation in der Elternrolle spielen eine zentrale Rolle (Hadfield et al., 2018). Ebenfalls bedeutsam sind die Ausgangsbedingungen vor der Trennung (*Selektion*), d. h., das Vorhandensein problematischer Merkmale schon vor der Trennung (Fomby & Cherlin, 2007), die die Entwicklung der Kinder auch über die Trennung hinweg beeinflussen und reine Trennungseffekte relativieren.

Für Jugendliche fällt die Auswirkung familiärer Einflüsse deutlich geringer aus, was die Bedeutung *früher* Beziehungserfahrungen unterstreicht. *Nach 1–2 Jahren erholen sich die meisten Kinder von einer elterlichen Trennung* (Amato, 2010) *und unterscheiden sich als Gesamtgruppe in vielen Studien nicht mehr von Kindern nicht getrennter Eltern* (Walper & Wendt, 2010). Nachhaltig betroffen sind sozioökonomisch benachteiligte Kinder, bei denen die familiären Ressourcen nicht ausreichen, um den Effekt einer Trennung abzufedern (Zartler, 2021). Der Einfluss neuer Partner und des Aufwachsens in zusammengesetzten Familien ist uneinheitlich, es lassen sich in Summe weder klare Vorteile noch klare Nachteile erkennen. Auch hier ist ausschlaggebend, ob die Familienbeziehungen sich dadurch insgesamt verbessern oder nicht (Raley & Sweeney, 2020). Häufige Wechsel sind aus Bindungsperspektive eher problematisch, und das gemeinsame Erziehen fällt in Stieffamilien etwas schwerer als in Kernfamilien (Heintz-Martin, Entleitner-Phlebs & Langmeyer, 2015). Einige Studien fanden, dass die *Liebesbeziehungen von erwachsenen Kindern getrennter Eltern instabiler* waren (Zartler, 2021). Amato und Patterson (2017) zeigten, dass sich für jede Trennung der Eltern die Wahrscheinlichkeit eigener Trennung um 16 % erhöhte. Allerdings zeigte ihre Analyse auch, dass das Aufwachsen in einer konfliktbelasteten Kernfamilie diese Wahrscheinlichkeit um 22 % erhöhte. In solchen Lagen werden wichtige Beziehungsfertigkeiten nicht gelernt (Beckh, Bröning, Walper & Wendt, 2013). Auch negative Erwartungen an Liebesbeziehungen können hier entstehen, die weitreichende Konsequenzen für das eigene Beziehungsleben haben (Arocho, 2021). Wenngleich auch hier Selektion und genetische Vulnerabilität eine Rolle spielen dürften, so ist die Forschungslage an dieser Stelle doch eindeutig: *Fortgesetzte und intensive elterliche Konflikte in der elterlichen Zusammenarbeit (»Co-Parenting«) fördern Bindungsunsicherheit in Kindern*, unterminieren die emotionale Sicherheit des Kindes und richten die Aufmerksamkeit der Eltern weg von ihren Kindern (van Eldik et al., 2020; Lux, Christ & Walper, 2021). Die Folgen aus diesem Erleben machen sich in zukünftigen Liebesbeziehungen bemerkbar (Braithwaite et al., 2016).

2.4.2 Erwachsen werden: Partnerwahl und Institutionalisierung der Liebe

Wege in eine Partnerschaft sind selbstbestimmter geworden. Das Internet und soziale Medien ermöglichen es, vielfältige Lebensstile kennenzulernen und sich auch partnerschaftlich auszuprobieren. Nicht sehr verändert haben sich hingegen Partnerwahlkriterien. Eine große Studie in 45 Ländern (Walter et al., 2020) bestätigte erneut, was frühere Studien zur *Partnerwahl* herausfanden: Global gesehen bevorzugen Männer nach wie vor attraktive, jüngere Partnerinnen, während Frauen etwas ältere Männer mit finanziellen Ressourcen bevorzugen. Freundlichkeit, Intelligenz und Gesundheit waren für beide Geschlechter wichtige Partnerwahlkriterien. Begegnen sich zwei Menschen in der realen (oder auch zunächst in der digitalen Welt, z.B. über eine Dating-App), ist die subjektive Attraktivität zunächst von großer Bedeutung. Dennoch spielt psychologisch gesehen auch *wahrgenommene Ähnlichkeit* von Beginn an eine große Rolle, wenn auch häufig unbewusst. Ist diese sichergestellt, wird auch Komplimentarität bedeutsam, d.h. ein potenzieller Partner weist Merkmale auf, die das eigene Profil vermissen lässt. Dieser Filterprozess erfolgt bei gegen- und gleichgeschlechtlicher Partnerwahl gleichermaßen (Diamond & Butterworth, 2008). Warum funktionieren die Algorithmen der Dating-Portale dann nicht besser? Sigelmann & Rider (2014) spekulieren, dass Dating-Portale die Dynamik der Interaktionen zwischen den potenziellen Partnern nicht vorhersagen können: Die (Al-)Chemie muss stimmen. Offenbar ist das Wahrnehmen eines potenziellen Partners mit allen Sinnen zu einem möglichst frühen Stadium sinnvoll, um auch intuitiv wahrgenommene, unbewusste Komponenten der Kompatibilität mit einzubeziehen.

Was die feste Bindung in der Paarbeziehung angeht, *ist eine frühe Festlegung im jungen Erwachsenenalter auf dem Rückzug.* Vielmehr hat sich die (Ausbildungs-)Zeit nach der Schule als eine Phase ausgeprägt, in der sich viele Merkmale des Erwachsenwerdens erst langsam entwickeln (daher auch die Bezeichnung »emerging adulthood« = sich herausschälendes Erwachsenalter) für diese Zeit (Arnett, 2015). Zu diesen Merkmalen zählen nicht nur die Institutionalisierung der Liebe z. B. durch Heirat oder Familiengründung, sondern auch Identitätsentwicklung, Selbstfokus, mobile Wohn- und instabile Finanzsituationen. Seiffge-Krenke (2022) zeigt in ihrem Forschungsüberblick, dass auch die Paarbeziehungen der 20–30-Jährigen von dieser langen »Dazwischen«-Phase betroffen sind, die auch emanzipatorischen Entwicklungen und der Vereinbarkeit von Karriere und Partnerschaft geschuldet sei. Häufig werde Intimität aufgeschoben, würden – gefördert durch Online-Dating-Methoden – unverbindliche Sexualität und flüchtige Romantik gelebt. Ob mit dieser zeitlichen Verschiebung auch ein *dauerhafter Nachteil in der Entwicklung von Bindungssicherheit* oder gar der »Niedergang von Bezogenheit und Verbindlichkeit« (S. 326) verbunden ist, muss beobachtet werden. Jedenfalls steigen die Stabilitäts- und Qualitätswerte mit zunehmendem Heiratsalter deutlich an (z. B. Lampard, 2013), was neben finanzieller Sicherheit auch mit der Reife der Partner erklärt wird (Wagner, 2020).

Ist ein Partner gefunden, der sich für ein langfristiges *Commitment* eignet, steht grundsätzlich die Frage an, *ob auch geheiratet werden sollte.* Oder lieber unverheiratet zusammenleben? In Deutschland gaben im Jahr 2020 74 % der Befragten an, heiraten sei generell noch zeitgemäß (Statista, 2022). Weithin überwiegt die *Präferenz für eine lebenslange Partnerschaft, jedoch sind alternative Modelle verfügbarer und erreichbarer.* In einer Studie mit jungen Erwachsenen im Großraum von New York City (Gerson, 2010) zeigte sich, dass die große Mehrheit der Befragten das Ideal einer dauerhaften, egalitären Partnerschaft teilte. Aber die Befragten hielten sich einen Plan B offen und bemühten sich um finanzielle Unabhängigkeit, falls eine egalitäre Partnerschaft nicht funktioniere. Das romantische Ideal scheint dennoch ungebrochen: Hochzeiten werden als Fest der Liebe gefeiert, häufig im Kreis der Verwandten und Freunde. Die *Verweildauer im Flitterwochenglück* ist allerdings im Durchschnitt eher kurz. So stellen z. B. Asselmann und Specht (2022) fest, dass die Lebenszufriedenheit in den Jahren vor dem Zusammenziehen eines Paares oder der Hochzeit zunahm, etwa ein Jahr später aber wieder abnahm.

Unterm Strich legen die meisten vergleichenden Studien, die sich mit der Ehe befassen, Positives nahe: Verheiratete Menschen haben einen besseren allgemeinen Gesundheitszustand und weniger psychische Probleme als nicht-verheiratete Menschen (Kalmijn, 2017). Bei getrenntlebenden Paaren (ungefähr 6–10 % der Paarbeziehungen) sind die Studien uneinheitlicher. Auswirkungen dieses Lebensmodells auf das Wohlbefinden scheinen vom Alter des Paares abzuhängen und davon, ob das Modell selbst gewählt ist oder durch Lebensumstände wie berufliche Notwendigkeiten entsteht. Es mehren sich die Forschungshinweise darauf, dass sich die Unterschiede im Wohlbefinden zwischen verheirateten und unverheiratet zusammenlebenden Menschen in Europa angleichen (Perelli-Harris, Hoherz, Lappegård & Evans, 2019).

2.4.3 Erwachsen sein: Familiengründung und das Leben in der festen Partnerschaft

Nicht alle Paare können oder wollen Familien gründen. Ungewollte Kinderlosigkeit kann eine sehr schwierige Erfahrung sein, jedoch *sind kinderlose Paare im Schnitt nicht unzufriedener* als Paare mit Kindern (Bures et al., 2009). In den Jahren der Kindererziehung sind sie sogar zufriedener (Hansen, 2012). Der *Übergang zur Elternschaft bringt für eine Partnerschaft häufig nicht nur Erfüllung und einen Beitrag zur persönlichen Entwicklung mit sich, sondern auch Stress und Belastung.* Es gilt, die Mehrarbeit und die finanzielle Belastung zu schultern sowie die Kinderbetreuung zu organisieren, körperliche Veränderungen durch die Schwangerschaft zu verarbeiten, in die neue Identität als Elternteil hineinzuwachsen. Die *Partnerschaftszufriedenheit* sinkt im ersten Jahr nach der Geburt des Kindes und auch im weiteren Verlauf ab (van Scheppingen et al., 2018). Wie gravierend der Einschnitt ist, hängt im Bevölkerungsvergleich von vorhandenen sozialen und finanziellen Ressourcen ab. Das Vorhandensein von familienfreundlichen gesetzlichen Regelungen ist ebenfalls ein wichtiger Einflussfaktor (Berger & Carlson, 2020).

Zu beobachten ist in dieser Phase eine Verschiebung in Richtung traditioneller Geschlechtsrollen und Arbeitsteilung, die auch als der *elterliche Imperativ* bezeichnet wird, d.h., Frauen spezialisieren sich in Kinderbetreuungsaufgaben und übernehmen deutlich mehr Aufgaben im Haushalt, während Männer sich auf ihre Rolle als Ernährer fokussieren. Fragen von Gerechtigkeit, Fairness und beruflicher Selbstverwirklichung werden dadurch relevanter. Diese Aufteilung, die immer noch auch ideologisch gerahmt wird (»das Kind gehört zur Mutter«), ist auch eine Folge noch unzureichender Kinderbetreuungsstrukturen im Krippenbereich, deren Ausbau hinter dem wachsenden Bedarf herhinkt (Bergmann, Scheele & Sorger, 2019; Meiner-Teubner & Kopp, 2023). Auch wenn sich diese *Rollenverteilung* in Deutschland langsam abschwächt, ist sie nach wie vor vorhanden und manifestiert sich z.B. durch den damit einhergehenden Karriereknick bei Frauen, zu deren Ungunsten sich Machtverhältnisse und somit auch die Beziehungszufriedenheit nach Geburt eines Kindes eher verschieben (Thomeer, Umberson & Reczek, 2020). Doch es trifft beide Partner: *Paare, die in dieser Phase in traditionellen Geschlechterrollen agieren, sind unzufriedener als egalitär organisierte Paare*, bei denen die Elternrolle von beiden Eltern ausgefüllt wird (McClain & Brown, 2017).

Nach wie vor sind *Frauen typischerweise aktiver in der Beziehungspflege* (Umberson et al, 2016). In vielen Studien zeigen sich Merkmale von Frauen als einflussreicher für die Paarbeziehungsqualität (van Egeren, 2003). Sie werden als die »Architekten« der elterlichen Zusammenarbeit beschrieben (Mangelsdorf et al., 2011). Die höhere Beziehungslast für Frauen bietet auch Erklärungspotenzial für Konflikte in (heterosexuellen) Paarbeziehungen – Frauen trennen sich häufiger und sind häufiger unzufrieden in der Beziehung (Kalmijn & Poortman, 2006). Im Verlauf einer Liebesbeziehung werden *partnerschaftliche Merkmale* wie gemeinsame Werte und Einstellungen, Kommunikation und Problemlösung, Häufigkeit von gemeinsamen Aktivitäten und Gesprächen, Ausgewogenheit gegenseitiger Unterstützung für die Paarzufriedenheit im Vergleich zu emotionaler Intensität und physischer Attraktivität immer bedeutsamer (Schmitt, Kliegel & Shapiro, 2007). Die Kräfte der oben mit der Metapher der Alchemie bezeichneten partnerschaftlichen Interdependenz bilden in allen Bereichen zunehmend stabilerer Muster. Immer deutlicher schält sich heraus, dass Menschen in langfristigen Partnerschaften *linked lives*, d. h. verknüpfte Leben führen. Die *enge gegenseitige Beeinflussung ist dabei weitreichend* und betrifft nicht nur die oben dargestellte Bindungsdynamik, sondern auch emotionale Stabilität (Proulx, Ermer & Kanter, 2017), Sexualität, berufliche Entwicklung (Solomon & Jackson, 2014) und den Umgang mit Stress.

Vor allem die *partnerschaftliche Stressbewältigung* hat sich angesichts des gesellschaftlichen Leistungsdrucks, familiärer Anforderungen und Stress erzeugenden Ereignissen wie die Covid-19-Pandemie *als zentrales Merkmal langfristiger partnerschaftlicher Zufriedenheit herausgestellt* (Bodenmann & Cina, 2006). Paare können Stress durch Arbeitslosigkeit, Kindererziehung oder Krisen gemeinsam bewältigen, indem sie Bewältigungsstrategien wie das Kommunizieren von Stressgefühlen oder gegenseitige emotionale oder praktische Unterstützung anwenden (Bodenmann, Randall & Falconier, 2016). In einer Untersuchung über fünf Jahre hinweg konnte Guy Bodenmann an Hinweisen auf erfolgreiche Stressbewältigung über 73 % der Paare richtig den Kategorien »stabil-zufrieden, stabil-unglücklich, getrennt/geschieden« zuordnen (Bodenmann & Cina, 2006). Damit hat die gemeinsame Bewältigung von Stress einen starken Einfluss auf die Zukunft einer Partnerschaft. Bindungssichere Paare tun dies erfolgreicher (Gagliardi et al., 2013). Nicht zu unterschätzen ist hierbei der *biopsychologische Einfluss von Bindung als Beruhigungsform*. Ditzen et al. (2008) fanden in einer Tagebuchstudie mit Paaren, dass der Hormonspiegel des Stresshormons Cortisol bei Zärtlichkeiten im Alltag signifikant niedriger war, vermutlich durch das Hormon Oxytocin, das bei Körperkontakt ausgeschüttet wird – so wie zwischen Mutter und Kind.

Eng mit Bindung und Verbundenheit, aber auch mit Alltagsbewältigung und -stress verknüpft ist die Entwicklung der Sexualität in längeren Beziehungen. Hier zeigt sich eine große Bandbreite und Vielfalt in der Sexualfrequenz, den Sexualpraktiken und dem Stellenwert von Sexualität zwischen Personen. Gleichzeitig ist generell eine Abnahme der sexuellen Aktivität über die Zeit zu sehen, die auch an das Lebensalter geknüpft ist (Briken, 2021). Bezüglich der sexuellen Zufriedenheit ist die Datenlage uneinheitlich. In der repräsentativen GESiD-Studie (Briken, 2021) zeigten sich sexuell aktive Alleinstehende mit ihrer Sexualität deutlich unzufriedener als Befragte in einer festen Partnerschaft, wobei die Zufriedenheit mit der Sexualität über die Beziehungsdauer hinweg abnahm. In einer Befragung zu »Optimaler Sexualität« waren es häufiger ältere Langzeitpaare, die äußerst zufrieden mit ihrer Sexualität waren und diese als intensiv, verschmelzend und sogar transzendent bezeichneten (Kleinplatz et al., 2009). Im Kontrast dazu verglich Kislev (2020) Verheiratete, unverheiratet Zusammenlebende und weitere Personengruppen (Singles, geschieden-zusammenlebend etc.) des pairfam-Panels (einer umfangreichen Längsschnittstudie aus Deutschland) bezogen auf ihre Lebenszufriedenheit und ihre sexuelle Zufriedenheit und stellte fest, dass verheiratete Personen niedrigere Werte aufwiesen als die anderen Gruppen, z. B. bezogen auf sexuelle Kommunikation, sexuellen Selbstwert und Sexualfrequenz. Singles berichteten bessere Werte in sexueller Kommunikation und sexuellem Selbstwert.[12] Ihre Unzufriedenheit mit der Sexualität war nur mit der Sexualfrequenz verbunden. Kishlev schließt daraus, dass die Ehe als Institution nicht zwingend die Sexualität verbessert, sondern lediglich (so wie nicht-verheiratete Formen der Partnerschaft) die Wahrscheinlichkeit erhöht, dass sich ein Sexualpartner in Reichweite befindet.

Probleme im Bereich der partnerschaftlichen Sexualität sind ein *Teil der Beziehungsdynamik* (Birnbaum, 2019). Themen wie Macht, Versorgung, Enttäuschung nehmen Einfluss auf die partnerschaftliche Sexualität, genau wie weitere Einflüsse: Die individuelle Lovemap, die vielleicht in der Partnerschaft nicht vollständig gelebt werden kann, Vorstellungen über Geschlechterrollen in der Sexualität (z. B. Männer begehren, Frauen werden begehrt) oder (sub-)kulturelle Vorstellungen von Sexualität, wie sie sich z. B. in der queeren Community ausprägen. Zu wenig Beachtung finden häufig die *Folgen früher Traumatisierungen und sexualisierter Gewalt* (Büttner et al., 2014; Witting & Busby, 2019). Solche Erlebnisse sind weit verbreitet. Jede 13.–14. Frau erlebte einer Repräsentativbefragung zufolge bis zum ihrem 16. Lebensjahr sexuellen Missbrauch mit Berührung, während es bei den Männern »nur« jeder 67. Mann war (Stadler, Bieneck & Wetzels, 2012). Daraus resultierende Traumafolgen beinhalten häufiger Aversion gegen körperliche Berührung und Vermeidung von Sexualität, seltener riskantes Sexualverhalten und damit potenzielle Reviktimisierung innerhalb der Partnerschaft (Büttner, 2014; Claassen, Palesh & Aggarwal, 2005). Sexuelle Übergriffe, genau wie auch weitere Gewalterfahrungen, beeinträchtigen nicht nur das Erleben genussvoller Sexualität, sondern haben tiefgreifende Wirkung auf Persönlichkeit und Gefühlsleben.

2.4.4 Übergänge, Trennungen und Neuanfänge

Zufriedenheitsverläufe in Partnerschaft und Familie erweisen sich in neuerer Forschung als vielfältiger als noch vor kurzem gedacht. Die *Mehrheit der Personen in bestehenden Partnerschaften ist und bleibt insgesamt zufrieden* (Karney & Bradbury, 2020). Hierfür haben Menschen, die als junge Erwachsene positive intime Beziehungen führen, die besten Chancen (Adamczyk & Segrin, 2016). Huston (2009) stellte dagegen fest, dass, verglichen mit Paaren, die nach 13 Jahren noch glücklich verheiratet waren, *unglücklich verheiratete Paare schon von Anfang an eine eher niedrige Beziehungsqualität berichteten*. Auch *Persönlichkeitseigenschaften* wirken sich auf die Beziehungszufriedenheit aus, wie z. B. Neurotizismus und Gewissenhaftigkeit (negativ) sowie Offenheit für neue Erfahrungen (positiv; White, Hendrick & Hendrick, 2004). Das Fehlen positiver Beziehungsmuster und -ressourcen ist ein zentraler Trennungsgrund, seltener auch ein Vorstellungsgrund in der Paartherapie, die

---

12 Sexueller Selbstwert wurde z. B. durch das Statement »Ich bin ein guter Sexualpartner« erfasst, sexuelle Kommunikation z. B. durch die Aussage »Wenn ich etwas beim Sex möchte, zeige oder sage ich es.«

häufig erst als letztes Mittel aufgesucht wird. Darunter liegen oft tiefer gehende Differenzen in Themenbereichen wie Beziehungsgerechtigkeit, Machtgefälle, Verständnis, Unterstützung und Versorgung. Vielfach musste das Paar mit mehreren Stressoren wie Krankheit, Schwierigkeiten in der Erziehung oder finanziellen Problemen kämpfen, so dass sich ungute Strukturen und emotionale Distanzierung ohne ausreichende Gegenwehr verfestigen konnten.

Meston und Buss (2007) stellen fest, dass der Wunsch nach emotionaler Nähe und intensiver Beziehung einer der häufigsten Gründe dafür ist, Sex zu haben. Und so stellt eine *heimliche Außenbeziehung* dann einen verbreiteten (oft unbewussten) Lösungsversuch zur Deckung der in der Partnerschaft wahrgenommenen Defizite dar. In der Paartherapie beschreiben Menschen mit Affären, dass sie sich durch diese wieder lebendig fühlen. Die *Aufdeckung* oder das Geständnis außerehelichen Sexualverkehrs hat negative emotionale Konsequenzen für den Partner, geht mit Gefühlen von Wut und Scham einher und löst häufig eine Trennung aus (Frisco, Wenger, & Kreager, 2017). Bei einer Umfrage von Elite-Partner (2017; »Wann würden Sie sich am ehesten trennen?«) belegte »eine längere Affäre« den ersten Platz, 77 % der Repräsentativstichprobe würde sich deshalb trennen (im Vergleich: nur 22 % würden sich »wegen anhaltender Sex-Flaute« trennen).

Unumstritten ist auch der *Selektionseffekt* beim Zustandekommen einer Trennung/Scheidung: Negative Einflüsse im Vorfeld der Trennung (z. B. Bindungsunsicherheit, hohes Konfliktniveau, Psychopathologie) erhöhen gleichzeitig die Wahrscheinlichkeit einer Trennung, eines schwereren Verlaufs und eines dauerhaft niedrigeren Wohlbefindens (Cherlin, Kiernan & Chase-Lansdale, 1995). Eltern mit mehr als einem Kind trennen sich hingegen seltener. Auch hier ist Selektion im Spiel, weil Paare mit niedrigerem Commitment weniger Kinder zusammen bekommen (Loter, Arránz Becker, Mikucka & Wolf, 2019). Die erhöhte psychische Vulnerabilität (s. o.) sexueller Minoritäten dürfte deren höhere Trennungsrate begünstigen, jedoch wurden die genauen Gründe für letztere bislang zu wenig untersucht.

Aktuell beträgt die *durchschnittliche Ehedauer bei einer Scheidung 14,5 Jahre*, Trennungen finden daher – bei einem durchschnittlichen Heiratsalter von 32,3 Jahren für Frauen und 34,8 Jahren für Männer – im mittleren Erwachsenenalter statt. Die Scheidungsrate (Zahl der Ehescheidungen relativ zur Zahl der Eheschließungen) betrug in Deutschland im Jahr 2021 knapp 40 %.[13] Wer sich trennt, ist also in guter Gesellschaft. Trotzdem wird eine *Trennung* nach einer Langzeitbeziehung von den meisten Menschen als krisenhaft erlebt, denn sie führt typischerweise innerhalb eines relativ kurzen Zeitraums zu einer *Kumulation von Belastungsfaktoren*. Der Verlust einer Bindungs- und Bezugsperson, oft auch von Freundschaften und sozialer und emotionaler Unterstützung, sowie die Anpassungsleistung daran, allein zu leben, erhöhen das Risiko negativer Auswirkungen auf Gesundheit und Wohlbefinden (Amato, 2000; Leopold & Kalmijn, 2016; Tosi & van den Broek, 2020). Eine Vielzahl von Studien fand im Zuge von Trennungen und Scheidungen negative Folgen für die physische und psychische Gesundheit, das Wohlbefinden und die

---

13 Sie lag 1960 bei 11 %, 2005 bei 52 % (Höchststand), 2018 bei 33 % (Tiefstand seit 1990) und steigt seitdem wieder an.

Lebenszufriedenheit (Hewitt and Turrell, 2011; Hewitt et al., 2012; Sbarra et al., 2014; Sbarra, 2015; Leopold & Kalmijn, 2016; Hald et al., 2020).

Bei der Frage nach langfristigen Trennungsfolgen gehen die Forschungsmeinungen auseinander: Das *chronische Belastungsmodell* geht davon aus, dass die Kumulation von Belastungsfaktoren über die Zeit zu einem zu einem *dauerhaft niedrigeren Niveau bezüglich Gesundheit und Wohlbefinden* führt, weil sie sich auf die Fähigkeit auswirken kann, wie mit zukünftigen belastenden Lebensereignissen umgegangen wird. Das *Krisenmodell* geht davon aus, dass sich das Wohlbefinden nach einer Anpassungsphase wieder auf den individuellen »Sollwert des Individuums« zurückbewegt, der durch Gene und stabile Persönlichkeitsfaktoren ein stabiles Ausgangsniveau hat (Lucas, 2016). Bislang sprechen mehr Befunde für das Krisenmodell, auch bei älteren Populationen (Tosi & van den Broek, 2020).

Einige Studien weisen darauf hin, dass *Elternschaft ein wichtiger Moderator für die Bewältigung einer Trennung* ist. Ungefähr die Hälfte aller Ehescheidungen betrifft minderjährige Kinder.[14] In Deutschland ist fast ein Viertel der Eltern mit minderjährigen Kindern getrennt, drei Viertel davon haben noch Kontakt zum anderen Elternteil und zu dem jüngsten Kind aus der früheren Partnerschaft. Kalmijn und Leopold (2016) fanden in deutschen Paneldaten eine *stärkere Abnahme des persönlichen Wohlbefindens bei Eltern von kleinen Kindern* (0–4 Jahre) nach der Trennung im Vergleich zu kinderlosen Trennungspaaren und Paaren mit älteren Kindern. Weitere Studien bestätigen, dass *Eltern im Vergleich zu kinderlosen Paaren nach einer Trennung länger belastet bleiben* (Loter et al., 2019).

Anhaltende Konflikte im Co-Parenting sind besonders belastend für Eltern und Kinder (s. o.). Die Umstellung der Haushaltsgemeinschaft auf eine binukleare Familie ist nicht einfach zu bewältigen und kann noch lange nachwirken. In 5–10 % der Trennungen bleibt die elterliche Zusammenarbeit auf Dauer hochgradig konfliktbelastet, auch mit wiederholten gerichtlichen Auseinandersetzungen (Fichtner et al., 2010). Es sind vielschichtige Prozesse, die *hochstrittigen Beziehungslagen* nach der Trennung zugrunde liegen. Hier setzen sich die oben beschriebenen Konfliktthemen fort, denn auch bezogen auf Sorge, Umgang und Unterhalt können auf einer tieferen Ebene Kämpfe um Gerechtigkeit, Macht und Versorgung ausgetragen werden. Betroffene Eltern sehen sich in der Situation, trotz Verletzungen und unbewältigter Emotionalität einvernehmlich miteinander kooperieren zu müssen, ohne hierfür eine tragfähige Basis zu finden. Kinder, die zwischen die Fronten eskalierender Trennungskonflikte geraten, erleben vielfach Loyalitätskonflikte, weil sie überfordernde Entscheidungen treffen oder Botschaften zum anderen Elternteil übermitteln sollen. Elterliche Vulnerabilitäten wie geringe Reflexionsfähigkeit und Verträglichkeit tragen zu den Konflikten bei, die häufig bereits vor der Trennung vorhanden waren (Fichtner et al., 2010).

Eskalierende Konflikte sind mit Gewalt in der Partnerschaft assoziiert (Bonache, Gonzalez-Mendez & Krahé, 2019), so dass eine Trennung in diesem Fall zunächst sinnvoll erscheint. Jedoch lassen sich die Konflikte durch eine Trennung häufig schwer auflösen, vor allem, wenn Auseinandersetzungen vor Gericht sie weiter be-

---

14 Im Jahr 2021 waren 121.777 minderjährige Kinder von der Scheidung ihrer Eltern betroffen.

feuern. Diese zusätzliche Eskalation kann einerseits durch die juristische Logik von *Schuld und Richterspruch* entstehen, andererseits durch Rechtsanwälte, die im Sinne ihrer Mandanten harte Anschuldigungen ins Feld führen, die die Schuld des anderen Elternteils belegen sollen. Hochstrittig getrennte Eltern stellen Beratende vor große Herausforderungen (Bröning, 2011), da in diesen Situationen ein elterliches Co-Parenting einerseits rechtlich vorgegeben, andererseits kaum möglich erscheint. Die unverschuldet Leidtragenden sind die Kinder (s.o.), jedoch sind auch die ehemaligen Partner in eskalierter Trennung nachhaltig betroffen. Sie erleben sich tendenziell als im Kampf benachteiligt und erfahren Gefühle von Wut, Hass und Verachtung (Fichtner et al., 2010).

Doch auch in weniger eskalierten Nachtrennungslagen kann es *verdeckte elterliche Konflikte* und wechselseitige Unterminierungen der Eltern-Kind-Beziehung geben. Was auf den ersten Blick als unproblematisches paralleles Co-Parenting erscheint, weil die Eltern wenig Kontakt, aber auch wenig Konflikte miteinander haben, erwies sich in einer Studie als untergrabendes Co-Parenting, d.h., die Eltern werteten gegenüber den Kindern den anderen Elternteil und dessen Erziehungsbemühungen ab (Lamela et al., 2016). Das spricht dafür, dass Eltern eher unabhängig voneinander erziehen und sich wenig abstimmen, wenn es Probleme in der Zusammenarbeit und wenig Konsens gibt. Nur zu leicht führen das gegenseitige Misstrauen, die emotionalen Vorbehalte bis Feindseligkeiten der Eltern und die offenen Rechnungen dazu, dass Mütter und Väter – oft beidseitig – einen unterschwelligen Koalitionsdruck auf betroffene Kinder ausüben (van Dijk, 2022). Bei solchem *untergrabenden Co-Parenting* wiesen die Kinder ebenso erhöhtes externalisierendes Problemverhalten auf wie bei hochkonflikthaftem Co-Parenting (Lamela et al., 2016).

Die *Qualität neuer Partnerschaften nach der Trennung* im Vergleich zur früheren Langzeitbeziehung wurde bisher meist im Kontext von Familien mit Kindern untersucht. Wenn Kinder aus früheren Beziehungen vorhanden sind, haben diese ältere Rechte, so dass Konflikte zwischen Subsystemen und Probleme mit Grenzziehung häufig vorkommen (Ganong et al., 2019). Zudem haben neu verpartnerte oder verheiratete Erwachsene frühere Beziehungserfahrungen gemacht, die ihr späteres Verhalten beeinflussen. So fanden mehrere Studien, dass Überzeugungen wie »Finanzen sollten getrennt bleiben«, »Kinder haben Priorität« oder »unsere Erfolgschance ist gering« negativ mit dem Zusammenhalt des Paares zusammenhingen (Garneau, Higginboth & Adler-Baeder, 2015). Hier zeigen sich möglicherweise Beziehungsthemen wie Vertrauen und Commitment, die – vielleicht aus gutem Grund – durch die erfolgte Trennung gelitten haben. Dafür sprechen auch Befunde aus dem *pairfam*-Panel, die zeigen, dass frühere Beziehungserfahrungen, z.B. die Beziehungsdauer, einen Einfluss auf die emotionale Sicherheit in der späteren Beziehung hatten. *Wiederverheiratungen sind tendenziell weniger stabil als Erst-Ehen*, und diese Tatsache kann zum Anstieg der *grauen Scheidungen* beigetragen haben (Raley & Sweeney, 2020). Inwiefern der zeitweise Zuwachs an Scheidungen im höheren Erwachsenenalter, aber auch die spezifischen Erfahrungen bestimmter Kohorten, z.B. der Baby-Boom-Kohorten, widerspiegelt, bleibt aktuell noch eine offene Frage.

2.4.5 Paarbeziehung im höheren Erwachsenenalter

Auch *in der zweiten Lebenshälfte lässt sich die zunehmende Vielfalt von Beziehungsformen* erkennen: Im mittleren Erwachsenenalter steigt der Anteil der Partner- und Kinderlosen sowie der nicht-ehelichen Lebensgemeinschaften an (Engstler & Tesch-Römer, 2010). Aus den längsschnittlichen Daten des deutschen Alterssurvey (DEAS) lassen sich wichtige Informationen über das Wohlbefinden von Personen im Alter zwischen 40 und 90 Jahren entnehmen. So nimmt die Gesundheit kontinuierlich ab, die soziale Isolation kontinuierlich zu und für die Lebenszufriedenheit, Depressivität und Einsamkeit verläuft die Kurve glockenförmig: Ab ca. 40 Jahren nimmt zunächst die Lebenszufriedenheit zu, die Depressivität und wahrgenommene Einsamkeit ab. Ab 65–70 Jahren verläuft die Entwicklung jedoch umgekehrt. Das Depressionsrisiko ist dabei für Frauen größer, für Männer hingegen das Risiko sozialer Isolation (Vogel, Wettstein & Tesch-Römer, 2019).

Älterwerden ist somit facettenreich und eine rein defizitäre Perspektive ist nicht hilfreich: Die überwiegende Mehrheit älterer Menschen ist mittlerweile weder sozial isoliert noch einsam, wozu auch die digitalen Möglichkeiten beigetragen haben dürften. Auch der Auszug der eigenen Kinder, alltagssprachlich zwar als »empty nest« (leeres Nest) bezeichnet, scheint Eltern empirisch nicht dauerhaft zu belasten, vielmehr erleben sie auch belohnende Momente ihrer Generativität durch die zunehmende Eigenständigkeit der Kinder (Sigelman & Rider, 2014). Dennoch werden Huxhold und Engstler (2019) zufolge auch zukünftig immer noch mehrere hunderttausend ältere Menschen von sozialer Isolation und Einsamkeit betroffen sein. Eine Untersuchung fokussierte das *Wohlbefinden älterer LGBTQ-Menschen* (Fredriksen-Goldsen et al., 2013) und identifizierte Risiko- und Schutzfaktoren: Viktimisierung, internalisiertes Stigma sowie gesundheitliche Beeinträchtigungen beeinflussten es negativ, während soziale Unterstützung einen Schutzfaktor darstellte.

Mit Blick auf die gestiegene Lebenserwartung und die Bedeutung sozialer Unterstützung stellen Paarbeziehungen für ältere Menschen einen besonders protektiven Faktor dar (Algilani et al., 2014). In langjährigen Ehen funktioniert der Partner oftmals als die wichtigste soziale Bezugsperson. Unverheiratete Paare hingegen verfügen oft über ein größeres soziales Netzwerk (Whitton & Kuryluk, 2012). Kneale et al. (2014) fanden, dass ältere LGBTQ-Menschen mit deutlich höherer Wahrscheinlichkeit in ihrer Vergangenheit eine größere Anzahl Partnerschaften in häuslicher Gemeinschaft hatten, weniger Langzeitbeziehungen hatten und im Alter von 50 Jahren seltener in einer Beziehung waren, obwohl sie der Partnerschaft und der Ehe die gleiche Bedeutung beimaßen. Einige Untersuchungen zeigen, dass Langzeitbeziehungen bei älteren Paaren ein verstärktes Wiedererwachen positiver Interaktionen erleben, vielleicht weil die Anforderungen an Elternschaft abnehmen, vielleicht aber auch aufgrund positiver Entwicklungen in der Emotionsregulation (Chonody & Gabb, 2019). Dabei hängt die Zufriedenheit der in einer Paarbeziehung lebenden älteren Menschen nicht von der äußeren Form der Partnerschaft ab (Klaiberg, Brähler & Schumacher, 2001). Gleichzeitig stellen Langzeitpaare auch eine hoch selektive Gruppe mit sehr stabilen Zufriedenheitswerten dar, denn weniger zufriedene Paare haben auch oft eine kürzere Beziehungsdauer (Totenhagen et al., 2016). Die Bindungssicherheit beider Partner wird über die Jahre immer ähnlicher (Bröning & Wartberg, 2022), Aspekte von Freundschaft werden immer wichtiger. Danach gefragt, was ihnen am besten in der Beziehung gefällt, nannte über die Hälfte der 55–65 Jahre alten befragten Personen Aspekte von Kameradschaft, miteinander entspannt sein und zusammen lachen (Chonody & Gabb, 2019).

Nur 4% hielten *Sexualität und körperliche Zuneigung* für die beste Eigenschaft ihrer Beziehung. Dennoch sind Menschen im höheren Erwachsenenalter nicht postsexuell, auch wenn sie häufig so stereotypisiert werden (Lehmiller, 2017), sondern weiterhin sexuell aktiv. In Deutschland gaben 81% der Männer und 74% der Frauen zwischen 66 und 75 in einer festen Partnerschaft an, in den letzten vier Wochen Sex gehabt zu haben (Dekker et al., 2020). Wenig Forschung hat sich bislang mit der *Qualität des Silver Sex*, wie Sexualität älterer Erwachsener manchmal genannt wird, befasst. Diese an Normvorstellungen jüngerer Menschen zu messen, erscheint wenig sinnvoll. *Hormonelle Veränderungen beeinflussen das sexuelle Begehren beider Geschlechter*, jedoch sind negative Erwartungen diesbezüglich sogar noch einflussreicher für das Sexualverhalten (Gillespie, Hibbert & Sanguinetti, 2017). In einer europäischen Studie sagten eine positive Einstellung gegenüber altersbedingten Veränderungen in der Sexualität, frühere Sexualfrequenz und Beziehungszufriedenheit die sexuelle Zufriedenheit vorher (Fischer, Træen & Hald, 2021). Die physische Gesundheit spielt ebenfalls eine wichtige Rolle für die Sexualfrequenz (Briken, 2021; Klaiberg, Brähler & Schumacher, 2001). Viele ältere Menschen in festen Beziehungen führen also weiterhin ein aktives Sexualleben. *Ihre sexuellen Gesundheitsbedürfnisse werden allerdings oft ignoriert* oder bleiben unberücksichtigt, z. B., wenn es um die sexualbezogenen Folgen einer Erkrankung geht (Gillespie, Hibbert & Sanguinetti, 2017).

2.5   Schlussfolgerungen und Fazit

Eingangs wurde das Spannungsfeld beschrieben, in dem sich Paarbeziehungen im 21. Jahrhundert befinden: Sie sollen bei den stetig wachsenden Anforderungen der Leistungsgesellschaft Glück und Wohlgefühl bieten, die individuelle Entwicklung jedoch nicht beeinträchtigen. Oft wird diese Hoffnung nicht erfüllt, mit erheblichen Folgen für die von Trennung betroffenen Menschen und ggf. ihre Kinder. Die in diesem Kapitel zitierte Forschung ist überwiegend aus dem anglo-amerikanischen Sprachraum, und lässt sich nur bedingt auf hiesige Verhältnisse übertragen. Zudem unterliegen Geschlechter- und Beziehungsverhältnisse in vielen Ländern weiterhin einem stetigen Wandel und sehen überdies je nach Kultur und Milieu auch noch sehr verschieden aus. Trotz dieser Einschränkungen stellt sich die Frage, *was sich aus den Befunden der psychologischen Forschung über Paarbeziehungen im 21. Jahrhundert lernen lässt? Welche Denkansätze können hilfreich sein, um eine Brücke zu schlagen zwischen Wunsch und Wirklichkeit?* Es folgen einige Überlegungen zu dieser Frage, wohl wissend, dass jede Erkenntnis – zeitlich und räumlich – Stückwerk bleibt und mit der Realität eines konkreten Paares in dessen Sozialraum abgeglichen werden muss.

1. Auf die Qualität kommt es an.

Menschen starten mit sehr unterschiedlichen Ausgangsbedingungen in ihr Beziehungsleben. Zum einen wirkt eine gesellschaftliche Komponente auf sie ein, denn Beziehungsqualität ist zum Teil auch eine Form von *white privilege:* In einer Metaanalyse, die 42 Jahre umfasste, waren Bildung, ethnische Zugehörigkeit und Stressniveau (also zwei strukturelle und eine psychologische Variable) die stärksten Einflüsse auf Beziehungsqualität. Auf individueller Ebene entfaltet sich die »Beziehungsfähigkeit«, d.h. die soziale, emotionale, kommunikative Kompetenz eines Menschen in der Interaktion mit frühen Bezugspersonen, in Freundschaften, bis in die intimen Beziehungen hinein. Hierbei werden in Kindheit und Jugend wesentliche Grundlagen gelegt, doch sind Veränderungen von Merkmalen wie Bindungssicherheit auch im Erwachsenenalter möglich. Diese kann trotz ungünstiger Ausgangsbedingungen stabiler werden, wenn in Partnerschaften neue, korrigierende Erfahrungen erfolgen.

Menschen in *länger währenden Partnerschaften* sind emotional eng miteinander verbunden. Die spezielle Alchemie ihrer Verbindung, deren *kommunikative Eigendynamik*, prägt das Geschehen nach einiger Zeit stärker als die Persönlichkeit jedes Einzelnen. Die Bedeutung von äußerlichen Beziehungsformen, z.B. die Frage danach, ob man verheiratet ist, tritt dahinter zurück. In Umfragen berichten die glücklichsten Menschen auch die höchsten Zufriedenheitswerte in ihren sozialen Beziehungen. Doch ist die Interdependenz in Liebesbeziehungen so hoch, dass die Frage nach dem Huhn und dem Ei nicht leicht zu beantworten ist: Sind Beziehungen glücklicher Menschen gut oder sind diese Menschen glücklich, weil sie in einer guten Beziehung leben? Dies ist ein schwebender, oszillierender Vorgang.

In der Stärkung von nahen Beziehungen können Paartherapie und Prävention einen wichtigen Beitrag leisten (▶ Kap. 10), vielleicht sogar auch für Kinder und Erwachsene in Trennungsfamilien, denen die erworbenen Beziehungskompetenzen in der schwierigen Trennungssituation zugutekommen können. Die Inanspruchnahme psychosozialer Beratung ist für jüngere Menschen selbstverständlicher geworden. Digitale Angebote wie die neu entwickelte, staatlich geförderte Plattform STARK (stark-familie.info) bieten einen niedrigschwelligen Zugang. Dies stimmt hoffnungsvoll, denn die frühe Inanspruchnahme professioneller Hilfe bei Beziehungsproblemen ist von hohem präventivem Nutzen. Effektiver Umgang mit zehrendem Alltagsstress kann Paaren helfen, ihre Beziehungsqualität zu erhalten, auch in schwierigen Lebenslagen. Die Sexualität kann dabei eine wichtige Ressource sein, geht aber häufig in der Alltagsbewältigung, vor allem in jungen Familien, unter. Die Anforderungen von Familie und Beruf in der Rush Hour des Lebens sind der größte Liebeskiller unserer Zeit, weshalb Paare und Familien zu Recht Anspruch auf Unterstützung und Entlastung haben. Kommt es zu einer Trennung, sollten der Erhalt positiver Familienbeziehungen und eine gute elterliche Zusammenarbeit das Ziel präventiver Bemühungen sein. Im höheren Erwachsenenalter ist eine stabile Paarbeziehung eine zentrale Ressource und ein wichtiges (wenn auch nicht das einzige) Mittel gegen soziale Vereinsamung.

2. Der Körper spielt eine wichtige Rolle.

Zunehmend belegt die verbesserte Methodologie psychologischer Forschung, dass der Körper weit mehr ist als eine niedrigere Daseinsform im Vergleich zu Hochgeistigem. Körper, Gedanken und Gefühle sind untrennbar miteinander verbunden. Die Wurzeln unserer Beziehungsfähigkeit sind physiologisch verankert sind: in Stresssensitivität und -verarbeitung, in der Regulation negativer Affekte in der Kommunikation, in der neuronalen Speicherung von traumatischen Erinnerungen. All diese Dinge beeinflussen die Fähigkeit, andere Menschen als Quelle von Unterstützung zu nutzen, den Belohnungscharakter sozialer Interaktion und die Selbstberuhigung. Physiologische Grundlagen für Beziehungsschwierigkeiten werden somit durch die Familienbeziehungen über Generationen hinweg weitergegeben. Positive Beziehungsführung hingegen fördert die Gesundheit, reduziert Stress und sogar das Sterblichkeitsrisiko (Ditzen et al., 2019; Holt-Lunstad et al., 2017). Noch spielt der Körper in der Paarberatung und -prävention eine untergeordnete Rolle. Doch Ansätze wie Achtsamkeit und Embodiment haben begonnen, dieser Tatsache Rechnung zu tragen.

Auch unsere Love Map, d.h., das Spektrum unseres sexuellen Begehrens ist im Körper gespeichert, weil unsere ersten Erfahrungen mit körperlicher Begegnung vorsprachlich, d. h., dem autobiographischen Gedächtnis gar nicht zugänglich sind. Vor dem Hintergrund der Bedeutung der Physiologie erlangen körperliche Zärtlichkeit und Sexualität einen größeren Stellenwert. Als physiologische Art des Kontaktes stellen diese angesichts der Bedeutung des Körpers ein wichtiges Vehikel für heilsame Entwicklung im Leben eines Menschen dar. Als Sonderform der Kommunikation fließen in die Sexualität auch unsere sozialen und emotionalen Kompetenzen ein. Hier zeigen sich Gendereffekte. Während das Stereotyp vom harten Mann endlich endgültig sterben darf, damit Männer in der Architektur von Beziehungen künftig mehr mitmischen, sind Frauen aufgefordert, sich sexuell zu emanzipieren. Eine vertrauensvolle Paarbeziehung ist hierfür ein wichtiges Lernfeld. Nach David Schnarch (2004) stellt sie den »Schmelztiegel« dar, in dem sich tiefsitzende Bedürfnisse und Vulnerabilitäten zeigen, und der somit die Möglichkeit bietet, sich in deren Exploration und Expression zu entwickeln.

3. Mehr Vielfalt für die Liebe.

Während die physiologischen Grundlagen der Liebe universell sind, wird diese in jedem kulturellen Wandel neu konstruiert und beschrieben. Gegenwärtig sind Monogamie, lebenslange Treue und umfassendes Liebesglück das Ideal, das junge Menschen anstreben. Die Medien tragen dazu erheblich bei. Doch die Fallhöhe ist hoch, wie das *Erstickungsmodell* der Liebe beschreibt: Wie kann die Verbindung mit einem anderen Menschen, der genau wie ich verletzlich und fehlerhaft ist, über lange Zeit nicht nur halten, sondern auch noch eine dauerhafte Glücksquelle sein?

Dass dies oft nicht möglich ist, belegen empirische Daten, jedoch zeigen sie auch, dass Beziehungsglück sich über die Lebensspanne wandelt und Personen in der zweiten Lebenshälfte wieder zufriedener in ihrer Beziehung werden. Somit wird hier für eine *realistischere Perspektive auf die Liebe* plädiert. Das Glück eines Lebens resultiert aus der Balance vieler sozialer Beziehungen und Erfüllungsmöglichkeiten in Beruf und Freizeit, genau wie auch aus einer liebevollen Beziehung mit sich selbst. All dies bringt Sauerstoff in das Glücksgefüge. Dabei soll nur zum Teil in das »Lob der Vernunftehe« (Retzer, 2009) eingestimmt werden, vielmehr sollte die Lebensspanne einer Beziehung mehr in den Köpfen Einzug halten. Diese enthält im besten Falle von Anfang an Romantik, Freundschaft, Teamgeist und gegenseitige Unterstützung, aber die Mischungsverhältnisse dürfen sich wandeln und unterschiedlich ausprägen. Die Liebe darf vielfältiger werden und mehr Entwicklungsdimensionen (Bleckwedel, 2014) erhalten, sie darf auch freiheitlicher werden und Phasen der eigenen Entwicklung beinhalten. Ein längerer Atem, mehr Respekt gegenüber der gemeinsamen Biografie und eine höhere Akzeptanz der unterschiedlichen *Jahreszeiten* einer Beziehung dürfte auch die Sexualität wieder beleben, indem das Element des *Fremden*, *Unbekannten* erneut Einzug hält. Dieses ist nach Auffassung der Paartherapeutin Esther Perel (2007) belebender Sauerstoff für die partnerschaftliche Erotik.

Ein zunehmender Prozentsatz vor allem an jüngeren Menschen hegt den Wunsch nach mehr erotischer Freiheit innerhalb einer Langzeitbeziehung, ohne dass eine Trennung erfolgen muss. Polyamore oder offene Beziehungen außerhalb der Monogamie-Norm werden in der queeren Community deutlich häufiger gelebt. Über solch *vielfältigere Liebesbeziehungen* können wir von Menschen lernen, die im Hinblick auf die Liebe ohnehin aus der Norm fallen, z. B. was ihr Begehren oder Geschlechtsempfinden angeht. Diese Menschen erleben ähnliche Grundprozesse in ihren Beziehungen, bringen aber thematische und biographische Themen mit sich, die in der Beratung stärker berücksichtigt werden sollten (Nichols, 2020). Gleichzeitig weitet sich der Blick in den Möglichkeitsraum der Beziehungsführung (Conley & Moors, 2014). Jede Beziehungsform hat ihre Schattenseiten, und dennoch: Es könnte mehr Optionen für die Liebe geben als das hetero-mono-normative romantische Standardideal. Die kunstvolle Balance von Verbundenheit und Autonomie, die Menschen von Anbeginn ihres Lebens beschäftigt, wandelt sich über den Lebensverlauf. Dieser Wandel könnte zukünftig mehr Berücksichtigung finden.

Literatur

Acevedo, B. P. & Aron, A. P. (2014). Romantic love, pair-bonding, and the dopaminergic reward system. In M. Mikulincer & P. R. Shaver (Eds.), *Mechanisms of social connection: From brain to group* (pp. 55–69). American Psychological Association. DOI 10.1037/14250-004

Adamczyk, K. & Segrin, C. (2016). The mediating role of romantic desolation and dating anxiety in the association between interpersonal competence and life satisfaction among polish young adults. *Journal of adult development*, 23(1), 1–10.

Ainsworth, M. S. (1989). Attachments beyond infancy. *American psychologist, 44(4)*, 709.
Ainsworth, M. D., Blehar, M., Waters, E. & Wall, S. (1978). Patterns of attachment. A psychological study of the strange situation. *Psychology Press*.
Algilani, S., Ostlund-Lagerström, L., Kihlgren, A., Blomberg, K., Brummer, R. J. & Schoultz, I. (2014). Exploring the concept of optimal functionality in old age. *J Multidiscip Healthc, 7*, 69–79.
Amato, P. R. (2010). Research on divorce: Continuing trends and new developments. *Journal of marriage and family, 72(3)*, 650–666.
Amato, P. R. & Patterson, S. E. (2017). The intergenerational transmission of union instability in early adulthood. *Journal of Marriage and Family, 79(3)*, 723–738.
Arnett, J. J. (Ed.). (2015). *The Oxford handbook of emerging adulthood*. Oxford University Press.
Arocho, R. (2021). Changes in expectations to marry and to divorce across the transition to adulthood. *Emerging Adulthood, 9(3)*, 217–228.
Asselmann, E. & Specht, J. (2022). Changes in happiness, sadness, anxiety, and anger around romantic relationship events. *Emotion.* Advance online publication. DOI 10.1037/emo0001153
Beckh, K., Bröning, S., Walper, S. & Wendt, E. V. (2013). Liebesbeziehungen junger Erwachsener aus Scheidungsfamilien: eine Beobachtungsstudie zur intergenerationalen Transmission des Scheidungsrisikos. *Zeitschrift für Familienforschung, 25(3)*, 309–330.
Berger, L. M. & Carlson, M. J. (2020). Family policy and complex contemporary families: A decade in review and implications for the next decade of research and policy practice. *Journal of Marriage and Family, 82(1)*, 478–507.
Bergmann, N., Scheele, A. & Sorger, C. (2019). Variations of the same? A sectoral analysis of the gender pay gap in Germany and Austria. *Gender, Work & Organization, 26(5)*, 668–687.
Birnbaum, G. E. & Reis, H. T. (2019). Evolved to be connected: The dynamics of attachment and sex over the course of romantic relationships. *Current opinion in psychology, 25*, 11–15.
Bleckwedel, J. (2014). *Entwicklungsdimensionen der Liebe: Wie Paarbeziehungen sich entfalten können*. Vandenhoeck & Ruprecht.
Bode, A. & Kushnick, G. (2021). Proximate and ultimate perspectives on romantic love. *Frontiers in psychology*, 1088.
Bowlby, J. (1979). *The making and breaking of affectional bonds*. London, UK: Tavistock.
Bodenmann, G. & Cina, A. (2006). Stress and coping among stable-satisfied, stable-distressed and separated/divorced swiss couples: A 5-year prospective longitudinal study. *Journal of Divorce and Remarriage, 44(1–2)*, 71–89.
Bodenmann, G., Randall, A. K. & Falconier, M. K. (2016). Coping in couples: The systemic transactional model (STM). In M. K. Falconier, A. K. Randall, & G. Bodenmann (Eds.), *Couples coping with stress: A cross-cultural perspective* (pp. 5–22). New York, NY: Taylor & Francis.
Bonache, H., Gonzalez-Mendez, R. & Krahé, B. (2019). Adult attachment styles, destructive conflict resolution, and the experience of intimate partner violence. *Journal of interpersonal violence, 34(2)*, 287–309.
Braithwaite, S. R., Doxey, R. A., Dowdle, K. K. & Fincham, F. D. (2016). The Unique Influences of Parental Divorce and Parental Conflict on Emerging Adults in Romantic Relationships. *Journal of Adult Development, 23(4)*, 214–225.
Briken, P., Dekker, A., Cerwenka, S., Pietras, L., Wiessner, C., von Rüden, U. & Matthiesen, S. (2021). Die GeSiD-Studie »Gesundheit und Sexualität in Deutschland «–eine kurze Einführung. *Bundesgesundheitsblatt-Gesundheitsforschung-Gesundheitsschutz, 64(11)*, 1334–1338.
Briken, P. (2019). Wiederholungszwang, Selbstvertauschungsagieren und Pädophilie. *Psyche, 73(5)*, 363–390.
Bröning, S. & Wartberg, L. (2022). Attached to your smartphone? A dyadic perspective on perceived partner phubbing and attachment in long-term couple relationships. *Computers in Human Behavior, 126*, 106996.
Bröning, S. (2011). Charakteristika von Hochkonflikt-Familien. In S. Walper, J. Fichtner, K. Normann-Kossak (Hrsg.), *Hochkonflikthafte Trennungsfamilien. Forschungsergebnisse, Praxiserfahrungen und Hilfen für Scheidungseltern und ihre Kinder*. München: Juventa.

Bröning, S. (2009). *Kinder im Blick: Theoretische und empirische Grundlagen eines Gruppenangebotes für Familien in konfliktbelasteten Trennungssituationen.* Waxmann Verlag.

Bures, R. M., Koropeckyj-Cox, T. & Loree, M. (2009). Childlessness, parenthood, and depressive symptoms among middle-aged and older adults. *Journal of Family Issues, 30*(5), 670–687.

Büttner, M., Dulz, B., Sachsse, U., Overkamp, B. & Sack, M. (2014). Trauma und sexuelle Störungen. *Psychotherapeut, 59*(5), 385–391.

BzgA – Bundeszentrale für gesundheitliche Aufklärung (2020). Jugendsexualität 9. Welle. Zentrale Ergebnisse. Verfügbar unter www.forschung.sexualaufklaerung.de/jugendsexualitaet/jugendsexualitaet-neunte-welle [17.01.2023].

Cherlin, A. J., Kiernan, K. E. & Chase-Lansdale, P. L. (1995). Parental divorce in childhood and demographic outcomes in young adulthood. *Demography, 32*(3), 299–318.

Chonody, J. M. & Gabb, J. (2019). Understanding the role of relationship maintenance in enduring couple partnerships in later adulthood. *Marriage & Family Review, 55*(3), 216–238.

Classen, C. C., Palesh, O. G. & Aggarwal, R. (2005). Sexual revictimization: A review of the empirical literature. *Trauma, violence, & abuse, 6*(2), 103–129.

Coan, J. A., Beckes, L., Gonzalez, M. Z., Maresh, E. L., Brown, C. L. & Hasselmo, K. (2017). Relationship status and perceived support in the social regulation of neural responses to threat. *Social cognitive and affective neuroscience, 12*(10), 1574–1583.

Cooke, J. E., Kochendorfer, L. B., Stuart-Parrigon, K. L., Koehn, A. J. & Kerns, K. A. (2019). Parent–child attachment and children's experience and regulation of emotion: A meta-analytic review. *Emotion, 19*(6), 1103.

Conger, R. D., Conger, K. J. & Martin, M. J. (2010). Socioeconomic status, family processes, and individual development. *Journal of marriage and family, 72*(3), 685–704.

Conley, T. D. & Moors, A. C. (2014). More oxygen please!: How polyamorous relationship strategies might oxygenate marriage. *Psychological Inquiry, 25*(1), 56–63.

de Graaf, H. & Rademakers, J. (2011). The psychological measurement of childhood sexual development in Western societies: Methodological challenges. *Journal of Sex Research, 48*(2–3), 118–129.

Dekker, A., Matthiesen, S., Cerwenka, S., Otten, M. & Briken, P. (2020). Health, Sexual Activity, and Sexual Satisfaction: Selected Results From the German Health and Sexuality Survey (GeSiD). *Deutsches Ärzteblatt International, 117*(39), 645.

Diamond, L. M. (2021). The New Genetic Evidence on Same-Gender Sexuality: Implications for Sexual Fluidity and Multiple Forms of Sexual Diversity, The Journal of Sex Research, 58:7, 818–837, https://www.tandfonline.com/doi/full/10.1080/00224499.2021.1879721

Diamond, L. M. & Butterworth, M. (2008). Questioning gender and sexual identity: Dynamic links over time. *Sex roles, 59*(5), 365–376.

Ditzen, B., Eckstein, M., Fischer, M. & Aguilar-Raab, C. (2019). Partnerschaft und Gesundheit. *Psychotherapeut, 64*(6), 48–488.

Ditzen, B., Hoppmann, C. & Klumb, P. (2008). Positive couple interactions and daily cortisol: On the stress-protecting role of intimacy. *Psychosomatic medicine, 70*(8), 883–889.

Ein-Dor, T., Mikulincer, M., Doron, G. & Shaver, P. R. (2010). The attachment paradox: How can so many of us (the insecure ones) have no adaptive advantages? *Perspectives on Psychological Science, 5*(2), 123–141.

ElitePartner (2022). *Beziehungen 2022: Das erwarten Frauen und Männer von einer Partnerschaft.* Verfügbar unter www.elitepartner.de/studien/beziehungsbeduerfnisse-2022 [15.08.2022].

ElitePartner (2021). *So liebt Deutschland.* Verfügbar unter https://www.elitepartner.de/studien/download/ [20.11.2023].

Engstler, H. & Tesch-Römer, C. (2010). Lebensformen und Partnerschaft. *Altern im Wandel. Befunde des Deutschen Alterssurveys (DEAS), 1*, 163–187.

Fichtner, J., Dietrich, P. S., Halatcheva, M., Hermann, U. & Sandner, E. (2010). Kinderschutz bei hochstrittiger Elternschaft. *Wissenschaftlicher Abschlussbericht. Deutsches Jugendinstitut e.V., München.*

Finkel, E. J., Cheung, E. O., Emery, L. F., Carswell, K. L. & Larson, G. M. (2015). The suffocation model: Why marriage in America is becoming an all-or-nothing institution. *Current Directions in Psychological Science, 24*(3), 238–244.

Fischer, N., Træen, B. & Hald, G. M. (2021). Predicting partnered sexual activity among older adults in four European countries: the role of attitudes, health, and relationship factors. *Sexual and Relationship Therapy*, 36(1), 3–21.

Fisher, H. E., Aron, A. & Brown, L. L. (2006). Romantic love: a mammalian brain system for mate choice. *Philosophical Transactions of the Royal Society B: Biological Sciences*, 361(1476), 2173–2186.

Fomby, P. & Cherlin, A. J. (2007). Family instability and child well-being. *American sociological review*, 72(2), 181–204.

Fosco, G. M., Van Ryzin, M. J., Xia, M. & Feinberg, M. E. (2016). Trajectories of adolescent hostile-aggressive behavior and family climate: Longitudinal implications for young adult romantic relationship competence. *Developmental psychology*, 52(7), 1139.

Fraley, R. C. & Davis, K. E. (1997). Attachment formation and transfer in young adults' close friendships and romantic relationships. *Personal relationships*, 4(2), 131–144.

Fredriksen-Goldsen, K. I., Emlet, C. A., Kim, H. J., Muraco, A., Erosheva, E. A., Goldsen, J. & Hoy-Ellis, C. P. (2013). The physical and mental health of lesbian, gay male, and bisexual (LGB) older adults: The role of key health indicators and risk and protective factors. *The Gerontologist*, 53(4), 664–675.

Frisco, M. L., Wenger, M. R. & Kreager, D. A. (2017). Extradyadic sex and union dissolution among young adults in opposite-sex married and cohabiting unions. *Social Science Research*, 62, 291–304.

Gagliardi, S., Bodenmann, G., Heinrichs, N., Bertoni, A. M., Iafrate, R. & Donato, S. (2013). Unterschiede in der Partnerschaftsqualität und im dyadischen Coping bei verschiedenen bindungsbezogenen Paartypen. *PPmP-Psychotherapie· Psychosomatik·Medizinische Psychologie*, 63(05), 185–192.

Ganong, L., Jensen, T., Sanner, C., Russell, L., Coleman, M. & Chapman, A. (2019). Linking stepfamily functioning, marital quality, and steprelationship quality. *Family Relations*, 68(4), 469–483.

Garneau, C. L., Higginbotham, B. & Adler-Baeder, F. (2015). Remarriage beliefs as predictors of marital quality and positive interaction in stepcouples: An actor–partner interdependence model. *Family process*, 54(4), 730–745.

Gerson, K. (2010). *The Unfinished Revolution: How a New Generation Is Reshaping Family, Work, and Gender in America.* New York: Oxford University Press.

Gillespie, B. J., Hibbert, K. & Sanguinetti, A. (2017). A review of psychosocial and interpersonal determinants of sexuality in older adulthood. *Current Sexual Health Reports*, 9(3), 150–154.

Girme, Y. U., Jones, R. E., Fleck, C., Simpson, J. A. & Overall, N. C. (2021). Infants' attachment insecurity predicts attachment-relevant emotion regulation strategies in adulthood. *Emotion*, 21(2), 260.

Givertz, M., Woszidlo, A., Segrin, C. & Knutson, K. (2013). Direct and indirect effects of attachment orientation on relationship quality and loneliness in married couples. *Journal of Social and Personal Relationships*, 30(8), 1096–1120.

Gottman, J. M. & Levenson, R. W. (1992). Marital processes predictive of later dissolution: Behavior, physiology, and health. *Journal of Personality and Social Psychology*, 63, 221–233.

Hadfield, K., Amos, M., Ungar, M., Gosselin, J. & Ganong, L. (2018). Do changes to family structure affect child and family outcomes? A systematic review of the instability hypothesis. *Journal of Family Theory & Review*, 10(1), 87–110.

Hald, G. M., Ciprić, A., Sander, S. & Strizzi, J. M. (2022). Anxiety, depression and associated factors among recently divorced individuals. *Journal of Mental Health*, 31(4), 462–470.

Hansen, T. (2012). Parenthood and happiness: A review of folk theories versus empirical evidence. *Social indicators research*, 108(1), 29–64.

Hatzenbuehler, M. L., Phelan, J. C. & Link, B. G. (2013). Stigma as a fundamental cause of population health inequalities. *American journal of public health*, 103(5), 813–821.

Hazan, C. & Shaver, P. (1987). Romantic love conceptualized as an attachment process. *Journal of Personality and Social Psychology*, 52(3), 511.

Heintz-Martin, V., Entleitner-Phleps, C. & Langmeyer, A. N. (2015). »Doing (step) family«: Family life of (step) families in Germany. *Journal of family Research*, 27, 65–82.

Hewitt, B. & Turrell, G. (2011). Short-term functional health and well-being after marital separation: Does initiator status make a difference? *American journal of epidemiology, 173*(11), 1308–1318.

Hewitt, B., Turrell, G. & Giskes, K. (2012). Marital loss, mental health and the role of perceived social support: findings from six waves of an Australian population based panel study. *J Epidemiol Community Health, 66*(4), 308–314.

Hill, C. A., Blakemore, J. E. O. & Drumm, P. (1997). Mutual and unrequited love in adolescence and young adulthood. *Personal Relationships, 4*(1), 15–23.

Hohm, E., Laucht, M., Zohsel, K., Schmidt, M. H., Esser, G., Brandeis, D. & Banaschewski, T. (2017). Resilienz und Ressourcen im Verlauf der Entwicklung: Von der frühen Kindheit bis zum Erwachsenenalter. *Kindheit und Entwicklung 26*(4). https://doi.org/10.1026/0942-5403/a000236

Holt, M., Broady, T., Callander, D., Pony, M., Duck-Chong, L., Cook, T. & Rosenberg, S. (2021). Sexual experience, relationships, and factors associated with sexual and romantic satisfaction in the first Australian Trans & Gender Diverse Sexual Health Survey. *International Journal of Transgender Health*, 1–11.

Holt-Lunstad, J. (2017). The potential public health relevance of social isolation and loneliness: Prevalence, epidemiology, and risk factors. *Public Policy & Aging Report, 27*(4), 127–130.

Hudson, N. W., Fraley, R. C., Brumbaugh, C. C. & Vicary, A. M. (2014). Coregulation in romantic partners' attachment styles: A longitudinal investigation. *Personality and Social Psychology Bulletin, 40*(7), 845–857.

Huston, T. L. (2009). What's love got to do with it? Why some marriages succeed and others fail. *Personal Relationships, 16*(3), 301–327.

Huxhold, O. & Engstler, H. (2019). Soziale Isolation und Einsamkeit bei Frauen und Männern im Verlauf der zweiten Lebenshälfte. In *Frauen und Männer in der zweiten Lebenshälfte* (pp. 71–89). Wiesbaden: Springer VS.

Jankowiak, W. & Fisher, E. (1992). Romantic love: A cross-cultural perspective. *Ethnology, 31*(2), 149–155.

Joyner, K., Manning, W. & Prince, B. (2019). The Qualities of Same-Sex and Different-Sex Couples in Young Adulthood. *Journal of Marriage and Family, 81*(2), 487–505.

Kalmijn, M. (2017). The ambiguous link between marriage and health: A dynamic reanalysis of loss and gain effects. *Social Forces, 95*(4), 1607–1636.

Kalmijn, M. & Poortman, A. R. (2006). His or her divorce? The gendered nature of divorce and its determinants. *European sociological review, 22*(2), 201–214.

Kansky, J., Allen, J. P. & Diener, E. (2019). The young adult love lives of happy teenagers: The role of adolescent affect in adult romantic relationship functioning. *Journal of research in personality, 80*, 1–9.

Karantzas, G. C., Feeney, J. A., Goncalves, C. V. & McCabe, M. P. (2014). Towards an integrative attachment-based model of relationship functioning. *British journal of psychology, 105*(3), 413–434.

Karney, B. R. & Bradbury, T. N. (2020). Research on marital satisfaction and stability in the 2010 s: Challenging conventional wisdom. *Journal of marriage and family, 82*(1), 100–116.

Kelley, H. H. & Thibaut, J. (1978). *Interdependence theory.* New York: Academic Press.

Kislev, E. (2020). Does Marriage Really Improve Sexual Satisfaction? Evidence from the Pairfam Dataset. *The Journal of Sex Research, 57*(4), 470–481.

Klaiberg, A., Brähler, E. & Schumacher, J. (2001). Determinanten der Zufriedenheit mit Sexualität und Partnerschaft in der zweiten Lebenshälfte. *Sexualität und Partnerschaft in der zweiten Lebenshälfte.* Gießen: Psychosozial-Verlag, 105–127.

Kleinplatz, P. J., Ménard, A. D., Paquet, M. P., Paradis, N., Campbell, M., Zuccarino, D. & Mehak, L. (2009). The components of optimal sexuality: A portrait of »great sex«. *Canadian Journal of Human Sexuality, 18*(1–2), 1–13.

Kneale, D., Sholl, P., Sherwood, C. & Faulkner, J. (2014). Ageing and lesbian, gay and bisexual relationships. *Working with older people*.

Lamela, D., Figueiredo, B., Bastos, A., & Feinberg, M. (2016). Typologies of post-divorce coparenting and parental well-being, parenting quality and children's psychological adjustment. *Child Psychiatry & Human Development, 47*, 716–728.

Lampard, R. (2013). Age at marriage and the risk of divorce in England and Wales. *Demographic Research, 29*, 167–202.

Lehmiller, J. J. (2017). *The psychology of human sexuality.* John Wiley & Sons.

Leopold, T. & Kalmijn, M. (2016). Is divorce more painful when couples have children? Evidence from long-term panel data on multiple domains of well-being. *Demography, 53*(6), 1717–1742.

Lippa, R. A. (2009). Sex differences in sex drive, sociosexuality, and height across 53 nations: Testing evolutionary and social structural theories. *Archives of sexual behavior, 38*(5), 631–651.

Litsou, K., Byron, P., McKee, A. & Ingham, R. (2021). Learning from pornography: Results of a mixed methods systematic review. *Sex Education, 21*(2), 236–252.

Loter, K., Arránz Becker, O., Mikucka, M. & Wolf, C. (2019). Mental health dynamics around marital dissolution: moderating effects of parenthood and children's age. *Zeitschrift für Familienforschung, 31*(2), 155–179.

Lucas, R. E. (2016). Adaptation and the set-point model of subjective well-being. Current Directions in Psychological Science, 16, 2, pp. 75–79. https://doi.org/10.1111/j.1467-8721.2007.00479.x

Lux, U., Christ, S. L. & Walper, S. (2021). Coparenting Problems and Parenting Behavior as Mediating Links Between Interparental Conflict and Toddlers' Adjustment Difficulties in Germany. *Zeitschrift für Kinder- und Jugendpsychiatrie und Psychotherapie.*

Masarik, A. S., Conger, R. D., Martin, M. J., Donnellan, M. B., Masyn, K. E. & Lorenz, F. O. (2013). Romantic relationships in early adulthood: Influences of family, personality, and relationship cognitions. *Personal Relationships, 20*(2), 356–373.

Mangelsdorf, S. C., Laxman, D. J. & Jessee, A. (2011). Coparenting in two-parent nuclear families. In J. P. McHale, & K. M. Lindahl (Eds.), *Coparenting: A conceptual and clinical examination of family systems* (pp. 39–59). Washington, DC: American Psychological Association.

Massey, K., Burns, J. & Franz, A. (2021). Young people, sexuality and the age of pornography. *Sexuality & culture, 25*(1), 318–336.

McLennan, D. A. (2008). The concept of co-option: why evolution often looks miraculous. Evol. Educ. Outreach 1, 247–258. https://doi.org/10.1007/s12052-008-0053-8

McClain, L. & Brown, S. L. (2017). The roles of fathers' involvement and coparenting in relationship quality among cohabiting and married parents. *Sex Roles, 76*(5), 334–345.

Meiner-Teubner, C. & Kopp, K. (2023, in Druck). Plätze und Personalschlüssel – was in den Bundesländern noch zu verbessern ist. *Impulse,* Heft 130–131.

Meston, C. M. & Buss, D. M. (2007). Why humans have sex. *Archives of sexual behavior, 36*(4), 477–507.

Mikulincer, M. & Shaver, P. R. (2012). An attachment perspective on psychopathology. *World Psychiatry, 11*(1), 11–15.

Money, J. (1986): Lovemaps: Clinical concepts of sexual/erotic health and pathology, paraphilia, and gender transposition in childhood, adolescence, and maturity. New York, NY: Irvington Publishers.

National Public Radio (2022). *Accusations of ›grooming‹ are the latest political attack — with homophobic origins.* Verfügbar unter www.npr.org [20.08.2022].

Nichols, M. (2020). *The Modern Clinician's Guide to Working with LGBTQ+ Clients: The Inclusive Psychotherapist.* Routledge.

Nolte, T., Hudac, C., Mayes, L. C., Fonagy, P., Blatt, S. J. & Pelphrey, K. (2010). The effect of attachment-related stress on the capacity to mentalize: an fMRI investigation of the biobehavioral switch model. *Journal of the American Psychoanalytic Association, 58*(3), 566–573.

Numan, M. & Young, L. J. (2016). Neural mechanisms of mother-infant bonding and pair bonding: similarities, differences, and broader implications. *Hormon. Behav.* 77, 98–112. DOI: 10.1016/j.yhbeh.2015.05.015

Pereda, N., Guilera, G., Forns, M. & Gómez-Benito, J. (2009). The prevalence of child sexual abuse in community and student samples: A meta-analysis. *Clinical psychology review, 29*(4), 328–338.

Perel, E. (2007). *Mating in captivity: Unlocking erotic intelligence* (p. 272). New York, NY: Harper.

Perry, D. G., Pauletti, R. E. & Cooper, P. J. (2019). Gender identity in childhood: A review of the literature. *International Journal of Behavioral Development, 43*(4), 289–304.

Plöderl, M. & Tremblay, P. (2015). Mental health of sexual minorities. A systematic review. *International review of psychiatry*, 27(5), 367–385.
Pöge, K., Dennert, G., Koppe, U., Güldenring, A., Matthigack, E. B. & Rommel, A. (2020). Die gesundheitliche Lage von lesbischen, schwulen, bisexuellen sowie trans-und intergeschlechtlichen Menschen. *Journal of Health Monitoring*, 5(S1), 1–30.
Proulx, C. M., Ermer, A. E. & Kanter, J. B. (2017). Group-based trajectory modeling of marital quality: A critical review. *Journal of Family Theory & Review*, 9(3), 307–327.
Quindeau, I. (2013). *Sexualität*. Gießen: Psychosozial-Verlag.
Raley, R. K. & Sweeney, M. M. (2020). Divorce, repartnering, and stepfamilies: A decade in review. *Journal of Marriage and Family*, 82(1), 81–99.
Raby, K. L., Roisman, G. I., Labella, M. H., Martin, J., Fraley, R. C. & Simpson, J. A. (2019). The legacy of early abuse and neglect for social and academic competence from childhood to adulthood. *Child development*, 90(5), 1684–1701.
Raley, R. K. & Sweeney, M. M. (2020). Divorce, repartnering, and stepfamilies: A decade in review. *Journal of Marriage and Family*, 82(1), 81–99.
Retzer, A. (2009). *Lob der Vernunftehe. Eine Streitschrift für mehr Realismus in der Liebe*. Frankfurt/M.: S. Fischer Verlag.
Retzer, A. (2004). *Systemische Paartherapie*. Stuttgart: Klett-Cotta.
Sbarra, D. A., Emery, R. E., Beam, C. R. & Ocker, B. L. (2014). Marital dissolution and major depression in midlife: A propensity score analysis. *Clinical Psychological Science*, 2(3), 249–257.
Sbarra, D. A., Hasselmo, K. & Bourassa, K. J. (2015). Divorce and health: Beyond individual differences. *Current directions in psychological science*, 24(2), 109–113.
Schmitt, M., Kliegel, M. & Shapiro, A. (2007). Marital interaction in middle and old age: A predictor of marital satisfaction? *The International Journal of Aging and Human Development*, 65(4), 283–300.
Schnarch, D. (2004). Der Weg zur Intimität. »Sexual Crucible«: Im Schmelztiegel der Sexualität. *Familiendynamik*, 29(2), 101–120.
Seiffge-Krenke, I. (2022). Partnerbeziehungen bei jungen Erwachsenen: Flucht vor der Intimität? *Psychotherapeut*, 1–10.
Sigelman, C. K. & Rider, E. A. (2014). *Life-span human development*. Boston: Cengage Learning.
Simpson, J. A., Collins, W. A., Tran, S. & Haydon, K. C. (2007). Attachment and the experience and expression of emotions in romantic relationships: a developmental perspective. *Journal of personality and social psychology*, 92(2), 355.
Solomon, B. C. & Jackson, J. J. (2014). The long reach of one's spouse: Spouses' personality influences occupational success. *Psychological Science*, 25(12), 2189–2198.
Stadler, L., Bieneck, S. & Wetzels, P. (2012). Viktimisierung durch sexuellen Kindesmissbrauch: Befunde national-repräsentativer Dunkelfeldforschung zu Entwicklungstrends in Deutschland. *Praxis der Rechtspsychologie*, 22(1), 190–220.
Sternberg, R. J. (1988). Triangulating love. In R. J. Sternberg & M. L. Barnes (Eds.), *The psychology of love* (pp. 119–138). Yale University Press.
Tierney, D., Spengler, E. S., Schuch, E. & Grzanka, P. R. (2021). Sexual orientation beliefs and identity development: A person-centered analysis among sexual minorities. *The Journal of Sex Research*, 58(5), 625–637.
Thomeer, M. B., Umberson, D. & Reczek, C. (2020). The gender-as-relational approach for theorizing about romantic relationships of sexual and gender minority mid-to later-life adults. *Journal of Family Theory & Review*, 12(2), 220–237.
Topham, G. L., Larson, J. H. & Holman, T. B. (2005). Family-of-origin predictors of hostile conflict in early marriage. *Contemporary Family Therapy*, 27(1), 101–121.
Tosi, M. & van den Broek, T. (2020). Gray divorce and mental health in the United Kingdom. *Social science & medicine*, 256, 113030.
Treboux, D., Crowell, J. A. & Waters, E. (2004). When »new« meets »old«: configurations of adult attachment representations and their implications for marital functioning. *Developmental psychology*, 40(2), 295.

Umberson, D., Thomeer, M. B., Reczek, C. & Donnelly, R. (2016). Physical illness in gay, lesbian, and heterosexual marriages: Gendered dyadic experiences. *Journal of Health and Social Behavior, 57*(4), 517–531.

Van Egeren, L. A. (2003). Prebirth predictors of coparenting experiences in early infancy. *Infant Mental Health Journal: Official Publication of The World Association for Infant Mental Health, 24*(3), 278–295.

Van Dijk, R., van der Valk, I. E., Deković, M., & Branje, S. (2022). Triangulation and child adjustment after parental divorce: Underlying mechanisms and risk factors. *Journal of Family Psychology, 36*(7), 1117–1131. DOI: 10.1037/fam0001008

Van Eldik, W. M., de Haan, A. D., Parry, L. Q., Davies, P. T., Luijk, M. P., Arends, L. R. & Prinzie, P. (2020). The interparental relationship: Meta-analytic associations with children's maladjustment and responses to interparental conflict. *Psychological Bulletin, 146*(7), 553.

Van Scheppingen, M. A., Denissen, J., Chung, J. M., Tambs, K. & Bleidorn, W. (2018). Self-esteem and relationship satisfaction during the transition to motherhood. *Journal of Personality and Social Psychology, 114*(6), 973.

Vogel, C., Wettstein, M. & Tesch-Römer, C. (2019). *Frauen und Männer in der zweiten Lebenshälfte: Älterwerden im sozialen Wandel*. Wiesbaden: Springer Nature.

Wagner, M. (2020). On increasing divorce risks. In *Divorce in Europe* (pp. 37–61). Cham: Springer.

Walper, S., Amberg, S. & Langmeyer, A. N. (2022). Familie und Trennung. In *Handbuch Familie* (pp. 549–567). Wiesbaden: Springer VS.

Walper, S. & Wendt, E. V. (Eds.). (2010). *Partnerschaften und die Beziehungen zu Eltern und Kindern: Befunde zur Beziehungs- und Familienentwicklung in Deutschland* (Vol. 24). Würzburg: Ergon Verlag.

Walper, S., Entleitner Phleps, C. & Langmeyer, A. N. (2020). Betreuungsmodelle in Trennungsfamilien: Ein Fokus auf das Wechselmodell. *Zeitschrift für Soziologie der Erziehung und Sozialisation, 40*(1), 62–80.

Walter, K. V., Conroy-Beam, D., Buss, D. M., Asao, K., Sorokowska, A., Sorokowski, P., ... & Zupančič, M. (2020). Sex differences in mate preferences across 45 countries: A large-scale replication. *Psychological Science, 31*(4), 408–423.

White, J. K., Hendrick, S. S. & Hendrick, C. (2004). Big five personality variables and relationship constructs. *Personality and individual differences, 37*(7), 1519–1530.

Wilson, K. (2020). Attitudes toward LGBT people and their rights in Europe. In *Oxford Research Encyclopedia of Politics*.

Witting, A.B. & Busby, D. (2019). The long arm of trauma during childhood: Associations with resources in couple relationships. *Journal of Marital and Family Therapy, 45*(3), 534–549.

Whitton, S. W. & Kuryluk, A. D. (2012). Relationship satisfaction and depressive symptoms in emerging adults: cross-sectional associations and moderating effects of relationship characteristics. *Journal of Family Psychology, 26*(2), 226.

Zartler, U. (2021). Children and parents after separation. In *Research Handbook on the Sociology of the Family* (pp. 300–313). Edward Elgar Publishing.

3 Biologisch angelegt *und* sozial konstruiert. Biokulturelle Grundlagen der spätmodernen Paargesellschaft[1]

Thomas Müller-Schneider

Wer die Paarbeziehung zu Beginn des 21. Jahrhunderts in einer gesellschaftlichen Krise wähnt, mag durch die Fakten irritiert werden, sie sprechen aber – auch auf internationaler Ebene – eine klare Sprache (Müller-Schneider, 2019, S. 20 ff.). Nur die allerwenigsten Menschen streben ein Liebesleben ohne feste Beziehung an und zwar völlig unabhängig davon, welche Generation man befragt. Von Wegwerfbeziehungen kann keine Rede sein. Ganz im Gegenteil, die große Mehrheit der Menschen wünscht sich auch in spätmodernen Gesellschaften nach wie vor eine lebenslange Partnerschaft. Mehr noch: Treue gehört zum Ideal fast aller Paarbeziehungen. Und das ist beileibe kein Wunschdenken. In Medienberichten wird zwar mit beeindruckend hohen Zahlen der Anschein erweckt, als sei der Seitensprung eine fast schon gewöhnliche Angelegenheit. Zieht man allerdings seriöse Datenquellen und Studien zu Rate, zeigt sich, dass solche Zahlen drastisch übertrieben sind. Sofern Untreue in einer Beziehung überhaupt vorkommt, ist sie selbst über viele Jahre hinweg eher die Ausnahme als die Regel.

Wie aber ist der erstaunliche und letztlich auch rätselhafte Befund zu erklären, dass heute nach wie vor die *Paarbeziehung* dominiert? Diese Frage wirft unmittelbar eine fundamentalere auf: Ist die *verbindliche und exklusive* Beziehung biologisch angelegt oder ist sie sozial konstruiert, also ein Produkt kultureller Schöpfung und daher – mit Blick auf das weitere 21. Jahrhundert – vielleicht doch ein gesellschaftliches Auslaufmodell? So gestellt, führt die Frage allerdings in die Irre. Die dualistische Perspektive des Entweder-oder wird der sozialen Wirklichkeit nicht gerecht, auch wenn sie ziemlich genau die aktuelle Diskussionslage trifft, in der einerseits die rein sozialkonstruktivistisch denkende Mainstreamsoziologie ein biologisches Fundament der Paarbeziehung von sich weist, andererseits genau dafür aber mehr und mehr Befunde vorgetragen werden. Man braucht, wie der folgende Beitrag zeigt, beide Perspektiven. Die Vorherrschaft des dyadischen Beziehungsmodells in der Spätmoderne ist nur *biokulturell* zu erfassen, es ist biologisch angelegt *und* sozial konstruiert.

Ausgangspunkt ist die Neigung zur verbindlichen und exklusiven Paarbindung als *Teil unseres evolutionären Erbes*. Hierfür werden wichtige Belege angeführt und im Zuge dessen auch zwei zentrale psychophysische Mechanismen der Paarbeziehung, Liebe und Eifersucht, erläutert. Die unausweichliche *biokulturelle Doppelnatur* des Menschen erfordert, wie anschließend ausgeführt wird, eine erweiterte anthropologische Sichtweise, die den Sozialkonstruktivismus einbezieht und dadurch die

---

1 Der vorliegende Beitrag basiert auf einem mehrjährigen empirischen Forschungsprojekt mit transdisziplinärer Ausrichtung (Müller-Schneider, 2019).

kontingente Kultivierung der menschlichen Natur sichtbar werden lässt. Daran anknüpfend wird die *gesellschaftliche Neukonstruktion* des dyadischen Liebeslebens unter den Lebensbedingungen der Spätmoderne aufgezeigt.

3.1 Liebe und Paarbindung: Ein Teil unseres evolutionären Erbes

Das biologische Fundament der Paarbindung liegt in der menschlichen Natur. Damit ist kein biologischer Essenzialismus gemeint, sondern eine *Ansammlung von evolutionären Anpassungen*, die aus der menschlichen Stammesgeschichte hervorgegangen sind und daher in unserem »Artgedächtnis« (Wuketits, 2013) – dem Genom – gespeichert sind. Eine dieser evolutionären Anpassungen ist die geschlechtliche Liebe. Evolutionspsychologisch gilt sie als psychischer Mechanismus, der die Funktion eines »commitment device« hat und zwei Geschlechtspartner zu einem Paar vereint und verbindlich aufeinander festlegt – zumindest bis der gemeinsame Nachwuchs das reproduktive Alter erreichen kann (Buss, 2019, S. 48; Fletcher, Simpson, Campbell & Overall, 2015). Obwohl immer wieder bezweifelt wird, ob sich Liebe überhaupt kulturübergreifend definieren lässt, liegt eine einfache, klare und zweckdienliche Begriffsbestimmung vor: Ein intensives Verlangen nach sozialer Einheit mit einer bestimmten Person (Hatfield, Bensman & Rapson, 2012, S. 144).

Unabhängig davon, ob sich die menschliche Prädisposition zur Paarbindung tatsächlich aus adaptiven Vorteilen für die Nachkommenschaft entwickelte, haben verschiedene wissenschaftliche (Teil-)Disziplinen in jüngerer Vergangenheit empirische Evidenzen geliefert, die in *ihrer Gesamtbetrachtung* kaum Zweifel daran lassen, dass die Paarbindung ein evolutionär-biologisches Fundament hat. Die Belege beziehen sich sowohl auf den psychischen Mechanismus der Liebe als auch auf die Paarbindung selbst. Sie werden unter folgenden Stichpunkten präsentiert: *Universalität, begrenzte kulturelle Unterdrückbarkeit, Neurobiologie, menschliches Paarungssystem* und *globale Verteilung von Eheformen*.

Universalität. Tief empfundene, romantische Liebe gilt häufig, auch aufgrund früher und *irreführender ethnografischer* Studien (am bekanntesten hierfür: Mead, 1928), als eine Erfindung der westlichen Kultur. Sie gehört jedoch zum Erfahrungshorizont der gesamten Menschheit. Die wohl wichtigste neuere Studie hierzu stammt von zwei amerikanischen Anthropologen, die das gesamte verfügbare ethnografische Material daraufhin untersuchten, ob sich in den betreffenden Gesellschaften Anzeichen romantisch-leidenschaftlicher Liebe finden lassen. In über 90 % von 166 erfassten Gesellschaften (darunter auch Jäger- und Sammlergesellschaften) war dies eindeutig der Fall, bei den restlichen Gesellschaften ließ vor allem der Mangel an aussagekräftigem Material kein gesichertes Urteil zu (Jankowiak & Fischer, 1992; Jankowiak & Paladino, 2008, S. 7). Die evolutionäre Literaturwissenschaft kommt zum gleichen Ergebnis. Der Prototyp romantischer Liebe zählt zu den *wichtigsten menschlichen Erzählmustern* überhaupt. In ganz unterschiedlichen kulturellen Traditionen wird von sehnsuchtsvollem Verlangen, Hingabe und Liebesgenuss erzählt (Gottschall & Nordlund, 2006; Hogan, 2003). Auch aus interkulturellen Umfragen, die insgesamt alle bewohnten Kontinente erfassen, geht hervor, dass passionierte Liebe alles andere als ein Spezifikum der westlichen Welt und zudem *kulturübergreifend messbar* ist (Buss, 2019, S. 46; Feybesse & Hatfield, 2019; Sorokowski et al., 2020).

Begrenzte kulturelle Unterdrückbarkeit. Liebe und der Wunsch nach Paarbindung treten selbst in solchen sozialen Kollektiven auf, wo man beidem ablehnend gegenübersteht (Jankowiak, 1995, S. 4). Ein aussagekräftiges Beispiel hierfür ist das sozialutopische Kollektiv der Oneida in den USA des 19. Jahrhunderts. Die Mitglieder lebten unter dem Reglement einer *komplexen Ehe*, innerhalb derer sich alle Mitglieder vereinen sollten, auch sexuell. Romantische Paarbeziehungen galten als selbstsüchtig und schädlich für die Gemeinschaft, man wollte sie so weit wie möglich unterdrücken. Als die Gemeinschaft sich nach mehreren Jahrzehnten auflöste, folgte unmittelbar eine Heiratswelle. Vor allem junge Mitglieder, die in der Gemeinschaft geboren wurden, waren gegen die Gruppenehe. Dies ist insofern bemerkenswert, als die nachwachsende Generation eben nicht unter dem Ideal der Einehe sozialisiert wurde. Offensichtlich neigte sie aus einem *inneren Impuls* heraus zur Paarbindung. Insbesondere dies deutet darauf hin, dass Liebe und Paarbindung prädisponiert und daher nicht durchgreifend zu unterdrücken sind. Ähnliche Vorgänge wie bei den Oneida lassen sich auch in sozialrevolutionären Kommunen des 20. Jahrhunderts beobachten (Müller-Schneider, 2019, S. 116 ff.).

Neurobiologie. In den vergangenen zwei Jahrzenten wurden dank neuer bildgebender Verfahren (insb. funktionale Magnetresonanztomografie, fMRT) bahnbrechende Entdeckungen zur Neurobiologie der Liebe gemacht. Eine Vielzahl von Studien (Bode & Kushnick, 2021, S. 2) lässt ein konsistentes Gesamtbild neuronaler Schaltkreise der Liebe erkennen. Es besteht aus typischen neuronalen Aktivierungsmustern, die bei Menschen mit intensiven Liebesgefühlen auftreten. Nachfolgend wird auf die für diesen Beitrag besonders relevanten Befunde eingegangen.

- Die neuronalen Schaltkreise der Liebe sind unmittelbar mit dem *Motivations- und Belohnungssystem* verbunden. Aktivierte Gehirnareale verliebter Personen weisen zusammen mit beteiligten Botenstoffen (insb. Dopamin) darauf hin, dass Liebe als starke Motivation beschrieben werden kann, die auf einen besonderen Menschen als lohnendes Ziel ausgerichtet ist (Fisher, 2007, S. 94; Ortigue, Bianchi-Demicheli, Patel, Frum & Lewis, 2010). Die Belohnung in Gestalt von intensiven positiven bis hin zu euphorischen Gefühlen wird ausgelöst, wenn verliebte Menschen sich aufeinander einlassen und beginnen, sich aneinander zu binden (Buss, 2019, S. 49). Wechselseitige Liebe formt aus zwei Individuen *eine affektive Belohnungsgemeinschaft*, in der sie emotional voneinander abhängig werden (Fisher, Brown, Aron, Strong & Mashek, 2010; Bode & Kushnick, 2021, S. 7).
- Die neuronalen Aktivierungsmuster geschlechtlicher Liebe weisen erhebliche Überlappungen mit denen mütterlicher (elterlicher) Liebe auf. Dies wird als Hinweis darauf gewertet, dass der evolutionäre Ursprung geschlechtlicher Liebe im Mutter-Kind-Bindungssystem unseres Säugetier-Erbes zu suchen ist (de Boer,

van Buel & Ter Horst, 2012, S. 119). Schon vor längerer Zeit befand Irenäus Eibl-Eibesfeldt (1970, S. 148; 2004; S. 233) im Rahmen seiner ethologischen Studien, dass Liebe *nicht in der Sexualität* wurzelt, sondern in den Verhaltensweisen der elterlichen Betreuung, die evolutionär in angepasster Form für Erwachsenenbindung übernommen wurden. Nichtsdestotrotz ist Sexualität für die Paarbindung zentral, indem sie – unter Beteiligung des Glückshormons Oxytocin – der *emotionalen Festigung* von Liebesbeziehungen dient (Eibl-Eibesfeldt, 2004, S. 323; Young & Alexander, 2012, S. 148).

- Der Bindungsprozess weist ein anthropologisch *typisches Verlaufsmuster* auf, das neurobiologisch mitbedingt ist. Der Prozess des Verliebens kann als neuronale Umorganisation beschrieben werden, bei der die Zielperson als unverwechselbares Individuum (in Abgrenzung zu anderen attraktiven Personen) in das Belohnungssystem eingebaut wird (Müller-Schneider, 2019, S. 132; Ueda & Abe, 2021). Der euphorische Zustand der Verliebtheit lässt sich allein schon aus biologischen Gründen nicht dauerhaft aufrechterhalten (Marazziti & Baroni, 2012, S. 15). Sich im Zeitablauf verändernde Aktivitätsmuster deuten darauf hin, dass (sexuelles) Verlangen und Belohnungsintensität abnehmen, dafür Affekte stärker werden, die auch an der Mutter-Kind-Bindung beteiligt sind (Müller-Schneider, 2019, 133 f.). Trennungen treten typischerweise in dieser Transformationsphase auf, wobei allerdings nicht davon auszugehen ist, dass Menschen bereits aus biologischen Gründen auf serielle Bindungen ausgerichtet sind. Denn auch bei über Jahrzehnte hinweg Liierten zeigen sich Aktivierungsmuster, die auf nach wie vor intensive Liebesgefühle hindeuten (Acevedo, Aron, Fisher & Brown, 2012).

Schon die hier nur knapp wiedergegebenen neurobiologischen Befunde erlauben ein völlig neues Verständnis der *biopsychischen Mechanismen* geschlechtlicher Liebe, zumal neuronale Aktivierungsmuster mit *subjektiv erlebten Liebesgefühlen korrespondieren.* Je stärker Probanden auf die Skala leidenschaftlicher Gefühle – eine psychologisch getestete Itembatterie zur Erfassung intensiver Liebesgefühle – ansprechen, desto stärker fällt die Aktivierung wohldefinierter Regionen im Schaltkreis der Liebe aus (Cacioppo, Bianchi-Demicheli, Hatfield & Rapson, 2012, S. 4; Müller-Schneider, 2019, S. 123). Ist aber, um den Blick wieder auf Belege für ein evolutionär-biologisches Fundament der Liebe zu lenken, allein schon die Existenz neuronaler Korrelate gefühlter Liebe ein gewichtiges Indiz? Aus strikt sozialkonstruktivistischer Sicht könnte man sich nämlich, wie etwa Clifford Geertz (1973, S. 50) dies tut, auf den Standpunkt stellen, dass die Strukturen unserer Gehirne selbst schon soziale Konstruktionen seien. Dagegen lässt sich aber erstens vorbringen, dass sich die beschriebenen Aktivierungsmuster der Liebe *kulturübergreifend manifestieren* und zweitens, dass neurobiologische Analogien des Paarbindungsmechanismus auch bei *anderen Säugetieren* (Präriewühlmäuse, verschiedene Affenarten) nachgewiesen wurden, was wiederum auf evolutionär weit zurückreichende Wurzeln menschlicher Liebe hindeutet (Müller-Schneider, 2019, S. 136, Bode & Kushnick, 2021, S. 12).

Das *menschliche Paarungssystem* liefert einen weiteren Beleg für ein biologisch-evolutionäres Fundament der Paarbindung. In der biologischen Verhaltensforschung beschreibt ein Paarungssystem das typische – wenn auch nicht zwangsläufig alleinige – sexuelle Beziehungsmuster einer Art (Dixson, 2012, S. 33). Neben Paarbindung (oder sozialer Monogamie) wird üblicherweise zwischen Promiskuität (wechselnde Geschlechtspartner ohne feste Bindung), Polygynie (Bindung eines Männchens mit mehr als einem Weibchen) sowie Polyandrie (Bindung eines Weibchens mit mehr als einem Männchen unterschieden). Der Evolutionsbiologie ist es gelungen, aus bestimmten körperlichen Merkmalen klare Rückschlüsse auf das Paarungssystem von Primaten zu ziehen (Dixson, 2012; Junker, 2018, S. 52 ff.). Besonders aussagekräftig sind das *Gewichts- bzw. Größenverhältnis* zwischen Männchen und Weibchen (sexueller Dimorphismus) sowie das *relative Hodengewicht*. Bei polygynen Arten, zu denen Gorillas gehören, sind Männchen erheblich größer und schwerer als die Weibchen. Dies hat damit zu tun, dass ein Männchen erst nach aggressiven Ausscheidungskämpfen sexuellen Zugang zu Weibchen und somit reproduktiven Erfolg hat. Der evolutionäre Selektionsdruck begünstigt größere und kräftigere Männchen, sie hinterlassen mehr Nachkommen. Bei promiskuitiven Arten, wie den Schimpansen (mit der Unterart der Bonobos), herrscht ein anderer Selektionsdruck. Weibchen paaren sich mit vielen Männchen. Der Wettkampf um Nachkommenschaft wird hier nicht durch körperliche Überlegenheit und sexuellen Zugang entschieden, sondern erst nach der Begattung mittels *Spermienkonkurrenz*. Evolutionär im Vorteil sind jetzt Männchen, die über große Hoden verfügen und viel Sperma produzieren können. Die promiskuitiven Schimpansen haben daher wesentlich größere Hoden als Gorillas, die ihren Harem aggressiv monopolisieren und somit keine Insemination durch Konkurrenten fürchten müssen.

Wo lässt sich nun Homo sapiens einordnen? Unsere Art unterscheidet sich markant sowohl von Gorillas als auch von Schimpansen. Der Gewichtsunterschied zwischen Männern und Frauen beträgt etwa 15 % und fällt damit wesentlich geringer als bei Gorillas, bei denen die Männchen oft doppelt so viel wiegen wie die Weibchen. Der bei Menschen bestehende Größenunterschied wird evolutionsbiologisch häufig als milde Polygynie interpretiert, was bedeutet, dass nur ein geringer Anteil von Männern mehr als eine Frau hat. Diese Tendenz zur milden Polygynie ist allerdings nicht zu überbewerten, da Männer hauptsächlich in Zweierbeziehungen zum menschlichen Genpool beitragen. Auch mit Blick auf Schimpansen fällt der Unterschied unmittelbar ins Auge. Menschliche Hoden bringen (bezogen auf das Körpergewicht) nur ein Sechstel des Hodengewichts von Bonobos auf die Waage, sie sind aber auch nicht ganz so klein wie die Hoden von Gorillas. Insgesamt lassen sich die einschlägigen körperlichen Merkmale evolutionsbiologisch dahingehend interpretieren, dass die Paarbindung (soziale Monogamie) nicht das einzige, aber eben doch das primäre sexuelle Beziehungsmuster der menschlichen Spezies ist (Chapais, 2010, S. 36; Dixson, 2012, S. 626; Junker, 2018, S. 58 ff.; Müller-Schneider, 2019, S. 93). Wenn gelegentlich mit großen Worten verkündet wird, der Mensch sei biologisch gar nicht monogam, weil ja schließlich Seitensprünge und Promiskuität vorkämen, dann klingt das recht spektakulär, ist aber letztlich banal. Was bei der Beschreibung des menschlichen Paarungssystems zählt, ist die evolutionär gegebene *typische Tendenz zur Paarbindung*. Im Übrigen meint Monogamie in der Biologie nicht eine unbedingt lebenslange Bindung, sondern eine solche, die zumindest eine Fortpflanzungsperiode währt.

Die *globale Verteilung von Eheformen* weist ebenfalls auf eine biologische Grundlage der Paarbindung hin. Wie ethnografische Studien belegen, ist die Einehe die *weltweit vorherrschende Eheform* (Müller-Schneider, 2019, S. 93 ff.). Dies mag überraschen, da mehr als 80 % aller Gesellschaften die Ehe eines Mannes mit mehreren Frauen (Polygynie) zulassen. Aber selbst in diesen Gesellschaften ist lediglich eine Minderheit von etwa 5 bis 10 % der Männer polygyn verheiratet. Die eheliche Verbindung einer Frau mit mehreren Männern (Polyandrie) ist extrem selten und außerdem regional begrenzt (vor allem im Himalaya, aber auch dort ist die Einehe die Norm). In keiner einzig bekannten Gesellschaft ist Promiskuität das vorherrschende oder gar zur kulturellen Norm erhobene Muster sexueller Beziehungen. Auch in heutigen Jäger- und Sammlergesellschaften findet sich das typische Muster der Einehe (Paarbindung) und zwar schon vor dem Erstkontakt mit der modernen Welt. Allein schon die globale Vorherrschaft der Einehe stellt – unabhängig von allen anderen präsentierten Evidenzen – eine rein sozialkonstruktivistische Position in Frage. Denn es ist extrem unwahrscheinlich, dass man in allen Kulturen der Welt seine sexuellen Beziehungen zufälligerweise so organisiert (also sozial konstruiert), dass man immer wieder zum gleichen Hauptmuster der Einehe gelangt.

Wenn es um biologisch-evolutionäre Grundlagen der menschlichen Paarbeziehung geht, kommt man an der Eifersucht nicht vorbei. Anders als die Liebe erzeugt sie von sich aus keine Bindungskraft, verstärkt aber die *Exklusivität* einer auf Liebe gegründeten Paarbindung. Aus evolutionspsychologischer Sicht ist Eifersucht eine mit *negativen Affekten* einhergehende *adaptive Motivation*, die den drohenden Verlust eines Liebespartners an einen Rivalen oder eine Rivalin verhindern soll (Buss, 2019, 51 ff.). Aus soziologisch-sozialkonstruktivistischer Sicht ist Eifersucht eine kulturelle Erfindung westlicher Gesellschaften. Das verfügbare ethnografische Material belegt aber etwas ganz anderes: Eifersucht ist ein *universelles Phänomen.* Schon für die frühe menschliche Geschichte lässt sie sich belegen; sie tritt kulturübergreifend auf, auch in Jäger- und Sammlergesellschaften und auch in Gesellschaften, die (irrigerweise) im Ruf stehen, frei von Eifersucht zu sein; selbst in Gesellschaften, in denen man versucht, sie zu unterdrücken, ist sie nicht zu übersehen (Müller-Schneider, 2019, S. 140 ff.). Es kann wiederum kaum einen Zweifel geben: Wie die Liebe, ist die von ihr entfachte Eifersucht eine anthropologische Konstante und *Teil unseres evolutionären Erbes.*

3.2 Biokulturelle Doppelnatur des Menschen

Die Neigung zur Paarbindung ist, wie gezeigt wurde, keine soziale Konstruktion, sondern Teil unserer biologischen Natur. Menschliches Handeln ist allerdings nicht durch biologische Anlagen fixiert, wir sind keine Marionetten unserer Gene. Der Mensch ist auch und vor allem ein Kulturwesen, das – gewissermaßen als »erster Freigelassener der Schöpfung« (Johann Gottfried Herder) – immer schon inmitten seiner sozial konstruierten Wirklichkeit lebt. Die geläufige Formel von der Kultur als zweiter Natur des Menschen ist daher durchaus richtig. Ob man will oder nicht, man muss sich mit einer komplizierten *biokulturellen Doppelnatur* von Homo sapiens abfinden, für dessen Denken, Fühlen und Handeln zumindest in manchen Lebensbereichen – wie bei der Paarbindung – sowohl Prädispositionen als auch soziale Konstruktionen maßgeblich sind (Müller-Schneider, 2019, S. 51 ff.).

Die Sozialwissenschaften bedürfen daher dringend eines *erweiterten Menschenbildes*, das dieser biokulturellen Doppelnatur gerecht wird, indem es die beiden Determinanten sozialen Handelns, biologische Anlagen *und* sozial konstruierte Wirklichkeit (symbolische Kultur) angemessen miteinander verbindet. Am besten und einfachsten gelingt dies, wenn man menschliches Handeln als *situationsspezifisches Resultat innerer und äußerer Handlungsbedingungen* auffasst. Zur äußeren Wirklichkeit gehört – neben der ökologischen Umwelt – vor allem der sozial konstruierte kulturelle Bezugsrahmen (geteiltes Wissen, Werte und Normen), den Menschen als Teil ihres Innenlebens vor Augen haben und bei ihren Handlungen berücksichtigen. Mentale Prädispositionen (evolvierte psychische Mechanismen) sind ebenfalls Teil unseres Innenlebens, der »Fakteninnenwelt« wie Gehlen (2004, S. 122 ff.) formuliert. Im Bewusstsein der Individuen machen sich Prädispositionen als Motivationen, Bedürfnisse oder affektive Zustände bemerkbar. Erst aus dem *Zusammenspiel von Innen und Außen*, von Prädispositionen und (verinnerlichter) Kultur entsteht konkretes soziales Handeln.

Mit Blick auf die Entfaltung der spätmodernen Paargesellschaft sind zwei Ergänzungen erforderlich. Erstens streben Menschen von Natur aus nach *Affektoptimierung*. Man kann auch von Lust-Unlust-Prinzip, natürlichem Hedonismus oder »Darwinian Happiness« (Grinde, 2012a) sprechen. Affektoptimierung ist (zumindest war dies in evolutionärer Vergangenheit so) eine überlebens- und reproduktionsdienliche *Prädisposition der Handlungssteuerung*, die weit in das Säugetiererbe zurückreicht und in unserem Belohnungssystem verankert ist (Grinde, 2012b). Was positive Gefühle erzeugt (z. B. Sex), ist im evolutionsbiologischen Sinn eher förderlich, was negative Gefühle erzeugt (z. B. sexueller Betrug), eher abträglich. Grundsätzlich können Menschen in Bezug auf die ihnen vorgegebenen soziokulturellen Bedingungen affektoptimierend handeln, indem sie sich entweder an diese Bedingungen derart anpassen, dass es ihnen dabei so gut wie möglich geht oder aber sie schaffen *zielgerichtet neue soziale Konstruktionen* (kulturelle Bedingungen), um aus ihnen affektiven Gewinn zu ziehen. Letzteres ist für das spätmoderne Liebesleben ausschlaggebend.

Zweitens ist die *Kultivierung der menschlichen Natur* ein zentrales Merkmal des biokulturellen Menschenbildes. Jede menschliche Kultur besteht in beträchtlichem Ausmaß aus sozialen Konstruktionen, die sich direkt auf Prädispositionen des Denkens, Fühlens und Wollens beziehen. Menschen interpretieren biologisch vorgebahntes Innenleben und verleihen ihm symbolisch Ausdruck. Kollektiven steht es dabei gänzlich frei, Liebesgefühle zu feiern (etwa als *romantische Liebe*) oder aber zu einer Sonderform der Verrücktheit zu erklären. Auch konkretes Handeln ist immer auf Kultivierung angewiesen, kein biologisch angelegter Impuls (z. B. sexuelles Begehren) bietet bereits von sich aus, wie die philosophische Anthropologie zu Recht betont, hinreichend Handlungsorientierung. Erst müssen soziale Drehbücher erfunden werden, um Leitlinien an der Hand zu haben, wie Prädispositionen in das menschliche Miteinander einer Gesellschaft konkret einzubinden sind. Nur wenn man über eine biokulturelle Perspektive verfügt und über die Kultivierung der menschlichen Natur sprechen kann, wird es überhaupt möglich, die neuartigen Sozialkonstruktionen der verbindlichen und exklusiven Liebesbeziehung in der Spätmoderne aufzudecken und angemessen zu beschreiben.

3.3 Verbindlichkeit und Exklusivität: Spätmoderne Neukonstruktionen des Liebens

Wenn gesagt wird, das in der Spätmoderne vorherrschende Beziehungsmodell zeichne sich durch Verbindlichkeit und Exklusivität aus, hört sich das im ersten Moment sehr nach traditionellen Werten und altehrwürdigen Moralvorstellungen an. Zeichnet sich nicht schon die christlich-bürgerliche Ehe durch eine lebenslange Verbindlichkeit und unbedingte Treue aus? Es ist doch nun wahrlich keine neue Erkenntnis, dass Menschen paarweise zusammenleben, weil die Gesellschaft es so will! Nicht umsonst wird in der sozialkonstruktivistischen Soziologie von »Mononormativität« gesprochen, um einem vermeintlichen strukturellen Druck zur Monogamie einen Namen zu geben. Und ist es nicht so, dass uns das Konstrukt romantischer Liebe massenmedial, wie wieder und wieder vorgebracht wird, die Fiktion einer glücklichen Zweierbeziehung vorgaukelt, der wir nur allzu willfährig folgen? Ist unser Liebesleben gar nur eine Art scripted reality? All dies mag auf den ersten Blick plausibel klingen, hat aber mit der Wirklichkeit nicht viel zu tun. Die heute in Liebesbeziehungen herrschende Verbindlichkeit und Exklusivität basieren auf gesellschaftsgeschichtlich *völlig neuartigen sozialen Konstruktionen*, die erst unter den Lebensbedingungen einer weit vorangeschrittenen Moderne entstehen konnten.

Worin bestehen diese spätmodernen Lebensbedingungen, von denen hier die Rede ist? Vor allem darin, dass wir in einem Zeitalter historisch *nie dagewesener Spielräume individueller Lebensgestaltung* angekommen sind. Darin stimmen die wichtigsten soziologischen Gegenwartsdiagnosen überein. Man denke etwa an die »Multioptionsgesellschaft« von Peter Gross (1994), die dem Einzelnen über fast alle Lebensbereiche hinweg vielfältige Möglichkeiten bietet und ständig neue eröffnet. Oder an Ulrich Beck (2001), der mit seiner Individualisierungstheorie etwas ganz Ähnliches anspricht. Durch die voranschreitende Moderne werden wir, so Beck, aus traditionellen gesellschaftlichen Verhältnissen förmlich herauskatapultiert. Er sieht uns längst in einem Zeitalter des »eigenen Lebens«, in dem die Individuen aus ihren, wie er sagt, »Verhaltenskäfigen« ausbrechen. Gerade für das Liebesleben kann man diesen Ausbruch mit wenigen Federstrichen sozialhistorisch nachzeichnen. Im 19. Jahrhundert begann, wenn auch zunächst nur im Bürgertum, eine regelrechte »Liebesrevolution« (Coontz, 2006). Junge Menschen wollten bei der Wahl ihres Ehepartners nicht mehr den direktiven Spielregeln ihrer Familienverbände folgen, sondern nur noch ihren Gefühlen. Und heute muss es nicht einmal mehr eine Ehe sein. Schließlich braucht man keinen Trauschein, um seine Liebesgefühle auszuleben. Die ehemals verpönte Kohabitation Unverheirateter ist nicht einmal mehr der Rede wert. Weiterhin setzte sich in der zweiten Hälfte des 20. Jahrhunderts die unkomplizierte, schuldfreie und vom sozialen Umfeld akzeptierte Scheidung durch. In dieser Zeit bricht schließlich die sexuelle Revolution aus, in deren Verlauf die christlich-bürgerliche Verbotskultur weggefegt und durch eine liberale Sexualmoral ersetzt wurde. Vorehelicher Sex oder Homosexualität gelten längst nicht mehr als strafrechtlich relevante Unzucht. In dem Maße, in dem die sexuelle Doppelmoral an Boden verlor, gewannen auch Frauen neue Freiheiten. Selbst Untreue hat ihren sündhaften Schrecken verloren, so sehr sie für Betroffene eine persönliche Tragödie sein mag. Der »sexuelle Möglichkeitsraum« ist heute, wie Gerhard Schulze (2006, S. 39 ff.) zutreffend formuliert, »weitgehend erschlossen«, wir sind sozusagen »zu Ende befreit«. Sexuelle Lust findet inzwischen nur noch im Selbstbestimmungsrecht der anderen ihre sozialen, moralischen und rechtlichen Grenzen (Schmidt, 2014, S. 9).

Der historisch einzigartige Ausbruch aus den Verhaltenskäfigen geht vor allem auf einen gesellschaftlichen Wandlungsprozess zurück, den man aus biokultureller Sicht als *spätmoderne Kultivierung der prädisponierten Affektoptimierung* beschreiben kann. Angetrieben von ihrem Glücksstreben beginnen Menschen in der Moderne ihre soziokulturelle Umwelt so umzubauen, dass sie bestmöglich der emotionalen Bereicherung dient. Glück und Lebensfreude steigen dabei zu zentralen gesellschaftlichen Werten auf (Schulze, 1992). Ermöglicht und eingeleitet wurde dieser kulturelle Umbruch durch enorm verbesserte Lebensbedingungen, insbesondere durch die Wohlstandsexplosion im vergangenen Jahrhundert und die damit einhergehende existenzielle Sicherheit breiter Bevölkerungskreise (Inglehart, 2018). Mit der modernen Kultivierung der Affektoptimierung wurde eine *gesellschaftlich grundstürzende Legitimationsidee* wirksam. Menschen verstanden sich zunehmend, wie Helmut Schelsky (1983, S. 111) schon Mitte des vergangenen Jahrhunderts feststellte, als »lustsuchende« und »lustberechtigte« Wesen. Diese *Selbstermächtigung zum schönen Gefühl* wirkt einerseits wie ein kulturelles Säurebad, in dem sich überkommene Traditionen, die Last der Sündhaftigkeit und gesellschaftliche Restriktionen auflösen; andererseits verwandelt sie Individuen in Glücksuchende, die nunmehr vor der Herausforderung stehen, ihr Liebesleben neu zu erfinden und möglichst schön zu gestalten. Woran aber können sich spätmoderne Sozialkonstrukteure in einem weit geöffneten Möglichkeitsraum noch orientieren, wenn keine verbindlichen Wegweiser mehr da sind? Die Antwort kommt aus ihrer inneren Natur, die sie *affektoptimierend kultivieren* wollen.

Zunächst ist klar, dass sich freie und glücksstrebende Menschen, so wie es im evolutionären Erbe angelegt ist, ineinander verlieben. Liebende werden, wie beschrieben, füreinander zur Belohnungsquelle. Und je stärker ihre Gefühle auf der erwähnten Skala leidenschaftlicher Liebe sind, desto schöner ist ihr gemeinsames Liebesleben – sowohl emotional als auch sexuell (Müller-Schneider, 2019, S. 209). Die biologisch vorgeprägte Belohnungsgemeinschaft motiviert zwar zu kontinuierlich wiederkehrenden Liebesaktivitäten, ist aber für sich genommen noch kein soziales Konstrukt einer verbindlichen Beziehung. So gibt es bei den Moso, um ein erläuterndes Beispiel zu geben, durchaus dauerhafte Liebesbeziehungen, die traditionelle Kultur dieses asiatischen Volkes steht einer Vorstellung dyadischer Verbindlichkeit allerdings ablehnend gegenüber (Müller-Schneider, 2019, S. 210). Wozu auch, so könnte man fragen, sollte Verbindlichkeit in der Liebe nötig sein? Einen wichtigen Hinweis liefert der Sachverhalt, dass zwischenmenschliche Belohnungsdynamiken neue soziale Tatsachen hervorbringen können, die dann ihrerseits das Niveau positiver Affekte weiter anheben (Hammond, 2013, S. 311). Genau dies trifft auf Liebe und Verbindlichkeit in der Spätmoderne zu. Den *affektoptimierenden Effekt sozial konstruierter Verbindlichkeit* kann man aufdecken, indem man unverbindliche sexuelle Verhältnisse in geeigneter Weise mit festen Beziehungen vergleicht. Bei *gleicher Intensität ihrer Liebesgefühle* sind Menschen in einem sozial verbindlichen Beziehungsarrangement mit ihrem Liebesleben erheblich zufriedener als in einem unverbindlichen. Um Liebesgefühle bestmöglich ausschöpfen zu können, bedarf es offensichtlich einer sozialen Rahmung der Verbindlichkeit, die als *institutioneller Verstärker* gemeinsamen Liebesglücks wirkt (Müller-Schneider, 2019, S. 212f.).

Worin die Verbindlichkeit unter spätmodernen Bedingungen wurzelt, liegt nun auf der Hand. Nicht mehr aufoktroyierte gesellschaftliche Verhältnisse schaffen verbindliche Beziehungen, sondern die Individuen selbst, die aus *ihrem prädisponierten Innenleben* heraus (Liebe, Affektoptimierung) ein soziales Konstrukt der Verbindlichkeit erschaffen. Genau in dieser innenorientierten Emergenz der wechselseitigen Festlegung liegt auch ihre gesellschaftsgeschichtliche Neuartigkeit. Die *feste Beziehung* ist ein Beispiel dafür, wie Liebende heute die Verbindlichkeit ihrer Beziehung verbalisieren und damit gleichzeitig zum Ausdruck bringen, dass sie sich als Teil einer besonderen sozialen Einheit verstehen. Gäbe es nicht längst schon den Begriff des (Liebes-)Paares als Signifikant dieser Einheit, würde man ihn in der spätmodernen Gesellschaft erfinden. Die sozial relevante Grenze zur Unverbindlichkeit markiert schon lange nicht mehr der fehlende Trauschein, sondern das sexuelle Verhältnis (*Friends with Benefits*, *Bettgeschichte* etc.), in dem man sich wegen mangelnder Gefühle nicht aufeinander festlegen möchte und auf lockere sexuelle Gratifikation aus ist. Einem solchen Verhältnis fehlt dann auch, ganz beabsichtigt, die zeitliche Dimension der Verbindlichkeit (Müller-Schneider, 2019, S. 276). Der Wunsch nach einer langfristigen Verbindung wird erst durch Liebesgefühle geweckt. Je intensiver diese sind, desto klarer dominiert eine lebenslange Perspektive. Liebe will Ewigkeit, so könnte man das romantische Liebesideal zitieren. Man muss dann allerdings hinzufügen, dass die Befürwortung oder Ablehnung des romantischen Liebesideals nicht für den Wunsch nach lebenslanger Verbindlichkeit oder die Stabilität einer Beziehung ausschlaggebend ist. Entscheidend ist die Gefühlsebene. Das romantische Ideal ist nichts weiter als eine *historisch und sozial kontingente Kultivierung prädisponierter Gefühlserlebnisse* (z.B. in Film, Musik und Literatur). Seine Relevanz für das faktische Liebesgeschehen wird in der rein sozialkonstruktivistisch ausgerichteten Soziologie, die ja den biologischen Ursprung der kulturellen Liebesromantik nicht zur Kenntnis nehmen will, völlig überschätzt (Müller-Schneider, 2019, S. 232ff.).

Genauso wie die Verbindlichkeit muss man die Exklusivität heutiger Paarbeziehungen im Lichte ihrer *spätmodernen Neukonstruktion* betrachten. Treue ist in gewisser Weise ein janusköpfiger Begriff, weil er einerseits auf die gestrige Welt mit ihrer aufoktroyierten Verpflichtung zur Exklusivität verweist, andererseits aber nur durch eine *neu entstandene* Art der Verpflichtung weiter in Gebrauch ist. Zunächst muss man erwähnen, dass Menschen sich meist schon allein aus Liebe auf eine einzige Person fokussieren. Die neue Treueverpflichtung ist eine zusätzliche Sicherung, die von der *prädisponierten Eifersucht* herrührt und *affektoptimierend kultiviert* wurde. Um dies besser nachvollziehen zu können, muss man nochmals auf die sexuelle Revolution im vergangenen Jahrhundert zurückblicken. Vor allem in *progressiven* Kreisen versuchte man sich vom *bürgerlichen* Gefühl der Eifersucht und von vermeintlich antiquierten Treuevorstellungen zu befreien. Die damaligen Experimente mit freier Liebe endeten allerdings meist kläglich, mit verzehrenden Gefühlen der eigentlich abgelehnten Eifersucht, seelischen Verletzungen und oft kaum zu bewältigenden Belastungen in der Partnerschaft (Müller-Schneider, 2019, S. 221). Eine bis in die historische Phase der sexuellen Revolution zurückreichende niederländische Zeitreihe belegt, dass die Mehrheit der Befragten innerhalb weniger Jahre verstanden hat, wie sehr schon nur einmaliges Fremdgehen einer Beziehung schaden kann (Kraaykamp, 2002, S. 230). Kaum glaubte man, sich von der Zwangsinstitution der Treue befreit zu haben, lernte man schon seine Lektion über die verheerende Wirkung der unausrottbaren Eifersucht und begab sich aus freien Stücken schnell wieder in eine – diesmal selbstgeschaffene – emotionale Schutzzone der Treue.

Die sexuelle Revolution und ihre leidvoll erfahrenen Folgen markieren, wie deutlich geworden sein sollte, den Aufstieg einer *neuen Treuekultur*, die nichts mehr mit christlich-patriarchalischen Treuevorstellungen vergangener Tage zu tun hat (Burkart, 1997, S. 201; Schmidt, Matthiesen & Dekker, 2000, S. 78). Sie speist sich stattdessen aus der Gefühlswelt der Individuen, die Eifersucht als Teil ihres Innenlebens anerkennen und daraus das Beste für ihr Liebesleben machen. Die *selbstbegrenzende Kultivierung der Eifersucht* folgt einem empirisch nachvollziehbaren Dreischritt von der Liebe zur Eifersucht und weiter zur wechselseitigen Treueforderung. Liebe aktiviert die Prädisposition der Eifersucht, und je intensiver man liebt, desto eifersüchtiger würde man auf sexuelle Außenkontakte der Partnerin oder des Partners reagieren. Je stärker wiederum die potenzielle Eifersucht ausfällt, desto eindeutiger wird – geschlechterübergreifend – Treue von der geliebten Person eingefordert (Müller-Schneider, 2019, 222 ff.). Auch bei diesem Prozess spielt das kulturelle Ideal romantischer Liebe keine Rolle, es zählen nur die Liebesgefühle und die möglicherweise drohende Eifersucht.

Die neue Treuekultur erschließt sich allerdings erst dann vollständig, wenn man sie in den Kontext spätmodernen Glücksstrebens stellt (Müller-Schneider, 2019, S. 224 ff.). Genauso wie das Leben an sich, soll selbstredend auch das Liebesleben so schön wie möglich sein. Ohne Treue jedoch ist gemeinsam geschaffenes Liebesglück für die meisten Menschen in seinen Grundfesten bedroht. Oder andersherum, rein utilitaristisch gedacht: Treue lohnt für ein optimales Liebesleben zu zweit. In tauschtheoretischer Sicht erwächst aus ihr ein *enormer emotionaler Kooperationsgewinn*. Und dieser ist für Liebende ein solch hohes Gut, dass sie in der Spätmoderne eine neue Treuemoral kreieren, auf die sie sich freiwillig verpflichten. Man kann daher von einer *Glücksinstitution sexueller (und emotionaler) Treue* sprechen. Sie gilt nur paarweise und erhebt keinen gesamtgesellschaftlichen Anspruch. Im Zuge dieser Neukonstruktion der Treue wird auch das Gefühl der Eifersucht uminterpretiert. Galt sie im unmittelbaren Nachgang zur sexuellen Revolution als Persönlichkeitsdefizit derjenigen, die zu besitzergreifend sind und zu wenig Selbstwertgefühl haben, änderte sich diese Sichtweise im Laufe der Zeit. Eifersucht verlor ihren Ruf als *Spießergefühl* und wurde in der sozialen Wahrnehmung zu einem *legitimen Schutzgefühl* in Diensten eines gemeinsamen Liebeslebens umgedeutet. Allerdings nur in zivilisierter Form. Niemand kann heute mehr Gewalttätigkeit mit Eifersucht rechtfertigen.

Die obigen Darlegungen zur sozialen Konstruktion von Verbindlichkeit und Exklusivität im spätmodernen Liebesleben könnten in mehrerlei Hinsicht missverstanden werden. Die Absicht, lebenslang eine verbindliche Beziehung mit einem geliebten Menschen zu führen, heißt natürlich nicht, dass es keine Trennungen gäbe. Es gibt sogar ein frühes Trennungsrisiko, da der biologisch geschenkte *Honeymoon* mit seinen euphorischen Gefühlen, wie schon gesagt, nicht von Dauer sein kann. Liebe hat zwar durchaus das Potenzial zur langfristigen Gefühlsbindung (Müller-Schneider, 2019, S. 232 ff.), aber wenn der emotionale Honeymoon-Gewinn verblasst, droht der Paarbeziehung eine Transformationskrise. Wo das gemeinsame Glücksversprechen erlischt, wird eine Beziehung sinnlos und man geht seiner Wege. So gesehen ist die unkomplizierte und sozial akzeptierte Scheidung (Trennung) ebenfalls eine spätmoderne Kultivierung der menschlichen Natur, auch weil sie zugleich die Chance auf ein neues und dauerhaftes Liebesglück eröffnet. Hinsichtlich der Exklusivität ist anzumerken, dass die neue Kultur der Treue keineswegs dazu führt, dass niemand mehr fremdginge. Die erotische Versuchung bleibt bestehen, extradyadischer Sex ist allerdings sehr viel seltener als gemeinhin vermutet, insbesondere wenn man *offene* Beziehungen ausklammert (Müller-Schneider, 2019, S. 218).

Ein weiteres Missverständnis wäre es, davon auszugehen, die Kultivierung prädisponierter Liebesgefühle ließe unter spätmodernen Bedingungen ausschließlich verbindliche und exklusive Beziehungen zu. Dies ist nicht der Fall. Es gibt durchaus ein Liebesleben jenseits des vorherrschenden Beziehungsmodells. Seine Hauptformen sind *unverbindlicher Sex* und *offene Beziehungen*. Auch sie verdanken sich der spätmodernen Bestrebung nach einem möglichst optimalen Liebesleben. Unverbindlicher Sex resultiert aus dem Wunsch ein Liebesleben zu haben, auch wenn es momentan niemanden gibt, den man liebt. Liebe lässt sich eben nicht herbeizwingen, dies liegt außerhalb der menschlichen Willenskraft. Warum aber deshalb auf sexuelle Lust verzichten, die ja auch ohne Liebe zu haben ist? Sex ohne Liebe ist für die allermeisten Menschen allerdings nur eine *suboptimale Belohnungsquelle*, eine Zwischenlösung gewissermaßen. So ist die Qualität des Liebeslebens in festen Liebesbeziehungen denn auch um Längen besser als bei unverbindlichem Sex (Müller-Schneider, 2019, S. 205). Wo Gefühle fehlen, will man signalisieren, dass es für eine feste Beziehung nicht reicht. In diesem Sinne ist eine regelrechte Kultivierung der Unverbindlichkeit zu beobachten, die darauf ausgerichtet ist, das bestmögliche Liebesleben aus rein sexueller Lust herauszuholen. Es gibt vielfältige Praktiken, möglicherweise entstehende Bindungswünsche von Sexpartnern abzuwehren oder im Idealfall gar nicht erst aufkommen zu lassen (Müller-Schneider, 2019, S. 279).

Offene Beziehungen entstehen ebenfalls aus dem Wunsch, das eigene Liebesleben zu optimieren. Allen Formen offener Beziehungen (z. B. Polyamorie) ist gemeinsam, dass die *Treueverpflichtung konsensuell außer Kraft* gesetzt wird. Im Kern geht es bei offenen Beziehungen um die Vorstellung, dass ein einziger Partner oder eine einzige Partnerin nicht alle sexuell-emotionalen Bedürfnisse und Wünsche decken könne. Wer eine offene Beziehung anstrebt, ist in der Tat in einer exklusiven Beziehung mit seinem Liebesleben erheblich unzufriedener als Personen, die keine offene Beziehung wollen. Ist aber das erweiterte Liebesleben einer offenen Beziehung auch wirklich schöner? Das kommt darauf an, ob der betroffene Partner (bzw. die betroffene Partnerin) eifersüchtig reagiert oder nicht. Wenn ja, bleibt vom Wunsch nach Glücksoptimierung nichts übrig; wenn nein, der Partner oder die Partnerin also nicht dazwischenfunkt, ist das erreichte Niveau des Liebesglücks geringfügig größer als in exklusiven Beziehungen (Müller-Schneider, 2019, S. 303). Aus glücksökonomischer Sicht muss man konstatieren, dass in offenen Beziehungen gehörig mehr Aufwand (Suche zusätzlicher Partner, kompliziertes und emotional herausforderndes Beziehungsmanagement) betrieben werden muss als in exklusiven Beziehungen, ohne dass dadurch emotional viel gewonnen wäre (und dies auch nur im günstigsten Fall, wenn die Eifersucht ausbleibt).

Nicht nur die Glücksökonomie erklärt die extreme Seltenheit offener Beziehungen, sondern vor allem zwei markante Persönlichkeitseigenschaften, nämlich die *soziosexuelle Orientierung* und die *polyamouröse Neigung*. Die soziosexuelle Orientierung (auch »Soziosexualität«) ist ein seit längerem und breit erforschtes (evolutions-)psychologisches Konzept (z. B. Penke & Asendorpf, 2008), das individuelle Unterschiede sexueller Freizügigkeit erfasst. Auf der Einstellungsebene und hinsichtlich des affektiven Erlebens geht es im Kern darum, ob man Sex ohne Liebe in Ordnung findet, ob Sex mit immer wieder wechselnden Personen für einen selbst eine schöne Vorstellung ist und auch, ob man eine innige emotionale Bindung braucht, um Sex vorbehaltlos genießen zu können. Verschiedene Studien belegen, dass genetische Unterschiede – bei einer geschätzten Erblichkeit von etwa 50 % – in beträchtlichem Ausmaß an der individuellen Ausprägung der Soziosexualität beteiligt sind (Müller-Schneider, 2019, S. 256 f.). Die soziosexuelle Orientierung ist, das sei hier rückblickend auf die obigen Ausführungen ergänzt, nicht nur ein bedeutsamer Einflussfaktor auf die offene Beziehung, sondern auch eine wesentliche Determinante unverbindlicher Sexualität. Viele Singles, Frauen wie Männer, weisen eine deutliche Distanz zur soziosexuellen Freizügigkeit auf und verzichten daher lieber von vornherein auf One-Night-Stands. Ein flüchtiger Orgasmus gibt ihnen nichts, noch nicht einmal als suboptimale Belohnung. Wer aber umgekehrt einen ausgeprägten Gefallen an unverbindlichem Sex hat, neigt auch zur offenen Beziehung. Dies gilt umso mehr, wenn eine polyamouröse Neigung hinzukommt. Diese verlässlich messbare Disposition des Liebeslebens (Müller-Schneider, 2019, S. 258 ff.) zeichnet sich durch ein subjektiv erweitertes Erlebnispotenzial durch Mehrliebe (Liebe bietet mehr als nur eine Beziehung zu zweit) sowie durch deren besonderen Belohnungscharakter aus (Das Leben ist schöner, wenn man mehr als eine Person gleichzeitig lieben kann). Als dritter relevanter Einflussfaktor kommt noch die Eifersucht hinzu. Wer glaubt, vergleichsweise wenig eifersüchtig auf extradyadischen Sex eines Partners zu reagieren, ist auch offenen Beziehungen gegenüber aufgeschlossener. Im Unterschied zu diesen Faktoren haben, ganz anders als immer wieder aus sozialkonstruktivistischer Sicht vermutet, weder das romantische Liebesideal noch eine subjektiv unterstellte *Mononormativität* der Gesellschaft irgendetwas mit der Neigung zur offenen Beziehung bzw. ihrer Ablehnung zu tun (Müller-Schneider, 2019, S. 305 ff.). Um Missverständnisse zu vermeiden, sei hier ausdrücklich darauf hingewiesen, dass man die soziosexuelle Orientierung und die polyamouröse Neigung, genauso wie eine vergleichsweise geringe Tendenz zur Eifersucht, im anthropologischen Gesamtkontext betrachten muss. Bei den genannten Eigenschaften handelt es sich nämlich um *individuelle Variationen der typischen menschlichen Natur*. Homo sapiens neigt, wie eingehend begründet wurde, charakteristischerweise zur Paarbindung und ist weder eine vorwiegend polygam noch promiskuitiv lebende Art.

3.4 Fazit

Die Frage, ob das dyadische Beziehungsmodell biologisch angelegt *oder* sozial konstruiert ist, ist wie gezeigt wurde, nicht zielführend. Die spätmoderne Paargesellschaft hat sowohl biologisch-evolutionäre als auch kulturelle Grundlagen. Liebe, Eifersucht und das Streben nach Affektoptimierung sind *Prädispositionen*, die Menschen zur dyadischen Bindung motivieren. Allerdings braucht man zusätzlich die dargelegte biokulturelle Sichtweise, um die Verbindlichkeit und Exklusivität heutiger Paarbeziehungen angemessen zu erschließen, und zwar als *historisch besondere Form der Kultivierung der menschlichen Natur*. Weitgehend befreite und glückstrebende Menschen schaffen aus ihrem prädisponierten Innenleben heraus kulturelle *Neukonstruktionen dyadischer Verbindlichkeit und Exklusivität*: Die feste Beziehung als institutioneller Glücksverstärker und Treue als Schutz vor den Verheerungen der Eifersucht. Die romantische Liebeskultur ist eine soziale Konstruktion, die prädisponierte Liebesgefühle im (spät-)modernen Kontext thematisiert und symbolisiert, nicht aber die heutige Paarbeziehung hervorbringt.

Eine *rein sozialkonstruktivistische* Sichtweise kann all diese Entwicklungen und Zusammenhänge aus schlichter Unkenntnis menschlicher Prädispositionen nicht sehen. Solange dies der Fall ist, wird man weiter an die gesellschaftliche Matrix der Mononormativität glauben und auf eine wirkliche Befreiung des Liebeslebens hoffen. Die in Wirklichkeit aber schon befreiten Menschen sind längst auf anderen Pfaden unterwegs. Im 21. Jahrhundert sind sie weiter und noch mehr bestrebt, aus dem biologischen Rohstoff der Belohnungsgemeinschaft ein *schönes Liebesleben zu zweit* zu erschaffen. Alles andere wird, solange wir die menschliche Natur nicht manipulieren, auch in Zukunft nur von einer Minderheit gewünscht.

Literatur

Acevedo, B. P., Aron, A., Fisher, H. E. & Brown, L. L. (2012). Neural correlates of long-term intense romantic love. *Social Cognitive and Affective Neuroscience, 7*(2), 145–159.
Beck, U. (2001). Das Zeitalter des »eigenen Lebens«: Individualisierung als »paradoxe Sozialstruktur« und andere offene Fragen. *Politik und Zeitgeschichte, 29,* 3–6.
Bode, A. & Kushnick, G. (2021). Proximate and Ultimate Perspectives on Romantic Love. *Frontiers in Psychology, 12,* 1–29.
Burkart, G. (1997). *Lebensphasen – Liebesphasen. Vom Paar zur Ehe, zum Single und zurück?* Wiesbaden: VS Verlag für Sozialwissenschaften.
Buss, D. M. (2019). The evolution of love in humans. In R. J. Sternberg & K. Sternberg (Hrsg.), *The New Psychology of Love* (2. Aufl., S. 42–63). Cambridge: Cambridge University Press.
Cacioppo, S., Bianchi-Demicheli, F., Hatfield, E. & Rapson, R. (2012). Social neuroscience of love. *Clinical Neuropsychiatry, 9*(1), 3–13.
Chapais, B. (2010). *Primeval kinship: How pair-bonding gave birth to human society.* Cambridge: Harvard University Press.
Coontz, S. (2006). *In schlechten wie in guten Tagen: Die Ehe – eine Liebesgeschichte.* Bergisch Gladbach: Lübbe.
De Boer, A., van Buel, E. M. & Ter Horst, G. J. (2012). Love is more than just a kiss: A neurobiological perspective on love and affection. *Neuroscience, 201,* 114–124.
Dixson, A. F. (2012). *Primate sexuality. Comparative studies of the prosimians, monkeys, apes and humans* (2. Aufl.). Oxford: Oxford University Press.
Eibl-Eibesfeldt, I. (1970). *Liebe und Haß: Zur Naturgeschichte elementarer Verhaltensweisen.* München: Piper.
Eibl-Eibesfeldt, I. (2004). *Die Biologie des menschlichen Verhaltens: Grundriß der Humanethologie* (5. Aufl.). Vierkirchen-Pasenbach: Blank Media.
Feybesse, C. & Hatfield, E. (2019). Passionate love. In R. J. Sternberg and K. Sternberg (Hrsg.), *The New Psychology of Love* (2. Aufl., S. 183–207). Cambridge: Cambridge University Press.
Fisher, H. E. (2007). *Warum wir lieben... ... und wie wir besser lieben können.* München: Knaur.
Fisher, H. E., Brown, L. L., Aron, A., Strong, G. & Mashek, D. (2010). Reward, addiction, and emotion regulation systems associated with rejection in love. *Journal of Neurophysiology, 104*(1), 51–60.
Fletcher, G. J. O., Simpson, J. A., Campbell, L. & Overall, N. C. (2015). Pair-bonding, romantic love, and evolution: The curious case of homo sapiens. *Perspectives on Psychological Science, 10*(1), 20–36.
Geertz, C. (1973). *The interpretation of cultures. Selected Essays by Clifford Geertz.* New York/NY: Basic Books.
Gehlen, A. (2004). *Urmensch und Spätkultur. Philosophische Ergebnisse und Aussagen.* (6. erw. Aufl.). Frankfurt/M.: Klostermann.
Gottschall, J. & Nordlund, M. (2006). Romantic love: A literary universal? *Philosophy and Literature, 30*(2), 450–470.
Grinde, B. (2012a). *Darwinian happiness. Evolution as a guide for living and understanding human behavior* (2. Aufl.). Princeton/NJ: Darwin Press.
Grinde, B. (2012b). *The biology of happiness.* Dordrecht: Springer.
Gross, P. (1994). *Die Multioptionsgesellschaft.* Frankfurt/M.: Suhrkamp.
Hammond, M. (2013). The neurosociology of reward release, repetition, and social emergence. In D. D. Franks & J. H. Turner (Hrsg.), *Handbook of neurosociology* (S. 311–329). Dordrecht: Springer.
Hatfield, E., Bensman, L. & Rapson, R. L. (2012). A brief history of social scientists' attempts to measure passionate love. *Journal of Social and Personal Relationships, 29*(2), 143–164.
Hogan, P. C. (2003). *The mind and its stories: Narrative universals and human emotion.* Cambridge: Cambridge University Press.
Inglehart, R. (2018). *Cultural Evolution, People's Motivations are Changing, and Reshaping the World.* Cambridge: Cambridge University Press.

Jankowiak, W. (1995). Introduction. In W. Jankowiak (Hrsg.), *Romantic passion. A universal experience?* (S. 1–20). New York: Columbia University Press.

Jankowiak, W. & Fischer, E. F. (1992). A cross-cultural perspective on romantic love. *Ethnology, 31*(2), 149–155.

Jankowiak, W. & Paladino, T. (2008). Desiring sex, longing for love: A tripartite conundrum. In W. R. Jankowiak (Hrsg.), *Intimacies: Love and sex across cultures* (S. 1–36). New York: Columbia University Press.

Junker, T. (2018). *Die Evolution des Menschen* (3. Aufl.). München: C.H. Beck.

Kraaykamp, G. (2002). Trends and countertrends in sexual permissiveness: Three decades of attitude change in the Netherlands 1965–1995. *Journal of Marriage and Family, 64*(1), 225–239.

Marazziti, D. & Baroni, S. (2012). Romantic love: The mystery of its biological roots. *Clinical Neuropsychiatry, 9*(1), 14–19.

Mead, M. (1928). *Coming of age in Samoa: A psychological study of primitive youth for western civilisation.* New York: W. Morrow.

Müller-Schneider, T. (2019). *Liebe, Glück und menschliche Natur: Eine biokulturelle Analyse der spätmodernen Paargesellschaft.* Gießen: Psychosozial-Verlag.

Ortigue, S., Bianchi-Demicheli, F., Patel, N., Frum, C. & Lewis, J. W. (2010). Neuroimaging of love: fMRI meta-analysis evidence toward new perspectives in sexual medicine. *The Journal of Sexual Medicine, 7*(11), 3541–3552.

Penke, L. & Asendorpf, J. B. (2008). Beyond global sociosexual orientations: A more differentiated look at sociosexuality and its effects on courtship and romantic relationships. *Journal of Personality and Social Psychology, 95*(5), 1113–1135.

Schelsky, H. (1983). *Soziologie der Sexualität. Über die Beziehungen zwischen Geschlecht, Moral und Gesellschaft.* Hamburg: Rowohlt.

Schmidt, G. (2014). *Das neue Der Die Das: Über die Modernisierung des Sexuellen* (4. Aufl.). Gießen: Psychosozial-Verlag.

Schmidt, G., Matthiesen, S. & Dekker, A. (2000). Beziehungen. In G. Schmidt (Hrsg.), *Kinder der sexuellen Revolution: Kontinuität und Wandel studentischer Sexualität 1966–1996* (S. 69–80). Gießen: Psychosozial-Verlag.

Schulze, G. (1992). *Die Erlebnisgesellschaft: Kultursoziologie der Gegenwart.* Frankfurt/M.: Campus.

Schulze, G. (2006). *Die Sünde: Das schöne Leben und seine Feinde.* München: Hanser.

Sorokowski, P., Sorokowska, A., Karwowski, M., Groyecka, A., Aavik, T., Akello, G., et al. (2020). Universality of the triangular theory of love: adaptation and psychometric properties of the triangular love scale in 25 countries. *The Journal of Sex Research, 58*, 106–115.

Ueda, R. & Abe, N. (2021). Neural Representations of the Committed Romantic Partner in the Nucleus Accumbens. *Psychological Science, 32*(12), 1884–1895.

Wuketits, F. M. (2013). *Animal irrationale. Eine kurze (Natur-)Geschichte der Unvernunft.* Berlin: Suhrkamp.

Young, L. J. & Alexander, B. (2012). *The chemistry between us: Love, sex, and the science of attraction.* New York: Current.

II Gesellschaftliche Entwicklungen

4 Die Zukunft von Sexualität und Beziehung im 21. Jahrhundert: Wo stehen wir und wo wollen wir sein?

Peggy J. Kleinplatz, Maxime Charest, Hailey DiCaita und Karen Rayne

»Es war die beste aller Zeiten, es war die schlimmste aller Zeiten.« (Dickens, 1859)

Wie sieht die Zukunft von Sex und Paarbeziehungen im 21. Jahrhundert aus?[1] Während wir versuchen, dieses Kapitel im dritten COVID-19-Frühling zu schreiben, beunruhigt uns die Aussicht darauf, wie sich die Isolation der jüngsten Vergangenheit auf die Zukunft der Paarsexualität auswirken wird. Seit zweieinhalb Jahren wird die westliche Welt mit Berichten über eine Zunahme der häuslichen Gewalt bombardiert (Kourti et al., 2021; Wake & Kandula, 2022). Schon vor Beginn der COVID-19-Pandemie gab es Berichte über Paare, die zu ausgebrannt waren, um überhaupt an Sex zu denken (Nagoski & Nagoski, 2019). Dies hat sich während der Pandemie noch verschärft, und es gibt alleinstehende Personen, die zu isoliert sind, um die Suche nach einem Partner auch nur in Betracht zu ziehen (Eleuteri & Terzitta, 2021; Estlein et al., 2022). Gleichzeitig haben relativ neue technologische Fortschritte die Möglichkeiten der Kontaktaufnahme über das Lokale hinaus erweitert, den Aufbau von Beziehungen während der Quarantäne ermöglicht und dafür gesorgt, dass die physische Distanz weniger isolierend wirkte, als sie es hätte sein können (Eleuteri & Terzitta, 2021). Wir leben auch in einer Zeit, in der durch den Zugang zum Internet politische Bewegungen (z. B. #MeToo, Black Lives Matter) innerhalb weniger Stunden zu globalen Bündnissen oder aufwühlenden soziopolitischen Bewegungen werden können. Die Welt ist in Bewegung – im übertragenen Sinne und auch wortwörtlich, mit zunehmender sozialer Polarisierung und Radikalisierung, aber auch mit größerer Aufmerksamkeit für Fragen der Gerechtigkeit, Vielfalt und Integration in verschiedenen Bereichen. Die schwelende Bedrohung durch den Klimawandel sowie eine zunehmende wirtschaftliche Ungleichheit und rückläufige Fertilität sind kaum zu übersehen. Wie können wir diesen Moment nutzen, um Individuen und Paaren helfen, sich zu den erotischen Wesen zu entwickeln, die sie sein können oder könnten? Wie können wir künftigen Generationen dabei helfen, eine tiefere sexuelle Erfüllung zu erreichen?

---

[1] Diese Frage haben wir der kanadischen Sexualforscherin Peggy Kleinplatz gestellt und sie hat sich bereit erklärt, hierüber einen Artikel zu schreiben (übersetzt wurde dieser durch Sonja Bröning). Der Artikel spiegelt dementsprechend den Stand der wissenschaftlichen und klinischen Debatte in den USA und Kanada wider. Vielfach sind Entwicklungen und Reaktionen dort den europäischen Entwicklungen voraus – umso aufschlussreicher sind die hier geäußerten Überlegungen, die in diesem Kontext zu verstehen sind.

4.1 Highlights aus der Vergangenheit/Erinnerungen an die Arbeit früher Pioniere

Es ist schwierig, sich die Zukunft der Sexualität ohne eine gewisse Wertschätzung der Vergangenheit vorzustellen. Die meisten von uns tragen jedoch Scheuklappen, was die Vergangenheit betrifft. Es heißt, dass jede Generation glaubt, sie habe den Sex erfunden. Wir können uns nicht vorstellen, dass irgendeine frühere Generation so gut informiert, so frei und so in der Lage war, ohne Scham und Schuldgefühle jede sexuelle Option zu nutzen, und wir können uns nicht einmal vorstellen, dass unsere Eltern und Großeltern den Sex in schamloser Weise genossen haben ... und so ist es schon immer gewesen.

Während wir in den 2020er Jahren schreiben, wissen die meisten von uns nichts von den Bewegungen für sexuelle Freiheit in den 1920er Jahren, also vor genau 100 Jahren. Wir kennen nicht die Bewegungen für *freie Liebe* und Sexualerziehung (z. B. Havelock Ellis, 1897, 1900; Bertrand Russell, 1929); den Kampf der Suffragetten (z. B. Mary Ware Dennett, 1919), Anthropologen (z. B. Margaret Mead, 1928) und Sozialisten für Frauenrechte, Gleichberechtigung, sexuellen Ausdruck und Freiheit; die Inklusivität für alle sexuellen Orientierungen und Geschlechter, wie sie im Pre-Code Hollywood[2] gezeigt wurde (Benshoff & Griffin, 2006; Doherty, 1999; LaSalle, 2000). Im Vergleich zu diesen historischen Bewegungen erscheinen unsere Kampagnen für einvernehmliche Nichtmonogamie, für die reproduktiven Rechte der Frauen und für ein Sexspielzeug in jedem Schlafzimmer lauwarm und können kaum mit der intellektuellen Stringenz unserer Vorfahren mithalten. Vergessen sind die bahnbrechenden Beiträge der Sexualforscher und -theoretiker Clelia Mosher – der Autorin der ersten großen Sexualstudie in der ersten Hälfte des 20. Jahrhunderts (zitiert in Mosher & Degler, 1980), *nicht* Alfred Kinsey – und Magnus Hirschfeld, die mit Neugier und ohne Wertung für das eintraten, was wir heute als sexuelle/genderbezogene Inklusivität bezeichnen würden (Hirschfeld, 1904; 1910).

Feministinnen der vierten Generation sind nur vage vertraut mit den frühen Werken von Betty Dodson (*Liberating Masturbation*, 1972), Shere Hite (*The Hite Report*, 1976), Mary Jane Sherfey (*The Nature and Evolution of Female Sexuality*, 1966), Tee Corinne (*The Cunt Coloring Book*, 1975), Lonnie Barbach (*For Yourself: The Fulfillment of Female Sexuality*, 1975) und Audre Lorde (*From a Land Where Other People Live*, 1973), welche die Bedeutung weiblicher sexueller Erfahrungen herausstellen und eine Revolution der sexuellen Rechte, Freiheiten, Beziehungen und vor allem der Wahlmöglichkeiten von und für Frauen fordern, ganz zu schweigen von der zentralen Bedeutung der Klitoris für das menschliche sexuelle Vergnügen.

Mit jeder neuen Generation scheinen wir die Arbeit früherer Pioniere auszulöschen und stattdessen zu versuchen, sie selbst von Grund auf neu zu machen. Wie kommt es, dass lange vor der Anerkennung (oder Existenz?) der »Orgasmuslücke«

---

2 Der Begriff *Pre-Code Hollywood* bezieht sich auf die Zeit von 1929 bis 1933, bevor die Zensur im amerikanischen Mainstream-Film eingeführt wurde. Die Zeit vor dem Hays Code war gekennzeichnet durch eine offenere Darstellung des sexuellen Ausdrucks, insbesondere des weiblichen sexuellen Ausdrucks, und durch liberalere sexuelle Werte.

(Mintz, 2017) in den 1950er Jahren heterosexuelle Frauen ihre männlichen Partner deutlich seltener oral befriedigten als seit 2000? In den 1950er Jahren (Kinsey et al., 1948, 1953) war hingegen die Wahrscheinlichkeit signifikant höher, dass Frauen von ihren männlichen Partnern vor oder anstelle von Geschlechtsverkehr oral bis zum Orgasmus befriedigt wurden, als dies seit der Jahrtausendwende der Fall ist (Herbenick, 2018; Laumann et al., 2000). Wie können wir Prognosen für die Zukunft abgeben, wenn wir die Lehren aus der Vergangenheit ignorieren – auf eigene Gefahr und Kosten?

Dies ist der Kontext, vor dessen Hintergrund wir uns Gedanken darüber machen, was das 21. Jahrhundert für die Zukunft der Sexualität und der Paarbeziehungen bereithalten könnte. Trotz der Fortschritte beim rechtlichen Schutz von Minderheiten der sexuellen Orientierung, der Geschlechtsidentität und der Beziehungsform bleiben die privaten Erfahrungen mit Sexualität konfliktreich. Wir hoffen, dass dieses Kapitel einen Weg zu harmonischeren Verbindungen und erfüllenden sexuellen Beziehungen für den Rest dieses Jahrhunderts aufzeigen kann.

4.2 Soziopolitische Determinanten sexueller Freiheit, sexuellen Ausdrucks und sexueller Erfahrungen

Die folgenden Abschnitte skizzieren einige der wichtigsten gesellschaftlichen Veränderungen und Herausforderungen, die unserer Meinung nach die Zukunft von Sexualität und Paarbeziehung in den kommenden Jahrzehnten beeinflussen werden. Von existenziellen Bedrohungen wie der Klimakrise und der zunehmenden Unfruchtbarkeit bis hin zu erfreulicheren Veränderungen wie dem gesetzlichen Schutz für sexuelle und geschlechtliche Minderheiten – dies sind einige der Faktoren, mit denen wir uns im 21. Jahrhundert werden auseinandersetzen müssen.

4.2.1 Soziale Faktoren

Auf der einen Seite ist in den westlichen Gesellschaften der Vielfalt, der Gleichberechtigung und der Inklusion[3] eine noch nie dagewesene Aufmerksamkeit zuteilgeworden, insbesondere im akademischen und juristischen Diskurs. In einigen Bereichen wird auf bewundernswerte Weise versucht, vergangene und andauernde Ungerechtigkeiten auszugleichen, um die Welt für sexuelle, geschlechtliche, auf die Beziehungsform bezogene und weitere Minderheiten sicherer zu machen. Vor allem Universitäten haben es sich zur Aufgabe gesetzt, Studenten, Mitarbeiter und Professoren einzubeziehen, die breite Schichten von bislang marginalisierten Menschen

---

3 US-amerikanisch abgekürzt DEI = Diversity, Equity, and Inclusion

darstellten.[4] Zu den Universitätsfächern, die es vor 15 Jahren noch nicht gab, gehören *Gender Studies, Indigenous Studies, Queer Studies*, Wissenschaftsfächer zu Konflikt, sozialer Gerechtigkeit, Sexualität und zu Menschen mit Behinderung/Beeinträchtigung.

Krankenhäuser und Pflegeheime haben begonnen, ihre Bestimmungen darüber, wer als *Familienmitglied* gelten kann, zu überdenken. Das gleiche gilt für Bestimmungen zur Privatsphäre in der Langzeitpflege und in Partnerschaften, unabhängig von Geschlecht und Gender (Bouman & Kleinplatz, 2015). Fortschrittliche Schulbehörden bieten jetzt augenscheinlich nicht nur umfassende Sexualerziehung, sondern auch umfassendere Teilhabemöglichkeiten an Schule und Gemeinschaft für transidente und geschlechtsuntypische Kinder, von Namen und Pronomen bis hin zu Toiletten und Umkleidekabinen. In einigen Gesetzgebungen ist die Angabe des Geschlechts auf amtlichen Dokumenten, einschließlich Geburtsurkunden und Reisepässen, nicht mehr gesetzlich vorgeschrieben. Immer mehr Staaten erlauben die Verwendung eines »X« anstelle eines bestimmten Geschlechts auf offiziellen Dokumenten. Einige Länder beziehen auch nicht-binäre und andere geschlechtsuntypische Personen in ihre Volkszählung ein (z. B. Kanada). Mehr als dreißig Länder, vor allem in Europa und den USA, erkennen gleichgeschlechtliche Ehen an und in anderen Ländern gibt es Bestimmungen zur Gleichstellung der Ehe (Human Rights Campaign, ohne Datumsangabe). Eine größere Vielfalt an Familienstrukturen und intimen Beziehungen wird zunehmend sichtbar, einschließlich einvernehmlicher Nicht-Monogamie, polyamorer Konstellationen (*polycules*), die gemeinsam Kinder großziehen, räumlich getrennter Liebesbeziehungen (*loving apart together*) sowie asexueller und aromantischer Menschen, die in verschiedenen Konstellationen leben.

Auf der anderen Seite beobachten wir jedoch auch spaltende Reaktionen auf die bloße Andeutung von Vielfalt bei Geschlecht, Sexualität und Beziehungen. Während offene Diskussion ermutigt, werden nachhaltige positive Entwicklungen durch die soziale und politische Polarisierung beeinträchtigt. Wir erleben zunehmend reaktionäre ideologische Angriffe gegen Gleichberechtigung, Sexualität, reproduktive Freiheit und körperliche Autonomie sowie zunehmenden Nationalismus, Populismus und Konservatismus auf globaler Ebene (Gruskin & Kismödi, 2020). Dieser Trend hat zu regressiven, d. h., eher wieder rückwärtsgewandten Maßnahmen gegen Frauen und ethnische Minderheiten sowie gegen sexuelle, geschlechtsspezifische und beziehungsbezogene Minderheiten auf der ganzen Welt geführt.

Seit vielen Jahren hat es produktive Bemühungen um eine bessere Kommunikation über Sex und Konsens gegeben. Diese haben im Zuge der #MeToo-Bewegung, die Menschen eine Plattform bot, sexuelle Belästigung oder Übergriffe offenzulegen, an Zugkraft gewonnen. In einem sex-negativen Umfeld, in dem genderbezogene Annahmen weiterhin den gesellschaftlichen Diskurs mitbestim-

---

4 Anm. der Übersetzerin: Hier und im Folgenden wird besonders stark aus der US-amerikanischen/kanadischen Perspektive geschrieben und die hier getroffenen Aussagen über Universitäten müssen in diesem Kontext verstanden werden. Dasselbe gilt für die nachfolgenden Ausführungen zu weiteren Institutionen (Krankenhäuser, Pflegeheime etc.) und gesellschaftlichen Entwicklungen.

men, ließ das Gegen-Narrativ nicht lange auf sich warten. Die höfliche Version lautet, dass die Partnersuche im 21. Jahrhundert verwirrender und unsicherer denn je ist (Essig, 2018). Für viele ist die aktuelle Wahrnehmung, dass Dating ein Minenfeld ist; junge Männer und Frauen werden als Gegner dargestellt, die sich auf diesem gefährlichen Terrain von heterosexuellem Sex und Beziehungen bewegen müssen. Das weniger höfliche Gegen-Narrativ unterstützt die misogyne Überzeugung, dass Frauen mit sexueller Handlungsfähigkeit eine zunehmende Bedrohung für Männer darstellen, während die Männlichkeit aufgrund sich verändernder sozialer Normen als bedroht wahrgenommen wird (Lisnek et al., 2022). Die Vorstellung, dass Frauen in der Lage sind, den Zugang zu Sex zu kontrollieren und Männer zu Opfern zu machen, indem sie ihn ihnen vorenthalten, bestätigt innerhalb radikalisierter Gemeinschaften frauenfeindlichen Extremismus, wie er unter unfreiwillig zölibatär Lebenden (= Incels/Involuntary Celibates) verbreitet ist (Ging, 2019; O'Donnell & Shor, 2022).

Gerechtigkeit und Gleichberechtigung sind für Partnerschaft und Sexualität von entscheidender Bedeutung, nicht nur, um Einzelnen gleiche Rechte und gleichen Schutz zu gewährleisten, sondern auch, um Vielfalt als gesellschaftliche Stärke zu verankern. Beide Werte müssen durch einen stärkeren rechtlichen Schutz und die Anerkennung unterschiedlicher Beziehungsformen und Familienkonfigurationen gestärkt und ausgebaut werden. In einigen Ländern hat sich die gesellschaftliche Definition von Familien und Beziehungen über die traditionelle, heteronormative Kernfamilie hinaus erweitert. In anderen Ländern hingegen werden Menschenrechte in Bezug auf sexuelle, reproduktive und körperliche Autonomie außer Kraft gesetzt (z. B. in Afghanistan und den Vereinigten Staaten). Umso wichtiger ist es, die Menschenrechte international zu überwachen.

4.2.2 Sex, Lust und Beziehungen

Die Vielfalt der Beziehungsmöglichkeiten, die einigen Menschen im Westen zur Verfügung stehen, ist bemerkenswert. Was einerseits Futter für zynische Gegenreaktionen und satirische Sketche bietet, stellt andererseits ein Vokabular dar, mit dem wir Erfahrungen und Beziehungen beschreiben können, die in unserem Lexikon zu Beginn des 21. Jahrhunderts kaum vorstellbar waren. Die Möglichkeiten, die sich durch die Anerkennung verschiedener Arten von Sexualität eröffneten, egal, ob allein oder in vielfältigen Beziehungen, haben erfolgreich die Isolation und Entfremdung für eine unbekannte Vielzahl an Menschen bekämpft. Bevor es das Internet gab, fragten sich viele Menschen: »Bin ich der/die Einzige?« Das Internet hat neue (wenn auch manchmal geografisch weit entfernte) Gemeinschaften (= Communities) geschaffen, in denen man sich zusammenschließen und ein Gefühl der Zugehörigkeit erleben kann. So gibt es z. B. ganze Reddit-Seiten, die sich mit einvernehmlicher Nicht-Monogamie, Polyamorie, BDSM/Kink[5], Swinging usw. be-

---

5 *BDSM* steht für Fesselung und Disziplin, Dominanz und Unterwerfung sowie Sadismus und Masochismus bzw. Sklave/Sklavin und Meister/in. *Kink* bezieht sich auf atypische sexuelle/beziehungsbezogene Vorlieben (Anm. d. Ü.).

fassen. Diese virtuellen Kontaktpunkte haben wiederum lokale Gemeinschaften geschaffen, in denen Einzelpersonen und ihre Partner die Möglichkeit haben, sich selbst und ihre Beziehungen in sexueller und anderer Hinsicht zu öffnen. Darüber hinaus gibt es in den meisten Städten entweder *Fetisch-Clubs* oder zumindest Clubs, die *Fetisch*-Abende für diejenigen anbieten, die Kink erkunden wollen. (Anmerkung: Die Verwendung des Begriffs *Fetisch* steht hier im Gegensatz zu seiner Verwendung im *Diagnostic and Statistical Manual of Mental Disorders* (*DSM-5*) oder anderen diagnostischen Nomenklaturen.[6] Obwohl die Bezeichnung *Fetisch* verwendet wurde, um *alternative* Formen des sexuellen Ausdrucks zu pathologisieren, haben sich Kink-Communities[7] den Begriff wieder angeeignet, um die Bandbreite sexueller Wünsche zu entstigmatisieren und stattdessen das Spektrum sexueller Möglichkeiten zu erweitern.)

Paradoxerweise hat das Internet zwar Gemeinschaft geschaffen und Isolation und Selbststigmatisierung durch die Berücksichtigung von Werten am Rand der Normalverteilung reduziert, gleichzeitig wurden aber die Zentren verengt. Die Folge ist eine größere Homogenität in der Mitte (Kleinplatz, 2013). So ist beispielsweise die Zahl der sexuellen Aktivitäten im Repertoire von heterosexuellen und gleichgeschlechtlichen Paaren zurückgegangen. Die Fähigkeit zur manuellen Stimulation bis zum Orgasmus gilt als passé, wenn sie überhaupt in Betracht gezogen wird. Oralsex ist bei heterosexuellen und LGBTQ-Paaren rückläufig oder wird lediglich als Vorspiel auf dem Weg zur Penetration eingesetzt. Die Definition von Sex wird zum Synonym für penetrativen Sex. Obwohl Sexualtherapeuten und -pädagogen seit 60 Jahren versuchen zu vermitteln, dass alles, was Freude bereitet, als Sex gilt, geht es in der Realität zunehmend um die Leistung/Performanz beim penetrativen Sex (Kleinplatz, 2013; Peterson & Muelenhard, 2007; Sewell et al., 2017). Während wir vor 20 Jahren ein solches Denken vielleicht als heteronormativ bezeichnet hätten, bezieht es sich heute zunehmend auf die Sexualität in einer Vielzahl von sexuellen Beziehungen. Die westlichen Definitionen von Sex sind weitgehend auf die Penetration ausgerichtet, und unsere sexuellen Skripte schränken die persönliche Entdeckung und erotische Erkundung weiterhin ein. Die sexuelle Entfaltung wird durch traditionelle sexuelle Skripte behindert, die das Vergnügen und die Intimität für eine oder mehrere Parteien in den Hintergrund drängen. In Beziehungen ist die Gleichberechtigung der Partner nach wie vor von entscheidender Bedeutung für sexuelle Zufriedenheit und Lusterleben (de Oliveira & Carvalho, 2021). Trotz der Aufmerksamkeit, die der weiblichen sexuellen Lust seit den 1970er Jahren gewidmet wird (Barbach, 1975; Dodson, 1972), deuten neuere Forschungsergebnisse darauf hin, dass wir der Schließung der Orgasmuslücke (Männer erleben beim heterosexuellen Sex häufiger einen Orgasmus als Frauen), nicht nähergekommen sind (Dodson, 2002; Döring & Mohseni, 2022; Mintz, 2017). Obwohl der Orgasmus

---

6 Das hierzulande aktuell noch verwendete Diagnosesystem der WHO ICD-10 klassifiziert *Fetischismus* ebenfalls noch als Störungsbild (Störung der Sexualpräferenz), während im neu eingeführten ICD-11 diese Diagnose gestrichen ist und atypische sexuelle Verhaltensweisen nur als paraphile Störung klassifiziert werden, wenn Leidensdruck oder das Risiko für Selbst-/Fremdgefährdung vorliegt.
7 Überbegriff für BDSM oder Kink/Fetisch-orientierte Communities.

nicht das Hauptziel von Sex sein muss, ist diese anhaltende Ungleichheit in der sexuellen Lust bestürzend. Außerdem deutet dies darauf hin, dass es immer noch an sexueller Aufklärung mangelt, die dem wechselseitigen Vergnügen Vorrang vor dem sexuellen Funktionieren zuspricht (Mahar et al., 2020).

Im US-amerikanischen Raum wird besorgt über die so genannte *Sex-Rezession* diskutiert, der zufolge junge Erwachsene international im Durchschnitt weniger häufig und später Sex haben als frühere Generationen (Borneskog et al, 2021; Bozick, 2021; Ghaznavi et al., 2019; Herbenick et al., 2022; Scharmanski & Hessling, 2021): Sie beginnen ihre partnerschaftlichen Sexualkontakte später als die Kohorten ihrer Eltern und Großeltern, und die Vielfalt und Häufigkeit ihrer sexuellen Aktivitäten ist geringer. Noch rätselhafter ist, dass sie auch ihre sexuelle *Solokarriere* später beginnen als frühere Kohorten und sich weniger häufig selbst stimulieren (Beutel et al., 2018; Burghardt et al., 2020; Herbenick et al. 2022). Es wirkt Besorgnis erregend, dass Jugendliche und aufstrebende Erwachsene weniger Bewusstsein für das Lustpotenzial ihres Körpers zu haben scheinen, während sie gleichzeitig im Internet sexuellen Narrativen und Bildern ausgesetzt sind, die wenig Bezug zur Realität oder zu ihren eigenen Möglichkeiten aufweisen. Wir können nur Vermutungen darüber anstellen, was die Ursache für diese Veränderungen in der sexuellen Aktivität sein könnte. Könnte es z. B. sein, dass sich die Diagnose von Depressionen und Angstzuständen und die damit einhergehende zunehmende Verschreibung von Psychopharmaka auf die sexuellen Aktivitäten junger Menschen auswirken? Liegt es an der Zunahme des Rauschtrinkens (Kanny et al., 2020; Tamburri, 2012) in Verbindung mit einem mangelnden Verständnis dafür, wie Drogen und Alkohol die sexuelle Funktion beeinträchtigen können? Verändert der technologische Fortschritt die Art und Weise, wie junge Menschen zu sich selbst und zu anderen in Beziehung treten? Sind wir einfach so sehr mit unrealistischen sexuellen Bildern und Informationen überschwemmt worden, dass Sex entmystifiziert und mit kollektiver Distanz und Desinteresse betrachtet wird? Auch wenn diese Faktoren in unterschiedlichem Maße eine Rolle spielen mögen, sehen sich junge Menschen insgesamt zunehmend mit vielschichtigen Herausforderungen konfrontiert, die ihre sexuellen und romantischen Potenziale einschränken.

Obwohl wir uns in diesem Kapitel mit der Frage der Häufigkeit beschäftigt haben, ist Quantität kein Hinweis auf Qualität. Wir sollten uns von Narrativen über Sex abwenden, die Quantität und Häufigkeit überbetonen und Intimität und Bindung in den Hintergrund drängen. Bei der weiteren Erforschung von Faktoren, die die Zukunft von Sexualität und Beziehungen prägen werden, sollten wir genau beobachten, was wir als *guten Sex* definieren, und welche Maßstäbe wir bei Vergleichen anlegen. Leider untersuchen heute nur wenige Forscher das obere Ende des Kontinuums des erotischen Potenzials (Kleinplatz & Charest, 2022). Dem gesamten Spektrum der Sexualität sollte mehr Aufmerksamkeit gewidmet werden, um die Erfahrungen der Menschen zu validieren und eine Vielzahl von Wegen zu mehr sexueller Ausdrucksfreiheit zu eröffnen.

4.2.3 Wirtschaftliche Faktoren und Klimawandel

Wenn wir in die Zukunft blicken, ist die Menschheit wie nie zuvor herausgefordert durch die anhaltende Klimakrise. Die Menschen sind heute viel stärker auf den Klimawandel eingestellt und erleben daher größere Ängste und Nöte als frühere Generationen. Es ist verständlich, dass es schwer ist, Zukunftsperspektiven für Beziehungen zu entwickeln und in diese zu investieren, wenn sich die Zukunft so ungewiss anfühlt. Da vor allem junge Menschen mit den erheblichen Veränderungen durch den Klimawandel konfrontiert sein werden, sehen viele pessimistisch in die Zukunft und fühlen sich durch die Untätigkeit früherer Generationen betrogen. Angesichts jährlicher Hitzerekorde, intensiverer Stürme, Dürreperioden, Waldbrände usw. lassen sich die Auswirkungen des Klimawandels immer schwerer leugnen. Dies hat viele dazu veranlasst, eine Klima-nihilistische Perspektive einzunehmen und zu glauben, dass die Lage angesichts des zunehmenden Wandels hoffnungslos ist. Einige Menschen versuchen, das Gefühl der Hoffnungslosigkeit zu lindern, indem sie sich auf individuelle Entscheidungen zur Bekämpfung des Klimawandels in ihrem täglichen Leben konzentrieren, z.B. auf die Verwendung umweltfreundlicher Produkte, Kompostierung, die Nutzung von Elektrofahrzeugen oder emissionsarmen Fahrzeugen usw. In Beziehungen spielt die Sorge um die Zukunft eine wichtige Rolle bei der Partnerwahl. Typischerweise zeigen Personen in einer Partnerschaft ähnliche Überzeugungen und Verhaltensweisen in Bezug auf den Klimawandel wie der jeweils andere (Hammond & Sibley, 2022; Goldberg et al., 2022). Gemeinsame Ansichten zum Klimawandel spiegeln gemeinsame Werte innerhalb der Beziehung wider. Aber für Personen, die auf der Suche nach einem Partner sind, ist der Wunsch nach gemeinsamen Werten in Bezug auf den Klimawandel zu einem wichtigen Merkmal eines potenziellen Partners geworden (Goldberg et al., 2022). Dies gilt insbesondere für diejenigen, für die umweltfreundliches Verhalten viele der täglichen Entscheidungen in ihrem Leben bestimmt. Die Menschen suchen zunehmend nach einer gemeinsamen Ideologie zum Klimawandel als Lackmustest für allgemeinere ethische Werte.

Aus Sorge um den mit der Fortpflanzung verbundenen CO_2-Fußabdruck entscheiden sich immer mehr Menschen dafür, keine Kinder zu bekommen oder weniger Kinder zu haben, als sie ursprünglich geplant hatten. In einer Stichprobe von Menschen, die angaben, den Klimawandel mit ihren Fortpflanzungsentscheidungen in Verbindung zu bringen, gaben 60 % an, »sehr« oder »äußerst besorgt« über den CO_2-Fußabdruck der Fortpflanzung zu sein (Schneider-Mayerson et al., 2020). Während die Sorge um die Überbevölkerung zur Förderung eugenischer Maßnahmen[8] missbraucht wurde (Fiskio, 2012), kämpfen viele Menschen im gebärfähigen

---

8 Wir verwenden das Wort *Eugenik* mit all seinen historischen und politischen Aspekten hier ganz bewusst (und im gleichen Sinne wie Fiskio, 2012). In den 1930er Jahren griffen Hitler und Göring auf die eugenische Ideologie zurück, die zu dieser Zeit in den Vereinigten Staaten und sogar in Kanada bereits weit verbreitet war. In der Provinz Alberta wurden in den 1930er Jahren mit Zustimmung des damaligen Premiers von Alberta, Ernst Manning, Tausende indigener Kanadier ohne ihre Zustimmung sterilisiert, da sie als »schwachsinnig« galten. Nicht nur in Entwicklungsländern, sondern in (zu) vielen Ländern weltweit wird –

Alter mit dem Spannungsfeld zwischen persönlichem Verantwortungsgefühl und der Angst davor, ein Kind auf diese unsichere Welt zu bringen. Eine überwältigende Mehrheit (96,5 %) der Eltern oder angehenden Eltern gab an, »sehr« oder »extrem besorgt« über die Klimaauswirkungen zu sein, die ihre bestehenden, erwarteten oder zukünftigen Kinder erfahren könnten (Schneider-Mayerson et al., 2020).

Zeitgleich mit rückläufigen Heirats- und Geburtenraten erleben wir eine Generation, die sich dafür entscheidet oder vielleicht gezwungen ist, Beziehungen, Heirat und Kinder aufgrund einer unsicheren finanziellen Zukunft aufzuschieben. Die Löhne entsprechen immer weniger den Lebenshaltungskosten und die Chancen auf eine verlässliche Vollzeitbeschäftigung werden in der zunehmend instabileren, teilzeitbasierten, auf kurzfristigen Verträgen beruhenden Wirtschaftslage zu Ausnahmen. Immer mehr Jugendliche sind gezwungen, zu Hause bei ihren Eltern zu bleiben oder wieder zu ihnen zu ziehen, da sie nicht wissen, ob sie sich jemals eine eigene Wohnung werden leisten können. Dies schränkt ihre Möglichkeiten, langfristige Beziehungen einzugehen und eine Zukunft mit einem Partner zu planen, erheblich ein (Karney, 2021). Selbst wenn Paare in der Lage sind, zusammenzuleben, kann sich die wirtschaftliche Belastung, der sie ausgesetzt sind, erheblich auf die Beziehungsqualität auswirken. Viele Paare, die zusammenleben, gehen eine Lebensgemeinschaft zum Teil aus finanzieller Notwendigkeit ein und nicht, weil sie den starken Wunsch haben, sich in der Beziehung mit ihrem Partner weiter zu engagieren (Jamison, 2018). Diese Art der wirtschaftlichen Abhängigkeit wurde mit einer Zunahme von Beziehungskonflikten und Gewalt in der Partnerschaft in Verbindung gebracht. Personen, die vor der Entscheidung stehen, einen Partner zu verlassen oder eine Beziehung zu beenden, müssen die finanzielle Belastung abwägen, die mit der Rückkehr zu einem einzigen Einkommen verbunden ist (Halliday Hardie et al., 2010), was während der COVID-19-Pandemie noch verschärft wurde. Während es für junge Paare normal ist, finanzielle Unsicherheit zu erleben, haben die Menschen zunehmend Angst, dass sie niemals die wirtschaftliche Sicherheit und Stabilität früherer Generationen erreichen werden.

Ist es überhaupt noch möglich, sich Sex leisten zu können? Die Kosten für den Zugang zu Räumen, in denen potenzielle Partner zur Verfügung stehen, die Beschaffung zuverlässiger Verhütungsmittel[9] und die ständig steigenden Kosten und Erwartungen für die Verwendung von Sexspielzeug können dazu führen, dass viele Menschen den Sex ganz und gar allein aus Kostengründen aufgeben.

Der Wirtschaftszweig rund um die Sexualität ist in den letzten 50 Jahren explodiert. So ist Sexspielzeug zu einem globalen Markt geworden, der für 2022 auf 41,2 Milliarden US-Dollar geschätzt wird (Global Industry Analysts, Inc, 2022). Online-Händler haben die Verfügbarkeit von Produkten erhöht, indem sie diesen Markt auf Länder ausgedehnt haben, in denen es nur wenige Sexspielzeuggeschäfte gibt. In der Ratgeberliteratur wird Paaren zunehmend empfohlen, Sexspielzeug einzusetzen, um den Sex zu beleben oder um ihn zu erforschen. Doch die Kosten für

---

wenn auch im Verborgenen – gegenwärtig weiterhin eugenische Politik betreiben (wie die jüngsten Skandale in Kanada und Nigeria zeigen).
9 Auch hier ist (bezüglich Kostenübernahme) die Situation in Deutschland/Europa nicht unbedingt vergleichbar.

diese Produkte schaffen oft weitere Ungleichheiten. Viele Menschen können es sich einfach nicht leisten, Hunderte von Dollar für teure Produkte auszugeben, ungeachtet ihres Wunsches, in Sex zu investieren. Darüber hinaus hat die Forschung gezeigt, dass viele preisgünstige Spielzeuge, z. B. Sexspielzeug aus PVC (*Jelly*), Phthalate enthalten, die den Hormonhaushalt stören können und mit einer Vielzahl von schädlichen Auswirkungen in Verbindung gebracht werden (Hlisníková et al., 2020; Naik, 2021).

4.2.4 Unfruchtbarkeit

Gesellschaftliche Entscheidungen über den Verbrauch der natürlichen Ressourcen, die Verwendung von Stoffen in Lebensmitteln, die Herstellung und den Konsum von Produkten und die Praktiken der Landwirtschaft treiben nicht nur den Klimawandel voran, sondern auch den Anstieg der Unfruchtbarkeit auf der ganzen Welt. So schätzt die kanadische Gesundheitsbehörde (Public Health Agency of Canada, 2019), dass etwa 16 % der kanadischen Paare von Unfruchtbarkeit betroffen sind, was fast doppelt so hoch ist wie die Unfruchtbarkeitsrate der Kanadier in den 1980er Jahren. Ein ähnlicher Trend ist weltweit zu beobachten (Sun et al., 2019). Weitere Anzeichen dafür, dass die Fruchtbarkeit durch allgegenwärtige toxische Chemikalien gestört wird, sind die durchschnittliche Verringerung der anogenitalen Distanz[10] sowie der Anzahl, Mobilität und Beweglichkeit von Spermien (Bornehag et al., 2015; Levine et al., 2017; Miao et al., 2011). Viele Umweltschadstoffe bestehen aus endokrin wirksamen Substanzen (EDCs), darunter die bereits erwähnten Phthalate sowie polychlorierte Biphenyle (PCBs) und Bisphenol As (BPAs). Diese ahmen körpereigene Hormone nach und stören das endokrine System. Zusammen mit anderen Maßnahmen zur Bekämpfung des Klimawandels hat sich die Regulierung von EDCs als schwierig erwiesen. Auch wenn die Datensammlung noch nicht abgeschlossen ist, muss die erhebliche Bedrohung des endokrinen und reproduktiven Systems durch EDCs (Radke et al., 2018; Ziv-Gal & Flaws, 2016) als ein Umweltfaktor betrachtet werden, der die Zukunft von Sex und Beziehungen prägen wird.

Die Erfahrung der Unfruchtbarkeit hat große emotionale, beziehungsmäßige und oft auch finanzielle Auswirkungen auf Paarbeziehungen. Die Selbstbeschuldigungen der Person, die als verantwortlich für die Unfruchtbarkeit diagnostiziert wird, können verheerend sein. Diese Personen stellen ihre Weiblichkeit oder Männlichkeit in Frage und erleben sich als *Endstation* ihres Stammbaums. Außerdem machen sie sich oft Sorgen darüber, ob ihre Partner sich betrogen fühlen, weil sie sich für einen *defekten* Partner entschieden haben, und ob diese die Erfüllung ihres *reproduktiven Schicksals* schließlich anderswo suchen werden. Zusammen mit dem höheren Alter, in dem junge Menschen heute Kinder bekommen, deuten diese

---

10 Der anogenitale Abstand bezieht sich auf den im Säuglingsalter gemessenen Abstand zwischen dem Anus und den hinteren Teilen der Genitalien. Forschungsergebnisse deuten darauf hin, dass ein Schrumpfen dieses Abstands eine Verringerung der zukünftigen Fruchtbarkeit im Erwachsenenalter widerspiegelt (z. B. Eisenberg et al. 2011).

Trends darauf hin, dass wir wahrscheinlich eine Zunahme von Paaren erleben werden, die Schwierigkeiten haben, ein Kind zu empfangen oder auszutragen. Diese entmutigenden Statistiken könnten auch etwas Positives bewirken. Vielleicht wird es gesellschaftliche Veränderungen geben, die die Adoption zu einer ethischeren oder sogar vorrangigen Option für alle Menschen macht, und nicht nur für diejenigen, die keine biologischen Kinder bekommen können. Das alte Sprichwort *Es braucht ein Dorf, um ein Kind großzuziehen* könnte als Richtschnur für einen moralischeren und verantwortungsvolleren Umgang mit allen Kindern dienen.

Diejenigen, die ihre Kinder in einem späteren Alter bekommen, sind auch eher in der Lage, ihnen ein finanziell stabiles Aufwachsen und eine Zukunft zu bieten. Allerdings müssen sich diese Kinder möglicherweise auch früher als frühere Kohorten um ihre alternden Eltern kümmern, was eine zusätzliche finanzielle oder emotionale Belastung für ihre Beziehungen darstellen könnte. Unabhängig von den langfristigen Ergebnissen dieser Trends steht fest, dass die zunehmende Unfruchtbarkeit wahrscheinlich einen großen Einfluss auf Sex und Paarbeziehungen für den Rest dieses Jahrhunderts haben wird.

4.2.5 Medikalisierung und der Einfluss der Technologie auf die Sexualität

Wie wird sich unsere Vorstellung von Sexualität im Laufe des 21. Jahrhunderts wohl verändern? Welches Modell sollten wir verwenden, um über Sex und Beziehungen nachzudenken? In den letzten 40 Jahren hat sich die zunehmende Medikalisierung der Sexualität nachteilig auf den Zugang der Patienten zu einer umfassenden sexuellen Gesundheitsversorgung ausgewirkt. Sexualmediziner und Sexualtherapeuten arbeiten zunehmend isoliert voneinander, wodurch breitere Entwicklungen in ihrem Feld verhindert werden (Moser & Devereux, 2012). Diese Denkweise hat auch dazu geführt, dass einige Forscher verzweifelt versuchen, die *kleine rosa Pille* (z. B. Flibanserin, Bremenalotid) zu finden, die Frauen mit niedrigem sexuellem Begehren *heilen* würde – anstatt die Ursachen für geringes sexuelles Verlangen zu bekämpfen (z. B. repressive Sexualerziehung, schlechte Qualität der Sexualität). Zunehmend wird versucht, eine pharmakologische Lösung zu verschreiben. Was aber, wenn die Lösung nicht in kleinen Zauberpillen liegt, sondern vielmehr darin, den Einzelnen in die Lage zu versetzen, gut informierte, autonome Entscheidungen über seinen Körper, seine sexuelle Gesundheit und seine Lust zu treffen, insbesondere durch umfassende Sexualerziehung? Es gibt bereits integrativere Modelle, die jedoch nicht weit genug bekannt sind oder genutzt werden. So haben beispielsweise die Weltgesundheitsorganisation, die American Medical Association und die World Association for Sexual Health allesamt weit gefasste, integrative Definitionen von Sexualität und sexueller Gesundheit, die bis in die 1970er Jahre zurückreichen. Wie können wir sicherstellen, dass diese Modelle im 21. Jahrhundert tatsächlich verbreitet und angewendet werden?

Es wird die meisten Leser wahrscheinlich nicht überraschen, dass der Stand der Sexualerziehung in weiten Teilen Nordamerikas äußerst mangelhaft ist. Studien zeigen immer wieder, dass sich die Sexualerziehung durch Lehrer, Eltern und Ärzte fast ausschließlich auf die negativen Folgen der Sexualität und der Fortpflanzungsbiologie konzentriert, während junge Menschen sich an andere Quellen wenden (z. B. Gleichaltrige, das Internet, Pornografie), um diese Lücke zu füllen (Charest & Kleinplatz, 2022). Während sexuelle Belange zunehmend medizinisch behandelt werden, hat die Ausbildung von Ärzten und Psychotherapeuten in Sachen Sexualität seit den 1970er Jahren abgenommen (Solursh et al., 2003). Nur wenige Lehrer erhalten in ihrer Ausbildung überhaupt eine Ausbildung zum Thema Sexualität, es sei denn, sie suchen danach.[11] Auch die Eltern, die oft selbst nur sehr wenig Sexualerziehung erhalten haben, fühlen sich nicht darauf vorbereitet, mit ihren Kindern über Sex zu sprechen. Trotz wiederholter Aufforderungen, eine lustbetonte, umfassende Sexualerziehung anzubieten, die sich auf die individuellen und relationalen Aspekte sexueller Erfahrungen konzentriert, herrscht in weiten Teilen Nordamerikas nach wie vor die *Abstinenz-plus*-Sexualerziehung[12] vor.

Natürlich kann der technologische Fortschritt im medizinischen Bereich die sexuellen Erfahrungen beeinträchtigen, er kann sie aber auch bereichern. So hat uns beispielsweise die COVID-19-Pandemie vor Augen geführt, wie weit wir in den letzten 40 Jahren im Umgang mit Geschlechtskrankheiten im Allgemeinen und HIV im Besonderen gekommen sind. Es gibt sowohl medizinische als auch soziale Fortschritte bei der Normalisierung dessen, was früher als Geschlechtskrankheiten stigmatisiert wurde. Die HIV-Präexpositionsprophylaxe wurde 2012 von der FDA und 2016 von der Europäischen Kommission und Health Canada zugelassen, ebenso wie die berufsunabhängige Postexpositionsprophylaxe, die seronegativen Personen die Möglichkeit gibt, sich vor einer Infektion zu schützen. Mehrere Studien haben inzwischen auch gezeigt, dass HIV-positive Personen, die behandelt werden und eine nicht nachweisbare Viruslast haben,[13] das Virus bei sexuellem oder anderem Kontakt nicht an andere weitergeben können (d. h. nicht nachweisbar = nicht übertragbar; Rodgers et al., 2019). Dies hat eine neue Realität der Befreiung für serodiskordante Paare und neue Beziehungen eingeläutet. Das Schlagwort aus dem Jahr 1996, HIV sei nun eine kontrollierbare, chronische Krankheit, hat sich bewahrheitet. Auch der Herpes, der es einst auf die Titelseite des Times-Magazins schaffte, ist weniger gefürchtet, was zum Teil daran liegt, dass er so weit verbreitet ist. Gleichzeitig führen die übermäßige Verschreibung von Antibiotika beim Menschen und ihr übermäßiger Einsatz in der Agrarindustrie zu einer Anfälligkeit für *Superbugs* oder multiresistente Krankheitsstämme, einschließlich Chlamydien- und Gonorrhoe-Stämme. Auch die Reaktion auf den Ausbruch der Affenpocken war mehr als unzureichend. Die Probleme, mit denen die Menschheit konfrontiert ist, werden immer globaler. Daher werden wir in zunehmendem Maße eine globale Zusammenarbeit benötigen, um die kommenden Herausforderungen des 21. Jahrhunderts zu bewältigen.

---

11 Diese Situation ist in Deutschland nicht viel anders (Anm. der Übersetzerin), Abhilfe schafft z. B. das löbliche Projekt *teach.love* (www.teach-love.de).
12 Abstinenz-Plus-Aufklärung beschreibt Programme, die zur Abstinenz ermutigen, aber auch Informationen über Verhütungsmittel und Ressourcen für Safer-Sex-Praktiken enthalten.
13 Eine nicht nachweisbare Viruslast bedeutet, dass sich nicht genug HIV in den Körperflüssigkeiten befindet, um HIV beim Sex weiterzugeben.

4.3 »Wer sich nicht an die Vergangenheit erinnern kann, ist dazu verdammt, sie zu wiederholen.« (Santayana, 1905)

Wenn wir über den historischen Wandel der sexuellen Werte nachdenken, anstatt sie nur als sexuell liberal/expressiv oder konservativ/repressiv zu begreifen, dann leben wir derzeit in einer Zeit der Polarisierung und der Feindseligkeit gegenüber denjenigen, die sich außerhalb unserer Echokammern befinden. Sexuelle Einstellungen sind tief in die Entscheidungen integriert, die der Einzelne im Zusammenhang mit seiner Sexualität trifft, auch in Bezug auf Beziehungen und Kindererziehung. Unsere Vision für die Zukunft von Sex und Beziehungen ist in unserem Verständnis der Vergangenheit verwurzelt. Daher können wir nur spekulieren, wie die oben genannten Faktoren zusammenwirken und die Sexualität im 21. Jahrhundert prägen werden. Es gibt viele Herausforderungen im Bereich Sexualität und Beziehungen. Es gibt auch viele Gründe zur Hoffnung, dass wir uns durch das Studium der Vergangenheit auf diese Herausforderungen und die damit verbundenen Zukunftsentscheidungen vorbereiten können,

Beim Verfassen dieses Kapitels bleiben mehr Fragen als Antworten. Warum haben junge Menschen weniger Einzel- und Partnerschaftssex als frühere Generationen? Wie werden sich fortschrittliche Bewegungen und die entsprechenden Gegenreaktionen im 21. Jahrhundert auswirken? Welchen Effekt werden die Klimakrise und die wirtschaftliche Instabilität/Ungleichheit auf die Entscheidungsfindung haben? Viele junge Menschen entwickeln durchdachte, reife Ziele in Bezug auf Partnerschaft und Sexualität: Beides soll sich in ein ausgewogenes, verantwortungsbewusst gestaltetes Leben einfügen. Die kollektiven Reaktionen junger Menschen auf die Klimakrise sind ein Beispiel dafür, dass diese nicht nur über unmittelbare Wunscherfüllung nachdenken, sondern auch über die langfristigen Auswirkungen ihrer Wünsche. Junge Menschen zeigen ein geringeres Interesse an sexueller Aktivität, Heirat und Kinderkriegen als frühere Generationen. Man kann sich fragen, wie diese Trends zu deuten sind. Könnte es sein, dass sich diese Generation die persönlichen, beruflichen, wirtschaftlichen und beziehungsbezogenen Implikationen ihrer sexuellen Entscheidungen bewusster macht? Eine Generation junger Menschen, die erst in sich selbst Stabilität finden will, bevor sie dies in Beziehungen sucht, hat auch das Potenzial, einen grundlegenden Wandel herbeizuführen.

4.4 Wie können wir eine positive Vision für die Zukunft schaffen?

Der Übergang vom *könnte sein* zum *wird sein* ist keine leichte Aufgabe. Es gilt zu bedenken, dass Sexualität grundsätzlich im Kontext allgemeiner Gesundheit situiert ist und hier von vielen Einflussfaktoren beeinflusst wird (z. B. sozioökonomische und politische Faktoren, Zugang zu umfassender Sexualerziehung, Zugang zu sexueller Gesundheitsversorgung). Dennoch zeigt die Geschichte Schritte auf, die den Weg hin zu positiveren sexuellen Erfahrungen erleichtern können. Derartige Anstrengungen sind im Kontext aller großen gesellschaftlichen Systeme angesiedelt, denn diese bilden den Rahmen, in welchem Individuen investieren: in Verbindung und Verbundenheit, in Lust, in Präsenz, und damit auch in Sexualität.

Gerechte Strukturen in Wirtschaft und Arbeitsleben, die den Zugang zu lebensnotwendigen Dingen wie Gesundheitsfürsorge, Wohnraum, Bildung, Nahrung usw. ermöglichen, geben den Menschen auch den psychischen und physischen Freiraum, den es braucht, um sich auf Sexualität einzulassen. Eine – moralische und finanzielle – Neubewertung verschiedener Arten von Tätigkeiten könnte anstehen. Dafür müssten Arbeitsplätze neu konzipiert werden, mit mehr Flexibilität, kürzeren Arbeitszeiten und einem höheren Maß an wirtschaftlicher Sicherheit.

Bildung hat das Potenzial, Sexualität grundlegend zu verändern. Die Einführung einer genussorientierten, umfassenden Sexualerziehung ist überfällig, die im Übrigen auch von der Weltgesundheitsorganisation (2006) als Menschenrecht verankert wurde. Menschen, die von der frühen Kindheit bis zur späten Adoleszenz altersgerecht in Sexualität eingeführt wurden, bringen zu ihrem sexuellen Debüt eine größere Kapazität für Freundlichkeit, Akzeptanz, Sicherheit, Zustimmung und andere positive Aspekte einer gesunden Sexualität mit als Menschen, die einen derart breit gefächerten Ansatz nicht erhalten haben. Darüber hinaus müssen Pädagogen und der wissenschaftliche Erkenntnisprozess zur Sexualität wertgeschätzt und respektiert werden. Die Sexualwissenschaft kann eine umfassende Sexualerziehung bereichern und dadurch junge Menschen in intimen Beziehungen und bei sexuellen Entscheidungen stärken.

Das Feld der Medizin kann das sexuelle Wohlbefinden sowohl fördern (z. B. durch den Zugang zu PrEP[14] oder Verhütungsmöglichkeiten) als auch beeinträchtigen (z. B. durch die übermäßige Verschreibung von SSRIs und einen medikalisierten, funktionsorientierten Blick auf Sexualität). Versorger sollten im Umgang mit queeren Menschen und anderen Minderheiten gut geschult sein, um einen gleichberechtigten Zugang zur Gesundheitsversorgung (z. B. Schwangerschaftsabbruch) zu gewährleisten, und um eine vertrauensvolle Beziehung zwischen Patienten und Fachmenschen im Gesundheitssystem zu fördern. Dies ermöglicht hilfreiche, vertrauliche Gespräche über intime Themen wie sexuelle Entscheidungen.

---

14 PrEP ist eine Möglichkeit, um sich vor HIV zu schützen. PrEP ist ein Medikament in Tablettenform. Es steht für »Prä-Expositions-Prophylaxe«. Richtig eingenommen, schützt es HIV-negative Menschen vor einer Ansteckung mit HIV.

Soziale Strukturen sind der Rahmen, in dem Beziehungen und Sexualität erlebt werden. Die Rückbesinnung auf ältere Modelle, wie z. B. die Schaffung von mehr Möglichkeiten, sich in Echtzeit und an realen Orten zu treffen (kostenlose Konzerte in Parks, gemeinschaftliches Gärtnern, Räume zum Tanzen usw.), bieten Möglichkeiten zur Linderung von Einsamkeit. Neue Beziehungsmodelle, wie z. B. alternative Beziehungsstrukturen jenseits der üblichen Rolltreppe in Richtung einer Kinder zeugenden, heterosexuellen Zwei-Personen-Ehe, können dort neuen Sinn und neue Beziehungsmotivation schaffen, wo das Interesse an traditionellen Beziehungsstrukturen nachgelassen hat. Politische Strukturen, die auf Extremismus und Polarisierung beruhen, wirken wie isolierende Trennwände zwischen Bevölkerungsteilen. Diese stehen im Widerspruch zu liebevollen, unterstützenden und gesunden Bindungserfahrungen. Insgesamt sind die vielen Wege zu gesünderer und glücklicherer Sexualität klar – wenn auch nicht unbedingt leicht zu finden.

4.5 Schlussfolgerung

Die Zukunft muss nicht trostlos und düster sein. Sie hat genauso das Potenzial, schön, erotisch und voller sinnstiftender Beziehungen zu sein. Obwohl große Herausforderungen vor uns liegen, gibt es auch Hoffnung. Von der Vergangenheit können wir uns für eine Zukunft inspirieren lassen, in der es mehr sexuelle Möglichkeiten für Einzelpersonen, Beziehungen und soziale Gemeinschaften gibt. Wenn es uns gelingt, die großen sozialen, wirtschaftlichen und politischen Umwälzungen der Gegenwart für sinnvolle Veränderungen zu nutzen, wird der Weg frei für die zunehmende Ausschöpfung unseres sexuellen Potenzials.

Literatur

Barbach, L. G. (1975). *For yourself: The fulfillment of female sexuality*. Doubleday.
Benshoff, H. M. & Griffin, S. (2006). *Queer images: A history of gay and lesbian film in America*. Rowman & Littlefield Pub Incorporated.
Beutel, M. E., Burghardt, J., Tibubos, A. N., Klein, E. M., Schmutzer, G. & Brähler, E. (2018). Declining sexual activity and desire in men—Findings from representative German surveys, 2005 and 2016. *Journal of Sexual Medicine*, 15, 750–756.
Bornehag, C. G., Carlstedt, F., Jönsson, B. A., Lindh, C. H., Jensen, T. K., Bodin, A., ... & Swan, S. H. (2015). Prenatal phthalate exposures and anogenital distance in Swedish boys. *Environmental health perspectives*, 123(1), 101–107.
Borneskog, C., Häggström-Nordin, E., Stenhammar, C., Tydén, T. & Iliadis, S. I. (2021). Changes in sexual behavior among high-school students over a 40-year period. *Scientific Reports*, 11(1), 1–9.
Bouman, W. P. & Kleinplatz, P. J. (Eds.). (2015). Sexuality & Ageing. Routledge.

Bozick, R. (2021). Is there really a sex recession? Period and cohort effects on sexual inactivity among American men, 2006–2019. *American Journal of Men's Health*, 15(6), 15579883211057710. https://doi.org/10.1177/15579883211057710

Burghardt, J., Beutel, M. E., Hasenburg, A., Schmutzer, G. & Brähler, E. (2020). Declining sexual activity and desire in women: Findings from representative German surveys 2005 and 2016. *Archives of Sexual Behavior*, 49, 919–925.

Charest, M. & Kleinplatz, P. J. (2022). What Do Young, Canadian, Straight and LGBTQ Men and Women Learn About Sex and from Whom? *Sexuality Research and Social Policy*, 19(2), 622–637.

Coleman, E., Elders, J., Satcher, D., Shindel, A., Parish, S., Kenagy, G., … & Light, A. (2013). Summit on medical school education in sexual health: report of an expert consultation. *The journal of sexual medicine*, 10(4), 924–938.

Corinne, T. (1975). *The cunt coloring book*. Naiad Press.

Dennett, M. W. (1919). *The sex side of life: An explanation for young people*. The Author.

de Oliveira, L. & Carvalho, J. (2021). Women's sexual health during the pandemic of COVID-19: declines in sexual function and sexual pleasure. *Current Sexual Health Reports*, 13(3), 76-88. https://doi.org/10.1007/s11930-021-00309-4

Dodson, B. (1972). *Liberating masturbation*. Goddess Books.

Dodson, B. (2002). *Orgasms for two: The joy of partnersex*. Harmony Books.

Doherty, T. (1999). *Pre-code Hollywood: Sex, immorality, and insurrection in American cinema, 1930–1934*. Columbia University Press.

Döring, N. & Mohseni, M. R. (2022). The Gender Orgasm Gap: A Critical Research Review on GenderDifferences in Orgasm Frequency during Heterosex. *Zeitschrift für Sexualforschung*, 35(02), 73-87.

Eisenberg, M. L., Hsieh, M. H., Walters, R. C., Krasnow, R. & Lipshultz, L. I. (2011). The relationship between anogenital distance, fatherhood, and fertility in adult men. *PloS one*, 6(5), e18973

Eleuteri, S. & Terzitta, G. (2021). Sexuality during the COVID-19 pandemic: The importance of Internet. *Sexologies*, 30(1), e55-e60.

Ellis, H. (1897). *Studies in the Psychology of Sex, Volume I: The Evolution of Modesty, The Phenomena of Sexual Periodicity, Auto-Erotism*. University Press.

Ellis, H. (1900). *Studies in the Psychology of Sex, Volume II: Sexual Inversion*. University Press.

Essig, L. (2018). Examples of straight men grappling with the# MeToo movement. *Contemporary Psychoanalysis*, 54(4), 677–687. https://doi.org/10.1080/00107530.2018.1528855

Estlein, R., Gewirtz-Meydan, A. & Opuda, E. (2022). Love in the time of COVID-19: A systematic mapping review of empirical research on romantic relationships one year into the COVID-19 pandemic. *Family Process*.

Fiskio, J. (2012). Apocalypse and Ecotopia: Narratives in global climate change discourse. *Race, Gender & Class*, 12–36.

Ghaznavi, C., Sakamoto, H., Yoneoka, D., Nomura, S., Shibuya, K. & Ueda, P. (2019). *Trends in heterosexual inexperience among young adults in Japan: analysis of national surveys, 1987–2015*. BMC Public Health, 19(1), 1–10.

Ging, D. (2019). Alphas, betas, and incels: Theorizing the masculinities of the manosphere. *Men and Masculinities*, 22(4), 638–657.

Global Industry Analysts, Inc (2022, July). *Sex Toys – Global Market Trajectory & Analytics. Research and Markets*. Retrieved August 10, 2022, from https://www.researchandmarkets.com/reports/5140296/sex-toys-global-market-trajectory-and-analytics?utm_source=BW&utm_medium=PressRelease&utm_code=sp47z6&utm_campaign=1646629+-+Global+Sex+Toys+Market+Report+2022%3a+Market+to+Reach+%2454.6+Billion+by+2026&utm_exec=chdo54prd

Goldberg, M. H., Carmichael, C. L., Lacroix, K., Gustafson, A., Rosenthal, S. A. & Leiserowitz, A. (2022). Perceptions and correspondence of climate change beliefs and behavior among romantic couples. *Journal of Environmental Psychology*, 82, 101836. https://doi.org/10.1016/j.jenvp.2022.101836

Gordon, E. G. (2021). A medical education recommendation for improving sexual health and humanism and professionalism. *Sexual Medicine Reviews*, 9(1), 23–35.

Gruskin, S. & Kismödi, E. (2020). A call for (renewed) commitment to sexual health, sexual rights, and sexual pleasure: A matter of health and well-being. *American journal of public health*, 110(2), 159. https://doi.org/10.2105/AJPH.2019.305497

Halliday Hardie, J. & Lucas, A. (2010). Economic factors and relationship quality among young couples: Comparing cohabitation and marriage. *Journal of Marriage and Family*, 72(5), 1141–1154. https://doi.org/10.1111/j.1741-3737.2010.00755.x

Hammond, M. D. & Sibley, C. G. (2022). Romantic Partners Are Similar in Their Well-Being and Sociopolitical Attitudes but Change Independently Over Time. *Social Psychological and Personality Science*, 13(1), 199–209.

Herbenick, D., Fu, T. C., Arter, J., Sanders, S. A. & Dodge, B. (2018). Women's experiences with genital touching, sexual pleasure, and orgasm: results from a US probability sample of women ages 18 to 94. *Journal of sex & marital therapy*, 44(2), 201–212.

Herbenick, D., Rosenberg, M., Golzarri-Arroyo, L., Fortenberry, J. D. & Fu, T. C. (2022). Changes in penile-vaginal intercourse frequency and sexual repertoire from 2009 to 2018: Findings from the national survey of sexual health and behavior. *Archives of sexual behavior*, 51(3), 1419–1433.

Hirschfeld, M. (1904). *Das Ergebnis der statistischen Untersuchungen über den Prozentsatz der Homosexuellen*. Spohr.

Hirschfeld, M. (1910). *Die Transvestiten: Eine Untersuchung über den erotischen Verkleidungstrieb: Mit umfangreichem casuistischen und historischen Material*. Medicinischer Verlag.

Hite, S. (1976). *The Hite report*. Dell Publishing Co.

Hlisníková, H., Petrovičová, I., Kolena, B., Šidlovská, M. & Sirotkin, A. (2020). Effects and mechanisms of phthalates' action on reproductive processes and reproductive health: a literature review. *International Journal of Environmental Research and Public Health*, 17(18), 6811. https://doi.org/10.3390/ijerph17186811

Human Rights Campaign. (n. d.). *Marriage equality around the world*. Retrieved from: https://www.hrc.org/resources/marriage-equality-around-the-world

Jamison, T. B. (2018). Cohabitation transitions among low-income parents: A qualitative investigation of economic and relational motivations. *Journal of Family and Economic Issues*, 39(1), 73–87.

Kanny, D., Naimi, T. S., Liu, Y. & Brewer, R. D. (2020). Trends in total binge drinks per adult who reported binge drinking—United States, 2011–2017. Morbidity and Mortality *Weekly Report*, 69(2), 30. http://dx.doi.org/10.15585/mmwr.mm6902a2

Karney, B. R. (2021). Socioeconomic status and intimate relationships. *Annual Review of Psychology*, 72, 391. https://doi.org/10.1146/annurev-psych-051920-013658

Kinsey, A. C., Pomeroy, W. B. & Martin, C. E. (1948). *Sexual behavior in the human male*. Philadelphia Pa: W.B. Saunders.

Kinsey, A. C., Pomeroy, W. B., Martin, C. E. & Gebhard, P. H. (1953). *Sexual behavior in the human female*. Philadelphia Pa: W.B. Saunders.

Klein, M. (2022, August 2). *Why young people are having so much less sex*. Psychology Today. Retrieved August 16, 2022, from https://www.psychologytoday.com/us/blog/sexual-intelligence/202208/why-young-people-are-having-so-much-less-sex

Kleinplatz, P. J., Charest, M., Rosen, L. A. & Ménard, A. D. (2022). Optimal Couple Sexuality: A Review of the (Limited) Literature. *Current Sexual Health Reports*, 1–7.

Kleinplatz, P. J. (2013). Three decades of sex: Reflections on sexuality and sexology. *Canadian Journal of Human Sexuality*, 22(1), 1–4. https://doi.org/10.3138/cjhs.937

Kourti, A., Stavridou, A., Panagouli, E., Psaltopoulou, T., Spiliopoulou, C., Tsolia, M., Sergentanis, T. N. & Tsitsika, A. (2021). Domestic violence during the COVID-19 pandemic: A systematic review. *Trauma, Violence, & Abuse* [online ahead of print]. https://doi.org/10.1177/15248380211038690

LaSalle, M. (2000). *Complicated women: Sex and power in pre-code Hollywood*. Macmillan

Laumann, E. O., Gagnon, J. H., Michael, R. T. & Michaels, S. (2000). *The social organization of sexuality: Sexual practices in the United States*. University of Chicago press.

Levine, H., Jørgensen, N., Martino-Andrade, A., Mendiola, J., Weksler-Derri, D., Mindlis, I., ... & Swan, S. H. (2017). Temporal trends in sperm count: a systematic review and meta-regression analysis. *Human reproduction update*, 23(6), 646–659.

Lisnek, J. A., Wilkins, C. L., Wilson, M. E. & Ekstrom, P. D. (2022). Backlash against the# MeToo movement: How women's voice causes men to feel victimized. *Group Processes & Intergroup Relations*, 25(3), 682-702. https://doi.org/10.1177/13684302211035437
Lorde, A. (1973). *From a land where other people live*. Broadside Press.
Mahar, E. A., Mintz, L. B. & Akers, B. M. (2020). Orgasm equality: Scientific findings and societal implications. *Current Sexual Health Reports*, 12(1), 24–32. https://doi.org/10.1007/s11930-020-00237-9
Mead, M. (1928). Coming of Age in. Samoa: *A psychological study of primitive youth for West*. William Morrow and Co.
Miao, M., Yuan, W., He, Y., Zhou, Z., Wang, J., Gao, E., ... & Li, D. K. (2011). In utero exposure to bisphenol-A and anogenital distance of male offspring. *Birth Defects Research Part A: Clinical and Molecular Teratology*, 91(10), 867–872.
Mintz, L. (2017). *Becoming cliterate: Why orgasm equality matters – and how to get it*. HarperOne.
Mosher, C. D. & Degler, C. N. (1980). *The Mosher Survey: Sexual Attitudes of 45 victorian women*. (J. MaHood & K. Wenburg, Eds.). New York: Arno Press.
Moser, C & Devereux, M. (2012). Sexual medicine, sex therapy, and sexual health care. *New directions in sex therapy: Innovations and alternatives*, 127–139.
Nagoski, E. & Nagoski, A. (2019). *Burnout: The secret to unlocking the stress cycle*. Penguin Random House.
Naik, Y. (2021). Regulations on Sex Toy Industry in Europe. *Technium Social Sciences Journal*, 16(1), 168–174.
O'Donnell, C. & Shor, E. (2022). »This is a political movement, friend«: Why »incels« support violence. *The British Journal of Sociology*, 73(2), 336–351.
Peterson, Z. D. & Muehlenhard, C. L. (2007). What is sex and why does it matter? A motivational approach to exploring individuals' definitions of sex. *Journal of Sex Research*, 44(3), 256–268.
Public Health Agency of Canada. (2019). *Fertility*. Retrieved August 16, 2022, from https://www.canada.ca/en/public-health/services/fertility/fertility.html
Radke, E. G., Braun, J. M., Meeker, J. D. & Cooper, G. S. (2018). Phthalate exposure and male reproductive outcomes: a systematic review of the human epidemiological evidence. *Environment international*, 121, 764–793.
Rodger, A. J., Cambiano, V., Bruun, T., Vernazza, P., Collins, S., Degen, O., ... & Pechenot, V. (2019). Risk of HIV transmission through condomless sex in serodifferent gay couples with the HIV-positive partner taking suppressive antiretroviral therapy (PARTNER): final results of a multicentre, prospective, observational study. *The Lancet*, 393(10189), 2428–2438.
Russell, B. (1929/1976). *Marriage and morals*. Unwin Paperbacks.
Santayana, G. (1905). *The life of reason: Introduction and reason in common sense (Vol. 1)*. Scribner's sons.
Scharmanski, S. & Heßling, A. (2021). Sexual- und Verhütungsverhalten von Jugendlichen und jungen Erwachsenen in Deutschland. Aktuelle Ergebnisse der Repräsentativbefragung »Jugendsexualität«. *Bundesgesundheitsblatt-Gesundheitsforschung-Gesundheitsschutz*, 64(11), 1372–1381.
Schneider-Mayerson, M. & Leong, K. L. (2020). Eco-reproductive concerns in the age of climate change. *Climatic Change*, 163(2), 1007–1023. https://doi.org/10.1007/s10584-020-02923-y
Sewell, K. K., McGarrity, L.A. & Strassberg, D. S. (2017) Sexual behavior, definitions of sex, and the role of self-partner context among lesbian, gay, and bisexual adults, *The Journal of Sex Research*, 54:7, 825–831. https://doi.org/10.1080/00224499.2016.1249331
Sherfey, M. J. (1966). *The nature and evolution of human sexuality*. Vintage Books.
Solursh, D. S., Ernst, J. L., Lewis, R. W., Prisant, L. M., Mills, T. M., Solursh, L. P., ... & Salazar, W. H. (2003). The human sexuality education of physicians in North American medical schools. *International journal of impotence research*, 15(5), S41–S45.
Sun, H., Gong, T. T., Jiang, Y. T., Zhang, S., Zhao, Y. H. & Wu, Q. J. (2019). Global, regional, and national prevalence and disability-adjusted life-years for infertility in 195 countries and territories, 1990–2017: results from a global burden of disease study, 2017. *Aging*, 11(23), 10952–10991. https://doi.org/10.18632/aging.102497

Tamburri, R. (2012). Heavy drinking a problem at most Canadian campuses. *University Affairs*, August, 29, 2012.

Twenge, J. M., Sherman, R. A. & Wells, B. E. (2017). Declines in sexual frequency among American adults, 1989–2014. *Archives of sexual behavior*, 46(8), 2389–2401.

Ueda, P., Mercer, C. H., Ghaznavi, C. & Herbenick, D. (2020). Trends in frequency of sexual activity and number of sexual partners among adults aged 18 to 44 years in the US, 2000-2018. *JAMA Network Open*, 3(6), e203833-e203833.

Wake, A. D. & Kandula, U. R. (2022). The global prevalence and its associated factors toward domestic violence against women and children during COVID-19 pandemic – »The shadow pandemic«: A review of cross-sectional studies. *Women's Health*, 18, doi: https://journals.sagepub.com/doi/10.1177/17455057221095536.

World Health Organization. (2006). *Defining sexual health*. https://www.who.int/teams/sexual-and-reproductive-health-and-research/key-areas-of-work/sexual-health/defining-sexual-health [23.11.2023].

Ziv-Gal, A. & Flaws, J. A. (2016). Evidence for bisphenol A-induced female infertility: a review (2007–2016). *Fertility and sterility*, 106(4), 827–856.

5 Radikale Diskurse, aber (ziemlich) konventionelle Praxis? Versuch einer Analyse der gesellschaftlichen Diskurse um Paarbeziehung

Christian Roesler

Der vorliegende Band stellt den Versuch dar, die Wirklichkeit von Paarbeziehung zu Beginn des 21. Jahrhunderts sowohl in ihrer Vielfalt in der gelebten Praxis als auch die sich darum gruppierenden Diskurse und gesellschaftlichen Bewegungen darzustellen. Paarbeziehung ist dabei immer auch durch menschliche Grundbedürfnisse geprägt, natürlich aber ebenso auch durch die Modelle und Werthaltungen, die Individuen in einer Gesellschaft darüber im Kopf haben, wobei diese wiederum durch gesellschaftliche Prozesse, Idealisierungen und Normen beeinflusst sind. Vermutlich gestaltet sich die gelebte Praxis als auch die Vorstellungen von Paarbeziehung in einer konkreten Gesellschaft gerade aus dem Wechselspiel der genannten Kräfte. Wie haben sich nun die gesellschaftlichen Debatten, Vorstellungen, Wertsetzungen usw. in Hinsicht auf Paarbeziehung in den letzten Jahrzehnten entwickelt, welche gesellschaftlichen Kräfte sind hier am Wirken und wie betrachtet dies die sozialwissenschaftliche Fachdiskussion. Im Folgenden soll der Versuch unternommen werden, die sozialwissenschaftliche Perspektive auf die Entwicklung der gesellschaftlichen Modelle von und Diskurse um Paarbeziehung seit Gründung der Bundesrepublik bzw. allgemeiner in der sog. westlichen Welt zusammenfassend darzustellen im Sinne einer wissenssoziologischen Diskursanalyse, worauf dann im Anschluss die Ergebnisse mit Daten zur gesellschaftlichen Realität und gelebten Praxis von Paarbeziehung verglichen werden.

5.1 Eine Geschichte von Entkoppelungen

Im Ganzen lässt sich die Geschichte der Entwicklung kultureller Konzepte von Paarbeziehung in der westlichen Welt als eine Geschichte der Liberalisierung und zunehmenden Akzeptanz von nichtkonventionellen Beziehungsformen beschreiben, wobei interessanterweise parallel zu dieser Bewegung auch neue Normen und Institutionalisierungen entstehen, die in einem überraschenden Kontrast zur Linie der Liberalisierung stehen. Wutzler (2021) fasst diese Entwicklung großflächig zusammen in dem Schlagwort *Von Standards zu Dynamik:* »[…] die Verschiebung der Ordnung der Intimität von einer disziplinierenden Fremdführung über Beschränkungen und Standards zur Selbstführung über Pluralität und Eigenverantwortung« (S. 39).

5.1.1 Die institutionalisierte Beziehungsform: Das goldene Zeitalter der Ehe

Als Wendepunkt in der gesellschaftlichen Entwicklung zu einer dramatischen Veränderung sowohl der kulturellen Konzepte als auch der gelebten Praxis von Paarbeziehung kann nach wie vor die Chiffre 68 gelten, in Verbindung mit der sog. *sexuellen Revolution*, der feministischen Emanzipationsbewegung und der grundsätzlichen Infragestellung tradierter Werte; die davon ausgehenden Folgewirkungen und Veränderungsprozesse sind nach wie vor nicht abgeschlossen. Die bis dahin geltende moderne Gesellschaftsordnung der 1950er und 1960er Jahre kann vor allem über ihre starke Institutionalisierung von Beziehungsformen und Wertorientierungen beschrieben werden. Bezüglich Paarbeziehung galten allgemein sozial geteilte Wertauffassungen und Standards; so war z. B. klar, dass *man* irgendwann heiratete und eine Familie gründete. Mit der *Institution Ehe* ging auch die *Institution Elternschaft* einher. Zwar gab es auch vor 1968 Subgruppen mit abweichenden Lebensformen, z. B. homosexuelle Communities in den Großstädten, diese waren aber stark sanktioniert, ja wurden gar verfolgt. In der Betrachtung bleibt allerdings oft unberücksichtigt, dass zumindest in der westlichen Welt die 1950er und 1960er Jahre im Vergleich zu allen anderen historischen Epochen (z. B. auch der Weimarer Republik) einen extrem hohen Anteil von Verheirateten in der Gesamtpopulation, nämlich über 90%, hatten und insofern als das goldene Zeitalter der Ehe bezeichnet werden (Wutzler, 2021).

5.1.2 Mononormativität und Heteronormativität

Das in diesem Modell verfochtene Ideal von Paarbeziehung wird neuerdings auch mit den – durchaus als Kampfbegriff verwendeten – Schlagworten Mononormativität und Heteronormativität bezeichnet: das heterosexuell exklusive dauerhaft angelegte Paar als das optimale und quasi naturgegebene Modell einer gesunden Liebesbeziehung, welches auch nach wie vor durch eine Vielzahl kultureller, institutioneller und rechtlicher Mechanismen gestützt wird (z. B. Begünstigungen im Steuerrecht). Von Pieper und Bauer (2014), wie auch in zahlreichen anderen Publikationen aus dieser Perspektive, wird argumentiert, dass in der Gesellschaft das genannte Ideal von Paarbeziehung nicht nur propagiert, sondern durch Herrschaftsmechanismen durchgesetzt werde (»der normative Apparat der Monogamie«, ebd., S. 2). Von feministischer Seite wurde die Ehe auch schon als besonders perfides Instrument patriarchaler Unterdrückung bezeichnet, weil es die bestehenden Machtungleichgewichte zwischen den Geschlechtern zementiere (Chambers, 2019). Es würde von gesellschaftlicher und auch staatlicher Seite diese Institution als quasi in der Natur fundiert und damit als Grundlage menschlicher Existenz schlechthin angesehen, um so eine vorherrschende Norm zu begründen und diese gesellschaftlich durchzusetzen. Demgegenüber werden davon abweichende nichtkonventionelle Beziehungsformen (z. B. Polyamorie) aufgrund ihres Potenzials für das *Aufbrechen gesellschaftlicher Normen* gefeiert, es wird die Offenheit, Beweglichkeit, die Potentialität und das Werden von Beziehungen betont, während Festlegungen oder gar Institutionalisierungen als Einschränkungen des menschlichen Entwicklungspotenzials abgelehnt werden. Diese Beziehungsformen böten Chancen »sich den bestehenden Herrschaftslogiken und normalisierenden mononormativen Strukturen zu entziehen, sie umzuformen und umnutzen zu können, so dass neue Lebens- und Beziehungsformen sowie Netzwerke entstehen, in denen sich die Beziehungen beständig neu erfinden« (Pieper & Bauer, 2014, S. 27).

Ein Blick in die vergleichende Anthropologie zeigt tatsächlich, dass es wenige Grundmuster menschlichen Verhaltens gibt, die derart über alle Kulturen und Epochen verbreitet sind wie die Institutionalisierung von Paarbeziehung. Nicht nur findet man in praktisch allen Kulturen zu allen Zeiten (weit über 90 % der untersuchten Ethnien, Murdock, 1967), von einfachsten Jäger-Sammler-Gruppen bis hin zu hochkomplexen Gesellschaften, ein Zusammenleben von Mann und Frau in einer zumeist lebenslang dauernden Verbindung, sondern auch die ritualisierten Formen der Zusammenführung der beiden Partner in Form der Heirat sowie die darum herum gruppierten Regeln gleichen sich über viele Kulturen hinweg in hohem Maße (Levi-Strauss, 1976). Insofern kann man die heterosexuelle Paarbeziehung durchaus als eine anthropologische Grundkonstante bezeichnen (siehe dazu ausführlich Roesler, 2018; Müller-Schneider, 2019 und ▶ Kap. 3).

5.1.3 Deinstitutionalisierung: Entkoppelung von Liebesbeziehung und Sexualität einerseits und Ehe/Elternschaft andererseits

In der Folge von 1968 und der damit verbundenen sog. sexuellen Revolution findet eine massive Veränderung in den kulturellen Konzepten von Paarbeziehung und Sexualität statt, seitdem besteht so etwas wie ein emanzipatorischer Kampf gegen sog. patriarchalische und heteronormative Strukturen und Normen von Paarbeziehung (vgl. Schmidt, 1993, Voß, 2020). Prozesse der Individualisierung, der Pluralisierung und der Deinstitutionalisierung haben die gesellschaftliche Situation von Ehe und Familie grundlegend gewandelt, das verheiratete Elternpaar und die moderne Kleinfamilie ist heute nur noch eine von vielen möglichen Lebensformen. Als bedeutendster Aspekt der Deinstitutionalisierung gilt die »Auflösung und Entkoppelung des bürgerlichen Familienmusters«: »Liebe kommt gut ohne Ehe aus und Ehe auch ohne Kinder: Überhaupt treten Ehe und Elternschaft deutlicher auseinander: Die ›pure‹ Ehe (ohne Kinder) wird ebenso zur Option wie die ›pure‹ Mutterschaft ohne Ehemann […]« (Peukert, 2008, S. 29 f.). Deinstitutionalisierung bringt neue Freiheiten und eine Zunahme an Wahlmöglichkeiten mit sich (Multioptionsgesellschaft), woraus sich allerdings auch Unsicherheiten ergeben. In der Folge entwickelte sich eine gesellschaftlich und historisch neue Form von Paarbeziehung, die man als die diskursive Partnerschaft/Ehe bezeichnen könnte, in der diese selbst »zum Gegenstand ständiger Reflexion [wird]. Das Beziehungsleben kann, muss und soll unter idealiter gleichberechtigten Partnern, die jeweils eigene – individualisierte – Lebensentwürfe in die Beziehung einbringen, immer wieder neu ausgehandelt werden.« (Verheyen, 2012, S. 181). Dieser hohe Bedarf an Aushandlung bringt entsprechende Anforderungen an die Kommunikationsfähigkeit der

Beteiligten mit sich, was zwangsläufig zu einer zunehmenden Psychologisierung der Paarbeziehung geführt hat. Diese psychologisiert-moderne Paarform (Kooperationsmodus bzw. reziproke Praxis des Paarlebens) greift zur Erhöhung der Beziehungszufriedenheit und -stabilität auf psychologische Strategien zurück, in diesem Sinne auch auf eine Therapeutisierung der Paarbeziehung (Elberfeld, 2011). Was dabei aus dem Blick geriet, war die Tatsache, dass, entgegen der emanzipatorischen Intention, sich doch bezüglich dieses neuen Beziehungstyps eine neue Norm etablierte, insofern als sie auch gefordert wurde. Diese neue Norm *Partnerschaft* (in Abgrenzung von hierarchischen Geschlechterbeziehungen) betont *Symmetrie in der Komplementarität* und dreht sich stark um die Individualität der beiden Partner, ihre Selbstverwirklichung nicht nur in, sondern manchmal auch trotz der Partnerschaft, und geradezu den Zwang dazu, Konflikte miteinander offen auszutragen – das auch derzeit durchaus noch maßgebliche Partnerschaftsleitbild. »[Daraus entstand nun also ein] letztlich gnadenloser Glaube an die Veränderbarkeit und Gestaltbarkeit menschlicher Beziehungen [...]« (Elberfeld, 2011, S. 109).

Im Grunde wurde hier schon der Grundstein gelegt für eine Idee der umfassenden Machbarkeit von Beziehung, der uns später in den postmodernen neuen Beziehungskonstellationen (z. B. Polyamorie) wieder begegnet. Ob gewollt oder nicht, jedenfalls ist diesem Partnerschaftsleitbild inhärent eine Spannung zwischen einer entfesselten Selbstverwirklichung auf der einen Seite, die den Schwerpunkt auf individuelle Autonomie, auch in der Beziehung, legt und Bedürfnisse nach Harmonie und Bindung schnell als Verstrickung pathologisiert, und der Notwendigkeit der Aufrechterhaltung der Beziehung andererseits, die immer wieder eine Abstimmung unterschiedlicher Bedürfnisse und dementsprechender Kompromisse erfordert. Jedenfalls führte der hier aufgezeigte gesellschaftliche Diskurs zu einer verbreiteten Haltung, die eigene Beziehung fortwährend zu problematisieren bzw. sie auf den Nutzen für die eigene individuelle Entwicklung dauernd zu hinterfragen. Die Scheidungsrate steht vermutlich in einem direkten Zusammenhang damit. Entscheidend für eine gelungene Partnerschaft ist heute einzig und allein der Grad an individuellem Glück und Zufriedenheit des jeweiligen Partners.

5.1.4 Die reine Beziehung oder absolute Liebesbeziehung

Anthony Giddens (1993) beschreibt diese neue Form der Beziehung, die nicht mehr zur Sicherung des Überlebens oder aus Nutzenkalkulation eingegangen wird, sondern zwischen zwei Menschen nur noch um der Beziehung selbst willen, als »reine Beziehung«: Wert der Egalität, demokratische Aushandlungsprozesse, hoher Stellenwert der Intimität, »Wechselseitigkeit der Selbstoffenbarung« (Giddens, 1995). Zentral ist für diese Beziehungen ein hohes Interesse an der Selbstverwirklichung, woraus ein hohes Maß an Fragilität folgt, was den Exklusivitätsanspruch und die Idealisierung sowie die Bindungskraft früherer Liebesmodelle relativiert. »Die Partnerschaftssemantik warnt davor, sich in Abhängigkeit zu begeben, von einer Person alles zu erwarten und einer einzigen alles hinzugeben. Aufgrund des absoluten Primats der Individualität gegenüber jeglicher Form der sozialen Einbindung wird in der ausschließlichen Bindung an einen anderen, in der Verschmelzung mit dem Gegenüber, kein romantisches Ideal, sondern erstickende Sicherheit und Abhängigkeit« gesehen (Koppetsch, 1998, S. 113).

In ihren sozialwissenschaftlichen Studien zu spätmodernen Beziehungsbiografien fand die Hamburger Forschungsgruppe um Gunter Schmidt (Schmidt et al., 2006) diesen Thesen entsprechende Daten und Erkenntnisse zur Realität von Paarbeziehungen heute: eine Vielfalt verschiedener, eheähnlicher und nicht konventioneller Lebensformen, eine Etablierung gleichgeschlechtlicher Paarbeziehungen, Zunahme von Scheidungen, serielle Partnerschaften über den Lebensverlauf und starke Zunahme von Singlehaushalten.

5.1.5 Überhöhung – und Überforderung der Paarbeziehung?

Verschiedene Autoren haben angemerkt, dass in der Spätmoderne in Liebesbeziehungen offenbar eine bestimmte Unmittelbarkeit, eine Befreiung vom Berechnenden und Berechenbaren, eine tiefe Erfüllung und bedingungslose Anerkennung der eigenen Person gesucht wird, eine *irdische Religion* (Beck & Beck-Gernsheim, 1990). Diese Überhöhung der Bedeutung von Liebesbeziehungen und der darin zu findenden Erfüllung hänge direkt mit den zentralen gesellschaftlichen Antriebsmomenten der Spätmoderne zusammen, der Auflösung tradierter Wertstrukturen, der zunehmenden Individualisierung, der Alleinverantwortung für die Sinnstiftung, was die Sehnsucht nach individueller Anerkennung anheizt: »Gott nicht, Priester nicht, Klasse nicht, Nachbar nicht, dann wenigstens Du« (Beck & Beck-Gernsheim, 1990, S. 49). »Hier, und vielleicht nur hier, fühlt man sich als der akzeptiert, der man ist – ohne Vorbehalte und ohne Befristung, [...] ohne Rücksicht auf Leistungen« (Luhmann, 2008, S. 21). In der Folge geht es »in der Liebe [...] um die Komplettberücksichtigung des anderen oder um die Komplettzugänglichkeit des anderen« (Fuchs, 1999, S. 24).

Allen diesen Theoretikern scheinen die wachsenden Ansprüche an Paarbeziehungen in der Spätmoderne eine Folge der zunehmenden Rationalisierung und Kapitalisierung aller Lebensbereiche, wie sie die westlichen Gesellschaften in den letzten Jahrzehnten kennzeichnen (Marx: »Warencharakter« menschlicher Beziehungen).

»Schließlich scheint sie [die absolute Liebe, Anm. d. Verf.] das ersehnte volle persönliche und intime Leben zu ermöglichen, das Verhältnis von Mensch zu Mensch endlich dem Diktat der allgemeinen Berechnung und Käuflichkeit zu entziehen und in eines der Unmittelbarkeit zu verwandeln« (Sigusch, 2013, S. 559). Eine besonders intensive Art, sich selbst und dann auch noch in Interaktion mit einem anderen körperlich zu erleben, ist die Sexualität, weshalb diese aufgrund der spätmodernen Entwicklungen einen besonderen Stellenwert erhält; hier fühlt man sich mit der eigenen Körperlichkeit durch einen sozialen anderen ganz inkludiert (Lewandowski, 2004).

Die zunehmende Einführung von Wettbewerbsbedingungen in allen Lebensbereichen in spätkapitalistischen Gesellschaften (z. B. die Bewertung von Persönlichkeitsprofilen in sozialen Netzwerken wie z. B. Facebook) führt zu einer Sehnsucht nach Unmittelbarkeit und Erfüllung in Paarbeziehungen, was wiederum diese Paarbeziehungen tendenziell destabilisiert, weil sie diesen überhöhten Ansprüchen auf Dauer nicht gerecht werden können.

> »Es erscheint paradox, aber es ist so: die Instabilität heutiger Beziehungen ist nicht, wie manche Moralisten oder auch Psychotherapeuten klagen, eine Folge von Bindungslosigkeit oder Bindungsunfähigkeit; sie ist vielmehr die Konsequenz des hohen Stellenwertes, der Beziehungen für das persönliche Glück beigemessen wird, und der hohen Ansprüche an ihre Qualität.« (Schmidt, 2002, S. 99)

Diese widersprüchlichen Anforderungen an Beziehung münden in ein Paradox: einerseits will man in seiner Einzigartigkeit sich selbst verwirklichen und dabei möglichst wenige Schranken durch die Beziehung auferlegt bekommen, andererseits braucht man den anderen unbedingt als Instanz der Anerkennung für die eigene, einzigartige Subjektivität.

5.1.6 Krise der romantischen Beziehung

Eva Illouz (2018) beobachtet, dass die sexuelle Befreiung der 1960er und 1970er Jahre eine neue Form des Leidens und der Ungleichheit mit sich gebracht hat, insofern als die neue Freiheit von Normen auch einen Zwang zum Nutzen dieser Freiheit und der ständigen Selbstoptimierung bedeutet unternehmerische Prinzipien haben in die romantische Liebe Einzug gehalten und diese mit kapitalistischen Strukturen verschränkt (▶ Kap. 7). Illouz stellt eine verbreitete Bindungsangst fest, die dazu führt, dass Menschen später heiraten oder es sogar ganz unterlassen, lebenslang angelegte intensive Bindungen geraten zunehmend unter Druck angesichts der überwältigenden Vielfalt der Optionen (z. B. Online-Kontaktmöglichkeiten), des Auftauchens neuer Beziehungsformen mit nicht monogamen Verhaltensmustern. Es erscheint angesichts dessen zunehmend schwierig, sich festzulegen, auf Optionen zu verzichten, ja vielen erscheint dies als traditionell oder gar überholt.

Exemplarisch zeigt sich dies an der Entstehung des Begriffs *Partnermarkt*. So wie im Modell der quasi geschäftsmäßigen Verhandlung aller Regeln, die zwischen den Partnern gelten sollen, ein Prinzip aus der Marktwirtschaft in die Paarbeziehung übernommen wurde, so gestaltet sich die Suche nach einem geeigneten Lebenspartner zunehmend unter marktwirtschaftlichen Gesichtspunkten. Dabei gilt es, die eigenen Qualitäten zu optimieren, mit denen man sich auf dem Markt präsentieren kann, was vorwiegend auf eine Steigerung von Sexyness hinausläuft – andererseits aber gilt es ebenso, aus der Partnerwahl und Paarbeziehung für sich selbst den maximalen Nutzen herauszuholen, also doch wieder einen idealen Partner zu finden. Dieser Partnermarkt wird durch die Existenz von Online-Partnersuchplattformen noch einmal dramatisch verschärft (▶ Kap. 8). Der auf diesem Partnermarkt stattfindende Siegeszug des Gelegenheitssex, so argumentiert Illouz, diene letztlich nur dem unternehmerischen Selbst dabei, weiteres Kapital in Form des Vermehrens von Sexualpartnern anzuhäufen – damit seien wir endgültig bei der von Marx vorausgesagten Warenförmigkeit von menschlichen Beziehungen angekommen. »Während wir uns in eine Individualität, Emotionalität und Innerlichkeit zurückziehen, die uns als Schauplätze der Selbstermächtigung erscheinen mögen, schaffen und erfüllen wir ironischerweise gerade die Voraussetzungen einer ökonomischen und kapitalistischen Subjektivität, die die soziale Welt fragmentiert« (Illouz, 2018, S. 15). Dies räumt auch mit der Illusion auf, die Gefühle und Affekte, die man in Bezug auf Partnerschaft habe, seien ursprünglich vor jeder sozialen Ordnung; sie sind stattdessen zutiefst mit sozialen Bedeutungen und Praktiken verknüpft. Insofern ist auch das romantische Liebesideal, entgegen seiner Selbstdefinition, nicht allein individuelles Empfinden, sondern immer auch schon sozial präformiert. Aus der Illusion der romantischen Einzigartigkeitsfiktion erwachsen allerdings, auch unter den harten Bedingungen spätkapitalistischer Gesellschaften, für die Individuen und als Paar Selbstwirksamkeitserfahrungen und Lebenssinn (Wutzler, 2021).

Nach Illouz (2018) führt das Überhandnehmen rationaler Strategien der Partnerwahl, wie z. B. Matching-Prozeduren, wie sie in den Online-Partnersuchplattformen angewandt werden, zu einer Schwächung der romantischen Liebe und der Sphäre des Erotischen, weil sie mit einer leidenschaftlichen Selbstaufgabe in Konflikt stehen, ein Verlust der Selbstvergessenheit, in der man sich, ohne zu prüfen und zu bewerten, hingibt. Die Rationalisierung und Nutzenorientierung in der Liebe habe die Liebe selbst entzaubert, weil Kosten-Nutzen-Kalküle in diesem Bereich keinen Platz haben.

Als Reaktion auf diese Entwicklungen kann man seit etwa der Jahrtausendwende einen Wertewandel beobachten, den man schlagwortartig mit Rückzug ins private Glück umschreiben kann, eine Re-Romantisierung und Re-Idealisierung von Liebesglück. Entgegen der Rhetorik spätmoderner egalitärer Beziehungsmodelle finden in der gelebten Praxis von Paarbeziehung viele der aufgezeigten Entwicklungen gar nicht statt, gerade im individualistischen Milieu finde sich eine enorme Diskrepanz zwischen Partnerschaftsideal und Paarbeziehungsalltag (Wutzler, 2021).

5.1.7 Neosexualitäten, Grenzüberschreitungen und sexueller Konsens

Die 2000er Jahre markieren einen Wendepunkt in der Sexualität, den Sigusch (2005) mit dem Begriff »Neosexualitäten« gefasst hat, gekennzeichnet dadurch, dass sexuelle Praktiken, die zuvor im weitesten Sinne als pervers galten, normalisiert werden, befördert durch die massive Verbreitung von pornographischen Darstellungen im Internet. Allerdings entstehen hier auch neue Normen und Zwänge, bei denen sich junge Menschen zu bestimmten sexuellen Leistungen oder Praktiken aufgefordert sehen, auch wenn diese mit Überforderung oder sogar Schmerzen verbunden sind. Im Zuge dessen findet eine immer weitere Akzeptanz auch individuellster geschlechtlicher und sexueller Merkmale statt bzw. wird von manchen Gruppen zum Teil auch vehement eingefordert.

In einem seltsamen Kontrast zu den schier unbegrenzten Lockerungen, die man hier beobachten kann, stellt sich die durchaus auch aufgeregte gesellschaftliche Debatte um Grenzen und Grenzverletzungen innerhalb der Sexualität dar. Es gilt als eine der unhinterfragten Regeln, dass Sexualität nur einvernehmlich, d. h., im Konsens aller Beteiligten stattfinden sollte. Der Grundsatz »Nein heißt Nein« ist seit

2016 sogar im deutschen Strafrecht verankert; gemeint ist damit, dass die Abwesenheit einer Ablehnung nicht ausreicht, sondern aktive Zustimmung erforderlich ist. Ein breiter kultureller Diskurs dreht sich um Fragen von entsprechenden Grenzüberschreitungen, und es ist in der Debatte eine Atmosphäre der Besorgnis, ja geradezu von permanenter Bedrohung von persönlicher Integrität wahrzunehmen. Auf der männlichen Seite führt dies zu Verunsicherungen, ob man eine Frau überhaupt noch ansprechen dürfe, ohne Gefahr zu laufen, einen Übergriff zu begehen (siehe Beispiel in Kapitel 7).

Aktuelle Studien zum sexuellen Konsens zeigen dabei, dass die Lage – obwohl theoretisch betrachtet eigentlich klar – sich empirisch als komplex darstellt. Insbesondere bei jungen Menschen und sporadischen Bekanntschaften läuft die Klärung dieser Fragen weitaus subtiler ab und Vagueheiten bleiben bestehen, was aber nicht zwangsläufig zum Erleben von Grenzverletzungen führt. In einer Studie mit jungen Großstädterinnen zwischen 18 und 24 Jahre betonten diese im Interview ihre persönliche Freiheit und Souveränität, im Zweifelsfall auch nein zu sagen. Zu ihren tatsächlichen Erlebnissen befragt, zeigte sich aber, dass sie im Zweifelsfalle dem Druck des Partners, auch wenn sie eigentlich keinen Sex wünschten, nachgaben und dabei u. a. der Regel folgten »Wenn du weißt, dass sie Sex erwarten, musst du dein Wort halten« (Jozkowski & Peterson, 2013). Mittlerweile plädieren selbst feministische Autorinnen (Torenz, 2019) an dieser Stelle für mehr Offenheit und zeigen auf, dass ein Herunterbrechen der Komplexität auf klares Ja oder Nein der Reflexion eher im Wege steht. Die Philosophin Svenja Flaßpöhler (2018), eine der prominentesten Kritikerinnen der MeToo-Bewegung, bringt dies folgendermaßen auf den Punkt: »Wer zu jedem Knopföffnen erst seine Zustimmung geben muss, ist zu ekstatischen Selbstverlust nicht in der Lage« (S. 26).

5.1.8 Neue Unübersichtlichkeit: Paradoxa und Widersprüche

Das aufgezeigten hohen Anforderungen an Paarbeziehungen – nicht nur eine Befreiung von Normen, sondern auch die Errichtung neuer Normen – flößt vielen mit Blick auf eine möglicherweise einzugehende Beziehung offenbar einen gehörigen Respekt ein, was möglicherweise auch das Zögern von jungen Erwachsenen erklärt, solche Beziehungen überhaupt einzugehen:

- dass man in einer Paarbeziehung miteinander verhandeln und diskutieren müsse, setzt nicht nur entsprechende Kommunikationskompetenzen voraus, sondern impliziert auch, dass man sich der eigenen Interessen und Bedürfnisse bewusst ist und diese vertreten kann, was keineswegs selbstverständlich ist;
- während man natürlich angesichts der Gleichstellung beider Partner die Person des anderen und dessen Bedürfnisse kontinuierlich im Blick behalten muss, muss man gleichzeitig auch unter dem Aspekt der Selbstverwirklichung darauf achten, dass der eigene Lebensentwurf zum Zuge kommt;

- während man also den Nutzen der Beziehung für die eigene Person permanent abwägen muss, darf gleichzeitig die Romantik in der Beziehung darunter nicht leiden;
- mittlerweile sollte man in bestimmten Altersphasen eine sexuelle Erfahrenheit erworben haben und dabei die Vielfalt der Möglichkeiten durchwandern, auch wenn dies gar nicht mit dem persönlichen oder gesellschaftlichen Partnerschaftsleitbild in Einklang zu bringen ist: im Studienalter mindestens einen One-Night-Stand erlebt zu haben, ist fast schon eine kulturelle Entwicklungsanforderung (Plagge, 2015);
- andererseits sollte man sich dabei aber auch nicht zu locker geben, läuft man doch Gefahr, subtile Hinweise zu missachten und sich damit dem Ruch der Grenzverletzung auszusetzen.

Die dargestellten Tendenzen der Re-Romantisierung und Überhöhung von Liebesbeziehungen können auch als Lösungsversuche für diese Situation verstanden werden. Der neuerdings häufiger verwendete Begriff »toxische Beziehung«[1] wäre vor diesem Hintergrund als ein Versuch zu verstehen, die Problematik des Nicht-Gelingens einer Beziehung gänzlich in der Persönlichkeit des anderen zu verorten. Das widerspricht schon einmal der ganz grundsätzlichen systemischen Erkenntnis, dass die Gestalt einer Beziehung und auch ihre Problematiken immer aus dem (unbewussten) Zusammenspiel beider Partner resultieren. Man kann ja an dieser Stelle immer auch berechtigterweise die Frage stellen, warum sich jemand einen solchen Partner gesucht hat. Interessant ist, dass in diesem Begriff die Logik des romantischen Beziehungsideals unreflektiert kontinuiert wird, der zufolge es da draußen den oder die Richtige gibt, den oder die es nur gilt zu finden und wenn die Beziehung *toxisch* ist, dann war es offenbar der/die Falsche, der/die mir nicht guttut. Dies verhindert natürlich eher eine angemessene Bearbeitung von Paarproblemen, als dass es sie fördert (s. auch Junker, 2022).

Es ist kein Wunder, dass dieses komplexe Umfeld auch Widersprüchlichkeiten und Paradoxien erzeugt. Einerseits finden sich radikale neue Beziehungsentwürfe (z. B. Polyamorie), andererseits hängen bestimmte Brücken voll mit sogenannten Liebesschlössern, die die Sehnsucht und Hoffnung auf immerwährende Liebe und Verbindung ausdrücken (so dass an einer bestimmten Brücke in Paris die entsprechenden Gitter regelmäßig ausgewechselt werden müssen, weil sonst die Brücke einsturzgefährdet wäre). In einer jüngst von der Entwicklungspsychologin Seiffge-Krenke (2022) publizierten Studie zu Beziehungserfahrungen von Jugendlichen und jungen Erwachsenen zeigte sich auch im interkulturellen Vergleich die überraschende Erkenntnis, dass Jugendliche aus strengeren kulturellen und familiären Kontexten mit eher sogar repressiv wirkenden religiösen und kulturellen Normen bei ihren ersten Beziehungserfahrungen gelassener waren, weil sie sich offenbar auf den klar geregelten Rahmen dessen, was erlaubt war und was nicht und in welcher Reihenfolge, verlassen konnten. Wutzler (2021, S. 10) hat das treffend als die

---

1 Katja Demming (2021): Raus aus der narzisstischen Beziehung. Wie es dir gelingt, dich aus deiner emotionalen Abhängigkeit zu befreien. Toxische Beziehung mit dem 5-Schritte-Programm beenden. Humboldt. Sebastian Tippe (2021): Toxische Männlichkeit. Edigo

»spannungsreiche Gleichzeitigkeit von Kontinuität und Wandel« beschrieben: »traditionell-romantische oder auch partnerschaftliche Bezugspunkte werden von Paaren nicht einfach aufgegeben und durch neue ersetzt, gleichwohl reichen sie für eine zeitgemäße soziologische Beschreibung von Paarbeziehungen nicht mehr aus«. Was als Bindungslosigkeit oder Bindungsunfähigkeit erscheint, könnte vielmehr eine Folge von Skepsis sein, ob man den hohen Anforderungen, die man selbst an Paarbeziehung hat, gerecht werden kann – oder könnte auch eine schlichte Kapitulation vor den aufgezeigten Widersprüchen und Paradoxien darstellen.

5.2   Flucht vor Intimität

Die Entwicklungspsychologin Seiffge-Krenke (2021, 2022) beschreibt die Beobachtung, dass viele junge Erwachsene zwar Gelegenheitssex suchen, aber keine feste Beziehung wollen: »Sex ja, Liebe nein«. Dies steht im Kontrast zu der bislang geltenden Beobachtung, dass aus den romantischen Beziehungen im Jugendalter dann im jungen Erwachsenenalter sich die ersten verbindlichen, dauerhaften Paarbeziehungen entwickeln. Im Verlaufe dieses Prozesses verlieren die Eltern als Bezugspersonen an Bedeutung, bis dann im jungen Erwachsenenalter die Partner in Paarbeziehungen die wichtigste Bezugsperson geworden sind. Insofern galt bisher, dass der Grad der Verpflichtung und Verbindlichkeit in solchen Liebesbeziehungen beginnend im Jugendalter bis hin zum Ende der Zwanziger kontinuierlich steigt. Dies wurde bislang in der Entwicklungspsychologie auch als eine Entwicklungsaufgabe angesehen. Nun zeigt aktuelle Forschung, dass sich bei den jungen Erwachsenen aktuell offenbar etwas verändert hat, sie scheinen große Probleme zu haben, sich auf dauerhafte Beziehungen einzulassen, die durch Intimität und Verbindlichkeit charakterisiert sind (Staats, 2021). Der Beginn einer festen Partnerschaft ist hin zum Ende des dritten Lebensjahrzehnts verschoben. In der Forschung finden sich vier verschiedene Muster, die dadurch gekennzeichnet sind, dass sich die Mitglieder nicht als Paar erleben: One-Night-Stands, Freundschaft Plus (bei der die Sexualität als Ergänzung einer Freundschaft betrachtet wird), sex with the ex (hier haben Ex-Partner trotz Beendigung der emotionalen Beziehung weiterhin Sexualität miteinander), On-off-Beziehungen. Gemeinsam ist allen diesen Beziehungsformen, dass die jungen Erwachsenen keine Erwartungen hinsichtlich romantischer Gefühle an sich selbst oder die Partner haben, Verpflichtungen schon gar nicht. Im Vordergrund steht eindeutig sexuelle Befriedigung, nach Intimität in Partnerschaften wird nicht gesucht, teilweise wird diese sogar eher ausschließlich in Freundschaften verortet. Diese Formen von Nicht-Beziehungen fanden sich bei 70 % der jungen Erwachsenen, besonders häufig unter Studierenden (Seiffge-Krenke, 2021). Dies gilt interessanterweise für alle westlichen Gesellschaften. Während dieses Muster sich früher eher bei Männern fand, haben die Frauen stark aufgeholt. Ebenso gilt dieses Muster in gleichem Maße für hetero- wie homosexuelle Beziehungen und LGBT-Personen. In der Folge hat sich das durchschnittliche Heiratsalter drastisch um 6–

10 Jahre verschoben; während noch vor relativ kurzer Zeit galt, dass die Mehrzahl der Ehen im dritten Lebensjahrzehnt geschlossen werden, findet dies (wenn überhaupt) mittlerweile deutlich später statt.

Sind dies schon Beziehungsstörungen im Sinne einer Flucht vor Intimität, zumal da die Vermeidung der Verpflichtung in Beziehungen dazu führt, dass der Umgang mit Konflikten in Beziehungen nicht gelernt wird? Die jungen Erwachsenen berichten, dass sie zu jung seien, um sich zu binden, bzw. es sie zu sehr einschränken würde in ihrer beruflichen Entwicklung, die eine hohe Mobilität und Anpassungsfähigkeit verlange. Dem Argument, es seien die Anforderungen der beruflichen Karriere verantwortlich, widerspricht allerdings die Erkenntnis (ebd.), dass die aufgezeigte Problematik sich besonders häufig bei Studierenden findet, während die gleichaltrigen Berufstätigen deutlich weniger auf sich selbst fokussiert und bezogener auf andere seien und auch deutlich weniger der genannten Problematiken zeigen. Aus entwicklungspsychologischer Sicht hat sich mittlerweile in spätmodernen Gesellschaften die Identitätsentwicklung stark verzögert, und insofern sind die Zwanzigerjahre durch starke Exploration und Ausprobieren kombiniert mit einem stark verringerten Commitment charakterisiert. Dabei spiele auch eine Rolle, dass Eltern heute zunehmend ihre erwachsen gewordenen Kinder nicht loslassen, und dies entsprechende Entwicklungen erschwere. Dies zeigt sich u. a. auch in der drastischen Zunahme von *Nesthockern*, d. h., jungen Erwachsenen am Ende der Zwanzigerjahre, die ins Elternhaus zurückkehren und hier in einer *Semiautonomie* in deutlicher Abhängigkeit von den Eltern leben (Omer, 2021, Seiffge-Krenke, 2022). Dies macht auch das inhärente Paradox deutlich, dass einerseits diese Entwicklung begründet ist durch eine Überbetonung von Selbstverwirklichung und Fokussierung auf sich selbst, die tatsächlich aber nicht zu Unabhängigkeit, sondern vielmehr in eine rückwärtsgewandte, ja geradezu infantile Abhängigkeit führt.

Seiffge-Krenke (2022) diskutiert diese Erkenntnisse vor dem Hintergrund der Frage, ob das Modell der Identitätsbildung nach Erikson, demzufolge eine reife, erarbeitete Identität der Fähigkeit zu Intimität vorausgeht, noch in gleicher Weise gilt. Auf Basis von Daten aus einer eigenen Längsschnittstudie belegt sie, dass diese Regel nach wie vor gilt, insofern man anhand des Identitätsstatus im Alter von 17 Jahren die Fähigkeit zu Partnerbeziehungen von hoher Intimität im Alter von 25 Jahren signifikant vorhersagen konnte. Da sich im Zuge der Herausbildung der Phase des emergent adulthood diese Identitätsentwicklung auch zeitlich nach hinten verschoben habe, entwickele sich entsprechend auch das Eingehen von intimen Beziehungen später. Allerdings muss man die Frage stellen, ob junge Erwachsene noch im selben Maße wie vor 20 Jahren diesen reifen Identitätsstatus überhaupt erreichen. Auch kann man zeigen, dass diejenigen jungen Erwachsenen, die dann schließlich gegen Ende der Zwanzigerjahre doch noch stabile intime Beziehungen eingehen, deutlich mehr sichere Bindungsrepräsentationen aufweisen. Hier gilt dann letztlich doch die alte Erkenntnis, dass das Ausprobieren unverbindlicher Beziehungen langfristig einen positiven Effekt auf die Stabilität von verbindlichen Beziehungen jenseits der Zwanzigerjahre habe – während diejenigen mit unsicheren Bindungsrepräsentationen in einem Zwischenraum zwischen unverbindlichen Beziehungen mit Gelegenheitssex und der Sehnsucht nach intimer Partnerschaft hängen bleiben.

»Die Intimität als gute Balance zwischen sich und dem anderen ist deutlich in Richtung des Selbst verschoben [...] Weitere Lernfortschritte, etwa in der Emotionsregulierung und der Konfliktbewältigung, können nicht gemacht werden« (Seiffge-Krenke, 2022, S. 324). Die weite Verbreitung individualistischer Wertsysteme mit einer hohen Bedeutung von Selbstverwirklichung wird hier im Zusammenhang gesehen ebenso wie die Separationsangst von Eltern junger Erwachsener, die deren Autonomie- und Identitätsentwicklung ebenfalls beeinträchtigt: »Diese Eltern, die selbst unter Separationsangst leiden, sich also schlecht von ihren erwachsenen Kindern trennen können und sie als Selbstobjekt brauchen, versuchen, durch Druck und impulsives Verhalten Einfluss auf die Entwicklung ihrer Kinder zu nehmen, mit sehr negativen Folgen.« (ebd., S. 327)

Als Fazit hält Seiffge-Krenke fest: »Allerdings besteht ein Zusammenhang zwischen dem Niedergang der Bezogenheit, der Verbindlichkeit und der gewachsenen individuellen Freiheit, Bindungen einzugehen und zu beenden [...] Keine Frage, Freiheit und Autonomie sind Güter der Moderne. Man kann nur hoffen, dass die Bezogenheit nicht ganz auf der Strecke bleibt.« (ebd., S. 327).

5.3 Zwischenfazit

Im kulturgeschichtlichen Horizont kann man hinsichtlich der gesellschaftlichen Konstruktion von Paarbeziehung mehrere Verschiebungen beobachten: durch die gesellschaftliche Umwälzung der 1960er Jahre – *68er-Revolution* – findet eine erste Umwälzung statt in der Hinsicht, dass Paarbeziehung, auch als die reine Beziehung bezeichnet, von der Notwendigkeit entkoppelt wird, diese mit gesellschaftlichen Instanzen wie Heirat, Familiengründung und Kinder haben, verknüpfen zu müssen. Ebenso wird sexuelle Aktivität von der Notwendigkeit entkoppelt, überhaupt eine Beziehung mit der anderen Person haben zu müssen. Im weiteren Zuge der gesellschaftlichen Liberalisierung werden dann auch homosexuelle bzw. im weitesten Sinne unkonventionelle Paarbeziehungsformen zunehmend gesellschaftlich anerkannt bzw. sogar legalisiert.

Als einer der stärksten Motoren hinter der deutlich werdenden Unübersichtlichkeit bzw. den sich zeigenden Widersprüchen kann sicherlich der gesellschaftliche Faktor Individualisierung und die damit verbundene (Über-)Betonung der Forderung nach Selbstverwirklichung gesehen werden. Es entsteht implizit die Forderung, dass man unbedingt das wirklich eigene und individuelle finden müsse, und für dieses dann die entsprechende Beziehungskonstellation, damit man der Gefahr entgeht, das eigene Leben zu verfehlen.

In der Folge wird die Institution Paarbeziehung dann weiter aufgebrochen dadurch, dass in offenen Beziehungsmodellen (z. B. Polyamorie, s. u.) Paarbeziehung als Zweierbeziehung grundsätzlich infrage gestellt bzw. erweitert wird. Als neueste Entwicklung könnte man das Co-Parenting (alternativ werden die Begriffe Co-Elternschaft, Platonic Partnered Parenting, oder Elective Co-Parenting verwendet) bezeichnen, in dem schließlich die Institution der Elternschaft, im Sinne eines gemeinsam Kinder haben, von der Notwendigkeit entkoppelt wird, eine entsprechende Paarbeziehung als Liebesbeziehung zur Voraussetzung zu haben (Wimbauer, 2021).[2] Es scheint so zu sein, dass bei diesem Familienmodell die Skepsis gegenüber dem Konfliktpotenzial und der Fragilität von Liebesbeziehungen Pate steht.

5.4 Ist also die Monogamie am Ende?

Abgesänge auf die Ehe hat es schon viele gegeben, allerdings häufen sie sich in den letzten zwei Jahrzehnten (Friedmann, 2017). Paradoxerweise zeigt sich, dass junge Menschen heute keineswegs eine Geringschätzung von lebenslanger Partnerschaft und Treue haben, sondern im Gegenteil diese sehr hoch bewerten, und man die hohe Scheidungsrate auch damit erklären kann, dass höhere Ansprüche an Partnerschaft als in früheren Zeiten gestellt werden, so dass, wenn eine Partnerschaft nicht genügt, nach gelingenderen Alternativen gesucht wird. Dementsprechend zeigen auch die Ergebnisse von Studien aus dem Bereich der Sexualforschung die überraschende Erkenntnis, dass die Orientierung an Liebe und Treue bei jungen Menschen in den letzten Jahrzehnten kontinuierlich angewachsen ist: Bezeichneten noch 1970 deutlich weniger als die Hälfte der Befragten ihr Gefühl zum Partner in einer Partnerschaft als Liebe, stieg dies bis Anfang der 1990er Jahre auf über 70 % an (Voß, 2020). In gleichem Maße zeigen die in regelmäßigem Abstand immer wieder stattfindenden Shell-Jugendstudien eine kontinuierliche Zunahme bis auf mittlerweile über 90 % bei Zustimmung zu der Aussage, dass eine lebenslange, treue und verbindliche Paarbeziehung das wichtigste im Leben sei. Gleichwohl hat sich parallel dazu eine gewisse Offenheit für sexuelle Kontakte ohne Liebe entwickelt, solange dies nicht parallel zu einer Beziehung stattfindet, da ja, wie gesagt, Treue als wichtiger angesehen wird.

5.4.1 Die Frage der Verbindlichkeit

Die zentrale Frage, die hier natürlich dauernd mitschwingt, ist die der Verbindlichkeit. Offenbar ist zumindest innerhalb der jüngeren Generationen eine weit reichende Unsicherheit entstanden. In einem Forschungsprojekt zu sexuellen Beziehungen von Studierenden des Hamburger Instituts für Sexualforschung (Böhm, 2015, Plagge & Matthiesen, 2015) zeigte sich, dass eine Reihe der Befragten sich durchaus offene Beziehungen wünschten, insbesondere was sexuelle Erfahrungen

---

2 Seitens der Bundesregierung ist darüber hinaus geplant (Stand 2023), eine weitere Rechtsform für Beziehungen einzuführen, die sogenannte Verantwortungsgemeinschaft, die auch solchen Paaren, die vor der Verbindlichkeit einer Ehe zurückschrecken, eine rechtlich verbindliche Form anbieten soll.

angeht, und hier häufig damit argumentiert wird, dass nur auf diese Weise die eigene sexuelle Identitätsentwicklung vorangetrieben werden könne, weil man ja z. B. mit einem männlichen Partner nicht die Erfahrung machen könne, wie Sexualität mit einer Frau sei. Folgerichtig hat die Akzeptanz von und auch die Erfahrung mit gleichgeschlechtlichen sexuellen Kontakten deutlich zugenommen. Zugleich wird interessanterweise argumentiert, dass dann die emotionale Exklusivität ein Alleinstellungsmerkmal der Hauptbeziehung bleiben müsse. Es gibt diesbezüglich auch verschiedene Strategien, wie man mit den so entstehenden Widersprüchen und Konflikten umgehen könne, z. B. die sog. konsensuell vereinbarte Selbstschutzstrategie, die schlichtweg meint, dass man einander von Außenbeziehungen nicht erzählt. Jeweils die Hälfte beider Geschlechter der Studierenden haben während des Studiums mindestens einmal unverbindlichen Sex gehabt. Gleichzeitig hat die Mehrheit nach wie vor eine seriell-monogame Orientierung und der unverbindliche Sex wird als Teil der Single-Sexualität verstanden. Einerseits hat offenbar eine Liberalisierung stattgefunden diesbezüglich, dass unverbindlicher Sex zunehmend als erlaubt betrachtet wird, gleichzeitig entsteht eine neue soziale Norm, die besagt, dass man zumindest in einer bestimmten Lebensphase unverbindlichen Sex gehabt haben solle, die »normative Anforderung des Erfahren-Seins« (Plagge & Matthiesen, 2015, S. 144).

5.4.2 Polyamore und/oder offene Beziehungsformen

> »[Polyamorie] bezieht sich eher auf eine Beziehungsstrategie als auf ein bestimmtes sexuelles Verhalten in einer Beziehung. Polyamorie ist gekennzeichnet durch das Interesse eines oder beider Partner, mehr als eine sexuelle und/oder romantische Beziehung gleichzeitig zu führen, öffentlich und mit dem Einverständnis des anderen Partners.« (Schroedter & Vetter, 2010, S. 27)

In diesem Sinne ist Polyamorie etwas deutlich anderes als eine nur offene Beziehung (▶ Kap. 6). In der Polyamorie besteht der Anspruch, dass innerhalb des Beziehungsnetzwerks von mehr als zwei Personen alle Beteiligten nicht nur von den Beziehungen, die auch Sexualität beinhalten, wissen, sondern grundsätzlich alle Aktivitäten innerhalb der Beziehungen transparent und auch konsensuell sind, was einen erheblichen Aufwand an Aushandlung und Regulation der damit verbundenen Gefühle beinhaltet.³

Für den angelsächsischen Bereich stellt Ossmann (2020) eine wachsende Publikationstätigkeit fest, allerdings zeige sich darin auch, dass Polyamorie ein westliches Gesellschaftsphänomen darstellt: »it seems that it is a white, educated, middle- and upper-class phenomenon« (S. 372). Es zeigt sich, dass hierarchische Beziehungsstrukturen und starke und schmerzhafte Eifersuchtsgefühle häufig vorkommende Schwierigkeiten einer polyamorösen Beziehung sind (vgl. auch Hüsler, 2020), wobei die Protagonisten betonen, es sei wichtig, dem mit Transparenz und Reflexion zu

---

3   In unserer eigenen Untersuchung (Hüsler, 2020) führten wir Interviews mit Gesprächspartnern in polyamoren Beziehungen, die aufgrund des damit verbundenen Aufwandes nicht mehr berufstätig waren und von staatlicher Zuwendung lebten, um so ihre gesamte Zeit und Energie den komplexen Beziehungen zu widmen.

begegnen; dies sei der Preis, den man zahlen müsse, um Diversität und Authentizität zu leben, was als Motivation für die Entscheidung zu einem solchen Beziehungsmodell genannt wird. Kauppi (2017), die ein Handbuch für die Beratung von Personen in polyamoren Beziehungen veröffentlicht hat, führt als hauptsächliches Argument für diese Beziehungsformen zum einen die Ehrlichkeit auf (da Außenbeziehungen auch in anderen Beziehungen ganz offensichtlich sehr häufig vorkommen), insbesondere aber die Unterstützung bei der Differenzierung der eigenen Persönlichkeit, die diese Beziehungsform erfordert: es zwinge einen dazu, sich aller Aspekte der eigenen Persönlichkeit bewusst zu werden und für diese Partner zu finden.

Hier findet sich natürlich das schon erwähnte Moment der Authentizität wieder. Die Dynamik, die sich aus der Forderung nach Selbstverwirklichung ergibt, führt in diesem Beziehungsmodell zu der Überlegung, dass man ja gar nicht alle Aspekte seiner selbst in einer einzigen Beziehung unterbringen könne, woraus folgt, dass man mehrere Beziehungen braucht, um die *Komplettakzeptanz* der eigenen Person in Beziehung zu finden. Identitätsbildung ist in dieser Logik offenbar nur durch entsprechende Resonanz in einer Beziehung möglich. Darüber hinaus wird deutlich, dass die Verwirklichung aller Aspekte des eigenen Selbst ein deutliches Primat über Treue und Verbindlichkeit innerhalb einer Beziehung bekommt, was ja logischerweise die Anerkennung der Begrenztheit und insofern auch einen gewissen Verzicht bedeuten würde. Der schon oben deutlich gewordenen Überfrachtung der Paarbeziehung mit idealistischen Ansprüchen wird hier also so entgegengewirkt, dass nicht die Ansprüche aufgegeben werden, sondern der Versuch, dies in einer einzigen Beziehung zu lösen.

Als ein Argument für diese Beziehungsform wird betont, dass es ja auch in traditionellen, als monogam angelegten Beziehungen massenweise zu Untreue komme, aber in der Regel im Geheimen, was dann häufig zu erheblichen Beschädigungen der Beziehung führe (Kauppi, 2017). Da sei es doch ehrlicher, von vornherein allen Beteiligten klarzumachen, dass es diese Festlegung auf eine Beziehung nicht gebe. Tatsächlich ist das Merkmal der intersubjektiven Transparenz bei diesem Beziehungsmodell herausragend. Des weiteren wird auch argumentiert, der Mensch sei von Natur aus sowieso polygam, weswegen Monogamie gar nicht funktionieren könne (▶ Kap. 3).

Wie häufig sind diese Beziehungsformen überhaupt? Kauppi (2017) argumentiert auf der Basis einer Übersicht über Studien sowie eigenen Erhebungen, dass die Häufigkeit polyamoröser Beziehungsformen bei 4–5 % der US-amerikanischen Bevölkerung beträgt. Andererseits sehe die Realität solcher Beziehungen oft anders aus, als man es sich vorstelle: So fand die Autorin in ihrer eigenen Untersuchung, dass die Mehrheit der Personen, die sich als polyamor orientiert bezeichnen, in Wirklichkeit momentan nur in einer einzigen Beziehung leben. Ganz offensichtlich sind solche Beziehungsformen zeitlich begrenzt, mit einer Schwankungsbreite zwischen einem und acht Jahren. In den meisten Fällen unterscheiden die betreffenden auch hinsichtlich der Wertigkeit gleichzeitiger Beziehungen in primäre und sekundäre Beziehungen – was insofern interessant ist, als im weltanschaulichen Modell von Polyamorie hierarchische Beziehungen eigentlich kritisch gesehen und vermieden werden sollen. Weiterhin wird von den Betroffenen sowie insgesamt in der Literatur darauf hingewiesen, dass Menschen in solchen Beziehungsmodellen auch heute noch mit Diskriminierung zu kämpfen hätten, was auf die herrschenden Modelle der Heteronormativität und Mononormativität zurückgeführt wird.

5.5 Zur Komplementarität des Geschlechterverhältnisses: Naturgegeben oder sozial konstruiert?

Weil bei einer Diskussion der kulturellen Konstruktion von Paarbeziehung das Verhältnis der Geschlechter bzw. die Konstruktion von Geschlechtlichkeit zentralen Stellenwert hat und darüber hinaus die Genderdebatte derzeit gesellschaftlich eine zentrale Position einnimmt, sollen diese Fragen im Folgenden ausführlicher diskutiert werden.

In der evolutionären Anthropologie vertreten viele Experten die These, dass die Errungenschaft der Paarbindung die starke Entwicklung der menschlichen Intelligenz und der Kultur erst möglich gemacht hat (van Schaik & Michel, 2020). Die dauerhafte Bindung des Vaters an die Mutter und sein daraus folgendes Engagement in der Unterstützung der Mutter sowie der Versorgung des Kindes hat längere und intensivere Aufzuchtzeiten der Kinder ermöglicht und damit eine bessere Versorgung der Gehirnentwicklung sowie die Weitergabe kulturellen Wissens. Die intensive menschliche Paarbindung unterscheidet uns auch von den nächsten Verwandten im Tierreich, den Primaten, dort gibt es so etwas nicht. Andersherum hat die Notwendigkeit, sich in solch komplexen Beziehungen effektiv abzustimmen, und die sich daraus ergebende komplexe Interaktion wiederum die Entwicklung komplexer sozialer Fertigkeiten (Mentalisierungsfähigkeit, Kommunikationsfähigkeit usw.) gefördert (Hrdy, 2009).

5.5.1 Biokulturelle Argumentation

Umfangreiche evolutionspsychologische Untersuchungen (Bischof-Köhler, 2022) sprechen gegen die Behauptung, der Mensch sei eigentlich von Natur aus polygam, sondern liefern zahlreiche Belege dafür, dass die monogame langdauernde Paarbindung einen evolutionären Selektionsvorteil darstellt. Die Neigung, den Partner in Liebesbeziehungen durch eine Affäre zu betrügen, scheint dabei von bestimmten Genvarianten abhängig zu sein, also eine gewisse Erblichkeit zu haben. In einer in Finnland durchgeführten Studie (Zietsch et al., 2015) wurde festgestellt, dass es erhebliche Unterschiede in der Neigung zum Ehebruch gibt, die auf erblichen Faktoren in der Herkunftsfamilie beruhen. Hierbei gab es keinen signifikanten Unterschied zwischen den Geschlechtern, sondern innerhalb der Geschlechter. Diese Tendenz wird polyamourös oder Soziosexualität genannt.

Gleiches gilt für die Tendenz, ein guter Vater bzw. eine gute Mutter zu sein. Bei beiden Geschlechtern gibt es zwei unterschiedliche erbliche Phänotypen, die dafür verantwortlich sind, Verantwortung für die Nachkommen zu übernehmen oder nicht (Wlodarski et al., 2015).

Eine weitere wichtige Erkenntnis ist, dass die Ausprägung eines genetischen Merkmals nicht automatisch gegeben ist, sondern von der Qualität der Umwelt abhängt. In ressourcenarmen Umgebungen ohne viel Raum für individuelle Freiheit können unterschiedliche genetische Prädispositionen im Vergleich zu offenen Gesellschaften mit vielfältigen Verhaltensoptionen keine so starken Effekte im Phänotyp hervorrufen. Das bedeutet, dass kulturelles Umfeld und genetische Variationen miteinander interagieren. Als Beispiel gilt die Entwicklung unterschiedlicher Phänotypen von Stilen der sexuellen Kontaktaufnahme: In modernisierten, liberalen Gesellschaften haben unterschiedliche genetische Varianten mehr Möglichkeiten, individuelle Unterschiede in der sexuellen Orientierung auszudrücken und hervorzubringen. Dies wird als biokulturelles Zusammenspiel von genetischer Variation und kultureller Umgebung bezeichnet.

Müller-Schneider (2019; ▶ Kap. 3) präsentiert eine detaillierte Darstellung der biokulturellen Theorie in seinem Versuch, das Zusammenspiel der biologischen Grundlagen des menschlichen Paarungsverhaltens und der sozialen Formen, die wir in der postmodernen Gesellschaft finden können, zu untersuchen sowie der verschiedenen Modelle von Paarbeziehung, die daraus entstehen. Er geht von der interessanten Beobachtung aus, dass, obwohl postmoderne Gesellschaften ein Maximum an persönlicher Freiheit und Entfaltung der Individualität haben, die große Mehrheit (in etlichen Studien sogar über 90 %) eine monogame, langfristig angelegte Beziehung anstreben basierend auf Liebe, Exklusivität und gegenseitiger Treue.

So wurde in ethnographischen Studien entgegen vorherrschenden Vorurteilen festgestellt, dass in zeitgenössischen Jäger-Sammler-Gesellschaften meist die Väter und generell die Männer der Gruppe in ein gemeinsames System der Kinderbetreuung eingebunden sind (Chapais, 2011). In einigen Fällen wird sogar ein größerer Teil der Kinderbetreuung von den Vätern/Männern in der Gruppe übernommen, und in diesen Fällen wird Jagd von den Frauen betrieben, neben dem Sammeln von Früchten usw. Eine andere Theorie, die sich aus diesen Studien und Erkenntnissen ergibt, argumentiert, dass mit der Entwicklung von Waffen der männliche Wettbewerb um Frauen zu verheerenden Kämpfen und dem Verlust von Menschenleben geführt hätte, was dann die menschlichen Gesellschaften geschwächt hätte. Daher wurde eine stabile Paarbindung in der Evolution menschlicher Gesellschaften unterstützt (siehe auch die 10 Gebote im Alten Testament). Dies ist ebenso eine kulturelle Errungenschaft wie sie auf der Biologie basiert.

Dies zeigt, dass es auf einer sehr grundlegenden Ebene eine biologische Grundlage der menschlichen Paarbindung zu geben scheint. Es geht jedoch mit gesellschaftlichen Entwicklungen einher, dass sich menschliche Gruppen und Gesellschaften mit bestimmten sozialen Problemen auseinandersetzen und ähnliche Lösungen für diese Probleme finden müssen. Es lässt sich hier also sagen, dass die Prävalenz monogamer Ehen ein Ergebnis einer Kombination biologischer und sozialer Prozesse ist. Andererseits gibt es handfeste Beweise dafür, dass Liebe und Eifersucht eindeutig biologisch bedingt sind (Müller-Schneider, 2019).

Diese Argumentationen würden die soziale Konstruiertheit von Beziehungsidealen und Beziehungsmodellen infrage stellen oder zumindest relativieren und insofern die Machbarkeit alternativer Paarbeziehungsmodelle als begrenzt ansehen.

5.5.2 Geschlechtsidentitäten: Diversity vs. *Machbarkeitswahn*

Mit diesen Fragen und Themen befinden wir uns natürlich inmitten der aktuell aufgeheizten identitätspolitischen Debatten, die sich, wie aufgezeigt, nicht nur auf die Konstruktion von Paarbeziehungsmodellen, sondern auch auf die gelebte Praxis auswirken. Manche Autoren bezeichnen diese Tendenzen als Ausdruck eines völlig entfesselten Individualismus, in dem die Individuen sogar noch über das körperliche Geschlecht selbstbestimmt entscheiden wollen. So ist die eine Seite im Genderdiskurs davon überzeugt, dass Geschlecht nicht Natur, sondern sozial konstruiert sei, Geschlechtsidentität werde über Zugehörigkeitsempfinden definiert (für eine detaillierte Widerlegung dieser Sichtweise siehe Bischof-Köhler, 2022). Folgerichtig hat die Bundesregierung 2023 gesetzlich geregelt, dass jeder Mensch ausschließlich selbst das Recht hat, das eigene Geschlecht zu definieren und dies durch einen schlichten Verwaltungsakt beim Standesamt entsprechend ändern lassen kann. Christoph Türcke (2021) geißelt diese Orientierung als »konstruktivistischen Fehlschluss« und »Ontologisierung der Empfindung« (S. 217), eine Verleugnung unserer Naturabhängigkeit im konstruktivistischen Furor.

In diesem Zusammenhang besonders heiß diskutiert ist die Thematik von Transsexualität bzw. Transgender (für eine ausführliche Diskussion der psychologischen und psychotherapeutischen Aspekte siehe Senf, 2022, Lempp et al., 2022). Während die eine Seite die staatliche Bevormundung und die Beratungspflicht vor einer medizinischen Geschlechtsumwandlung als völlig unzeitgemäß und als Übergriff in die Persönlichkeitsrechte verurteilt, ja die angeblich natürlich vorgegebene Zweigeschlechtlichkeit grundsätzlich infrage stellt, weisen Kinder- und Jugendlichenpsychotherapeuten besorgt darauf hin, dass Identitätsfragen und Verunsicherungen bezüglich der eigenen Geschlechtsidentität ja eher der Normalfall in der Adoleszenz seien, und es unverantwortbar sei, auf der Basis solcher »traditionellen Turbulenzen« derart weit reichende Entscheidungen wie eine Geschlechtsumwandlung zu treffen (Engels, 2022). Lempp et al. (2022) weisen darauf hin, dass bei mindestens der Hälfte der Kinder und Jugendlichen mit Geschlechtsdysphorie (ein in den Diagnostikkatalogen definiertes Unwohlsein innerhalb des eigenen biologischen Geschlechts bzw. dessen offene Ablehnung) mindestens eine zusätzliche psychiatrische Diagnose vorliege – dies legt die Vermutung nahe, dass der Wunsch nach Geschlechtsumwandlung offenbar in vielen Fällen eine Projektionsfläche für ein allgemeineres psychisches Leiden darstellt. Unstritig ist dabei bei Experten, dass zum einen die Nachfrage nach Begutachtungen bzw. direkt nach Geschlechtsumwandlungen in den letzten Jahren in einem enormen Maße zugenommen hat. Den Daten des Gender Identity Development Service der Londoner Tavistock Clinic zufolge, die in staatlichem Auftrag in Großbritannien derartige Begutachtungen vornimmt, haben diese in dem Zeitraum von 2009–2019 um unglaubliche 4.500 % zugenommen (Engels, 2022, S. 84). Zum anderen ist eine durchgängige Erkenntnis bei Experten, dass derartige Umwandlungswünsche bzw. Verunsicherungen in vielen Fällen im Entwicklungsverlauf nicht stabil sind, sondern nur bei einer Minderheit bis ins Erwachsenenalter anhalten. Darüber hinaus erweist sich bei vielen der Umwandlungswünsche, gerade auch angesichts der enormen Zunahme der Anfragen, nur ein geringer Prozentsatz der Begutachtungen als medizinisch und psychologisch so haltbar, dass medizinische Eingriffe tatsächlich gerechtfertigt erscheinen.

Die Debatte hat in einigen westlichen Ländern mittlerweile eine dramatische Wende genommen. In der Schweiz hat der Sozialwissenschafter und Trans-Mann Amelung in einem bemerkenswerten Zeitungsartikel das »Menschenrecht auf Geschlechtswechsel« grundsätzlich infrage gestellt:

> »Das Primat der Selbstbestimmung im Sinne einer Selbstdefinition wird derzeit in Trans-Aktivistinnen-Foren nur einseitig ohne Berücksichtigung der Gesellschaft aufgelöst. Auch medizinische Behandlungen als Menschenrecht zu sehen und dabei den Charakter irreversibler und noch nicht ausreichend erforschter Behandlungsmethoden als solches nicht ausreichend zu beachten, erhöht das Risiko für Fehlbehandlungen, über diese Aspekte muss ohne Biegung der Realität gesprochen werden können, um sowohl Transsexuellen als auch anderen gesellschaftlichen Gruppen gerecht zu werden.« (Amelung, 2021, zit. n. Engels, 2022, S. 86)

In Großbritannien hat eine Klage vor dem Londoner High Court der jungen Keira Bell, der nach einer Transsexualitätsdiagnose im Alter von unter 16 Jahren auf ihren ausdrücklichen eigenen Wunsch hin die Brüste abgenommen und männliche Hormone gegeben wurden, und die sich im Nachhinein nicht ausreichend aufgeklärt fühlte, zu einer völligen Beendigung der diesbezüglichen Praxis geführt. Ähnliche Vorfälle haben auch in Schweden und Finnland zu einer Kehrtwende geführt, sodass dort unter 18 Jahren keine gegengeschlechtlichen Hormone oder Pubertätsblocker mehr verschrieben werden dürfen, ganz zu schweigen von chirurgischen Eingriffen (ebd., S. 86–87).

Die grundsätzlich zu klärende Frage in diesem Kontext ist derzeit eher, ob es überhaupt ein stabiles Konzept von kohärenter Geschlechtsidentität bei jungen Menschen geben könne. Tatsächlich zeigt sich in diesem Feld ein enormer Einfluss der Familienkonstellationen. Insbesondere wenn Heranwachsende mit hoher Instabilität in der Familie, Trennung/Scheidung und komplexen Nachscheidungsfamilienverhältnissen konfrontiert sind, nehmen Verunsicherungen in Bezug auf die eigene Orientierung massiv zu; hier gebe es auch Zusammenhänge zwischen Anorexie und dem Wunsch nach Geschlechtsumwandlung im Sinne einer massiven Bekämpfung der eigenen Vitalfunktionen (vgl. dazu ausführlich Evans & Evans, 2021).

In der Psychoanalyse, die sich ja historisch um das Kernthema Sexualität herum konstituiert hat, wird betont, dass Geschlechtsidentitäten in einem komplexen Zusammenwirken von körperlichen, psychischen und sozialen Faktoren zustande kommen und man heute eher von einem Kontinuum an differenzierten Weiblichkeiten und Männlichkeiten ausgehen müsse, um den Anfragen der Klienten in der Therapie sinnvoll begegnen zu können (Möslein-Teising et al., 2020). Bezüglich der Vergleichbarkeit von hetero- und homosexuellen Paarbeziehungen lassen sich durchaus schon wissenschaftlich fundierte Aussagen treffen: Grundsätzlich haben Beziehungsdynamiken bei Paaren eher allgemeinmenschliche Qualitäten und es gibt daher keine grundsätzlichen Unterschiede zwischen gleichgeschlechtlichen und gegengeschlechtlichen Beziehungen; auch die Erkenntnisse aus der Bindungsforschung zu erwachsenen Paarbeziehungen unterstützen dies (v. Sydow, 2017). Dies bedeutet allerdings nicht, dass man für bestimmte Gruppen von Klienten, z. B. solche, die polyamore Beziehungen leben, nicht auch über entsprechende Spezialkenntnisse verfügen muss.

5.5.3 Unzeitgemäße Betrachtungen

Einerseits ist die gesellschaftliche Öffnung in Richtung einer Vielfalt an Beziehungsmodellen sehr zu begrüßen, beendet sie doch zunehmend eine lange Geschichte von Diskriminierung abweichender Beziehungsmodelle. Andererseits ergibt sich aus diesen gesellschaftlichen Prozessen die Frage, ob es tatsächlich gerechtfertigt ist, alle diese Beziehungsmodelle als gleichwertig zu betrachten in dem Sinne, dass sie dem Menschen angemessen sind. Das ist natürlich eine politisch unkorrekte und in diesem Sinne gewagte Fragestellung. Müller-Schneider zeigt in seinem Beitrag (▶ Kap. 3), dass entgegen des die gegenwärtige Soziologie und Gesellschaftsanalyse beherrschenden sozialkonstruktivistischen Modells (dem zufolge alle Beziehungsmodelle letztlich soziale Konstruktionen und somit arbiträr sind), es tatsächlich starke Evidenz für die Sichtweise gibt, dass das Modell monogamer lebenslanger Paarbindung ein universelles Modell darstellt, also epochen- und kulturübergreifend gültig ist (vgl. auch Roesler, 2018). Der Beitrag räumt auch mit dem oft behaupteten Argument auf, Menschen seien ja gar nicht von Natur aus zu Monogamie angelegt, sondern eigentlich polygam – was tatsächlich bei den Vertretern neuerer Beziehungsmodelle häufig als Begründung für ihre Konzeptualisierungen von Paarbeziehung verwendet wird. Dasselbe gilt für das Phänomen Eifersucht, von dem dort tatsächlich behauptet wird, es sei eine Erfindung westlicher, die Monogamie favorisierender Gesellschaften. Von der ursprünglich von Freud formulierten Idee, der Mensch sei von Natur aus bisexuell angelegt, hat man sich selbst innerhalb der Psychoanalyse längst verabschiedet.

Mit dem Auftauchen neuer, die monogame Paarbindung überschreitender Beziehungsmodelle ergibt sich auch die Frage, ob nicht tatsächlich durch deren Propagierung Verunsicherungen bei Individuen ausgelöst werden, was denn für sie das passende und ihnen gemäße sei. In diesem Sinne könnte man die als Kritik gemeinten Schlagworte von Mononormativität/Heteronormativität insofern hinterfragen, ob in bestimmten gesellschaftlichen Gruppen – hier insbesondere höher gebildete, urbane junge Erwachsene – die neuen Beziehungsmodelle nicht ebenfalls schon wieder zu normativen Herausforderungen geworden sind. So tauchen in der Paarberatung zunehmend junge Paare auf, die überzeugt sind, offene Beziehungsmodelle ausprobieren zu müssen, obwohl diese ihnen ganz offensichtlich nicht entsprechen und großes Leiden verursachen. Ein Argument mit offenbar starker Wirkung ist an dieser Stelle die Betonung der Authentizität, d. h. die These, in solchen neuartigen Beziehungsformen könne man den Ausdruck des eigenen, wahren Selbst eher finden als in den engen Begrenzungen der Monogamie.

5.6 Die Suche nach der wahren Identität

Das Argument der Authentizität steht natürlich im Zusammenhang mit der offenbar weiterhin zunehmenden Dynamik der Individualisierung. Nicht wenige sehen hierin eine besorgniserregende Entwicklung hin zu einer zunehmenden Vereinzelung sowie Überhöhung ichbezogener Bedürfnisse und Orientierungen (Hecht, 2021). Möglicherweise ist diese Suche nach dem authentischen Selbst, dem wahren Kern, dem, was schon immer in der Person an sexueller und Beziehungsorientierung angelegt und hinsichtlich der Form von Paarbeziehung einem gemäß ist, ja auch ein Fantasma. In der Folge der poststrukturalistischen Kritik an den großen Narrativen, etwa in Foucaults (1998) *Sexualität und Wahrheit*, kann man diese Frage dahingehend erweitern, ob es das authentische Selbst, dessen Ausdruck z. B. Polyamoristen als ein wesentliches Argument für ihre Lebensform nennen, in dieser Weise überhaupt gibt.

> »Darin spiegelt sich das ganze Dilemma des modernen Individualismus wider. Aus einer Befreiungsidee und der hart erkämpften Möglichkeit, man selbst zu sein, wird der Druck, man selbst sein zu müssen, und zwar paradoxerweise so, wie es die Gesellschaft vorgibt. Aus dem Selbstentwurf ist ein gesellschaftlicher Entwurf geworden, eine Idee, wie man zu sein hat, um man selbst zu sein. Tatsächlich eifert der moderne Mensch heute der konfektionierten Idee von Selbstverwirklichung in einer nie da gewesenen Pflichtbesessenheit nach, unterwirft sich diesem rigiden Ideal und tritt dadurch wieder […] in eine neue Form der Knechtschaft ein, die ihm gleichwohl als höchste Form der Freiheit erscheint.« (Hecht, 2021, S. 186)

Das Narrativ von der Suche nach dem wahren Selbst kombiniert sich dann mit dem Anspruch, über die Wahrheit des eigenen Selbst auch selbst zu bestimmen; dieser Anspruch macht auch vor den Grenzen der eigenen Biologie und Körperlichkeit nicht halt. Der verabsolutierte Wunsch nach Selbstbestimmung geht bis in die eigene Geschlechtlichkeit hinein: Man will im Grunde vollständig selbst bestimmen, wer und was man sei, und sich dabei auf keinen Fall von irgendeiner Norm beeinflussen oder gar bestimmen lassen. Es wird dabei den Individuen offenbar nicht bewusst, dass sie damit wieder einem gesellschaftlichen Diskurs folgen, der – wieder einmal, wie schon in den Zeiten der sogenannten sexuellen Revolution in den 1960er und 1970er Jahren – in der Befreiung der Sexualität und des Liebeslebens die Befreiung des Individuums an sich von allen gesellschaftlichen Beschränkungen verortet.

Jan Philip Reemtsma (2022) hat die in den radikal-selbstbestimmten Entwürfen deutlich werdende Haltung folgendermaßen auf den Punkt gebracht und zugleich kritisiert:

»Ich paraphrasiere: Menschen haben das Recht und die Freiheit, was sie sind/sein wollen (nicht einmal durch, sondern) als bloßen Willensakt zu definieren. Jede Wahrnehmung, die im Verdacht steht, diesen Akt zu missachten, indem sie entweder die Selbstsetzung bestreitet oder – was damit gleichgesetzt wird – sie als im sozialen Umgang für minder wichtig erachtet, wird als Versuch der Beschädigung der eigenen Identität angesehen. Man sieht, wie diese Vorstellung des Zusammenhangs von Identität und Freiheit in eine paradoxe Situation führt. Wenn die selbst gesetzte Identität als permanent bedrohte (angefeindete, missachtete) angesehen wird, muss die ganze Aufmerksamkeit auf die Wahrnehmung durch die anderen gerichtet sein. Auf diese Weise wird die Vorstellung von selbstgesetzter Identität zum Gegenteil ihrer selbst: ich bin nur noch das, was die anderen nicht aus mir machen sollen. Das ist die Lebensform der Substanzlosigkeit. Ihre Rollenform findet sich im Habitus des Opfers.« (S. 557)

Der gemeinsame Nenner all dessen scheint zu sein, dass Identität heutzutage offenbar zunehmend oder mittlerweile sogar hauptsächlich über Sexualität, Geschlechtlichkeit, die sexuelle Orientierung und damit letztlich immer auch über das wie auch immer geartete Zusammensein mit einem anderen definiert wird, also letztlich über Beziehung. Allerdings geht es in den heutigen Entwürfen offenbar vor allem um die Anerkennung des eigenen durch den anderen, um die so vehement gerungen wird. Das macht auch die oben erwähnten Behauptungen, in einer mononormativ-heteronormativen Gesellschaft würden alternative Beziehungsformen unterdrückt, besser verstehbar: Es geht gar nicht in erster Linie nur um die Freiheit, diese Beziehungsformen leben zu dürfen, sondern um eine umfassende Anerkennung dieser Lebensformen (*Komplettakzeptanz*). Es entsteht so das praktisch unauflösbare Paradox, dass man für die Bestimmung des eigenen Selbstseins die Anerkennung durch andere braucht, wofür es wiederum Beziehung braucht, von der man sich dann aber wiederum auf keinen Fall bestimmen lassen will. Möglicherweise hängt die *Flucht vor Intimität* bzw. das zum Teil über ein Jahrzehnt gedehnte Zögern vor dem Eingehen verbindlicher Beziehungen bei jungen Erwachsenen mit solchen paradoxen, den derzeitigen Diskursen inhärenten Forderungen an die Gestaltung spätmoderner Beziehungen zusammen.

5.6.1 Das Narrativ von der Befreiung

Einhergehend mit der Deinstitutionalisierung und Enttraditionalisierung der Paarbeziehung beginnend in den 1960er Jahren, entstand ein kulturelles Narrativ, das nach wie vor wirkmächtig ist: In der Liebesbeziehung und insbesondere in der Sexualität ist, wenn man sie entsprechend gestaltet, die Befreiung von gesellschaftlichen Normen und Zwängen zu finden. Seitdem wiederholt im Grunde jede Generation fortwährend die Illusion, dass man nun endlich – quasi historisch als erste – die eigene Liebesbeziehung völlig befreit von gesellschaftlichen Normen lebt.

Diese Diskurse folgen der Fantasie, auf solche Weise doch jenseits von jeglicher Normativität gelangen zu können. Dem ist natürlich aus soziologischer Perspektive entgegenzuhalten, dass auch wenn Paarbeziehungen heutzutage miteinander ausgehandelt werden und es vielfältige Modelle gibt, diese keine isolierten Gebilde darstellen, sondern immer eingebunden in und Bestandteil von gesellschaftlichen Verhältnissen und den sich daraus ergebenden Möglichkeiten, Grenzen und Normen sind (Wutzler & Klesse, 2021); darüber hinaus wird hier ja deutlich, dass die beschriebenen Orientierungen selbst wieder einem Diskurs folgen, den sie offensichtlich reflexiv zu übersteigen nicht in der Lage sind, eine Wirkmächtigkeit, die von Michel Foucault (1998) als Regime beschrieben wurde. Beck und Beck-Gernsheim hatten das schon 1994 prägnant herausgearbeitet: »du darfst und du kannst, ja du sollst und du musst eine eigenständige Existenz führen, jenseits der alten Bindungen […]. Und du sollst dies gleichzeitig tun diesseits der neuen Vorgaben und Regeln, die Staat, Arbeitsmarkt, Bürokratie usw. entwerfen.« (S. 24).

In der neueren Variante dieses Narrativs scheint Vielfalt, Offenheit, Fluidität, Bewegung usw. per se etwas Gutes zu sein:

> »In Bewegung bleiben und nicht in starren Konzepten verweilen, Veränderungen zulassen, das Werden […] als Veränderungspotenzial begreifen, dies alles bietet Chancen sich den bestehenden Herrschaftslogiken und normalisierenden mononormativen Strukturen zu entziehen, so dass neue Lebens- und Beziehungsformen sowie Netzwerke entstehen, in denen sich die Beziehungen beständig neu erfinden.« (Newerla, 2021, S. 64)

Vielfalt und Flexibilität im Sinne von Nicht-Festlegung wird als das intrinsisch Gute gefeiert, und zwar nicht nur mit Blick auf die Gesellschaft als Ganzes, sondern sie sollen möglichst auch innerhalb der Individuen und ihrer Lebensläufe herrschen. Die Suche nach Liebe in Paarbeziehungen wird dann für die Individuen zu einem permanent offenen Projekt, das durch Verbindlichkeit und Festlegungen ja nur Schaden nehmen kann. Daher erhalten Verbindlichkeit, Festlegung, Stabilität, ja womöglich gar Bindung, feste Beziehung oder die Ehe den Charakter von etwas Gefährlichem, als würde dies im Widerspruch zur Entfaltung des Individuums stehen. Selbst bei denjenigen, die den neuen radikalen Beziehungsentwürfen nicht folgen, lässt sich ein deutlicher Respekt, ja Angst vor der Dynamik in verbindlichen langdauernden Beziehungen wahrnehmen, als stünde Festlegung und Verbindlichkeit im Widerspruch zur Entfaltung des Selbst. Es wird letztendlich deutlich, dass bei der in diesen Diskursen stattfindenden verabsolutierten Liebe es letztlich immer nur um sich selbst und die eigene Entwicklung geht und nicht um den anderen (um Kinder schon gar nicht).

Wenn man, aus einer anderen Perspektive, sagen kann, dass Paarbeziehung ja vor allem von Polaritäten bzw. Gegensatzspannungen bestimmt ist, von denen die wahrscheinlich wichtigste die Polarität von Bindung versus Autonomie ist, dann könnte man von den hier herrschenden postmodernen Diskursen sagen, dass sie den Pol der Autonomie im Sinne von verabsolutierter Selbstbestimmtheit überbetonen. Im selben Maße wird der Pol der Wandelbarkeit/Veränderung im Gegensatzpaar Stabilität versus Veränderung überbetont (vgl. dazu Roesler, 2018).

Wutzler (2021, S. 25 ff.) hat die Argumentationsmuster dieses Narrativs und die darin enthaltene Potenzierung des Individualisierungsdiskurses aus einem Interview mit der amerikanischen Musikerin und Schauspielerin Miley Cyrus anlässlich ihrer Eheschließung mit dem Schauspieler Liam Hemsworth in eindrücklicher Weise herausgearbeitet.

5.6.2 Gleichzeitigkeit von Bedürfnissen nach Selbstverwirklichung und nach Zweisamkeit

»Die Geschichte von Paarbeziehungen lässt sich nicht einfach als Abfolge verschiedener Ideale erzählen. Die romantischen oder partnerschaftlichen Kategorisierungspraktiken lösen sich nicht auf oder folgen schlicht aufeinander. Ebenso wenig büßen sie ihre Anziehungskraft ein, gleichwohl sie ihren hegemonialen und disziplinierenden Charakter zunehmend verlieren. […] Gleichwohl nicht behauptet werden kann, dass es derartige Paarbeziehungen, mit sowohl romantischem oder mit partnerschaftlichem Anspruch oder traditionell-bürgerlicher Orientierung nicht mehr gäbe.« (Wutzler, 2021, S. 34)

Bei der wissenschaftlichen Betrachtung von Paarbeziehung im 21. Jahrhundert steht man also vor der Frage: »Wie werden Paarbeziehungen unter spätmodernen Verhältnissen von Individuen geführt, für die die autonome Verwirklichung der eigenen Wünsche, Pläne und Interessen höchste Priorität hat, während das Bedürfnis nach Zweisamkeit, körperlicher und emotionaler Intimität nach wie vor substantiell ist?« (Logemann, 2021, S. 73). Die Autorin zitiert eine ihrer Gesprächspartnerinnen in ihrer Untersuchung der Handlungsorientierungen junger, hochgebildeter Frauen: »Ich will mir meine Möglichkeiten oder Optionen nicht verbauen wegen einer Beziehung, aber ich möchte mir auch nicht meine Beziehung verbauen, weil ich alle Optionen und Möglichkeiten der Welt hab« (S. 73), in dem das ganze Dilemma von Paarbeziehung heute zum Ausdruck kommt. Es wird bei allen diesen Untersuchten deutlich, dass die Sehnsucht nach dem romantischen und partnerschaftlichen Liebesideal fortbesteht, welche dann aber mit dem Imperativ der Selbstverwirklichung in einen Ausgleich gebracht werden muss. Es zeigt sich dann aber als ein Ergebnis der Untersuchung, dass es einen weitverbreiteten Typus der Lösung dieses Dilemmas gibt, bei dem sich die jungen Frauen sehr eindeutig für die Sicherheit in der Beziehung entscheiden und anderes zurückstellen. Auch bei den anderen Typen aber geht es immer darum, selbstbezogene Handlungsorientierungen mit der Partnerschaft irgendwie zu versöhnen.

Mit Blick auf den oben rekonstruierten aktuellen Diskurs ergänzt die Autorin, dass Paare sich heute in einem Spannungsgefüge befinden aufgrund der Forderung nach Entwicklung des Individuums einerseits, bei der die Frage nach dem wahren Selbst mit der Frage nach dem richtigen Partner verknüpft ist, und der Sichtweise, dass sowohl die eigene Identitätsbildung als auch die Entwicklung der Paarbeziehung niemals abgeschlossene Prozesse darstellen. Vor diesem Hintergrund wird dann eine Trennung durchaus auch positiv als eine Chance auf Weiterentwicklung gesehen, während Verharren in einer Beziehung als Einschränkung der eigenen Optionen und Entwicklungen negativ betrachtet wird. Ebenso erscheint eine zu starke Fokussierung auf Partner in einer Beziehung als verdächtig. Es droht sozusagen dauernd die Gefahr, dass eigene wahre Selbst und die eigene Entwicklung zu verpassen, wenn man sie einer Beziehung opfert, von der man sowieso nicht glaubt, dass sie langfristig hält.

Horn (2021) versucht diese Entwicklungen in fruchtbarer Weise mit Rückgriff auf die Zeitdiagnose von Andreas Reckwitz zur »Gesellschaft der Singularitäten« zu erklären. In dieser Argumentation hat eine die Gesellschaft lange bestimmende Orientierung am Allgemeinen (doing generality) Platz gemacht für eine Orientierung an Einzigartigkeit (doing singularity), bei der der Lebensstil an einer erfolgreichen Selbstverwirklichung orientiert ist und Einzigartigkeit bewiesen werden muss – eine Unterordnung unter Normen oder Standards wäre demgemäß ein Scheitern. Um Einzigartigkeit zu beweisen, müssen soziale Einheiten erstens ein Narrativ herstellen, in dem das allgemeine transzendiert und das eigene einen spezifischen und eigentümlichen Sinn erhält, womit dieser zweitens auch ästhetisch intensiviert wird; drittens wird in diesem Narrativ die soziale Einheit zur Trägerin des intrinsisch Guten. Damit lässt sich zum einen recht gut erklären, warum in den gegenwärtigen Diskursen die Einordnung in bestehende Normen und Standards als schädlich oder gar gefährlich (für das eigene Selbst und seine Entwicklung) gesehen wird; zum anderen lassen sich damit die vor diesem Hintergrund doch seltsam erscheinende Renaissance der Ehe (s. u.) recht gut erklären, weil Heirat und Ehe, auch wenn sie gesellschaftliche Standards darstellen, als solche doch singulär aufgeladen werden können, wenn dies durch entsprechend originelle Inszenierungen gelingt (wie im oben erwähnten Interview mit Miley Cyrus). Davon lebt mittlerweile eine ganze Heiratsindustrie offenbar doch recht gut.

5.7 Wie steht es überhaupt um Paarbeziehungen?

5.7.1 Populationsstatistische und sozialwissenschaftliche Fakten und Daten

Nach wie vor hat Paarbeziehung gesellschaftlich eine hohe Bedeutung. In 2019 bestanden knapp 21 Millionen Partnerschaften, d. h., praktisch jeder zweite lebte in einer Partnerschaft im gemeinsamen Haushalt; davon waren 3,26 Millionen Paare nichteheliche Partnerschaften (Horn, 2021). Die genaue Zahl der nicht legalisierten, aber festen und länger dauernden Partnerschaften lässt sich nicht genau bestimmen, da das Statistische Bundesamt nur Partnerschaften im gemeinsamen Haushalt als solche zählt. Allerdings lässt sich sagen, dass in dem Zeitraum von 2007–2017 die Zahl dieser nicht ehelichen Paarbeziehungen gegenüber den Ehepaaren deutlich angestiegen ist.

Betrachtet man Paarbeziehungen mit Kindern, so kann man zwar sagen, dass die so genannte traditionelle bürgerliche Kleinfamilie prozentual abnimmt, allerdings findet das nicht in einem solchen Maße statt, wie es die oben aufgeführten gesellschaftlichen Diskurse und radikalen Visionen erwarten lassen würden: im Jahre 2018 lebten immer noch 70 % der minderjährigen Kinder in Deutschland mit ihren verheirateten Eltern (Vater und Mutter) zusammen (Buschmeyer & Zerle-Elsässer, 2020). Der Prozentsatz der minderjährigen Kinder, deren Eltern in einer Lebensgemeinschaft unverheiratet zusammenleben, hat von 1998 mit 5,4 % bis 2018 auf 11,4 % zugenommen.

Eine neuere Untersuchung (Eckhard, 2015) stellt auf der Basis von aktuellen Daten aus verschiedenen deutschen und europäischen Umfrageerhebungen (Sozioökonomisches Panel, Beziehungs- und Familienpanel, Familiensurvey, Survey of Health, Aging and Retirement in Europe) eine Abnahme der Häufigkeit von länger dauernden Paarbeziehungen in den letzten zwei Jahrzehnten fest: Stabilere Paarbeziehungen sind eindeutig auf dem Rückzug (unter Berücksichtigung von Kohorteneffekten über die letzten zwei Jahrzehnte je nach Datenquelle zwischen 7,1 % und 8,5 %), wobei dies nicht durch verlängerte Ausbildungszeiten erklärt werden kann, ebenso wenig wie durch die abnehmende Versorgungsfunktion; wachsende berufsbiografische Unsicherheiten aber spielen wohl zumindest subjektiv eine Rolle.

Eine mögliche Erklärung für dieses Phänomen könnte die in der Scheidungsfolgenforschung festgestellte sog. Soziale Transmission des Scheidungsrisikos darstellen – wer im Kindes- bzw. Jugendalter die Trennung/Scheidung der eigenen Eltern erlebt hat, hat ein nachweisliches und auch berechenbar erhöhtes Risiko, im Erwachsenenalter in der eigenen länger dauernden Paarbeziehung Trennung/Scheidung zu erleben (vgl. Roesler, 2018).

In der langfristigen Betrachtung hat die Heiratsneigung definitiv abgenommen (1950: 11 Eheschließungen/1.000 Einwohner; 2019: 5/1.000). Allerdings: Während noch vor wenigen Jahren die meisten Autoren davon ausgingen, dass die Ehe ein Auslaufmodell darstellt und die Heiratsneigung immer weiter zurückgehen würde, lässt sich tatsächlich in den letzten Jahren ein kontinuierlicher Anstieg der Eheschließungszahl feststellen, so dass seit 2015 wieder, wie vor dem Jahr 2000, pro Jahr die Zahl von 400.000 Eheschließungen überstiegen wird – während gleichzeitig die Zahl der Scheidungen sinkt (Horn, 2021). Dies kann auch nicht mit der Neuschaffung der Ehe für gleichgeschlechtliche Beziehungen erklärt werden oder mit der Zunahme von Wiederverheiratungen. Allerdings kann man feststellen, dass die Schaffung der gleichgeschlechtlichen Ehe zu einer Renaissance und Aufwertung von Heirat und Ehe beigetragen hat. Dies ist insofern faszinierend, als die Homosexuellenbewegung schon in früheren Jahrzehnten durch ihren Kampf um Anerkennung die Entwicklung von Paarbeziehungsmodellen insgesamt vorangetrieben hat (z. B. Partnersuche über Online-Plattformen). Interessanterweise hat sie damit nun nicht die Abschaffung der bürgerlichen Ehe, sondern vielmehr ihre Wiederaufwertung unterstützt.

Als Parallele zu dieser Entwicklung können Lenz und Scholz (2014) in ihrer Analyse von Ratgeberliteratur eine Renaissance des romantischen Liebesideals nachweisen. Auch haben verschiedene Befragungen in den letzten zehn Jahren gezeigt, dass bei jungen Menschen zwar Erwerbstätigkeit und finanzielle Unabhängigkeit hoch bewertet werden, allerdings die eigene Karriere zunehmend eine geringere Bedeutung erhält im Vergleich zur Relevanz von Kindern und Heirat; als zentrale Werte werden Unabhängigkeit, Unterstützung und Treue benannt (Logemann, 2021, S. 79). Auch unter Studierenden finden sich immerhin noch ca. zwei Drittel in festen Beziehungen, von denen die Mehrheit auch glaubt, dass sie noch in einigen Jahren bestehen.

Zimmermann & Konietzka (2020) haben auf der Basis von quantitativen Daten des Nationalen Bildungspanels sowohl im Querschnitt als auch im Längsschnitt untersucht, wie häufig Paarbeziehungs- und Familienkonstellationen in Deutschland vorkommen. Der Großteil der Lebensformen und -verläufe stellt sich nach wie vor sehr konventionell dar, d. h. eheliches Zusammenleben, am häufigsten mit zwei Kindern:

> »Dies entspricht vorherigen Forschungsergebnissen, die belegten, dass das Ausmaß an Pluralisierung und Destandardisierung von Lebensläufen begrenzt ist. Zweitens ist unter den nicht konventionellen Zuständen das nichteheliche Zusammenleben am häufigsten anzutreffen, und dieses stellt oft ein voreheliches Zusammenleben dar. Daher muss man sich zunehmend fragen, ob dieses voreheliche Zusammenleben nicht heutzutage auch eher schon konventionell ist. [...] impliziert dies weiterhin, dass Forscherinnen zum einen im Hinterkopf behalten müssen, dass diese [nichtkonventionellen Lebensformen, Anm. d. Verf.] oft nur einen kleinen Teil der Bevölkerung repräsentieren und es bisher keine Anzeichen dafür gibt, dass sich neue Standards entwickeln. Eine weitgehende Ersetzung der aktuellen konventionellen Lebensformen durch nicht konventionelle ist (zumindest in Deutschland) bisher nicht in Sicht. Eher könnte man von einer Ergänzung weitgehend konventioneller Lebensläufe durch nicht konventionelle Lebensabschnitte ausgehen.« (ebd., S. 43 f.)

Diese Sichtweise wird auch durch weitere Erkenntnisse der Familienforschung unterstützt, denen zufolge im Bereich des Familienlebens nichts grundstürzendes Neues geschieht, wie Mangold und Schröder (2020) in einer Untersuchung über queere Familien feststellen, die Ergebnisse anderer Studien bestätigt. Interessanterweise orientieren sich diese noch recht neuartigen Elternpaare an explizit kernfamilialen Mustern und am Konzept der bürgerlichen Kleinfamilie, was aber auch mit einem gewissen Druck zusammenhängt, sich als normale Familie darstellen zu müssen. Die Forscherinnen sind hier ausdrücklich enttäuscht über diese Reproduktion traditioneller Konzepte und dass diese neuen Familien damit nicht die Hoffnung auf Pluralisierung von Familie – sozusagen als Speerspitze der gesellschaftlichen Entwicklung – erfüllen. Entsprechend plädieren die Autorinnen für die Abschaffung der Familie! Offenbar aus ähnlichen Enttäuschungen heraus, dass die neuen nicht-konventionellen Beziehungsformen sich dann in der Praxis doch überraschend häufig an traditionellen Liebesidealen orientieren, wurde von radikal feministischen Ansätzen dann auch die Abschaffung der Ehe gefordert (Chambers, 2019).

In einem gewissen Sinne passen die Ergebnisse einer Sinus Studie von 2007 (Sinus Sociovision, 2007) zu diesen Erkenntnissen, dass selbst die neuen Paar- und Familienkonstellationen offenbar recht konventionellen Idealen nachstreben. In dieser Studie wurde gefragt, welche Familienmodelle, d. h., insbesondere welche Aufteilung von Familien- und Berufsarbeit, sich Paare wünschen und wie viele diesen Wunsch auch umsetzen können sowie welche Zufriedenheit mit dem gelebten Modell daraus entsteht. In dieser schon 15 Jahre zurückliegenden Studie gaben immerhin 16 % der befragten Paare an, eine traditionelle Rollenverteilung anzustreben. Diese Gruppe war praktisch die einzige in der Befragung, die das gewünschte Modell auch zu fast 100 % umsetzen konnte, und war interessanterweise in der gesamten Stichprobe die Gruppe mit der höchsten Zufriedenheit mit dem gelebten Modell, während die größte Gruppe mit 35 % sich eine egalitäre Verteilung der Aufgaben wünschte, dies aber nur zu einem sehr geringen Prozentsatz umsetzen konnte und insofern auch die Gruppe mit der höchsten Unzufriedenheit war.

Insgesamt halten alle diesbezüglichen Studien fest, dass entgegen allen Gleichheitsdiskursen es nach wie vor nicht zu leugnende geschlechtsspezifische Ungleichheiten, insbesondere in der Aufteilung von Familienarbeit versus Berufsarbeit zwischen den Partnern gibt.

5.7.2 Differenz zwischen Diskursen und konventioneller Praxis

Es zeigt sich also insgesamt im Hinblick auf die oben dargestellte Analyse derzeitiger Diskurse um Paarbeziehung in gewissem Sinne ein paradoxes Verhältnis zwischen einem Abgesang auf Ehe und romantisches Liebesideal auf der einen Seite und einer auf der anderen Seite ausgeprägten Sehnsucht und auch einer gewissen Zuversicht, auch bei jungen Paaren heute, hinsichtlich der Zukunftsfähigkeit von lebenslanger monogamer Paarbeziehung/Ehe. Eine Untersuchung zu aktuellen Beziehungsleitbildern fasst zusammen: Single sein wird negativ bewertet, Glück lässt sich nur in festen und stabilen Partnerschaften finden; Partnerschaft wird hoch bewertet, nur eine kleine Minderheit glaubt nicht an die Dauerhaftigkeit von Partnerschaft; immerhin mehr als die Hälfte der jungen Erwachsenen stellen die Ziele des Paares über die des Einzelnen; für Partnerschaftserfolg wichtig sind gegenseitige Liebe, erfüllte Sexualität, Freiraum und finanzielle Absicherung. Dieses Wertefundament wird in der Gesellschaft breit geteilt, während die jungen Menschen Partnerschaft in der Gesellschaft eher pessimistisch betrachten, sind sie diesbezüglich für sich persönlich durchaus optimistisch (Diabate, 2015, S. 92 ff.).

5.8 Fazit: einerseits Sehnsucht, andererseits Skepsis

Aus meiner Sicht muss man deutlich unterscheiden zwischen gesellschaftlichen Diskursen auf der einen Seite und der gelebten Praxis von Paarbeziehung in der Gesellschaft auf der anderen Seite. Mein Eindruck ist, dass die oben dargestellten Diskurse möglicherweise nur, wenn überhaupt, in sehr eng begrenzten Zirkeln, in sehr spezifischen Milieus und Bildungsschichten sowie begrenzt auf bestimmte Altersphasen, eine Relevanz haben, teilweise sogar ausschließlich akademische Diskurse darstellen. Diese Diskurse finden insofern abgekoppelt von den tatsächlichen gesellschaftlichen Entwicklungen statt, haben aber, und das halte ich für eine zentrale Erkenntnis an dieser Stelle, wiederum Rückwirkungen auf die Konzepte, Hoffnungen und Befürchtungen, die die Gesellschaftsmitglieder in ihrem eigenen Leben auf (die Möglichkeit von) Paarbeziehung haben. Bei Konfrontation mit statistischen Daten zeigt sich, dass Paare immer noch traditionellen bzw. romantischen oder zumindest partnerschaftlichen Leitbildern folgen und langdauernde oder gar lebenslange Partnerschaft in Treue immer noch hoch bewertet und von vielen angestrebt oder zumindest ersehnt wird. Die radikal neuen Beziehungsentwürfe werden, wenn überhaupt, nur in sehr kleinen Gruppen gelebt, und dies womöglich auch nur in begrenzten Lebensphasen. Der Diskurs aber bewirkt eine fundamentale Verunsicherung: ob das Ideal monogamer langdauernder/lebenslanger Beziehung/Ehe noch funktionieren kann oder doch nicht längst überholt ist, ja ob es nicht längst bewiesen sei, dass es grundsätzlich nicht funktioniert. Also: einerseits Sehnsucht, andererseits tiefe Skepsis. Es zeigen sich unterschiedliche Strategien bei Einzelnen und Paaren, mit dieser Ambivalenz umzugehen. So kann man z. B die prosperierende Hochzeitsindustrie als Ausdruck des Versuches verstehen, das Risiko der Zerbrechlichkeit von Ehe durch einen aufwendigen, öffentlichen und ritualisierten Akt auf Dauerhaftigkeit hin zu stabilisieren. Das Zögern der jungen Erwachsenen, sich auf verbindliche Beziehungen einzulassen, könnte wiederum ein Überwiegen der Skepsis zum Ausdruck bringen, entweder ob Beziehung überhaupt halten kann, oder aber auch ob man sich selbst (schon) bereit dafür fühlt.

Der Diskurs, der maximale Selbstverwirklichung fordert, hat sich allerdings flächendeckend durchgesetzt. Das bedeutet allerdings nicht, zumindest nicht bei einer Mehrheit, eine narzisstische Selbstfixiertheit im Sinne der egozentrischen Verfolgung nur eigener Interessen, wie oftmals vermutet wird. Es scheint eher so zu sein, als seien auch hier viele durch den gesellschaftlichen Diskurs verunsichert, ob sie nicht wichtiges, ja sogar die Findung und Entfaltung ihrer eigenen wahren Identität verfehlen, wenn sie nicht permanent die eigenen Interessen im Blick behalten, sich Optionen offenhalten und sich durch Festlegungen, Verbindlichkeit, Treue, Hingabe usw. nicht letztlich selbst schaden bzw. ihrem eigenen wahren Selbst untreu werden. Das könnte auch erklären, warum sich in der Praxis der Paarberatung/Paartherapie zunehmend insbesondere junge Paare einfinden, die auf der einen Seite überzeugt sind, offene oder polyamore Beziehungsformen leben oder zumindest ausprobieren zu müssen, darüber aber in heftige Konflikte geraten, weil solche Beziehungsformen ganz offensichtlich mit ihren eigenen Beziehungsbedürfnissen im Konflikt liegen – es hier also in einem gewissen Sinne zu ideologiegeleiteten Selbstschädigungen kommt.

Was bedeutet das für Paarbeziehung im 21. Jahrhundert? Um das obige Zitat von Seiffge-Krenke (2022) aufzugreifen: Vielleicht geht es darum, den Pol der Sehnsucht nach Verbindlichkeit, Dauerhaftigkeit und Stabilität, Sicherheit und die darin enthaltene Bedürftigkeit als etwas grundsätzlich Menschliches zu rehabilitieren, d. h. als etwas, was nicht sozial konstruiert und daher einfach veränderbar ist, oder gar nur durch repressive Normen erzwungen wird, sondern als etwas, was Kulturen, Epochen und Diskurse überdauert.

Literatur

Beck, U. & Beck-Gernsheim, G. (1990): *Das ganz normale Chaos der Liebe.* Frankfurt/M.: Suhrkamp.

Böhm, M. (2015): Irgendwie anders – Studentische Beziehungsbiografien jenseits traditioneller Sexual-und Beziehungsnormen. In: Driemeyer, W.; Gedrose, B.; Hoyer, A.; Rustige, L. (Hg.): *Grenzverschiebungen des Sexuellen.* (S. 165–188). Gießen: Psychosozial.

Bröning, S. (2023). Entwicklungspsychologische Grundlagen für den Systemischen Kinderschutz. In B. Averbeck, F. Caby, B. Hermans, A. Röhrbein (Hrsg.). *Kooperation im Kinderschutz. Handbuch für eine systemische Praxis* (S. 33–55). Göttingen: Vandenhoeck & Ruprecht

Buschmeyer, A. & Zerle-Elsässer, C. (Hg.) (2020): *Komplexe Familienverhältnisse. Wie sich das Konzept Familie im 21. Jahrhundert wandelt.* Münster: Verlag westfälisches Dampfboot.

Chambers, C. (2019): *Against marriage. An egalitarian defense of the marriage-free state.* New York: Oxford University Press.

Chapais, B. (2011). The evolutionary history of pair-bonding and parental collaboration. In C. Salmon & T. K. Shackelford (Eds.): *The Oxford handbook of evolutionary family psychology* (pp. 33–50). New York/NY: Oxford University Press.

Diabate, S. (2015): Partnerschaftsleitbilder heute: zwischen Fusion und Assoziation. In: Schneider, N. F.; Diabate, S.; Ruckdeschel, K. (Hg.): *Familienleitbilder in Deutschland* (S. 77–98). Opladen: Budrich.

Eckhard, J. (2015): Abnehmende Bindungsquoten in Deutschland: Ausmaß und Bedeutung eines historischen Trends. In: *Kölner Zeitschrift für Soziologie und Sozialpsychologie*, 67 (eins), S. 27–56.

Elberfeld, J. (2011): Subjekt/Beziehung: Patriarchat – Partnerschaft – Projekt. Psychowissen und Normalisierungspraktiken im Diskurs der Paartherapie (BRD 1960–1990). In: Tändler, M. & Jensen, U. (Hg.): *Das Selbst zwischen Anpassung und Befreiung. Psychowissen und Politik im 20. Jahrhundert.* (S. 85–114). Hannover: Wallstein.

Engels, B. (2022): Tagungsbericht: Umgang mit Transsexualität bei Jugendlichen. *Psyche*, 76(1), 77–89.

Evans, S. & Evans, M. (2021): *Gender Dysphoria. A therapeutic model for working with children and young adults.* Oxford: Phoenix.

Flaßpöhler, S. (2018): *Die potente Frau. Für eine neue Weiblichkeit.* Berlin: Ullstein.

Foucault, M. (1998): *Sexualität und Wahrheit.* 3 Bde. Frankfurt/M.: Suhrkamp.

Friedmann, K. (2017): *Wie wir lieben. Vom Ender der Monogamie.* Berlin: Blumenbar.

Fuchs, P. (1999): *Liebe, Sex und solche Sachen. Zur Konstruktion moderner Intimsysteme.* Konstanz: Herbert von Halem Verlag.

Giddens, A. (1991): *Modernity and self-identity: Self and society in the late modern age.* Cambridge: Polity Press.

Giddens, A. (1993): *Wandel der Intimität.* Frankfurt/M.: Fischer.

Giddens, A. (1995): *Konsequenzen der Moderne.* Frankfurt/M.: Suhrkamp.

Hecht, M. (2021): *Die Einsamkeit des modernen Menschen. Wie das radikale ich unsere Demokratie bedroht.* Bonn: Dietz.

Horn, C. (2021): »und jetzt hat man eben manchmal das Gefühl, dass die Entscheidung zur Ehe eine Entscheidung gegen den gesellschaftlichen mainstream is«. Ehe im Zeitalter der Singpolarisierung. In: Buschmeyer, A. & Zerle-Elsässer, C. (Hg.) (2020): *Komplexe Familienverhältnisse. Wie sich das Konzept Familie im einer 20. Jahrhundert wandelt.* S. 123–149. Münster: Verlag westfälisches Dampfboot.

Hrdy, S. B. (2009). *Mothers and others: the evolutionary origins of mutual understanding.* Cambridge: Harvard University Press.

Hüsler, M. (2020): *Die gelebte Praxis von Polyamorie. Eine Interviewstudie.* Unveröff. Bachelorarbeit, Katholische Hochschule Freiburg.

Kauppi, M. (2017): *Polyamory. A clinical toolkit for therapists (and their clients).* Lanham: Rowan & Littlefield.

Illouz, E. (2018): *Warum Liebe endet: eine Soziologie negativer Beziehungen* Frankfurt/M.: Suhrkamp.

Jozkowski, K.N. & Peterson, Z.D. (2013): College students and sexual consent: Unique insights. *Journal of Sex Research*, 50, 123–138.

Junker, S. (2022): Der Begriff ›toxisch‹ spaltet. *Psychologie heute*, 8/2022, 10.

Koppetsch, C. (1998): Liebe und Partnerschaft. Gerechtigkeit in modernen Paarbeziehungen. In: Hahn, K. & Burkart, G. (Hg.): *Liebe am Ende des 20. Jahrhunderts. Studien zur Soziologie intimer Beziehungen.* S. 111–129. Opladen: Leske und Budrich.
Lempp, T.; Schöfer, L.; Daxer, F. (2022): Geschlechtsdysphorie – Umgang mit Kindern, Jugendlichen und deren Familien. *Psychotherapie im Dialog*, 23, 32–36.
Lenz, K. & Scholz, S. (2014): Romantische Liebessemantik im Wandel? In: Steinbach, A; Hennig, M.; Arranz Becker, O. (Hg.): *Familie im Fokus der Wissenschaft.* S. 93–116. Wiesbaden: Springer.
Levi-Strauss, C. (1976): *Structural Anthropology.* New York: Basic Books.
Lewandowski, S. (2004): *Sexualität in den Zeiten von Funktionalitätsdifferenzierungen. Eine systemtheoretische Analyse.* Bielefeld: transcript Verlag.
Lieberman, M. D.; Eisenberger N. I.; Crocket, M. J.; Tom, S. M.; Pfeifer, J. H. & Way, B. M. (2007): Putting feelings into words: affect labeling disrupts amygdala activity in response to affect testimony. *Psychological Science*, 18, 421–428.
Logemann, V. (2021): Liebe, Partnerschaft und Selbstverwirklichung: Handlungsorientierungen junger, hoch gebildeter Frauen. In: Buschmeyer, A. & Zerle-Elsässer, C. (Hg.): *Komplexe Familienverhältnisse. Wie sich das Konzept Familie im 21. Jahrhundert wandelt.* S. 73–99. Münster: Verlag westfälisches Dampfboot.
Luhmann, N. (2008): *Liebe. Eine Übung.* Frankfurt/M.: Suhrkamp.
Mangold, K. & Schröder, J. (2020): »Ganz normal und doch immer besonders« – Kategorisierungsarbeit queerer Familien. *Gender*, Sonderheft 5, 124–140.
Marx, K. (2011): Das Kapital. 7. verb. Aufl. Stuttgart: Kröner.Moeslein-Teising, I.; Schäfer, G.; Rupert, M. (Hg.) (2020). *Geschlechter-Spannungen.* Gießen: Psychosozial.
Müller-Schneider, T. (2019): *Liebe, Glück und menschliche Natur. Eine biokulturelle Analyse der spätmodernen Paargesellschaft.* Gießen: Psychosozial.
Murdock, G. P. (1967): *Ethnographic Atlas: A Summary.* Pittsburgh: The University of Pittsburgh Press.
Nast, M. (2016): *Generation beziehungsunfähig.* Hamburg: Edel.
Newerla, A. (2021): Love Struggles: Intime Beziehungen in Zeiten mobilen Datings. In: Wutzler, M. & Klesse, J. (Hg.) (2021): *Paarbeziehungen heute: Kontinuität und Wandel.* S. 46–72. Weinheim: Beltz Juventa.
Omer, H. (2021): *Wenn erwachsene Kinder nicht ausziehen. Leitfaden für die Arbeit mit Eltern von Nesthockern.* Göttingen: Vandenhoeck und Ruprecht.
Ossman, S. F. (2020): Polyamory. In: Davy, Z.; Santos, A. C.; Bertone, C.; Thoreson, R.; Wieringa, S. E. (Eds.): *The SAGE Handbook of Global Sexualities.* pp. 361–385. London: Sage.
Özdemir, U. C. (2022): Internet und Sexualität – positive Auswirkungen der digitalen Multioptionswelt. *Psychotherapie im Dialog*, 23,16–20.
Peuckert, R. (2008): *Familienformen im sozialen Wandel.* Opladen: Leske und Budrich.
Pieper, M. & Bauer, R. (2014): Polyamorie. Mono-Normativität – Dissidente Mikropolitik – Begehren als transformative Kraft? *Journal für Psychologie*, Jg. 22. Zugriff am 25.10.2020, von: https://www.journal-fuer-psychologie.de/index.php/jfp/article/view/321/352
Plagge, G. & Matthiesen, S. (2015): »Zur Studienzeit gehört der erste One-Night-Stand«. Eine qualitative Studie zu unverbindlicher Sexualität bei deutschen Studierenden. In: Driemeyer, W.; Gedrose, B.; Hoyer, A.; Rustige, L. (Hg.): *Grenzverschiebungen des Sexuellen.* S. 133–146. Gießen: Psychosozial.
Reemtsma, J.P. (2022): »Angst genügt heute, um sich das Gefühl zu verschaffen, up to date zu sein«. *Psyche*, 76, 545–565.
Revenstorf, D. (1999): *Wenn das Glück zum Unglück wird.* München: Beck.
Revenstorf, D. (2012): *Die geheimen Mechanismen der Liebe.* Stuttgart: Klett Cotta.
Roesler, C. (2015). Die begrenzte Wirksamkeit bisheriger Paartherapien verlangt neue Methoden. Paarinteraktions- und Wirkungsforschung und die Konsequenzen für die Praxis. *Familiendynamik* 40 (4), 336–345.
Roesler, C. (2018): *Paarprobleme und Paartherapie – Theorien, Methoden, Forschung. Ein integratives Lehrbuch.* Stuttgart: Kohlhammer.
Schmidt, G. (1993): *Jugendsexualität. Sozialer Wandel, Gruppenunterschiede, Konfliktfelder.* Stuttgart: Enke.

Schmidt, G. (2002): *Sexualität und Spätmoderne: über den kulturellen Wandel der Sexualität.* Gießen: Psychosozial.
Schmidt, G.; Matthiesen, S.; Dekker, A.; Starke, K. (2006): *Spätmoderne Beziehungswelten.* Wiesbaden: Verlag für Sozialwissenschaften.
Schrödter, T. & Vetter, C. (2010): *Polyamory – eine Erinnerung.* Stuttgart: Schmetterling.
Seiffge-Krenke, I. (2021): Identität und Beziehungen. Auswirkungen der veränderten Identitätsentwicklung auf Partnerschaften. *Psychodynamische Psychotherapie,* 20 (eins), 17–27.
Seiffge-Krenke, I. (2022): Partnerbeziehungen bei jungen Erwachsenen: Flucht vor Intimität? *Psychotherapeut,* 67 (vier), 320–329.
Senf, W. (2022): Trans*? – Hinweise zur Psychotherapie bei Transsexualität. *Psychotherapie im Dialog,* 23, 27–31.
Sigusch, V. (2005): *Neosexualitäten. Über den kulturellen Wandel von Liebe und Perversion.* Frankfurt/M., New York: Campus
Sigusch, V. (2013): *Sexualitäten. Eine kritische Theorie in 99 Fragmenten.* Frankfurt/M.: Campus.
Sinus Sociovision (2007): *Rollen im Wandel – Strukturen im Aufbau. Eine sozialwissenschaftliche Untersuchung vor dem Hintergrund der Sinus Milieus, erste Befunde.* www.bmfsfj.de
Staats, H. (2021): *Entwicklungspsychologische Grundlagen der Psychoanalyse,* Bd. 2: Jugend, Erwachsenwerden und Altern. Stuttgart: Kohlhammer.
Torenz, R. (2019): *Ja heißt Ja? Feministische Debatten um einvernehmlichen Sex.* Stuttgart: Schmetterling.
Türcke, C. (2021): Natur und Gender. Kritik eines Machbarkeitswahns. München: Beck.
Van Schaik, C., & Michel, K. (2020). *Die Wahrheit über Eva. Die Erfindung der Ungleichheit von Frauen und Männern.* Hamburg: Rowohlt.
Verheyen, N. (2012): Der ausdiskutierte Orgasmus. Beziehungsgespräche als kommunikative Praxis in der Geschichte des Intimen seit den 1960er Jahren. In: Bänziger, P.-P.; Beljan, M.; Eder, F. X.; Eitler, P. (Hg.): *Sexuelle Revolution? Zur Geschichte der Sexualität im deutschsprachigen Raum seit den 1960er Jahren.* (S. 181–198). Frankfurt/M.: Campus.
v. Sydow, K. (2017): Bindung und Paarbeziehung. In: Strauß, B. & Schauensburg, H. (Hg.): *Bindung in Psychologie und Medizin. Grundlagen, Klinik und Forschung – ein Handbuch.* (S. 87–100). Stuttgart: Kohlhammer.
Voß, H. J. (Hg.) (2020): *Die deutschsprachige Sexualwissenschaft: Bestandsaufnahme und Ausblick.* Gießen: Psychosozial.
Wimbauer, Christine (2021): *Co-Parenting und die Zukunft der Liebe. Über post-romantische Elternschaft.* Bielefeld: transcript Verlag.
Wlodarski, R., Manning, J., & Dunbar, R. I. M. (2015). Stay or stray? Evidence for alternative mating strategy phenotypes in both men and women. *Biology Letters,* 11(2).
Wutzler, M. & Klesse, J. (Hg.) (2021): *Paarbeziehungen heute: Kontinuität und Wandel.* Weinheim: Beltz Juventa.
Wutzler, M. (2021): Einleitung: Paarbeziehungen heute. In: Wutzler, M. & Klesse, J. (Hg.) (2021): *Paarbeziehungen heute: Kontinuität und Wandel.* S. 7–45. Weinheim: Beltz Juventa.
Zannoni, R. & Stirn, A.V. (2022): Unter dem Ladentisch? Vom ressourcenorientierten Umgang mit Pornographie. *Psychotherapie im Dialog,* 23, 57–60.
Zimmermann, O. & Konietzka, D. (2020): Nichtkonventionelle und komplexe Familienformen in Deutschland – Quer-und Längsschnittperspektiven. In: Buschmeyer, A. & Zerle-Elsässer, C. (Hg.): *komplexe Familienverhältnisse. Wie sich das Konzept Familie im einer 20. Jahrhundert wandelt.* S. 20–47. Münster: Verlag westfälisches Dampfboot.
Zietsch, B. P., Westberg, L., Santtila, P., & Jern, P. (2015). Genetic analysis of human extrapair mating: heritability, between-sex correlation, and receptor genes for vasopressin and exytocin. *Evolution and Human Behavior,* 36(2), 130–136.

6 Love has no boundaries: Die Vielfalt der Liebes- und Sexualbeziehungen

Agostino Mazziotta und Birgit Möller-Kallista

Die Vielfalt der Liebes- und Sexualbeziehungen hat in den vergangenen Jahren zugenommen. Dies hat mit veränderten gesellschaftlichen Moralvorstellungen und individuellen Bedürfnissen sowie der Bedeutung und Funktion, mit der die Beziehungen verknüpft sind, zu tun. Obwohl Monogamie in fast allen Kulturen weiterhin die dominierende Beziehungsform ist (Schacht & Kramer, 2019), wird sie von einigen Menschen für das eigene Leben als unpassend erlebt. Das Interesse an alternativen Lebens- und Beziehungsmodellen steigt (Moors, 2017). Manche Menschen probieren diese aus, um in traditionellen Beziehungsformen bislang unzureichend befriedigte Bedürfnisse nach Nähe, Bindung, Intimität und Sexualität zu stillen.

In diesem Beitrag geht es um die Vielfalt der Liebes- und Sexualbeziehungen. Zuerst wird der Fokus auf monogame Beziehungen, ihre Entstehung und Hintergründe gelegt, da diese bis heute immer noch als das dominierende Beziehungsmodell angesehen werden, an denen andere Liebes- und Lebensmodelle gemessen werden. Danach wird aufgezeigt, dass das Verständnis von Liebe, Sexualität und intimen Beziehungen immer auch zu einem Teil sozial konstruiert ist und unter dem Einfluss der gesellschaftlichen und ökonomischen Veränderungen steht. Exemplarisch werden als Alternative zu monogamen Beziehungen einvernehmlich nicht-monogame Beziehungen vorgestellt und gezeigt, dass die Institution Ehe über die Zeit eine andere Bedeutung bekommen und sich das sexuelle Begehren über die Zeit oder in bestimmten Situationen verändern kann. Letzteres wird am Konzept der sexuellen Fluidität veranschaulicht.

6.1 Die (schwindende) Dominanz monogamer Beziehungen

»All you need is love« ist die zentrale Aussage des Beatles-Liedes, welches anlässlich der ersten live weltweit ausgestrahlten Fernsehsendung im Auftrag der BBC 1967 komponiert wurde. So gehört auch für viele Menschen das Führen von glücklichen Liebesbeziehungen und ein aktives Sexualleben zu einem erfüllten Leben dazu. Meinungsumfragen weisen darauf hin, dass für Menschen in Deutschland eine glückliche Partnerschaft zu den wichtigsten Aspekten im Leben gehören (Statista,

2020). Doch wie Liebe, Sexualität und (Liebes-)Beziehungen gelebt werden und welche Bedeutung sie für das Individuum haben, hängt von individuellen und sozialen Prozessen ab. Sie werden individuell und gesellschaftlich ausgehandelt bzw. konstruiert und verändern sich über die Zeit (Reinhardt-Becker, 2019).

Obwohl es mittlerweile eine Vielzahl von sexuellen und Liebesbeziehungen gibt, scheint die Monogamie zwischen zwei heterosexuell orientierten Individuen in Deutschland nach wie vor als der normative *Goldstandard* für intime zwischenmenschliche Beziehungen angesehen zu werden. Diese Beziehungsform wird im gesellschaftlichen Diskurs als *natürlich*, *normal* und *selbstverständlich* konstruiert. Zentrale Annahmen der Ideologie einer festen monogamen Beziehung (Day, 2013, 2016) sind, dass fast jeder Mensch eine langfristig angelegte monogame sexuelle Partnerschaft eingehen und Kinder haben möchte und dass die Partnerschaft die wichtigste Beziehung für Erwachsene ist. Diejenigen Menschen, die diese normativen Standards erfüllen, werden als *gesündere*, *reifere* und allgemein *bessere* Menschen wahrgenommen im Vergleich zu denjenigen, die keine festen Beziehungen haben (z. B. Singles oder Menschen, die Casual Dating oder Freundschaft Plus praktizieren) oder nicht-monogame Beziehungen führen (z. B. offene oder polyamore Beziehungen). Das Ideal einer festen heterosexuellen Beziehung, legitimiert durch die Institution Ehe, trägt zur Befriedigung des Bedürfnisses bei, Sicherheit zu schaffen sowie das Leben als geordnet, berechenbar und gerecht wahrzunehmen (Day, 2013, 2016). Doch wie die Scheidungsstatistiken zeigen, trügt der Schein von Sicherheit und Dauer. So betrug beispielsweise die Scheidungsrate (Ehescheidungen im Verhältnis zu Eheschließungen) in Deutschland im Jahr 2021 rund 35 % (Statistisches Bundesamt, 2023). Die Zahl der stabilen, länger andauernden Partnerschaften ist rückläufig, während die der kürzeren und unverbindlicheren Beziehungen zunimmt (Peuckert, 2019).

Bei der alltäglichen Verwendung des Begriffs Monogamie ist daher mittlerweile weniger die *lebenslange*, sondern eher die *serielle* Monogamie gemeint. Bei der erstgenannten Form begegnen sich idealtypisch zwei Individuen in frühen Jahren ihres Lebens, heiraten, verzichten auf außereheliche sexuelle Beziehungen und bleiben bis zum eigenen Tod oder dem des*der Partners*in einander sexuell treu. Bei der letzteren Form hat ein Individuum in seinem Lebenslauf nacheinander (aber nicht gleichzeitig) mehrere Sexualpartner*innen, die wiederum während der gemeinsamen Beziehungsphase keine anderen sexuellen Beziehungen haben. Mit dieser Form der Monogamie ist nicht die Idee verbunden, ein Leben lang nur eine*n Sexualpartner*in zu haben, sondern dass mehrere sexuelle Beziehungen (nacheinander) möglich und häufig auch erwünscht sind.

Die Exklusivität in monogamen Beziehungen bezieht sich in der Regel auf mehrere Dimensionen: auf die *sexuelle* (z. B. Austausch von Intimität, Körperlichkeit und Sexualität), die *emotionale* (z. B. gegenseitige Beruhigung, Unterstützung, Erfüllung von Liebes- und Zugehörigkeitsbedürfnissen) und die *lebenspraktische* (z. B. Teilen gemeinsamer Ressourcen wie Zeit, Geld, soziale Netzwerke).

Wenngleich sexuelle und/oder Liebesbeziehungen auch außerhalb von monogamen Beziehungen regelmäßig und in vielen Kulturen vorkommen (Schacht & Kramer, 2019), wird die Vielfalt der Lebens- und Liebesformen im Vergleich zur Monogamie oftmals entwertet, diskriminiert oder als Abweichung von der Norm deklariert (Conley, Moors, Matsick & Ziegler, 2013; Hutzler, Giuliano, Herselman & Johnson, 2016; Rodrigues, Fasoli, Huic & Lopes, 2018). Als Argument für monogame heterosexuelle Beziehungen wird häufig herangezogen, dass für die Zeugung von Nachkommen die Verschmelzung der Eizelle einer cis Frau und des Samens eines cis Mannes (idealerweise während des vaginalen Geschlechtsverkehrs) notwendig sei. Wenngleich es in den letzten Jahren einige Veränderungen gegeben hat (Stichwort: Ehe für alle), ist das Primat der (institutionalisierten) monogamen (heterosexuellen) Paarbeziehung in vielen Lebensbereichen erkennbar: Sie ist im Grundgesetz verankert (Art. 6: besonderer Schutz der Ehe und Familie), im Steuerrecht (EStG § 32a: Ehegattensplitting), im Familienrecht (BGB § 1626a: Sorgerecht um ein Kind), im Arbeitsrecht (BbesG § 40: Familienzuschlag) und in der Reproduktionsmedizin (anteilige Finanzierung der Kosten ausschließlich bei heterosexuellen verheirateten Paaren).

Obwohl in den meisten Ländern das Eingehen einer Vielehe zum gegenwärtigen Zeitpunkt verboten ist (Kramer, 2020) und beispielsweise in Deutschland mit Freiheits- und Geldstrafe geahndet wird (BGB: § 1306 Bestehende Ehe oder Lebenspartnerschaft), werden mittlerweile alternative rechtliche Modelle erarbeitet, um den vielfältigen Lebens- und Liebesmodellen der Menschen heute gerechter zu werden. So hat die 2023 regierende Bundesregierung, bestehend aus der Sozialdemokratischen Partei Deutschlands, dem Bündnis 90/Die Grünen und den Freien Demokraten, in ihrem Koalitionsvertrag (2021–2025) vereinbart, *die Institution der Verantwortungsgemeinschaft* einzuführen, damit jenseits von Liebesbeziehungen oder der Ehe zwei oder mehr volljährige Personen rechtlich füreinander Verantwortung übernehmen können.

Literatur- und kulturgeschichtliche Forschung zeigt, dass die Vorstellung, dass Liebe und Sexualität dauerhafter in der Ehe realisiert werden können, erst seit ungefähr 200 Jahren besteht (Reinhardt-Becker, 2019). So spielten in Bezug auf die Gründe für das Eingehen einer Ehe auch ökonomische Interessen und Machtverhältnisse eine Rolle. Die Säkularisierung und die beginnende Industrialisierung mit all den damit einhergehenden Veränderungen wie die Arbeitsteilung oder die Trennung des Privaten von der Arbeit führten zu Verunsicherungen und Vereinsamung. Das sichere und religiöse Weltbild kam ins Wanken, die Bedeutung einer Zunft oder eines Standes, in die oder in den man hineingeboren wurde, verlor an Bedeutung. Menschen mussten sich selbst als stets im Wandel stehende Wesen verstehen und fühlten sich von anderen Menschen abgetrennt (Reinhardt-Becker, 2019).

Die Erfindung der romantischen Liebe kann als eine Antwort auf die Krise des Individuums im 18. Jahrhundert betrachtet werden. In der Liebessemantik der Romantiker*innen wird Liebe als exklusiv und ewig, geistig und körperlich beschrieben. Sie verbindet tiefe emotionale, geistige und körperliche Verbundenheit und dient dem Menschen, seine eigene Identität als ein stabiles Ganzes zu erfahren (Reinhardt-Becker, 2019). Durch das gegenseitige Verstehen überwinden die Partner*innen die Einsamkeit und werden füreinander zur wichtigsten Person. Lebenspraktisch wurde die individualitätskonstituierende Liebe durch die Eheschließung stabilisiert. Liebe ist nun die Voraussetzung für Ehe und die Ehe soll zur lebenslangen Stabilität beitragen. Sexualität symbolisiert das gegenseitige Verstehen und den Austausch von tiefem und intimen Verbundensein zwischen den Partner*innen, sodass der körperliche Akt zum Sinnbild der geistigen Einheit wird (Reinhardt-Becker, 2019).

Die stärkste Verbreitung hatte die Ehe in Deutschland in den 1950er und 1960er Jahren (Peuckert, 2019). Die Ehe als die unangefochtene Institution des privaten Lebens war gekennzeichnet durch eine geschlechtsspezifische Arbeitsteilung bei Erwerbs- und Familienarbeit, eine hohe Geburtenrate, fast vollständige Verheiratung der Generationen und niedrige Scheidungsraten (Peuckert, 2019). Die Dominanz der Ehe und der bürgerlichen Kleinfamilie ist jedoch über die Jahrzehnte verloren gegangen. Dies ist auf unterschiedliche Gründe zurückzuführen wie beispielsweise die Entfaltung des Wohlfahrtsstaats, durch die persönliche und familiale existenzielle Risiken zunehmend abgefedert werden. Weitere Einflussgrößen sind das Ende der geschlechtsspezifischen Arbeitsteilung, der globale Wandel der zunehmend komplexer werdenden Arbeitswelt verbunden mit Mobilitätsansprüchen und Unsicherheiten, die Veränderung der Geschlechterrollen sowie die kontrazeptive Revolution u.a. durch die Einführung der *Pille*, womit ein hohes Maß an Steuerung und Beeinflussbarkeit menschlicher Reproduktion ermöglicht wird und die damit möglich werdende Entkoppelung der Sexualität von Fortpflanzung (Finkel, Hui, Carswell & Larson, 2015; Huinink, 2019). Für die folgenden Ausführungen scheint der Wandel der Wertebasis individueller Lebensgestaltung besonders wichtig zu sein. So gab es eine Entwicklung von einer durch Gebote, Verbote und spezifische Rollenerwartung bestimmten normierten Lebensführung hin zu einer individuellen Autonomie, Freiheit und Toleranz gegenüber Unterschieden betonenden Multioptionsgesellschaft, die das Streben nach emotionaler Befriedigung und den Ausdruck persönlicher Wünsche und Gefühle betont.

Die gesellschaftlich geteilten Annahmen darüber, wie Beziehungen gestaltet werden sollen, werden durch stetiges Wiederholen internalisiert, was wir als *Doing Monogamy* bezeichnen (Mazziotta & Möller-Kallista, 2022). Zur Aufrechterhaltung dieser sozialen Normen tragen religiöse Vorstellungen, Rechtsordnungen sowie sprachliche Handlungen (»Du bist das Beste, was mir in meinem Leben passiert ist«, »Du bist mein Ein und Alles«) und bestimmte Rituale (z.B. Eheschließung, Feiern von Hochzeitstagen, Valentinstage) ebenso bei wie bestimmte Verhaltensweisen (z.B. Candle-Light-Dinner für zwei, romantisches Wellnesswochenende für Paare) bei.

(Soziale) Medien haben auf vielfältige Weise Einfluss auf Liebes- und Sexualbeziehungen, beispielsweise indem sie Beziehungsmodelle präsentieren und spezifische Erwartungen in Bezug auf Liebe, Sexualität und Beziehung erzeugen. Durch die Verbreitung von sozialen Medien und Dating-Apps (z.B. Paarship, Tinder, Grindr oder Gleichklang) steigt auch die Anzahl und die Qualität von Partner*innen für romantische Beziehungen und Sexualpartner*innen (Brady & Baker, 2022). Für Menschen in (monogamen) Beziehungen ergibt sich durch die vermehrte Konfrontation mit alternativen Partner*innen die Frage, ob sie mit ihnen glücklicher wären als mit dem bestehenden Partner*innen. Menschen in sozialen Medien zeigen sich in der Regel insbesondere im positiven Licht und berichten über positive (partnerschaftlichen) Erfahrungen, was die Erwartungen an romantischen Beziehungen erhöht. Anhand dieser überzogenen Erwartungen wird wiederum die eigene Partnerschaft gemessen, was zur Unzufriedenheit mit der Partnerschaft führen kann (Brady & Baker, 2022). Die Quantität und die Qualität von alternativen attraktiven Partner*innen kann das Engagement in und die Zufriedenheit mit der eigenen Partnerschaft reduzieren, was wieder die Wahrscheinlichkeit erhöht, (sexuelle) Außenbeziehungen einzugehen oder zur Auflösung der Beziehung führen kann (Brady & Baker, 2022; Selterman, Garcia & Tsapelas, 2019).

Obwohl sich Personen die Exklusivität in monogamen Beziehungen explizit oder implizit zusagen, fällt es einigen Menschen schwer, sich daran längerfristig zu halten. Die Folge sind sexuelle und romantische Kontakte und Beziehungen zu Dritten. So gaben 15–26 % der Frauen bzw. 17–32 % der Männer an, während einer Partnerschaft sexuelle Außenkontakte mit einer anderen Person als dem*der festen Partner*in gehabt zu haben (Haversath, Gärttner, Kliem, Vasterling, Strauss & Kröger, 2017; Kröger, 2010). Während der aktuellen Partnerschaft berichteten 6 % der Frauen und 8 % der Männer über nicht mit ihrem*r Partner*in einvernehmlich abgesprochene sexuelle Außenkontakte. Meistens bleiben sexuelle Außenkontakte geheim und nur in etwa einem Drittel der Fälle werden sie offenbart (Conley, Moors, Ziegler & Karathanasis, 2012). Viele Personen erleben das Eingehen eines sexuellen Außenkontakts durch ihre*n Partner*in als Vertrauensbruch. *Nicht*-einvernehmliche sexuelle Außenkontakte gehen oftmals mit erheblichen psychischen Beeinträchtigungen und Konflikten in der Paarbeziehung einher und sind einer der häufigsten Anlässe oder Gründe für eine Trennung oder Scheidung (Kröger, 2010).

Liebesbeziehungen werden heute vor allem um ihrer selbst willen eingegangen (Giddens, 2016). Sie bestehen auch nur so lange, wie alle Partner*innen sie für die Bedürfniserfüllung als befriedigend wahrnehmen. Von Liebesbeziehungen wird heute erwartet, dass sie neben basalen physiologischen, wirtschaftlichen und sicherheitsbezogenen Bedürfnissen ein breites Spektrum psychologischer Bedürfnisse erfüllen (Finkel et al., 2015; Murphy, Joel & Muise, 2021): Partner*innen verlassen sich aufeinander, um emotionale Intimität und Sexualität zu erleben, hoffen, dass ihre Partner*innen sie verstehen und akzeptieren, streben danach, füreinander da zu sein und sich gegenseitig zu unterstützen, um persönliche Ziele und Wachstum zu erreichen. Die Erwartungshaltung ist zuweilen zu hoch, als dass sie ein*e Partner*in befriedigen kann. Zudem steht sie im Widerspruch mit dem Befund, dass Personen immer weniger Zeit für den*die Partner*in aufbringen (können), sich angesichts der vielen anstehenden Verpflichtungen überfordert fühlen und weniger freie Ressourcen für den*die Partner*in haben (Finkel et al., 2015).

Individuen haben heute mehr (Handlungs-)Optionen, wie sie ihr Leben und ihre Beziehungen gestalten können. Die Loslösung von klassischen geschlechtlichen Rollenverteilungen, die tolerantere Sexualmoral, die breitere Akzeptanz alternativer Formen des Zusammenlebens und des sexuellen Ausdrucks, die zunehmende Verbreitung individualistischer Werte (z. B. Streben nach Selbstverwirklichung) und nicht zuletzt auch die Omnipräsenz der (sozialen) Medien und die damit einhergehende Konfrontation mit alternativen Liebes- und Lebensmodelle kann auch zu Unsicherheiten, Überforderungen, Instabilitäten bis hin zu Neugier und Ausprobieren alternativer Liebes- und Lebensformen führen. Herkömmliche Modelle und Normen, die einerseits eingeengt, andererseits Orientierung und Entlastung gegeben haben, verändern sich. Angesicht der zunehmenden Freiheit ist das Individuum aufgefordert, sich mit sich selbst zu beschäftigen und ein besseres Verständnis der eigenen Person, Bedürfnisse und Präferenzen bezüglich Sexualität und Beziehungsgestaltung zu entwickeln (z. B.: Welche Geschlechter begehre ich? Welche sexuellen Praktiken möchte ich ausleben? Möchte ich überhaupt eine feste Beziehung?). Entscheiden sich Personen, eine Beziehung einzugehen, so müssen fast alle Aspekte des Zusammenlebens (z. B. gemeinsam oder getrennt wohnen, Grad der Sauberkeit der gemeinsamen Wohnung, Farbe des Pullovers des Kindes, Sexualität) immer wieder ausgehandelt werden, was eine hohe Anforderung an die kommunikativen Kompetenzen der Partner*innen stellt.

6.2 Vielfalt der Beziehungsmodelle

In den vergangenen Jahren haben sich unterschiedliche Beziehungsmodelle etabliert, die in einer Übersicht vorgestellt und später exemplarisch vertieft werden.

Paarbeziehung: Diese Form der Beziehung ist am weitesten verbreitet. Nach einer Kennenlernphase verlieben sich zwei Menschen ineinander und gehen eine Liebesbeziehung ein, in der in der Regel Intimität, Verbundenheit und Sexualität gelebt werden. Das Paar gestaltet die Zukunft miteinander, manche heiraten und/oder haben einen Kinderwunsch.

Lockere Beziehung: In dieser Beziehung gibt es keine feste bzw. verbindliche Partnerschaft. Der Fokus wird auf die eigenen Bedürfnisse und damit verbundenen Freiräume gelegt. Körperliche Nähe und Sexualität werden gelegentlich gelebt.

Offene Beziehung: In dieser Beziehungsform vereinbaren Paare gemeinsam, sexuelle Kontakte außerhalb der Partnerschaft zu erlauben, entweder alleine oder zusammen. Die spezifischen Regeln und Bedingungen hierfür werden klar definiert, von gelegentlichen Abenteuern bis hin zu regelmäßigen Erfahrungen mit anderen. Der Schwerpunkt liegt darauf, das sexuelle Erleben zu erweitern, ohne die primäre emotionale Bindung zu gefährden.

Polyamore Beziehung: Zwei oder mehr Personen vereinbaren, gleichzeitig amouröse und/oder sexuelle Beziehungen mit mehr als einer Person einzugehen.

Living-Apart-Together: Paare, die in derselben Stadt oder örtlich nicht weit entfernt voneinander wohnen und trotzdem nicht zusammen in einem Haushalt leben. Häufig freiwillig gewählt, um Autonomie und Individualität aufrecht zu erhalten.

Fernbeziehung: Paare, die räumlich weit voneinander getrennt wohnen. Häufig als Übergangsphase bis die Beziehung eine gewisse Stabilität und Dauer erreicht hat oder eine gemeinsame Unterkunft gefunden wird sowie auch aus beruflichen Gründen.

Gemischt-orientierte Paare: Paare, bei denen ein*e Partner*in gleichgeschlechtliches Begehren verspürt und sich als lesbisch, schwul oder bisexuell identifiziert, während der*die andere Partner*in heterosexuelles Begehren verspürt und sich als heterosexuell identifiziert.

On-Off-Beziehung: In dieser Beziehungsform trennen sich Paare und kommen nach bestimmter Zeit wieder zusammen.

Freundschaft Plus: Vor dem Hintergrund einer Freundschaft kommen sexuelle oder intime Kontakte dazu. Diese Beziehung ist eine Mischung aus Freundschaft und Affäre ohne weitere Verpflichtungen und ohne dass die Beteiligten sich in einer festen Beziehung betrachten.

Casual Dating: Treffen mit einer unbekannten Person, um Sexualität oder Intimität zu erleben (u. a. Gelegenheitssex, One-Night-Stands) oder um zu eruieren, ob sich daraus eine längerfristige Beziehung entwickeln kann.

Queere Beziehung: Partnerschaft, an der mindestens eine LSBTIAQ*Person beteiligt ist. Die Buchstabenkombination LSBTIAQ* beschreibt verschiedene nicht-heterosexuelle Orientierungen und geschlechtliche Identitäten und steht für lesbisch, schwul, bisexuell, trans*, inter*, asexuell und queer. Queer und das Sternchen drücken aus, dass diese Kategorien sehr breit sind und unterschiedliche Ausprägungen annehmen können, sie sind auch ein Platzhalter für alle, die sich nicht in einer der vorangegangenen Benennungen wiederfinden.

Beziehungsanarchie: Personen, die Regeln und Hierarchien in Bezug auf zwischenmenschliche Beziehungen ablehnen, ihre Erwartungen an andere beschränken und nicht zwischen ihren romantischen, sexuellen und platonischen Beziehungen unterscheiden.

Unabhängig davon, für welches Beziehungs- und Lebensmodell sich Menschen entscheiden, ist es notwendig, dass dies einvernehmlich erfolgt. Alle Beteiligten sollten die Fähigkeit und die Freiheit besitzen, für sich gute Entscheidungen zu treffen. Nur wenn die Möglichkeit besteht, sich auch gegen ein Beziehungsmodell zu entscheiden, haben Menschen auch die Freiheit, sich dafür zu entscheiden. Doch häufig haben Menschen unterschiedlich viel Macht in Beziehungen, was ihre Entscheidungsfreiheit und -fähigkeit beeinflussen kann. Machtgefälle können sich u. a. ergeben aufgrund des Geschlechts, finanzieller Ressourcen, des sozialen Status, der emotionalen Reife (Fähigkeit, intime Beziehungen einzugehen, Verlustängste, Selbstwertproblematik) und des sexuellen Marktwerts, d. h., physischer Attraktivität und die damit einhergehende Wahrscheinlichkeit, andere (Sexual-)Partner*innen kennenzulernen. Im folgenden Abschnitt werden nicht monogame einvernehmliche Beziehungsmodelle näher vorgestellt.

6.3 Einvernehmlich nicht-monogame Beziehungen

In einvernehmlich nicht-monogamen Beziehungen (ENMB) haben sich Personen entschieden – im Wissen und Einvernehmen aller Beteiligten – mehrere emotional und körperlich intime Beziehungen gleichzeitig zu unterhalten. Diese *konsensuelle* Nichtmonogamie ist von *heimlichen* sexuellen Außenkontakten abzugrenzen, die von Menschen, die in monogamen Beziehungen leben, eingegangen werden: Bei ENMB sind allen Partner*innen die Liebes- und/oder Sexbeziehungen zu mehreren bekannt und von allen akzeptiert, wohingegen in monogamen Beziehungen Partner*innen das *Fremdgehen*, der *Seitensprung* oder die *Affäre* oft verheimlicht werden und Missbilligung im Falle des Bekanntwerdens droht.

Einvernehmliche Vereinbarungen sind das Herzstück erfolgreicher ENMB. In wiederkehrenden Aushandlungsprozessen werden die Bedingungen für die sexuelle und emotionale Öffnung vereinbart (z. B. wann kann es mit wem und wo zu sexuellen Handlungen kommen? Welche sexuellen Aktivitäten mit Dritten sind erlaubt/verboten? Ist es erlaubt, sich emotional an eine dritte Person zu binden?) Dies soll die Wahrscheinlichkeit von Verletzungen, Eifersucht und Vertrauensbrüchen minimieren. Zugleich geht es um die Bedeutung, die die Partner*innen füreinander haben und derer sie sich damit auch versichern.

ENMB sind in ihrer konkreten Ausgestaltung vielfältig und spiegeln die Diversität menschlicher Liebesbeziehungen wider. Die Beziehungsmodelle unterscheiden sich u. a. darin, inwieweit neben sexuellen Kontakten Liebe und emotionale Beteiligung Bestandteil weiterer Beziehungen sein dürfen (Matsick, Conley, Ziegler, Moors & Rubin, 2014).

Im Folgenden werden die drei Beziehungsmodelle Swinging, offene und polyamore Beziehungen beschrieben. Während bei den ersten beiden Beziehungsmodellen typischerweise die sexuellen Aktivitäten im Vordergrund stehen und es meistens nicht erwünscht ist, dass eine emotionale oder romantische Beziehung außerhalb der Paarbeziehung entsteht, befürworten diejenigen, die polyamor leben, (emotionale und auch sexuelle) Liebesbeziehungen zu mehreren Personen gleichzeitig. Obwohl aus forschungstechnischen Gründen unterschiedliche Formen ENMB als distinkt voneinander diskutiert werden, so sind die Grenzen zwischen ihnen in der Praxis fließend (Andersson, 2022). Nachfolgend werden Swinging und offene Beziehungen kurz skizziert, während polyamore Beziehungen ausführlicher vorgestellt werden.

Swinging ist dadurch charakterisiert, dass sexuelle Aktivitäten mit Dritten häufig auf hierfür organisierten Veranstaltungen wie sexpositive Kongresse, in Swingerclubs oder in der Sauna (gemeinsam als Paar) gelebt werden (z. B. Matsick et al., 2014). Die konkrete Praxis kann sehr unterschiedlich sein: manchmal tauschen zwei Paare die Partner*innen, manchmal lädt ein Paar eine Einzelperson ein, sich an gemeinsamen sexuellen Aktivitäten zu beteiligen. Swinger*innen unterscheiden häufig zwischen einer physischen/sexuellen und einer emotionalen Treue (de Visser & McDonald, 2007). Durch die offene und ehrliche Kommunikation entwickeln Paare eine gemeinsame Identität und Vorstellungen darüber, welche Bereiche ihrer Beziehung sie für Dritte öffnen wollen und welche Bereiche exklusiv für ihre primäre Beziehung reserviert sind. Es werden klare Absprachen bezüglich Verhaltensweisen definiert, die einerseits bestimmte (sexuelle) Aktivitäten mit Dritten zulassen, während gleichzeitig die emotionale Treue, die auf die primäre Beziehung begrenzt ist, nicht bedroht werden soll. Beispiele für solche Absprachen sind: die höchste Loyalität gilt der primären Beziehung, begrenzte (sexuelle) Handlungen mit Dritten (z. B. kein Küssen oder Anal-/Vaginalverkehr mit Dritten), keine emotionale Beteiligung mit Dritten oder offene und ehrliche Kommunikation bezüglich Dritter (de Visser & McDonald, 2007).

Offene Beziehungen sind dadurch charakterisiert, dass neben einer primären dyadischen Beziehung ein*e oder beide Partner*innen, getrennt oder gemeinsam, sexuelle (jedoch nicht romantische oder emotionale) Außenbeziehungen zu Dritten unterhalten (Matsick et al., 2014). Häufig einigen sich die Beteiligten darauf, die sexuellen Aktivitäten mit Dritten auf bestimmten Praktiken (z. B. Fetische) zu begrenzen, den Kontakt zu Dritten abzubrechen, wenn sich daraus eine intime romantische Beziehung entwickeln könnte, oder dass man nur einmal mit einer dritten Person sexuellen Kontakt haben darf. Paare, die sich auf eine offene Beziehung geeinigt haben, unterscheiden sich u. a. darin, ob darüber gesprochen wird, wer die dritten Personen sind und wie die anderen sexuellen Beziehungen ausgelebt werden.

Polyamorie ist sowohl eine Art zu lieben als auch eine Beziehungsform. Sie folgt der Annahme, dass es möglich ist, (gleichzeitig) mehrere Personen zu lieben und – im Wissen und Einvernehmen aller Beteiligten – mehrere emotional und körperlich intime Beziehungen zu unterhalten (Ferrer 2018; Rubel & Burleigh 2020). Sie hat ihre Wurzel in der feministischen Kritik an der gesellschaftlich vorgeschriebenen monogamen (und ehelichen) Lebensform Erwachsener sowie den Experimenten der 1960er-Jahre mit nicht-monogamen Lebensweisen (Klesse, 2007; Mazziotta & Möller-Kallista, 2022; O'Neill & O'Neill, 1972).

Polyamorie beruht auf der Vorstellung, dass partnerschaftliche Liebe mit all ihren emotionalen und körperlichen Facetten keine endliche Ressource ist, die auf eine*n Partner*in begrenzt werden muss. Stattdessen kann sie, wie die (platonische) Liebe zwischen Freund*innen oder zwischen Eltern und ihren Kindern, auf mehreren Personen verteilt werden. Aus dieser Fülle heraus wird Liebe zu mehreren Menschen gelebt.

In polyamoren Beziehungen werden Erwartungen und Bedürfnisse (z. B. in Bezug auf Intimität, Sexualität, Unterstützung etc.) auf unterschiedliche Liebesbeziehungen verteilt, in der Annahme, dass ein*e einzelne*r Partner*in nicht *alle* Beziehungsbedürfnisse erfüllen könne (Conley & Moors, 2014). Treue, Vertrauen, Authentizität, Ehrlichkeit und Verantwortung für die eigenen Bedürfnisse, Gefühle und Lebensführung sind in polyamoren Beziehungen fundamentale Werte (Csef, 2014). Mit Treue ist hier jedoch nicht die sexuelle Exklusivität wie bei monogamen Beziehungen gemeint, sondern vielmehr eine ehrliche partnerschaftliche Kommunikation, das Einhalten von Absprachen, Verbindlichkeit, Loyalität und Respekt.

Repräsentative Umfragen aus Nordamerika zeigen, dass ein geringer Teil der Bevölkerung in offenen oder polyamoren Beziehungen lebt (ca. 4 %; Levine, Herbenick, Martinez, Fu & Dodge, 2018) und dass jede*r fünfte US-Amerikaner*in (ca. 22 %) im Verlauf seines*ihres bisherigen Lebens bereits in einer offenen sexuellen Beziehung gelebt hat (Haupert, Gesselman, Moors, Fisher & Garcia, 2017). Jede*r sechste Single (ca. 17 %) sieht nichtmonogame Beziehungsformen für sich als ideal an (Moors, Gesselman & Garcia, 2021). Bislang gibt es nur wenige verlässliche Daten zur Prävalenz und den Einstellungen gegenüber einvernehmlich nichtmonogamen Beziehungen in Deutschland: Eine im Jahr 2023 durchgeführte repräsentative Umfrage deutet darauf hin, dass 14 % der Männer und 7 % der Frauen in Deutschland bereits für einen gewissen Zeitraum eine offene Beziehung geführt haben (ElitePartner, 2023). Das Führen nichtmonogamer Beziehungen scheint unabhängig von politischer Zugehörigkeit, Einkommen, Religion, geografischer

Region oder Rasse/ethnischer Zugehörigkeit zu sein; sexuelle Minderheiten, Männer und jüngere Erwachsene berichteten von einem größeren Wunsch nach Polyamorie und offenen Beziehungen, im Vergleich zu Heterosexuellen, Frauen bzw. älteren Erwachsenen (Levine et al., 2018; Moors et al., 2021). Beispielsweise gaben in der in Deutschland durchgeführten Befragung unter den Personen unter dreißig Jahren 30 % der Männer und 18 % der Frauen an, dass sie sich grundsätzlich eine offene Beziehung vorstellen könnten. Im Vergleich dazu lag die Zustimmung in der Gesamtbevölkerung bei 23 % der Männer und 11 % der Frauen (ElitePartner, 2023).

Die Gründe, wieso sich Menschen für eine polyamore Beziehung entscheiden, sind vielfältig (Wolkomir, 2020; Wood, De Santis, Desmarais & Milhausen, 2021). Für einige Menschen stehen ideologische Aspekte im Vordergrund (z. B. Unbegrenztheit der Liebe, Ablehnung von hegemonialen Geschlechterverhältnissen, Einschränkungen monogamer Beziehungen oder die Erwartung, dass ein*e Partner*in nicht alle Beziehungsbedürfnisse erfüllen kann/soll). Für manche Menschen ist ein polyamores Leben besser mit den eigenen Werten (z. B. Wunsch nach Freiheit, Autonomie, Authentizität) und Bedürfnissen (z. B. persönliches Wachstum, Exploration und Ausleben unterschiedlicher sexueller Identitäten und Praktiken mit wechselnden Partner*innen, Zusammenleben mit Menschen, die ähnliche ethische Vorstellungen und Werte vertreten) vereinbar. Andere wiederum haben sich verliebt, während sie bereits in einer Partnerschaft lebten, oder wollen ihre bisherige (monogame) Lebensweise verändern. Einvernehmliche nicht-monogame Beziehungen stellen auch eine Möglichkeit dar, eine bestehende Liebesbeziehung zu stabilisieren und zu erhalten. Indem die Beziehung für Dritte geöffnet wird, können emotionale und sexuelle Bedürfnisse befriedigt werden, die sonst zu einer Trennung geführt hätten. Beispielsweise kann eine bestimmte *kinky* Sexualpraktik[1] wie ein Schuhfetischismus von dem*der Partner*in in einer monogamen Beziehung ablehnt werden und stattdessen einvernehmlich in anderen Beziehungen ausgelebt werden. Für einen Teil der Menschen ist (unbewusste) Angst eine treibende Kraft für eine polyamore Lebensführung (z. B. befürchten sie, den*die aktuellen Partner*in zu verlieren, früher oder später betrogen zu werden oder wollen sich nicht nur auf eine Person einlassen, um nicht nochmals enttäuscht und verletzt zu werden).

---

1 Der Begriff *Kink* beschreibt eine Vielfalt einvernehmlicher, erotischer oder sexueller Aktivitäten, die oft intensivere Sinneseindrücke oder emotionale Erlebnisse bieten. Diese können unter anderem das Spiel mit Machtgefällen, Schmerzempfindungen, Fesselspiele oder spezifische Rollenspiele beinhalten, bei denen Teilnehmende in andere (Alters-)Rollen schlüpfen. Kinks können ebenso das Beobachten oder Beobachtetwerden einschließen (z. B. Exhibitionismus: das Zeigen des eigenen Körpers oder sexueller Aktivitäten, oder Voyeurismus: das Beobachten solcher Handlungen). Zusätzlich kann ein Kink das Tragen erotischer Kleidung oder anderer Accessoires beinhalten. Während manche Individuen ihre kink-bezogenen Neigungen in der Fantasie ausleben, durch das Erstellen oder Konsumieren von erotischer Literatur oder Medien, praktizieren andere ihre Kinks im Rahmen der Selbstbefriedigung oder mit Sexualpartner*innen. Der Begriff *Kink* wird oft positiv verwendet, um eine breite Palette sexueller Ausdrucksformen zu würdigen und die Vielfalt an sexuellen Identitäten und Vorlieben anzuerkennen. Er betont die Bedeutung der informierten Zustimmung und des sicheren Auslebens von Kinks, wobei die Präferenzen und das Wohlbefinden aller Beteiligten respektiert werden.

Die typische polyamore Beziehung gibt es genauso wenig, wie es *die* typische monogame Beziehung gibt. Polyamorie kann und wird auf unterschiedliche Weise gelebt (Balzarini, Dharma, Kohut et al., 2019). Eine häufige Konstellation ist die hierarchische Form, in der eine Person neben einer primären Partnerschaft eine oder mehrere sekundäre Beziehungen (sog. Satelliten-Beziehungen) unterhält. Dabei sind die wechselseitige Abhängigkeit und gegenseitige Bezogenheit zwischen den Partner*innen in der primären Beziehung größer als zwischen denen der sekundären. Partner*innen der primären Beziehung (auch *Nestpartner*innen* genannt) leben in der Regel zusammen, teilen ihre finanziellen Ressourcen, treffen wichtige Entscheidungen zusammen, sind möglicherweise verheiratet und haben gemeinsame Kinder. In sekundären Beziehungen leben die Partner*innen eher in getrennten Haushalten, haben getrennte Kassen und widmen dem*der sekundären Partner*in insgesamt weniger Zeit, Energie und Priorität als dem*der primären Partner*in. Umfragestudien weisen darauf hin (z.B. Balzarini et al., 2017; Flicker, Sancier-Barbosa, Moors & Bowne, 2021), dass Personen mit primären Beziehungen im Vergleich zu sekundären Beziehungen zufriedener sind. Primäre Beziehungen ähneln stärker monogamen Beziehungen, genießen im Vergleich zu sekundären Beziehungen deshalb eine größere Akzeptanz durch Freunde und Familie und werden seltener geheim gehalten (Balzarini et al., 2017; Balzarini, Dharma, Kohut et al., 2019). Dies könnten Gründe sein, weswegen Personen gegenüber primären Partner*innen ein stärkeres Ausmaß an Bindungssicherheit erleben im Vergleich zu sekundären Partner*innen (Flicker et al., 2021). Andererseits sind Beziehungen zu sekundären Partner*innen dadurch gekennzeichnet, dass mehr Zeit für sexuelle Aktivitäten aufgewendet wird, mehr Erotik und Leidenschaft erlebt wird, was mit einer größeren sexuellen Befriedigung einhergeht (Balzarini, Dharma, Kohut et al., 2019; Mitchell, Bartholomew & Cobb, 2014). Der gegenwärtige Forschungsstand weist darauf hin, dass primäre und sekundäre Beziehungen unterschiedliche Bedürfnisse erfüllen können: primäre Beziehungen stärker emotionale Bedürfnisse und sekundäre Beziehungen eher sexuell Bedürfnisse (Balzarini, Dharma, Muise & Kohut, 2019).

Oft können die Grenzen zwischen primären und sekundären Beziehungen fließend sein. Manche Personen lehnen hierarchische Beziehungsformen ab. Sie messen unterschiedlichen Partner*innen die gleiche Bedeutung, Intimität und den gleichen Einfluss zu (dies wird auch als multiple primäre Partner*innen oder multiple nicht primäre Partner*innen bezeichnet), wobei sich diese meistens untereinander nicht in einer Partnerschaft befinden.

Eine andere Weise, Polyamorie zu leben, sind triadische Beziehungsformen, wenn ein ursprüngliches Paar eine weitere Person in die Partnerschaft aufnimmt, die dieselben Rechte und Pflichten hat wie die Partner*innen der ursprünglichen dyadischen Beziehung. In einer Triade entwickeln drei Personen untereinander verbindliche emotionale und auch sexuelle Beziehungen zueinander. Ein solches engmaschiges Beziehungssystem, in dem drei oder mehr Personen miteinander emotionale und sexuelle Intimität leben, die nicht auf andere Personen ausgedehnt wird, wird auch als *Polyfidelity* bezeichnet.

Polyamore Beziehungen sind häufig durch eine höhere Fluidität der Rollen und des sexuellen Begehrens charakterisiert. So können aus Freund*innen Liebhaber*-

innen werden, aus denen wiederum Mitbewohner*innen und dann Ko-Eltern werden (Klesse, 2019). Sexuelle Identitäten verändern sich bisweilen oder werden flexibler wahrgenommen (Manley, Diamond & van Anders, 2015). So kann beispielsweise eine bisher heterosexuell orientierte cis Frau sich sexuell von einer cis Frau angezogen fühlen oder ein homosexueller cis Mann lässt sich auf sexuelle Handlungen mit einer trans Frau ein und beginnt, sich als pansexuell zu definieren.

Auch außerhalb polyamorer Liebes- und Lebensformen hat die Fluidität an Bedeutung zugenommen, worauf im Folgenden in Bezug auf das sexuelle Begehren näher eingegangen wird.

6.4 Thinking outside the box: Fluidität im sexuellen Begehren

Sexualität ist lebendig und kann sich über die Zeit hinweg verändern. Die sexuelle Orientierung ist ein prozesshaftes Geschehen, welches aus unterschiedlichen Komponenten besteht: *sexuelle Identität:* Wie beschreibe ich mich selbst als sexuelles Wesen (z. B. a-, bi-, hetero-, demi-, pansexuell, schwul/lesbisch)?; *sexuelle Anziehung:* Von welchen Geschlechtern fühle ich mich sexuell angezogen?; *sexuelles Verhalten:* Mit welchen Geschlechtern war/bin ich sexuell aktiv?; *sexuelle Präferenz:* Welche sexuellen Akte, Positionen, erotische Szenarien bevorzuge ich oder finde ich erotisch (z. B. BDSM, Fußfetisch, Sportkleidung)?; *sexuelle Fantasien:* Welche Gedanken finde ich erregend?

Zwischen diesen Komponenten kann es weitgehende Übereinstimmung geben und sie können sich auf die gleichen Geschlechter als Sexualpartner*innen beziehen. Es ist jedoch auch möglich, dass die unterschiedlichen Komponenten sich auf unterschiedliche Geschlechter beziehen bzw. sich über die Zeit verändern. Lisa Diamond (2016) prägte hierfür den Begriff der *sexuellen Fluidität*, also die Fähigkeit, in bestimmten Situationen oder Beziehungen in *unerwarteter* Weise erotisch zu reagieren (z. B. sich in eine Frau zu verlieben, obwohl sich ein Mann als schwul identifiziert und andere Männer begehrt). Obwohl Längsschnittstudien darauf hinweisen, dass zumindest die Identitätskomponente der sexuellen Orientierung über mehrere Jahre hinweg relativ stabil ist (Savin-Williams, Joyner & Rieger, 2012), liegen substanzielle Hinweise vor, dass *manche* Menschen, insbesondere wenn mehrere Facetten der sexuellen Orientierung berücksichtigt werden, sexuell fluide sind (Diamond, 2016). Repräsentative Umfragen zeigen, dass Frauen eine höhere Fluidität aufweisen als Männer, wobei die Gründe hierfür noch nicht ausreichend verstanden sind (Diamond, 2016). Als ein möglicher Grund wird der evolutionäre Vorteil diskutiert, dass Frauen durch sexuelle Stimuli unterschiedlicher Geschlechter erregter werden als Männer (Chivers, Seto, Lalumière, Laan & Grimbos, 2010). Für Frauen, die gleichgeschlechtliches Verhalten wünschen, kann es einfacher und sicherer sein, dieses Verhalten neben heterosexuellem Verhalten zu verfolgen, anstatt

Heterosexualität insgesamt abzulehnen (Diamond, 2016). Gründe könnten auch darin liegen, dass Männer stärker diskriminiert werden, wenn sie von der heterosexuellen Norm abweichen. Küssen sich beispielsweise ein Mann und eine Frau öffentlich, so geben in repräsentativen Umfragen 11 % der Befragten an, dass dieses Verhalten ihnen sehr oder eher unangenehm sei. Küssen sich zwei Frauen, wird von 28 % der Befragten das als sehr oder eher unangenehm erlebt, Küssen sich zwei Männer, sind es sogar 38 % (Küpper, Klocke & Hoffmann, 2017).

Fluidität impliziert nicht, dass jede*r Menschen bi-/pansexuell sei oder sexuelle Orientierung nicht existiere, sondern eher, dass sexuelle Orientierung nicht jeden (sexuellen) Wunsch eines Menschen über die Lebensspanne hinweg vorhersagt. So verspüren einige Schwule und Lesben gelegentlich auch sexuelle Wünsche gegenüber einem anderen Geschlecht, ebenso wie einige Heterosexuelle gleichgeschlechtliche Anziehung erleben. Dieses *unerwartete* Begehren kann sich auch im Verhalten widerspiegeln: 21 % der Männer, die sich als heterosexuell identifizieren, berichten, in den letzten sechs Monaten pornographisches Material gesehen zu haben, in denen Männer Sex mit Männern hatten, und 55 % der Männer, die sich als schwul identifizieren, dass sie pornografisches Material gesehen haben, in dem Frauen Sex mit Männern hatten (Downing, Schrimshaw, Scheinmann, Atebi-Gruszka & Hirschfield, 2016). 77 % der lesbischen Frauen berichteten, irgendwann in ihrem Leben Sex mit einem Mann gehabt zu haben (Diamant, Schuster, McGuigan & Lever, 1999) und 46 % der lesbischen Frauen gelegentlich sexuelle Kontakte mit Männern zu haben (Bright, 1992 zitiert in Kitzinger & Wilkinson, 1995). Auch Menschen, die sich als heterosexuell identifizieren, berichten von gleichgeschlechtlichen Sexualkontakten: 9 % der Frauen und 4 % der Männer zwischen 18–35 Jahren gaben an, mindestens einmal in ihrem Leben eine sexuelle Erfahrung mit dem gleichen Geschlecht gemacht zu haben (Briken, Dekker & Matthiesen, 2020).

Sexuelle Orientierung ist kein statisches und kategorisches Merkmal, sondern abhängig von bio-psycho-sozialen Faktoren (u. a. Biologie, familiäre und gesellschaftliche Akzeptanz von sexueller Vielfalt, Sichtbarkeit, Verfügbarkeit von Sexualpartner*innen). Dass sich sexuelle Orientierung über die Zeit verändern kann und abhängig von gesellschaftlichen Faktoren ist, zeigen auch repräsentative Umfragedaten aus den USA (Jones, 2023): In den letzten zehn Jahren ist der Anteil von US-Erwachsenen, die sich als lesbisch, schwul, bisexuell oder trans* (LSBT*) identifizieren von 4 % im Jahr 2012 auf 7 % im Jahr 2022 gestiegen. Über die Zeit hinweg ist die LSBT*-Identifikation in älteren Generationen relativ stabil geblieben, sie steigt jedoch in jüngeren Generationen. Beispielsweise betrug der Anteil an Menschen der Generation Z (geboren nach 1997), die sich als LSBT*identifizieren, 11 % im Jahr 2017 und 20 % im Jahr 2022. Diese Generation ist zu einer Zeit aufgewachsen, in der die Sichtbarkeit sexueller Vielfalt in den Massenmedien und sozialen Medien zugenommen hat, die Einstellungen gegenüber sexuellen Minoritäten, ihre rechtliche Gleichstellung sowie der Schutz vor Diskriminierung sich verbessert hat.

6.5 Kurzes Resümee

In den letzten Jahrzehnten haben bedeutende gesellschaftliche Veränderungen sich auf die Möglichkeiten der Beziehungsgestaltung ausgewirkt. Die Verfügbarkeit der *Pille* ermöglichte eine Trennung von Sexualität und Fortpflanzung, wodurch sexuelle Bedürfnisse unabhängig von Beziehungsformen erfüllt werden können. Frauen erlangten mehr Kontrolle über ihren Körper und ihre Sexualität. Die sexuelle Revolution führte zu einer Enttabuisierung sexueller Themen und einer veränderten Sexualmoral, wobei Sexualität als ein Grundbedürfnis anerkannt wurde. Liebe und sexuelles Begehren wurde nicht mehr zwingend zusammen gedacht und es entstanden jenseits der heteronormativen Beziehungstraditionen Möglichkeiten, Kinder zu bekommen und Familie zu gründen.

Die wirtschaftliche Unabhängigkeit von Frauen und der gestiegene Wohlstand begünstigten eine Begegnung der Geschlechter auf gleicher Augenhöhe, wobei Selbstverwirklichung, Freiheit und Unabhängigkeit an Bedeutung gewannen. Dies führte zu neuen Formen von Liebe und Zusammenleben. Die nunmehr gleichzeitig auftretenden, zum Teil gegensätzlichen Wünsche nach Sicherheit, Autonomie und Abwechslung konnten jedoch zu Gefühlen innerer Zerrissenheit führen.

Mit der weiten Verbreitung von Online-Dating-Plattformen hat sich die Möglichkeit eröffnet, zahlreiche potenzielle Partner*innen kennenzulernen. Diese Fülle an Alternativen kann dazu führen, dass einzelne Personen als vergleichbar und ersetzbar wahrgenommen werden. Infolgedessen neigen Menschen in Beziehungen dazu, für diese einen weniger verbindlichen Charakter anzunehmen, wobei sie oft in einer Phase des Ausprobierens verharren. Dabei ist stets die übergeordnete Frage präsent, ob es vielleicht jemanden gibt, der noch besser zu einem passt und das Potenzial hat, einen glücklicher zu machen. Zugleich wird das Ideal von der großen Liebe aufrechterhalten und die Illusion des großen Glücks erscheint greifbar nah, was zu Unzufriedenheit und Unsicherheiten mit sich oder den/der eigenen Beziehung/-en führen kann.

Die Erwartungen an Beziehungen sind gestiegen. Viele Menschen sehnen sich nach einer tiefen emotionalen Verbindung, eine auch nach Jahren immer noch lebendige und aufregende Sexualität sowie individuelle und partnerschaftliche Entwicklung und Selbstverwirklichung. Diese hohen Erwartungen können dazu führen, dass die Beziehungen störanfälliger werden, Unzufriedenheiten und Konflikte entstehen. Können diese nicht geklärt werden, kann es schnell zu Trennungen kommen.

Glückliche Beziehungen bleiben für viele Menschen ein zentraler Lebensaspekt, ein Anker in unsicheren Zeiten, der Anerkennung und Sicherheit bietet. Wie diese Beziehungen gelebt werden, um die Bedürfnisse nach Intimität, Sexualität und Bindung zu realisieren, kann aufgrund sich wandelnder Strukturen gesellschaftlicher Wohlfahrtsproduktion durch Wirtschaft und Politik sowie moderner Werte der Lebensführung sehr unterschiedlich erfolgen.

Die heutigen Freiheiten bringen Herausforderungen mit sich, da Menschen entscheiden müssen, mit wem und wie sie Beziehung und Sexualität gestalten möchten. Unabhängig von der Beziehungsform ist es wesentlich, sich mit eigenen

Bedürfnissen, bewussten oder unbewussten Wünschen und Begrenzungen auseinanderzusetzen und die Erkenntnis zu akzeptieren, dass Partner*innen nicht alle Erwartungen erfüllen können. Das bewusste Engagement in Beziehungen, gekennzeichnet durch das Einbringen von Zeit, emotionaler Energie und materiellen Ressourcen, die gegenseitige Unterstützung sowie das sensible Aushandeln von Wünschen und Grenzen, bildet das Fundament für zufriedene Beziehungen.

Literatur

Andersson, C. (2022). Drawing the line at infidelity: Negotiating relationship morality in a Swedish context of consensual non-monogamy. *Journal of Social and Personal Relationships*, 39, 1917–1933.

Balzarini, R. N., Campbell, L., Kohut, T., Holmes, B. M., Lehmiller, J. J., Harman, J. J. & Atkins, N. (2017) Perceptions of primary and secondary relationships in polyamory. *PLoS ONE 12*, e0177841.

Balzarini, R. N., Dharma, C., Muise, A. & Kohut, T. (2019). Eroticism versus nurturance: How eroticism and nurturance differs in polyamorous and monogamous relationships. *Social Psychology*, 50, 185–200.

Balzarini, R. N., Dharma, C., Kohut, T., Campbell, L., Lehmiller, J. J., Harman, J. J. & Holmes, B. M. (2019). Comparing relationship quality across different types of romantic partners in polyamorous and monogamous relationships. *Archives of Sexual Behavior*, 48, 1749–1767.

Brady, A. & Baker, L. R. (2022). The changing tides of attractive alternatives in romantic relationships: Recent societal changes compel new directions for future research. *Social and Personality Psychology Compass*, 16, e12650.

Briken, P., Dekker, A. & Matthiesen, S. (2020). *Gesundheit in Deutschland*. Zugriff am 16.01. 2034 unter: https://gesid.eu/wp-content/uploads/2021/06/GeSiD_Zwischenbericht-200706_Einzel_RGB.pdf

Chivers, M. L., Seto, M. C., Lalumière, M. L., Laan, E. & Grimbos, T. (2010). Agreement of self-reported and genital measures of sexual arousal in men and women: A meta-analysis. *Archives of Sexual Behavior*, 39, 5–56.

Conley, T. D. & Moors, A. C. (2014). More oxygen please!: How polyamorous relationship strategies might oxygenate marriage. *Psychological Inquiry*, 25, 56–63.

Conley, T. D., Moors, A. C., Ziegler, A. & Karathanasis, C. (2012). Unfaithful individuals are less likely to practice safer sex than openly nonmonogamous individuals. *The Journal of Sexual Medicine*, 9, 1559–1565.

Conley, T. D., Moors, A. C., Matsick, J. L. & Ziegler, A. (2013). The fewer the merrier?: Assessing stigma surrounding consensually non-monogamous romantic relationships. *Analyses of Social Issues and Public Policy*, 13, 1–30.

Csef, H. (2014). Polyamory – ein Weg aus den Zwängen der Monogamie und destruktiver Eifersucht? *Journal für Psychologie*, 22, 1–15.

Day, M. V. (2013). Stigma, halo effects, and threats to ideology: Comment on the fewer the merrier? *Analyses of Social Issues and Public Policy*, 13, 49–51.

Day, M. V. (2016). Why people defend relationship ideology. *Journal of Social and Personal Relationships*, 33, 348–360.

de Visser, R. & McDonald, D. (2007). Swings and roundabouts: Management of jealousy in heterosexual swinging couples. *The British Journal of Social Psychology*, 46, 459–476.

Diamant, A. L., Schuster, M. A., McGuigan, K. & Lever, J. (1999) Lesbians' sexual history with men: Implications for taking a sexual history. *Archives of Internal Medicine*, 159, 2730–2736.

Diamond, L. M. (2016). Sexual fluidity in male and females. *Current Sexual Health Reports, 8,* 249–256.

Downing, M. J., Schrimshaw, E. W., Scheinmann, R., Antebi-Gruszka, N. & Hirshfield, S. (2017). Sexually explicit media use by sexual identity: A comparative analysis of gay, bisexual, and heterosexual men in the United States. *Archives of Sexual Behavior, 46,* 1763–1776.

ElitePartner (2023). *ElitePartner Studie 2023: So liebt Deutschland.* Zugriff am 17.11.2023 unter: https://www.elitepartner.de/studien/download/

Fairbrother, N., Hart, T. A. & Fairbrother, M. (2019). Open relationship prevalence, characteristics, and correlates in a nationally representative sample of Canadian adults. *Journal of Sex Research, 56,* 695–704.

Ferrer, J. N. (2018). Mononormativity, polypride, and the »mono-poly wars«. *Sexuality & Culture, 22,* 817–836.

Finkel, E. J., Cheung, E. O., Emery, L. F., Carswell, K. L. & Larson, G. M. (2015). The suffocation model: Why marriage in America is becoming an all-or-nothing institution. *Current Directions in Psychological Science, 24,* 238–244.

Flicker, S. M., Sancier-Barbosa, F., Moors, A. C. & Bowne, L. (2021). A closer look at relationship structures: Relationship satisfaction and attachment among people who practice hierarchical and non-hierarchical polyamory. *Archives of Sexual Behavior, 50,* 1401–1417.

Giddens, A. (2016). *Wandel der Intimität: Sexualität, Liebe und Erotik in modernen Gesellschaften.* Frankfurt/M.: Fischer.

Haupert, M. L., Gesselman, A. N., Moors, A. C., Fisher, H. E. & Garcia, J. R. (2017). Prevalence of experiences with consensual nonmonogamous relationships: Findings from two national samples of single Americans. *Journal of Sex & Marital Therapy, 43,* 424–440.

Haversath, J., Gärttner, K. M., Kliem, S., Vasterling, I., Strauss, B. & Kröger, C. (2017). Sexual behavior in Germany. *Deutsches Ärzteblatt, 114,* 545–550.

Huinink, J. (2019). Wandel von Familienstrukturen. In H. Obinger & M. G. Schmidt (Hrsg.), *Handbuch Sozialpolitik* (S. 453–472). Wiesbaden: Springer.

Hutzler, K. T., Giuliano, T. A., Herselman, J. R. & Johnson, S. M. (2016). Three's a crowd: Public awareness and (mis)perceptions of polyamory. *Psychology & Sexuality, 7,* 69–87.

Jones, M. J. (2023). *U.S. LGBT Identification Steady at 7.2%.* Zugriff am 17.11.2023 unter: https://news.gallup.com/poll/470708/lgbt-identification-steady.aspx

Kitzinger, C. & Wilkinson, S. (1995). Transitions from heterosexuality to lesbianism: The discursive production of lesbian identities. *Developmental Psychology, 31,* 95–104.

Klesse, C. (2007). Polyamory – von dem Versprechen, viele zu lieben. *Zeitschrift für Sexualforschung, 20,* 316–330.

Klesse, C. (2019). Polyamorous parenting: Stigma, social regulation, and queer bonds of resistance. *Sociological Research Online, 24,* 625–643.

Koalitionsvertrag zwischen SPD, Bündnis 90/Die Grünen und FDP (2021–2025): *Mehr Fortschritt wagen. Bündnis für Freiheit, Gerechtigkeit und Nachhaltigkeit.* Zugriff am 17.11.2023 unter: https://www.spd.de/fileadmin/Dokumente/Koalitionsvertrag/Koalitionsvertrag_2021-2025.pdf

Kramer, S. (2020). *Polygamy is rare around the world and mostly confined to a few regions.* Zugriff am 17.11.2023 unter: https://www.pewresearch.org/fact-tank/2020/12/07/polygamy-is-rare-around-the-world-and-mostly-confined-to-a-few-regions/

Kröger, C. (2010). Sexuelle Außenkontakte und -beziehungen in heterosexuellen Partnerschaften. *Psychologische Rundschau, 61,* 123–143.

Küpper, B., Klocke, U. & Hoffmann, L.-C. (2017). *Einstellungen gegenüber lesbischen, schwulen und bisexuellen Menschen in Deutschland.* Baden-Baden: Nomos.

Levine, E. C., Herbenick, D., Martinez, O., Fu, T. C. & Dodge, B. (2018). Open relationships, nonconsensual nonmonogamy, and monogamy among US adults: Findings from the 2012 national survey of sexual health and behavior. *Archives of Sexual Behavior, 47,* 1349–1450.

Manley, M. H., Diamond, L. M. & van Anders, S. M. (2015). Polyamory, monoamory, and sexual fluidity: A longitudinal study of identity and sexual trajectories. *Psychology of Sexual Orientation and Gender Diversity, 2,* 168–180.

Matsick, J. L., Conley, T. D., Ziegler, A., Moors, A. C. & Rubin, J. D. (2014). Love and sex: Polyamorous relationships are perceived more favourably than swinging and open relationships. *Psychology & Sexuality, 5*, 339–348.

Mazziotta, A. & Möller-Kallista, B. (2022). Liebe, wie sie dir gefällt …: Polyamorie in der Sozialen Arbeiten. In A. Kasten, K. von Bose & U. Kalender (Hrsg.), *Feminismen in der Sozialen Arbeit: Debatten, Dis/Kontinuitäten, Interventionen* (S. 242–260). Weinheim: Beltz Juventa.

Mitchell, M., Bartholomew, K. & Cobb, R. (2014). Need fulfillment in polyamorous relationships. *Journal of Sex Research, 51*, 329–339.

Moors, A. C. (2017). Has the American public's interest in information related to relationships beyond »the couple« increased over time? *The Journal of Sex Research, 54*, 677–684.

Moors, A. C., Gesselman, A. N. & Garcia, J. R. (2021). Desire, familiarity, and engagement in polyamory: Results from a national sample of single adults in the United States. *Frontiers in Psychology, 12*, 619–640.

Murphy, A. P., Joel, S. & Muise, A. (2021). A prospective investigation of the decision to open up a romantic relationship. *Social Psychological and Personality Science, 12*, 194–201.

O'Neill, N. & O'Neill, G. (1972). *Die offene Ehe: Konzept für einen neuen Typus der Monogamie*. Reinbeck: rororo.

Peuckert, R. (2019). *Familienformen im sozialen Wandel*. Wiesbaden: VS Verlag für Sozialwissenschaften.

Reinhardt-Becker, E. (2019). Erfindung der »wahren« Liebe in der Literatur der deutschen Romantik – und ihre Folgen. *Psychotherapeut, 64*, 354–360.

Rodrigues, D., Fasoli, F., Huic, A. & Lopes, D. (2018). Which partners are more human? Monogamy matters more than sexual orientation for dehumanization in three European countries. *Sexuality Research and Social Policy, 15*, 504–515.

Rubel, A. N. & Burleigh, T. J. (2020). Counting polyamorists who count: Prevalence and definitions of an under-researched form of consensual nonmonogamy. *Sexualities, 23*, 3–27.

Savin-Williams, R. C., Joyner, K. & Rieger, G. (2012). Prevalence and stability of self-reported sexual orientation identity during young adulthood. *Archives of Sexual Behavior, 41*, 103–110.

Schacht, R. & Kramer, K. L. (2019). Are we monogamous? A review of the evolution of pair-bonding in humans and its contemporary variation cross-culturally. *Frontiers in Ecology and Evolution, 7*, 230.

Selterman, D. Garcia, J. R. & Tsapelas, I. (2019) Motivations for extradyadic infidelity revisited. *The Journal of Sex Research, 56*, 273–286.

Statista. (30. September 2020). Wichtigste Werte und Aspekte im Leben von Singles, Verheirateten und in Beziehung Lebenden, in Deutschland 2020. Zugriff am 17.11.2023 unter: https://de.statista.com/prognosen/809989/umfrage-in-deutschland-zu-den-wichtigsten-werten-und-aspekte

Statistisches Bundesamt. (2023). *Scheidungsquote in Deutschland von 1960 bis 2022*. Zugriff am 17.11.2023 unter: https://de.statista.com/statistik/daten/studie/76211/umfrage/scheidungsquote-von-1960-bis-2008/

Wolkomir, M. (2020). Swingers and polyamorists: A comparative analysis of gendered power dynamics. *Sexualities, 23*, 1060–1079.

Wood, J., De Santis, C., Desmarais, S. & Milhausen, R. (2021). Motivations for engaging in consensually non-monogamous relationships. *Archives of Sexual Behavior, 50*, 1253–1272.

III Technologisierung

7 Bedeutung, Gefahren und Chancen von mobilem Online-Dating im Kontext von Partnersuche und Beziehungen

Johanna Degen

In diesem Kapitel wird, entlang von Datenbeispielen und dem aktuellen Forschungsstand, gezeigt, welche (neuen) Logiken sich im Kontext von mobilem Online-Dating konstituieren und vor allem welche Bedeutung diese für Subjekte und Beziehungen haben – und zwar über den selbigen Akt der Applikationsnutzung hinaus- und in die Beziehungen, Handlungsmoral und gesellschaftliche Ordnung hineinreichend! Darauf aufbauend werden positive Aneignungsstrategien aufgezeigt, Implikationen für die therapeutische Praxis formuliert und es wird die Frage beantwortet, wie *das Digitale* den handlungsfähigen Subjekten dienen kann, statt diese als Rohmaterie zu konsumieren.

7.1 Onlinedating und Gesundheit

(Mobiles) Online-Dating ist ein komplexes Phänomen, was nicht nur Onlinedater angeht und daher in der therapeutischen Praxis mit Ernst berücksichtigt werden kann. Das mobile Online-Dating bietet Gefahr für subjektive Not, aber auch Potenzial für positive Aneignung und Bewältigung von Krisen und subjektiven Herausforderungen. Die Effekte sind nicht begrenzt auf die Annäherung auf digitalem Weg, sondern reichen in Beziehungen, Moral, soziales Verhalten, Räume und Gesundheit von Subjekten hinein. So bleibt bemerkenswert, dass Menschen unter den Bedingungen der Pandemie und der Isolation, eine Dating-Applikation (Tinder und Co) als einzigen Ort des sozialen Austausches in Krisenzeiten aufrufen und mobiles Online-Dating von über 50 % der Gesellschaft im Altersquerschnitt als einziger realistischen Ort des Kennenlernens beschrieben wird. In der Praxis kann das Wissen darüber mit Vorteil in die therapeutische Haltung einfließen. Im Folgenden werden dahingehend zunächst Praxen und Logik des Online-Datings, sowie deren Bedeutung für Subjekte und Beziehungen aufgezeigt und dann Implikationen für die therapeutische Praxis abgeleitet.

7.2 Datingpraxis im Wandel

Mobile-Online-Dating-Applikationen (MODA) sind der Ort, an dem aktuell die meisten Beziehungen initiiert werden (Rosenfeld et al., 2019). Damit hat das Dating via MODA die führende Rolle in der Beziehungsanbahnung eingenommen und sich noch vor dem persönlichen Netzwerk, öffentlichen Räumen und dem Arbeitsplatz positioniert.

Eine Vermittlungsinstanz beim Dating ist kein neues Phänomen. Was einst familiär, kirchlich-institutionell und im sozialen Netzwerk angebahnt und begleitet wurde, verlagert sich um die 1960er Jahre entlang einer amerikanisch inspirierten Datingkultur in die Städte. Subjekte begeben sich auf die Partnersuche, fernab von familiärer, sozialer Einbettung, man trifft sich an öffentlichen Orten, bei Konzerten, in Restaurants, Bars und Clubs (Illouz, 2018a; Luhmann, 2014; Weigel, 2018). Spielte Ökonomie in der gesamten Datinggeschichte bereits eine Rolle, tritt sie im städtischen Datingprozess stärker in den Vordergrund. In die Inszenierung des Datings wird investiert, auf monetärer Ebene über Kleidung und Stil, sowie Körperpflege, Transportmittel und Ausgestaltung des Dates; auf der Ebene des Selbst in der Form von Zeit, Fokus und Emotionen. Man bereitet sich vor, entblößt sich, indem öffentlich das Interesse an der gedateten Person gezeigt wird, man verspricht sich zumindest für den (ganzen) Abend und riskiert damit insgesamt, sich zu riskieren.

Mit der Etablierung des Internets halten Online-Dating-Plattformen Einzug in die vermittelte Partnersuche. Zunächst greifen Heiratsvermittler und ihre Büros vor Ort auf Datenbanken zu, um das Jahr 2000 (mit der Gründung von beispielsweise Parship in 2001) können Subjekte dann auch privat Profile in Online-Dating-Plattformen anlegen. Auf derlei Plattformen werden extensive psychologische Inventare ausgefüllt, um in die Datenbank umfassende Informationen einzuspeisen und so einen möglichst passenden Partner oder eine Partnerin zu finden. Heute existieren Online-Dating-Plattformen nach wie vor, werden aber zunehmend von MODA ergänzt bzw. abgelöst.

Das mobile Online-Dating trägt neue Prinzipien in die Partnersuche. In den folgenden Abschnitten wird dahingehend erläutert, inwiefern dazu Beschleunigung, Quantifizierung, geringe Investition und Partnersuche entlang minimaler Informationen und Verfügbarkeit gehören (Dröge & Voirol, 2016), aber auch inwiefern Effektivität, Parallelität und Unverbindlichkeit handlungsleitend werden und was das wiederum für Subjekte bedeutet.

7.3 Bedeutung und Effekte des Mobilen Online-Dating für Subjekte, Beziehungen und Gesellschaft

MODA im Kontext der Gesellschaft sind eine Antwort auf eine komplexe Gesamtgemengelage und generelle Veränderungsprozesse in einer Logik der reflexiven Mediatisierung, also einem gegenseitigen Aushandlungsprozess von Subjekt, Nutzungsverhalten und technischer Applikation. Sie erklären sich daher auch aus einer Bedarfslage (Reichertz, 2017). Auf welche Bedarfe und Nöte reagieren also MODA? Dahingehend zeigt sich, dass die hinter den unmittelbaren Motiven, wie Spaß haben, Zeitvertreib, Liebe oder Sex finden (Timmermans & DeCaluwé, 2017; Degen & Kleeberg-Niepage, 2020), gelagerten Bedürfnisse folgende sind: a) Zeit sparen, b) Eindeutigkeit herstellen, c) Verfügbarmachen von positiven Emotionen, Liebe und Zufall und d) insgesamt Risikominimierung[1] (Cummings & Mays, 2021; Degen & Kleeberg-Niepage, 2020; Evans, 2019; Sharabi & Timmermans, 2021). Das scheint sinnvoll, da die Subjekte sich in einem gesellschaftlichen Kontext erleben, der neoliberal geordnet und beschleunigt ist, wo Zeit als knappe Ressource erlebt wird, Risiko allein verantwortet und Erfolg an selbst produzierter Zufriedenheit gemessen wird (Rosa, 2013; 2018; Rose, 2006).

7.3.1 Mobile-Dating-Applikationen und die digitale Architektur

Soziale Räume, in denen sich Subjekte annähern können, sind komplex, uneindeutig, normativ-diskursiv geladen und werden mitunter als bedrohlich wahrgenommen. In der Konsequenz zeigen Subjekte vermehrt Zurückhaltung, sich im öffentlichen Raum zu riskieren. Auf der männlichen Seite kann sich das im heterosexuellen Setting z. B. politisch begründen: »Spätestens seit #metoo, spreche ich keine Frauen mehr an, da lass ich mich lieber beim Klauen erwischen.« (Kenneth, 38). Bei Frauen geht es dabei auch um sich verändernde Geschlechterrollen: »Ich habe früher Jungs und Mädchen angesprochen [Probandin ist bisexuell, Anm. d. Verf.], aber Männer kommen darauf nicht klar, das bringt nichts, obwohl es ja alle fordern, gleichberechtigt und so, jetzt spreche ich nur Frauen an, und habe gar keine Kontakte mehr mit Männern, was schade ist« (Katharina, 28).

Mobiles Online-Dating ist hingegen vermeintlich eindeutig und niedrigschwellig. Beim marktanteilmäßig größten Anbieter, Tinder, ist ein Profil ist in wenigen Minuten erstellt. Notwendig sind lediglich die Angabe des eigenen Geschlechts, ein Nutzername, die sexuelle Orientierung, das Alter und der Zugriff auf das GPS, also die physische Verortung. Üblicherweise wird mindestens ein Bild eingestellt. Op-

---

1 Die Datenbeispiele und Ergebnisse beruhen, wenn nicht anders ausgewiesen, auf dem Projekt »Digitale Annäherungspraxen« von Johanna L. Degen, Andrea Kleeberg-Niepage & Jo Reichertz, aktuelle Publikationen sind in der Bibliografie eingefügt, u. a. The more we Tinder (2022), Profiling the Self (2021), >500 Entscheidungen am Tag (2021).

tional möglich ist es derzeit, bis zu weitere 8 Bilder, bewegte GIFs (loopende Mikrofrequenzvideos), einen Text bis zu 500 Zeichen einzustellen und eine Verknüpfung zu Instagram und dem Spotifyprofil herzustellen. Nutzerinnen und Nutzer müssen dann für die Suche festlegen, an welchem Geschlecht und welcher Altersspanne sie interessiert sind, sowie eine maximale physische Distanz zum Aufenthaltsort des möglichen Matches zwischen 1 km und maximal 140 km angeben.

Auf Basis dieser Informationen werden dann mögliche Matches vorgeschlagen. Die Logik der Algorithmen wird laufend verändert und in der Regel von den Anbietern geheim gehalten. In der wissenschaftlichen und kontrollierten Beobachtung zeigt sich: der Algorithmus funktioniert unter anderem nach Attraktivität der Profile, Antwortgeschwindigkeit oder auch Nutzungsverhalten, im Interesse der Plattformen, die ihre Kunden halten wollen. So werden beispielsweise nach längerer Abwesenheit der Nutzerinnen und Nutzer motivierend attraktive Profile vorgeschlagen, um die Nutzung erneut anzukurbeln (Courtois & Timmermans, 2018; Parisi & Comunello, 2020).

Die Partnervorschläge erfolgen entlang des prädominant, Bildschirm ausfüllenden, ersten Profilbildes, des eingeblendeten Nicknamen und, wenn freigegeben, dem Alter, dem Beruf, sowie dem Satzanfang eines möglichen Profiltextes. Die Entscheidung wird dann durch eine Wischbewegung getroffen, rechts wischen bedeutet *ja*, links wischen bedeutet *nein*. Nur wenn zwei Profile gegenseitig Interesse durch nach rechts wischen bekunden, entsteht ein Match und so wird die Kontaktaufnahme über den Chatbereich in der Applikation möglich.

Hinzu kommen vielerlei gamifizierende Funktionen, die dann auch als Anreiz für Bezahloptionen fungieren. Die Anzahl von positiv bewerteten Profilen ist beispielsweise auf 100 pro 24 Stunden begrenzt. Die Bezahlfunktionen machen es möglich, auf eine unbegrenzte Anzahl andere Profile zuzugreifen. Die Funktion der unbegrenzten Likes ist die am häufigsten genannte Begründung für den Kauf eines Premiumaccounts, den in Deutschland ca. 50 % der aktiven Nutzerinnen und Nutzer bereit sind zu bezahlen, der Trend ist dabei steigend (Statista, 2022). Mit den kostenpflichtigen Abonnements, die über Anreize und das Spiel mit Gefühlen, Hoffnung und Not der Nutzerinnen und Nutzer verkauft werden, handelt es sich um eine Branche, die am Online-Halten von Nutzerinnen und Nutzern Milliarden verdient.

Neben Tinder, am ehesten verbreitet in der studierten Mittelschicht, gibt es zahlreiche alternative Plattformen mit jeweils spezifischer Konnotation und Zielgruppe. Bumble soll feministisch[2], OKCupid eher in der alternativen Szene beliebt und kostengünstiger, Grindr im homosexuellen Milieu verbreitet und vor allem für sexuelle Interessen beliebt und Lex für queere Nutzerinnen und Nutzer ausgerichtet sein. Dies ist nur eine kleine Auswahl der größten Applikationen. Tatsächlich zeigt sich, dass sich die Nutzerinnen und Nutzer milieu-, demographie- und interessen-

---

2 Wobei Forschung zeigt, dass sich hegemoniale Logiken mitunter über die Maßnahmen hinwegsetzen. So sollen Frauen emanzipiert werden, indem sie den ersten Schritt der Kontaktaufnahme machen müssen. Die Praxis zeigt, dass derlei Maßnahmen in der digitalen Architektur, nur zum Teil zu einer Veränderung von rollentypischen Verhalten führen (Young & Roberts, 2021).

spezifisch entlang der Applikationen und über (Nicht-)Erfolg und sozialen Ausschluss sortieren (Bergström, 2021; Gal-Or, 2020). Dabei zeigen sich, wie bei Gruppendynamiken typisch, gegenseitige Abgrenzungs- und Abwertungsprozesse: »bei Tinder sind nur arrogante Schlampen, ich hab' das gelöscht, ich mach' nur OKCupid, da sind auch mal coole Mädels und die antworten auch« (Hannes, 21).

7.3.2 Nutzungsverhalten

Insgesamt gibt es komplexe und detaillierte, implizite(!), Verhaltenskodexe, die sich in die Nutzungspraxis einschreiben und auf das Selbst, das (angepasste) Verhalten und die intersubjektiven Dynamiken auswirken. Gerade am Anfang der Nutzung kann es dabei zu Missverständnissen kommen. Matches sind z. B. eher lose Bekundungen, danach sollte je nach Motiv[3] zügig Kontakt aufgenommen werden: »Am Anfang dachte ich, jedes Match wäre ein Date (lacht laut), heute weiß ich, wenn die nicht nach paar Stunden schreiben, ist das nix. Das muss man erst mal schnallen, auch meine Bilder am Anfang (lacht) gar nicht tinderlike, ich habe mich da schon ganz schön blamiert, man muss erstmal sehen, wie das geht.« (Simone, 31).

Die Nutzungspraxis ist in der Regel ein rhythmisches Wischen, bei dem innerhalb weniger Sekunden eine Entscheidung getroffen wird. Dabei werden hunderte Entscheidungen aneinandergereiht. Oftmals wird die Nutzung als Tätigkeit zwischen anderen Aktivitäten und nebenbei betrieben, beispielsweise auf der Arbeit, im Bus, beim Warten, auf Toilette, beim Double-Screening, bei einem enttäuschenden Date gleich unter dem Tisch. Männer und Frauen unterscheiden sich dabei im Verhalten, kaum aber bei den Motiven. Im heterosexuellen Setting sind Männer zahlenmäßig im Überhang und bewertungstechnisch im Nachteil, das schlägt sich dann auch auf die Strategien nieder. Frauen bewerten und selektieren härter. Männer bewerten erstmal großzügiger, liken also deutlich mehr Profile und entscheiden (noch) schneller als Frauen: »Erstmal swipe ich alle auf ja, dann gucke ich später, ob ich die entmatche oder ich warte auch erstmal, welche antworten, wenn ich schreibe.« (Adrian, 32). Auch bei der Kontaktaufnahme ist im heterosexuellen Setting geschlechterspezifisches Verhalten erfolgreicher. Frauen, die den Erstkontakt dem Mann überlassen, haben mehr Dates und werden weniger geghostet.

Die Motive der Nutzung, entgegen geläufiger Vorurteile im öffentlichen Diskurs, sind weder oberflächlich noch auf Sex reduziert (Timmermans & DeCaluwé, 2017; Degen & Kleeberg-Niepage, 2020). Beim Online-Dating handelt es sich hingegen um komplexe Motivlagen, wobei die meist vertretenen Motive Neugier, Unterhaltung und Beziehungssuche sind, daneben gibt es beispielsweise noch soziale Dazugehörigkeit, Ablenkung, über den oder die Ex hinwegkommen und Sex, der im untersten Drittel der Motive rangiert. Nutzerinnen und Nutzer haben in der Regel komplexe Motivlagen: »ich will Spaß haben, wenn Sex dabei rumkommt ist es auch gut, auf Dauer eine Frau finden wäre auch schön, nichts muss« (Andreas, 39).

---

3 Nicht alle Nutzerinnen und Nutzer streben analoge Treffen an, *Egoboosting* und reine Neugier sind auch verbreitete Motive.

7.3.3 Das Selbst und die Anderen

Das Online-Dating ist ein asynchrone, enthistorisierte Selbstinszenierung, bei der also Profile jederzeit neu angelegt und angepasst werden können. Das bedeutet: Profile bieten Raum für geplante und orchestrierte Optimierung unter anderem in der Form von Filtern, vorteilhaften Bildern, wohlüberlegten Texten, Strategien. Diese Spezifik ist bedeutungsschwanger, denn Subjekte befinden sich dann im Spannungsfeld zwischen a) Optimierung für unmittelbaren Erfolg innerhalb der MODA und dem Risiko, beim Date der Enttäuschung des Anderen ausgesetzt zu werden, sowie b) der Skepsis, andere könnten Catfishing (stark optimierte Profile, die als Täuschung oder Falle erlebt werden) betreiben.

Wer zu sehr optimiert, fürchtet mithin das analoge Treffen und die Konfrontation mit der etwaigen Enttäuschung des Gegenübers. Das kann Stress und Ambivalenzen begründen. Dabei gilt, Profile dürfen optimiert werden, aber nur in einem implizit geregelten Rahmen, nämlich insoweit, als die Optimierung in näherer Zukunft erreichbar wäre. So *dürfen* wenige Kilo Körpergewicht vertuscht werden, wenn man diese wirklich noch abnimmt, oder es darf als Beruf Arzt oder Ärztin angegeben werden, wenn sich die Person dem Ende des Medizinstudiums nähert. Sich als Frau mit langen Haaren zu profilieren, wenn man inzwischen eine Kurzhaarfrisur hat, oder als Mann oder Frau bei der Korpulenz zu täuschen, wird hart sanktioniert: »Ich war auf dem Date und hatte im Profil nur Bilder vom Gesicht drin und dann hat der mich gesehen und ist auf den Hacken umgedreht, das hat mich sehr gekränkt, jetzt habe ich nur Ganzkörperbilder im Profil, dann sehen die gleich, das ist eine Dicke, jetzt gibt es zwar auch die, die mich dann nur auf meinen Hintern reduzieren und sehr vulgär schreiben, aber gut, alles hat seinen Preis« (Madita, 25).[4]

Die entstehende Skepsis hinsichtlich der Absichten und Ehrlichkeit des Gegenübers schlägt sich in (abwertenden) Stereotypisierungen nieder: »bei schwarz-weiß, weißt du, die ist hässlich, kannst du gleich links wischen« (Phillipp, 28). Frauen sanktionieren eindeutige Statussymbole, wie Uhren und Autos: »das ist mir echt zu doof dann, prollig, das sind dann gerade die, die keine Kohle haben« (Leni, 21). Hier bestehen Milieuunterschiede. Männer verurteilen unterstellte Umtriebigkeit: »heiß, wenn man den Körper sieht, so beim Volleyball zum Beispiel, aber nicht so halbnackt extra Selfie machen, das ist billig, ich will ja nicht der 100ste von der sein, klingt jetzt hart, aber das geht allen Männern so« (Matthias, 30). Frauen unterstellen Männern im heterosexuellen Setting *Player* mit rein sexuellen Interessen oder wenig attraktiv und verzweifelt zu sein: »So einen der nur Selfies im Profil hat, da wink ich gleich ab, der hat keine Freunde und generell, die sind entweder Ficker oder Loser und wohnen noch bei Mutti, ist halt so« (Katharina-Johanna, 24). So zeigt sich, dass – nach einigen Enttäuschungen – die Gegengruppe generalisierend abgewertet wird und sich ein Enttäuschungsnarrativ mit negativer Erwartungshaltung ausbildet. Jeder erwartet vom anderen das schlechteste, mit den dazugehörigen Folgen für die Annäherung, die dann oft scheitert.

---

4 Ähnliche proaktive Strategien zeigen sich bei Menschen mit Behinderung, queeren und trans* Personen und bei Nischen-Motiven, dahingehend vertiefend ▶ Kap 7.3.9.

In der Forschung zeigen sich negative Effekte auf verschiedenen Ebenen. Auf intersubjektiver Ebene zählen dazu unter anderem Diskriminierung, Grenzüberschreitungen und Gewalt auf verbaler und physischer Ebene, Rassismus, Objektivierung der anderen und antisoziales Verhalten (Adamczyk, 2022; Andrighetto, 2019; Filice et al., 2022; Lopes & Vogel, 2017; March et al., 2017; Mason, 2016; Xu & Zheng, 2022).

Auf intrasubjektiver Ebene zeigen sich negative Effekte auf die psychische Gesundheit in der Folge von Vermarktung und Objektivierung des Selbst, Stress durch Beschleunigung, Angst' Überforderung durch viele Auswahlmöglichkeiten und Internalisierung fortlaufender Abwertung und Zuschreibung, diese selbst zu verursachen (Adamczyk, 2021; Rochadiat et al., 2020).

Subjekte bewerten Online-Dating dann mitunter als programmatisch enttäuschend, hinderlich für die Beziehungsanbahnung oder als generell *unenjoyable* (Adamczyk, 2022; Heino et al., 2010; Pitcho-Prelorentzos, 2020; Sharabi & Timmermans, 2021; Zytko et al, 2018).

Neben der Skepsis gegenüber anderen Nutzerinnen und Nutzern, zeigt sich in den vorliegenden Daten auch eine Abwertung der Plattformen, z. B. wegen der auffallenden Kapitalisierung: »die wollen einen nur abzocken und zeigen dann nur die kack Profile bis man bezahlt« (Dieter, 61) oder auch »ich hasse Tinder, alle hassen Tinder« (Sarah, 31). Im öffentlichen Diskurs heißt es mitunter: »Tinder has lost its spark« und sei ungesund (Reynolds, 2019). Das heißt aber nicht, dass nicht weiter *getindert* wird. Viele sind ambivalent, sie suchen aber weiter, sozusagen nach einer positiven Ausnahme. Dahingehend erzählen urbane Mythen, die wiederholt in ähnlicher Weise weitergegeben werden, von Tinder-Hochzeiten und Tinder-Babys. Jeder kennt mindestens ein erfolgreiches Paar, auf das sich hoffnungsvoll bezogen wird.

Mobiles Online-Dating wird mit großem Enthusiasmus begonnen, der allerdings nach ca. sechs Wochen deutlich abnimmt. Dabei wird nach anfänglicher Begeisterung über die vielen Möglichkeiten reflektiert, dass das Selbst auf einer Art Marktplatz angeboten wird und das Subjekt sich laufend von fremden, anderen Menschen bewerten lässt. Das Feedback ist dabei dichotom, das bedeutet, ich bekomme ein *Like* oder *Dislike*, aber kein genaueres Feedback. *Geghostet*, damit ist einseitiger, wortloser Kontaktabbruch gemeint, wird zwar auch nach Annäherung über den Chat oder nach analogen Dates. Doch gerade beim unkommentierten Kontaktabbruch in Kombination mit MODA entstehen Spielräume für Projektionen und damit eine negative Verstärkung eigener Narrative: »Wenn ich dann geghostet werde, tut das weh und ich denke, ja, liegt an meiner Nase, nächste Woche gehe ich zum Chirurgen, ich kann nicht mehr« (Trine, 42). Wie in diesem Beispiel illustriert, wirken sich derlei Zuschreibungen weit über die digitale Applikation hinaus auf das Selbst aus. Die Folgen dieses Einflusses reichen vom Abnehmen, über Friseurbesuche und Stylings bis hin zu Operationen (u. a. Punyanunt-Carter & Wrench, 2017; Toma & Hancock, 2010; 2011). Unklar, ist, inwiefern Ablehnungen in MODA kausale Ursache für derartige Entscheidungen sind, denn dabei spielen sicherlich auch andere Lebensbedingungen eine Rolle, aber Online-Dating in expliziter Weise auch: »ich habe wegen Tinder zehn Kilo abgenommen, eigentlich bin ich dafür sogar dankbar (lacht)« (Matthäi, 36).

Aber der Erfolg beim mobilen Online-Dating hängt nicht nur vom Aussehen und dem Profil ab, sondern auch vom Aktivitätslevel. Dieser muss hoch sein, um die eigenen Chancen zu erhöhen und den Algorithmus positiv zu beeinflussen und für etwaige Dates erreichbar zu sein. Es wird erwartet, dass man verfügbar ist: »Man muss schon viel online sein, einmal weil man sonst nur Scheiß angeboten bekommt, die App straft das sofort ab, andererseits um sofort zu antworten, die Matches sind sonst weg, aber vielleicht ist das nur bei uns Jungs [homosexueller Mann] so. Das kann einen schon fertig machen« (Achim, 33).[5]

Neben der Verfügbarkeit und dem Ghosting hält über das mobile Online-Dating auch Parallelität Einzug in die Datingpraxis. Matches werden in hoher Zahl gesammelt, es wird mit mehreren Personen gleichzeitig gechattet und Dates werden in Reihe geschaltet. Das ist neu, denn wer früher im Club mit allen geflirtet hat, war diskreditiert. Das bedeutet aber nicht, dass die Parallelität nicht als verletzend und verunsichernd erlebt wird, trotzdem wird sie akzeptiert und reproduziert: »Romantisch ist es nicht, man weiß, wenn ich jetzt heimfahre, schreiben wir beide mit den nächsten, eigentlich macht das vieles auch kaputt, aber das ist jetzt so« (Lina, 22).

In den mobilen Online-Dating-Praxen vertiefen sich die metatheoretischen Überlegungen zu Liebe und Annäherung, die Baumann bereits 2003 beschrieben hat. Schon da zeichnet sich ab, dass sich Subjekte auf der Suche nach Anerkennung und Liebe von einer Beziehung zur nächsten bewegen, wobei Verbindlichkeit abnimmt. Baumann argumentiert dahingehend, dass Subjekte dabei nach Stabilität im Außen streben, was sie aber im Innen nicht über Selbstliebe produzieren können. Gerade die Unverbindlichkeit von Beziehungen nimmt vor dem Hintergrund vielfältiger Möglichkeiten des mobilen Online-Datings (noch weiter) zu und trägt sich neben der Annäherung in die Beziehungen hinein – über Niedrigschwelligkeit des schnellen Marktwertchecken in Krisen oder bei Verärgerung bis hin zum Tinderneid[6], der aufregenden Alternativen und neuer Leichtigkeit der Organisation der nächsten oder parallelen Beziehung. Individuen ringen unruhig um Anerkennung und Liebe über relativ unbekannte andere und kompensieren die Verletzungen mit Verstärkung derselben Praxis, fortwährend im Außen, gerichtet auf das Profil, auf Aussehen und Optimierung sowie Aufregung und Freude, die über das Alltägliche hinweghelfen soll.

7.3.4 Hyperstimulation, Langeweile und Tindersex

Die vielen, schnell verfügbaren Alternativen, das Geringhalten von Aufwand und Strategien wie der einseitige und abrupte Kontaktabbruch beim Ghosting, Parallelität beim Dating, Geringhalten des Einsatzes sowie die erlebte Abwertung der anderen können ihren Preis in der Form von Spannungs- und Interesseverlust haben. Die Partnerwahl läuft nebenbei, man trifft viele und hält seine Dates kosten- und aufwandsgering: »ich mache meist zwei Dates an einem Tag, da ist dann klar nicht so viel drin, also ins drei Sterne Restaurant gehts dann nicht« (Alex, 42). Hier zeigt sich

---

5 Das ist nicht nur im homosexuellen Milieu typisch.
6 Dahingehend weitere Erläuterungen ▶ Kap. 7.3.7

ganz explizit die ökonomische Logik, der Illouz (2018b) oder auch Weigel (2018) das Ende der romantischen Liebe zuschreiben. Dabei wird das Selbst zum Produkt, der persönliche Einsatz kalkuliert, der Wert des Anderen abgewogen und auf möglichst gewinnbringende Partnerschaften gesetzt—sozusagen ein Markt der Liebe.

Dating wird unter der quantifizierenden und ökonomischen Logik pragmatisch zur Nebensache, so gehen einige bei Dates einkaufen, zum Baumarkt oder joggen, um wenigstens den praktischen Nutzen aus eventuell unerfolgreichen Dates zu ziehen. Die Konsequenz ist dann mithin, dass das Date und das Gegenüber als langweilig wahrgenommen werden. Diese Langeweile zieht sich bis in die sexuellen Begegnungen: »ja dann hat man so Tindersex. Die Mädels wollen nicht schwitzen wegen des Make-ups oder ziehen den Bauch ein, von hinten geht dann nicht usw. achten auf ihr Aussehen halt, das ist so öde. Ich hatte eine, die hat dabei die Lippen nachgezogen, ist kein Witz« (Benno, 28). Ein Beispiel aus weiblicher Perspektive bringt noch die Problematik der unterstellten Eindeutigkeit der Motive und Skripte ins Spiel: »Seit dem Online-Dating habe ich auch oft Sex, wo ich eigentlich nicht richtig Lust hatte, aber hatte dann um 22 Uhr noch das Date zugesagt, tja, und man kannte sich nicht irgendwie [...] aber jetzt erfüllend ist das nicht, eher eine Performance (lacht)« (Chloe, 26). Es scheint dabei, als wandle sich der Sex zum Akt der Vorstellung, profilhaft und hingabelos, sozusagen beschnitten um das Intime, was sich dann in Langeweile niederschlägt. In der Hyperstimulation[7] der Möglichkeiten, der Dates und der Kommunikation scheint nichts mehr als bedeutsam wahrgenommen zu werden: »die sind ja alle schön auf Tinder, aber dann auch wieder in der Masse keine« (Kasper, 34).

7.3.5 Chancen und positive Effekte vom mobilen Online-Dating

Trotzdem – es ist zu kurz gesprungen, mobiles Online-Dating zu verteufeln. Ganz pragmatisch gefasst, ist es funktional, es bilden sich Paare, es finden sich Reisepartner, Freunde, Samenspender, Regenbogenfamilien und es finden positiv erlebte sexuelle Begegnungen statt. Mobiles Online-Dating kann geradezu heilende Wirkung haben: »ich war so kaputt nach meiner Scheidung, mein Ego am Boden, Tinder hat mich gerettet« (Walther, 45). Nutzerinnen und Nutzer haben Spaß, bewältigen Einsamkeit, Isolation und Krisen, trainieren ihre sozialen, kommunikativen Fertigkeiten und Flirtskills, überwinden Schüchternheit, boosten ihr Ego und kommen in Kontakt, trotz anmutender sozialer Angst: »ich hätte im Leben keine Frau in einer Bar angesprochen, ich wäre heute noch allein und ich war einsam, ich war neu in Berlin und ich konnte mich hier etablieren ohne raus zu müssen. Heute lebe ich ein schönes Leben und traue mich, auch Frauen draußen anzusprechen« (Benny, 38).

Außerdem überwinden Nutzerinnen und Nutzer soziale (Milieu-)Grenzen: »ich arbeite in einer Agentur, ich lebe einfach in der krassesten Blase, aber über OKCupid treffe ich auch mal neue Leute; eine Frau aus Zimbabwe oder auch eine Künstlerin,

---

7 Vertiefend zur Hyperstimulation Simmel (1995) oder Aho (2007).

das ist total spannend und schön und ich wüsste gar nicht, wo ich solche Personen, die eben ganz anders leben sonst treffen würde, wir laufen uns nicht zufällig über den Weg« (Marten, 28).

Ganz ähnlich wie bei Zeitungsannoncen (Reichertz, 1991) wird auch mobiles Online-Dating in der Gruppe als soziale Interaktion, und zwar zwischen Nutzern und Nicht-Nutzern, als soziales Event betrieben und dann als identitätsstiftend wahrgenommen: »für mich ist das schönste, wenn ich mit meinen Freundinnen auf Tinder Nachrichten lesen, zusammen Matches auswählen und wir uns austauschen, wir sind uns dabei so nah und es ist lustig [...] da sind auch viele dabei, die selbst kein Tinder benutzen, die wollen dann erst recht mal swipen« (Chloe, 26).

Unter den Lebensbedingungen der Pandemie fiel der soziale Aspekt noch schwerer und mit neuer Ernsthaftigkeit ins Gewicht (Portolan & McAlister, 2022), so wurde berichtet, dass MODA der einzige Ort seien, um noch neue Menschen zu treffen und Angst zu bewältigen: »ich war halt bei Tinder um mit Menschen zu sprechen, wegen Einsamkeit und Angst, Facebook macht man ja in unserem Alter nicht mehr, ich konnte nicht mehr mit meiner Familie und ich war so einsam, schon komisch, weil es ist ja eigentlich zum Daten, aber es gab sonst einfach nichts.« (Claudio, 34).

7.3.6 Das Ringen mit MODA

Im Spannungsfeld zwischen einerseits Möglichkeiten und Chancen und andererseits den negativen Effekten zeigen sich dann Aushandlungsprozesse, Emanzipationsversuche und darin enthaltene Herausforderungen, quasi ein Ringen mit der Nutzung. Negative Aspekte werden mitunter mit mehr des gleichen kompensiert: »Wenn ich ein Date hatte und wieder enttäuscht war, dann tinder ich direkt im Bus weiter und manchmal habe ich dann sofort noch ein Date, dann kann ich das andere besser vergessen, oder nachts nach der Abfuhr schreib' ich jemanden an, der direkt rüberkommt, wenn es gut läuft, und mir geht es gleich wieder gut oder noch schlechter – Russisch Roulette« (Lisa, 27). Andere versuchen, ihre eigene Nutzungsdauer zu kontrollieren, setzen sich Zeitfenster, löschen die Applikation für die Wochentage. Ablöseversuche, die meist als schwierig beschrieben werden: »Ich lösche die App und will auch echt Schluss damit machen, manchmal schon 20 Minuten später, installiere ich die wieder.« (Annika, 29). Derlei Aushandlungen werden auch als kritisches Nutzungsverhalten mit suchtähnlichen Tendenzen beschrieben (u. a. Bonilla-Zorita et al., 2021).

Andere weichen auf alternative digitale Applikationen aus wie Instagram-Dating. Instagram ist keine explizite Dating Applikation, sondern eine Social-Media-Plattform wie eine Art Tagebuch: mit einem Feed bestehend aus Fotos, die auf dem Profil bestehen bleiben, und Storys in Form von 60-Sekunden-Videosequenzen, die für 24 Stunden live bleiben, dann verschwinden und vorwiegend direkt Erlebtes teilen. Dating auf Instagram, als Alternative zum mobilen Online-Dating, wird tendenziell positiv bewertet, weil es u. a. uneindeutig ist und Subjekte sich deswegen (wieder) riskieren. So wissen Nutzerinnen und Nutzer nicht, ob der oder die andere am Dating interessiert wäre, und Kontaktaufnahmen sind ebenfalls uneindeutig. So bleibt das Ergebnis offen und die Annäherungen sind sozial und historisch eingebettet. Bei Instagram kann das soziale Netzwerk eingesehen werden, was auch als Sicherheit interpretiert wird: »Ich finde das auf Tinder gefährlich, hier [Instagram, Anm. d. Verf.] weiß ich, wer die Mutter ist, den Nachbarn kenne ich auch und ob der ein Psychopath ist, sehe ich dann irgendwie eher« (Marie, 22). Im Feed kann zurückgescrollt werden: »ich fühle dann, ich kenne die Person ein bisschen, das gibt mir auch ein Gefühl von Sicherheit, ich freue mich mehr auf die Dates, auch weiß man dann eher, was man fragen kann, ob man Interessen teilt« (Timo, 28). Dabei führen Nutzerinnen und Nutzer an, dass sie genau das wertschätzen und als authentischer wahrnehmen: »Ich date nur noch auf Insta, ich finde es schön was über die Person zu erfahren, ist zwar peinlich dann, wenn die nicht will und man kann das dann auch schon tratschen, aber mir egal. Auf Insta kann ich mal einen Deeplike[8] machen und dann schauen, ob da was zurückkommt, dann mal auf eine Story antworten und dann ab in die DMs[9].« (Tim, 25).

Die Idee, das Dating vom Digitalen ins Analoge zurückzuführen, ist dabei im Übrigen nicht mitgedacht, die Lösung wird technisch gedacht: »Keine der Apps derzeit funktionieren, ich warte da noch auf eine neue Erfindung, vielleicht im Metavers.« (Max, 37).

7.3.7 MODA entgrenzen sich

Digitale (Dating-)Umgebungen sind spezifische, aber nicht vom Analogen separate Räume, sondern sie sind ein sozial eingebundener Ort mit wechselseitiger Wirkung (Dekker, 2012). So zeigt sich, dass mobiles Online-Dating über das Digitale hinaus wirkt, in analoge Praxen, Annäherung, Sexualität und Beziehungen.

Nicht nur beim Online-Dating, sondern auch für echte Treffen gilt eine hohe, checklistenhafte Erwartungshaltung an die Anderen: »Seit ich auf Tinder war, habe ich eine ganze Liste: muss vegan leben, Rotweinkenner, kein Surfer, gerne Hund, Familienmensch, auch Frankreich bereisen wollen, keine Kinder, sportlich, studiert, kein Rucksackträger und die Liste nehm' ich heute auch offline zur Hand sozusagen, also das gilt jetzt nicht nur online [...]« (Marie, 29). Und Nicht-Nutzerinnen und Nicht-Nutzer zeigen vor dem Möglichkeitshintergrund der Applikationen eine Art Tinderneid: »Ich bin leider seit 15 Jahren glücklich verheiratet und schnappe mir von meinen Freunden das Handy, um wenigstens ein bisschen von dem Feeling mitzubekommen, das hätte ich auch gerne erlebt« (Gabi, 45). Den Applikationen wird von außen Spaß, Spannung und die Chance auf viele (neue) Möglichkeiten zugeschrieben.

Vor dem Hintergrund der vielen Alternativen werden auch bestehende Beziehungen fortlaufend evaluiert: »Ich habe seit 4 Jahren eine Beziehung und wenn es nicht läuft, bin ich schneller online, als sie ›Schlussmachen‹ sagen kann. Bei jedem

---

8 Ein älteres Bild liken, wodurch der Profilinhaber bemerkt, dass der andere zurückgescrollt hat und sich also interessiert.
9 Direct Messages, in der Form eines privaten Chatbereichs.

Streit. Dann wird erstmal Marktwert gecheckt und verglichen, sauber ist das nicht, würde sie das machen, würde ich ausflippen« (Phillip, 38).

Für Beziehungen bedeutet dies (Döring, 2019) den niedrigschwelligen Zugriff auf die unendlich scheinenden Alternativen, mit denen unerfüllte Bedarfe und Neugier, aber auch Konflikte (viel-)leicht extern kompensiert werden können. Auf der Toilette kann diskret ein Kompliment eingeholt werden oder nach einem Rebound Online Sex und Affären gesucht werden. Mobiles Online-Dating interagiert folglich mit etablierten Beziehungen, ganz gleich, ob analog oder digital initiiert. Knapp 50 % der Tindernutzer sind nicht Single. Auf OKCupid sind knapp 40 % der männlichen Profile Paarprofile auf der Suche nach Dreiern, Vierern, Partnertausch oder zusätzlichen Partnerinnen und Partnern für offene Beziehungen. Bei Paarbildung muss Moral neu verhandelt werden, wann die Applikation gelöscht sein muss, inwiefern ein aktives Profil bereits Fremdgehen oder gänzlich natürlich und unbedeutsam ist. Dahingehend gehen die Bewertungen weit auseinander: »Mein Partner ist auf Lovoo, das hatte ich auf seinem Handy gesehen, ich habe dann ein Fakeprofil gemacht und ihn dort gefunden und gematcht. Wir haben auch geschrieben, da hat er aber gesagt er sei vergeben, also war er ja treu, so sehe ich das und jetzt lasse ich ihn beruhigt in Ruhe« (Jule, 41).

7.3.8 Mobiles Online-Dating ist (nicht) anders

Insgesamt zeigt sich, dass sich die Logiken und die Konnotation von Online-Dating in die analoge Datinglogik einschreiben. Beim Bodymapping[10] zeigt sich zudem, dass online und offline zustande gekommene Dates sich höchstens in den ersten Sekunden unterscheiden, es gibt anscheinend keine typischen Online- oder Offlinedates (mehr), zumindest zeigt es sich nicht im Körper oder den Narrativen. Eher wird erklärt, wieso es keine Unterschiede zu geben scheint: »eigentlich kein Unterschied, wenn ich jemanden so kennenlerne, bin ich ja auch oft betrunken und mit vielen Leuten zusammen, da ist es dann auch spannend, wenn man sich zum ersten Mal alleine trifft und eben nüchtern (lacht), vielleicht unterscheiden sich eher Dates früher und heute, aber jetzt nicht, wo man sich erst getroffen hat« (Lene, 24). Die Dates gleichen sich in den Prinzipien, dies wird auch an denen deutlich, die aktiv dagegenwirken: »ich date jetzt ganz anders, Slowdating[11], keine Hektik, kein scheiß paralleler Scheiß, immer nur einen« (Interviewer: Wo hast du denn Parallelität erlebt, also vor allem beim Online-Dating?) »Nein, Quatsch, das geht längst darüber hinaus, das ist jetzt generell so.« (Birthe, 38).

---

10 Noch unveröffentlicht.
11 Slow movements, die hier von der Probandin auf Dating angewandt werden, zeigen sich sonst in der Form von beispielsweise Slowsex. Einen aktuellen Überblick gibt Döring (2022). Dabei geht es um entschleunigte Praxen, die z. B. Elemente von Mindfulness nutzen, um wenig zielgerichtet, eben langsam, den Weg zum Ziel ins Zentrum stellen, statt vermeintliche, normative Ziele (wie beispielsweise einen Orgasmus oder ein schnelles, effektives Date).

7.3.9 Marginalisierte Gruppen und gefährdete Subjekte

Mobiles Online-Dating macht denen Spaß, die erfolgreich sind, und betrifft mithin die Sphäre der (hinreichend) attraktiven, gebildeten und situierten Menschen. Menschen mit Behinderung, Menschen aus der LGBTQIA+-Community und Menschen mit Nischenbedürfnissen[12] stellen ihr Anliegen oftmals im Profil nach vorne. Dabei kann wichtig sein zu verstehen, dass dabei eine andere Qualität und Begründung eine Rolle spielt, anders als das vorteilhafte Präsentieren von generalisiert attraktiven normal-gewichtigen, heterosexuellen cis Personen. Hierbei geht es oftmals vielmehr darum, Diskriminierung und Gefahr für Übergriffe und Gewalt einzudämmen Im Umkehrschluss werden Subjekte mitunter mit Fetischisierung ihrer Merkmale konfrontiert, was als leidvoll und verletzend erlebt werden kann. Es soll an dieser Stelle keine Opferperspektive aufgebaut werden, denn auch marginalisierte Gruppen nutzen MODA aber auch mit viel Freude, funktional und erfolgreich. Vor allem in der LGBTQIA+-Szene etabliert sich dabei eine anerkennende, humanistische Kultur, wobei der individualisierende Blick auf die Anderen als bereichernd erlebt wird. Da könnte für cis-heteronormative Applikationen und deren Nutzung Inspiration vorhanden sein.

7.4 Implikationen

In der therapeutischen Praxis können gerade die negativen Effekte mitgedacht und Prozesse der Nutzung begleitet werden, auch wenn Dating-Applikationen zur Bewältigung, z. B. bei sozialer Angst und Einsamkeit oder bei marginalisierten Gruppen, intervenierend empfohlen werden. Untenstehend sind unvollständig erst mögliche Not und Gefährdung und danach Potenziale zur positiven Aneignung aufgelistet. Anschließend werden Ansätze diskutiert, wie negative Effekte und Gefahren behandelt und positive Aneignung unterstützt und wahrscheinlich gemacht werden können.

7.4.1 Zwischen Gefährdung und Chancen

a) Not und Gefährdung beim mobilen Online-Dating hängen u. a. zusammen mit:
　1. der Vermarktung und Inszenierung des Selbst, mit Optimierungsmöglichkeiten und dazugehörigen Dilemmata.
　2. fortlaufendem dichotomen Beurteilen durch unbekannte andere, mit Raum für Projektionen, wobei sich dann (abwertende) Generalisierungen zwischen Gruppen konstituieren.

---

12 Gemeint ist Nischenbedürfnis innerhalb MODA, z. B. einen Samenspender finden, Fetische ausleben.

3. Erleben von Kapitalisierung der eigenen Suche nach positiven Emotionen, Sex, Liebe.
4. den Praktiken, die nicht immer der eigenen Moral entsprechen und entfremdet wirken können, wie Ghosting, Quantifizierung und Parallelität.
5. Gewalt und Grenzüberschreitung, z. B aus unterstellter Eindeutigkeit[13].
6. Stress durch die ständig präsenten und niedrigschwellig zu erreichenden Alternativen und vielzähligen, schnellen Entscheidungen.
7. nicht neu verhandelter Moral in Beziehungen und ›Neid‹ auf die mobile Online-Dating Szene.

b) Die Chancen und Potenziale beim mobilen Online-Dating sind u. a.:
1. Kompatibilität, Bedürfniserfüllung, indem nicht verhandelbare Charakteristika (z. B. Korpulenz, Behinderung, sexuelle Orientierung, religiöse Überzeugung) und spezifische Interessen (z. B. Samenspende, offene Beziehung) offensiv nach vorne gestellt werden können.
2. Kontaktmöglichkeit mit Menschen aus anderen Milieus, Professionen, kulturellem Hintergrund.
3. risikoarm soziale Fertigkeiten, wie Flirten, in einem Setting trainieren, in dem Reflexion und Strategie durch asynchrone kommunikative Settings möglich sind.
4. Einsamkeit und Krisen überwinden über niedrigschwellige Kontaktherstellung.
5. Auseinandersetzung mit dem Selbst, den eigenen Wunschen und Werten in einem Setting, in dem auch immer wieder neu experimentiert werden kann.
6. Schutz vor Übergriffen und Diskriminierung von gefährdeten Subjekten.

Wie kommen wir von A nach B?

Es deutet sich in der Forschung an, dass es neben messbar schädlicher Mediennutzung, auch relativ gesunde Modi der Nutzung geben kann. Entscheidend scheint dabei eher, *wie* die Medien genutzt werden, weniger, ob sie genutzt werden, und inwiefern das Subjekt als Rohmaterie konsumiert wird, oder sich das Digitale aneignet (Kleeberg-Niepage & Degen, 2022).

Zu den Anzeichen einer negativen Nutzungsdynamik, die nicht dem Subjekt dient, zählen mehr swipen als guttut, eine Vielzahl an Dates aneinanderreihen, sodass die Freude und Bedeutung verloren gehen, Sex praktizieren, der nicht genossen, aber bereut wird, Körpersignale zu ignorieren oder auch monetäre Einbußen über den Maßen hinnehmen und generell die Strategie negative Effekte mit mehr des Gleichen zu kompensieren.

Zur positiven Aneignung zeigt sich, dass die, die sich den prädominierenden Prinzipien entziehen, am zufriedensten daten und positive Erlebnisse unzufällig und wiederholt produzieren können. Sie erleben die gesuchte Spannung, positive Emotionen und scheinen qualitativ erfolgreicher zu daten. Erreicht wird das in der Regel durch geplante Verlangsamung und Hürden, womit sie sich und das Gegenüber dazu bringen, zu investieren und sich zu riskieren: »ich sage dann, dass ich

---

13 Z. B. in Bezug auf Jugendliche und Sexting, vertiefend z. B. Budde et al (2022) oder Döring & Mohseni (2018).

erst in zwei Wochen kann und nach St. Peter zum Strand möchte [Proband wohnt ca. 120 km von St. Peter-Ording entfernt, Anm. d. Verf.], dann sehe ich ja, ob wirklich Interesse besteht und man hat gleich mehr vom Tag zusammen, denn dann ist das Date auch nicht nach zehn Minuten vorbei.« (Matz, 41).

Die positive Aneignung kann viele Gesichter haben und ist dispositions-, bedürfnis- und motivabhängig, dahingehend kann ein individualisierender Blick wegweisend sein. Positive Aneignung kann prinzipiell aber so aussehen, dass a) nach höheren Werten gehandelt wird, b) sich riskiert und c) die habituelle Dynamik gebremst wird, d) die Vorteile bewusst genutzt werden, um insgesamt in bewusster Nutzung, Kontrolle und Genuss zu bleiben.

Das kann konkret folgendermaßen aussehen: a) ich ghoste nicht, weil ich nicht geghostet werden möchte/ich schreibe nicht parallel, weil es mir meine Romantik verdirbt, b und c) ich gebe etwas von mir Preis und fordere Fokus ein, weil ich sonst in der Beschleunigung und Quantifizierung konsumiert werde, d) ich nutze eine Applikation, die zu mir und meinen Vorstellungen und Wünschen passt/ich kenne oder exploriere meine Lust und bin direktiv und explizit/ich lege kommunikative Strategien zurecht und probiere Rollen und Orientierungen spielerisch aus.

7.4.2 Implikationen für die therapeutische Praxis

Für die Rolle der therapeutischen Begleitung kann das bedeuten, suchtähnliche Nutzung und negative Effekte ernst zu nehmen und *Entwöhnung inklusive positiver Gegenentwürfe(!)* zu begleiten. Dazu gehört der reflektierte und lösungsorientierte Umgang mit aktuellen Herausforderungen rund um Geschlechterrollen, verengte Sagbarkeitsspielräume und politische Diskurse und respektives erarbeiten und ausprobieren von Handlungsspielräumen.

Eine Begleitung kann aber auch bedeuten, *Strategien einer positiven Nutzung* zu entwickeln, z. B. den gewünschten monetären Einsatz, die Nutzungsdauer und Nutzungsart zu planen und zu reflektieren. Die Möglichkeiten der Applikationen in der Therapie zu nutzen, z. B. um Werte herauszuarbeiten, Rollen auszuprobieren, Kommunikation zu üben, wobei die MODA ein Ort ist, an dem weniger intuitives und stattdessen geplantes Kommunizieren geübt werden kann. In Bezug auf die Plattform der Wahl kann zum Experimentieren und Ausprobieren aufgerufen werden, die Plattformen unterscheiden sich in Bezug auf Milieu und Interessen sowie Werthaltungen deutlich, was in Bezug zu Gesundheit und Erfolg mit Vorteil berücksichtigt werden kann. Strategien sind aber auch für die Sicherheit bedeutsam, so kann gemeinsam überlegt werden, sich nur an öffentlichen Orten zu daten, nicht ins Auto bei Fremden zu steigen, Dritte zu informieren, wo und mit wem sich getroffen wird usw.

Im reflektierten (Nutzungs-)Verhalten liegt dabei die Chance einer positiven Aneignung und darüber hinaus auch einer generellen Weiterentwicklung der Datingkultur, denn die digitalen Architekturen der MODA legen spezifisches Nutzungsverhalten zwar nahe, aber erzwingen es nicht. Subjekte bleiben handlungsfähige Akteure und können in der reflexiven Mediatisierung und in der tausendfachen Wiederholung auch die Applikationen ändern.

Literatur

Adamczyk, K., Morelli, N. M., Segrin, C., Jiao, J., Park, J. Y. & Villodas, M. T. (2021). Psychometric Analysis of the Dating Anxiety Scale for Adolescents in Samples of Polish and U.S. Young Adults: Examining the Factor Structure, Measurement Invariance, Item Functioning, and Convergent Validity. *Assessment*, 29(8), 1869–1889. https://doi.org/10.1177%2F10731911211017659

Adamczyk, K., Janowicz, K. & Mrozowicz-Wronska, M. (2022). Never-married single adults' experiences with online dating websites and mobile applications: A qualitative content analysis. *New Media & Society*. https://doi.org/10.1177%2F14614448221097894

Aho, K. (2007). Simmel on Acceleration, Boredom, and Extreme Aesthesia. *Journal for the Theory of SocialBehaviour 37*, 447–462. https://doi.org/10.1111/j.1468-5914.2007.00345.x

Andrighetto, L., Riva, P. & Gabbiadini, A. (2019). Lonely hearts and angry minds: Online dating rejection increases male (but not female) hostility. *Aggressive Behavior, 45*, 571–581. https://doi.org/10.1002/ab.21852

Baumann, Z. (2003). *Liquid Love*. Polity Press

Bergström, M. (2021). *The New Laws of Love*. Polity Press

Broeker, F. (2021). ›We went from the anonymity of the internet into my private WhatsApp‹: Rituals of transition among dating app users in Berlin. *New Media & Society*. https://doi.org/10.1177/14614448211029200

Budde, J., Witz, C. & Böhm, M. (2022). Sexual Boundary Violations via Digital Media Among Students. *Front. Psychol.* 12,755752. https://doi.org/10.3389/fpsyg.2021.755752

Bonilla-Zorita, G., Griffiths, M. D. & Kuss, D. J. (2021). Online Dating and Problematic Use: A Systematic Review. *Int J Ment Health Addiction* 19, 2245 2278. https://doi.org/10.1007/s11469-020-00318-9

Courtois, C. & Timmermans, E. (2018). Cracking the Tinder Code: An Experience Sampling Approach to the Dynamics and Impact of Platform Governing Algorithms. *Journal of Computer-Mediated Communication*, Volume 23, Issue 1, January 2018, 1–16. https://doi.org/10.1093/jcmc/zmx001

Cummings, J. J. & Mays, K. (2021). Trait motivational reactivity as a predictor of online dating app behavior. *Computers in Human Behavior*, Volume 121, 106775. https://doi.org/10.1016/j.chb.2021.106775

Degen, J. L. & Kleeberg-Niepage, A. (2021). Profiling the self in mobile online dating: a serial picture analysis. *Human Arenas*. https://doi.org/10.1007/s42087-021-00195-1

Degen, J. L. & Kleeberg-Niepage, A. (2022). The more we Tinder: Subjects, Selves and Society. *Human Arenas*. https://doi.org/10.1007/s42087-020-00132-8

Degen, J. L. (2021). > 500 Entscheidungen am Tag (Online-)Dating zwischen transzendenter Hoffnung, programmatischer Enttäuschung und bedingter Verbindlichkeit. In: Nassehi, A.: *Falsch Wählen*. Kursbuch Online Nr. 207.

Dekker, A. (2012). *Online Sex. Körperliche Subjektivierungsformen in virtuellen Räumen*. Transcript.

Döring, N. & Mohseni, M. R. (2018). Are Online Sexual Activities and Sexting Good for Adults' Sexual Well-Being? Results From a National Online Survey, *International Journal of Sexual Health*, 30:3, 250–263. https://doi.org/10.1080/19317611.2018.1491921

Döring, N. (2019). Sexuelle Aktivitäten im digitalen Kontext. Aktueller Forschungsstand und Handlungsempfehlungen für die Praxis. *Psychotherapeut* 64(5) (2019), 374–384. https://doi.org/10.1007/s00278-019-00371-3

Dröge, K.& Voirol, O. (2016). Kapitalistische Liebesformen. Online Dating und die produktive Spannung zwischen romantischer Liebe und ökonomischer Rationalisierung. In: Sachweh, P.; Münnich, S. (Hrsg.): *Kapitalismus als Lebensform? Deutungsmuster, Legitimation und Kritik in der Marktgesellschaft*, S.165–185. Springer VS.

Döring, N. (2022). Slow Sex: Ein Ansatz für entschleunigte und achtsame Sinnlichkeit. *Z Sex Forsch* 2022; 35(02): 97–101. https://www.thieme-connect.com/products/ejournals/abstract/10.1055/a-1832-5525

Evans, D. N. (2019). Full disclosure: experimental analysis of female online dating on parole. *J Exp Criminol* 15, 179–199. https://doi.org/10.1007/s11292-019-09357-2

Filice, E., Abeywickrama, K. D., Parry, D. C. & Johnson, C. W. (2022). Sexual violence and abuse in online dating: A scoping review. *Aggression and Violent Behavior*, 67. https://doi.org/10.1016/j.avb.2022.101781

Gal-Or, E. (2020). Market segmentation on dating platforms. *International Journal of Industrial Organization*, 68, 102558. https://doi.org/10.1016/j.ijindorg.2019.102558

Heino, R. D., Ellison, N. B. & Gibbs, J. L. (2010). Relationshopping: Investigating the market metaphor in online dating. *Journal of Social and Personal Relationships*, 27(4), 427–447. https://doi.org/10.1177/0265407510361614

Illouz, E. (2018a). Einleitung – Gefühle als Ware. In: Illouz, E. (Hrsg.): *Wa(h)re Gefühle – Authentizität im Konsumkapitalismus*, S.13–50. Suhrkamp.

Illouz, E. (2018b). *The End of Love. A Sociology of Negative Relations*. Suhrkamp.

Kleeberg-Niepage, A. & Degen, J. L. (2020). Between Self-actualization and Waste of Time: Young People's Evaluations of Digital Media Time. In: Schutter, S., Harring, D. & Bass, L. E. (Hrsg.): *Children, Youth and Time. Sociological Studies of Children and youth*. Vol. 30.

Lopes, M. R. & Vogel, C. (2017). Women's perspective on using Tinder: a user study of gender dynamics in a mobile device application. *SIGDOC ›17: Proceedings of the 35th ACM International Conference on the Design of Communication*. https://doi.org/10.1145/3121113.3121220

Luhmann, N. (2014). *Liebe als Passion*. Suhrkamp

March, E., Grieve, R., Marrington, J. & Jonason, P. (2017). Trolling on Tinder® (and other dating apps): Examining the role of the Dark Tetrad and impulsivity. *Personality and Individual Differences*, 110, 139–143. https://doi.org/10.1016/j.paid.2017.01.025

Mason, C. L. (2016). Tinder and humanitarian hook-ups: the erotics of social media racism. *Feminist Media Studies*, 16(5), 822–837. https://doi.org/10.1080/14680777.2015.1137339

Parisi, L. & Comunello, F. (2020) Dating in the time of »relational filter bubbles«: exploring imaginaries, perceptions and tactics of Italian dating app users. *The Communication Review*, 23:1, 66–89, https://doi.org/10.1080/10714421.2019.1704111

Pitcho-Prelorentzos, S., Heckel, C. & Ring, L. (2020). Predictors of social anxiety among online dating users. *Computers in Human Behavior*, 110. https://doi.org/10.1016/j.chb.2020.106381

Portolan, L., McAlister, J. (2022). Jagged Love: Narratives of Romance on Dating Apps during COVID-19. *Sexuality & Culture* 26, 354–372. https://doi.org/10.1007/s12119-021-09896-9

Punyanunt-Carter, M.N. & Wrench, J.S. (2017). *The Impact of Social Media in Modern Romantic Relationships*. Lexington Book.

Reichertz, J. (1991). Kontaktanzeigen in Stadtmagazinen oder die Suche nach dem anderen, den man nicht treffen will. In: Müller-Doohm, S.; Neumann-Braun, K. (Hrsg.): *Öffentlichkeit, Kultur, Massenkommunikation*, S. 251–265.Bibliotheks- u. Informationssystem der Universität Oldenburg.

Reichertz, J. (2017). Zum Gebrauch des Begriffs Mediatisierung. In: Reichertz, J.; Meitzler, M.; Plewnia, C. (Hrsg.): *Wissenssoziologische Medienwirkungsforschung*, S. 34–57. Beltz-Juventa.

Reynolds, E. (2019, 11. August). Has Tinder lost its spark? https://www.theguardian.com/technology/2019/aug/11/dating-apps-has-tinder-lost-its-spark

Rochadiat, A. M. P., Tom Tong, S., Hancock, J. T. & Stuart-Ulin, C. R. (2020). The outsourcing of online dating: investigating the lived experiences of online dating assistants working in the contemporary gig economy. *Social Media + Society*, 6(3), 1–12. https://doi.org/10.1177%2F2056305120957290

Rosa, H. (2013). *Beschleunigung und Entfremdung*. Suhrkamp.

Rosa, H. (2018). *Unverfügbarkeit. (Unruhe bewahren)*. Residenz.

Rose, N. (2006). *Governing the Soul: The Shaping of the Private Self* (2. Auflage). Free Association Books.

Rosenfeld, J., Reuben, J. T. & Hausen, S. (2019). Disintermediating your friends: How online dating in the United States displaces other ways of meeting. *PNAS 36*, 17753–17758. https://doi.org/10.1073/pnas.1908630116

Sharabi, L. L. & Timmermans, E. (2021). Why settle when there are plenty of fish in the sea? Rusbult's investment model applied to online dating. *New Media & Society*, 23(10), 2926–2946. https://doi.org/10.1177/1461444820937660

Simmel, G. (1919). Koketterie. In: *Philosophische Kultur*. Alfred Kröner Verlag (2. Auflage) (S. 95–115).

Simmel, G. (1995). Die Großstädte und das Geistesleben. In: Kramme, R., Rammstedt, A. & Rammstedt, O. (Hrsg.): *Georg Simmel Gesamtausgabe* (Vol. 7, Part 1). Suhrkamp.

Statista (2022). *Anzahl der zahlenden Abonnenten von Tinder weltweit vom 1. Quartal 2020 bis zum 2. Quartal 2022. Tinder – Nutzerzahlen weltweit 2022* | Statista.

Timmermans, E. & De Caluwé, E. (2017). Development and validation of the Tinder Motives Scale (TMS). *Computers in Human Behavior*, 70, 341–350.

Toma, C. L. & Hancock, J. T. (2010). Looks and Lies: The Role of Physical Attractiveness in Online Dating Self-Presentation and Deception. *Communication Research*, 37(3), 335–351. https://doi.org/10.1177/0093650209356437

Toma, C. L. & Hancock, J. T. (2011). The New Twists on Love's Labor: Self-Presentation in Online Dating. In: Wright, K. & Webb, L.: *Computer-Mediated Communication in Relationships*. Peter Lang.

Weigel, Moira (2018). *Dating. Eine Kulturgeschichte*. btb Verlag.

Xu, Y. & Zheng, L. (2022). Relationships between use of geosocial mobile dating application »the L« and self-objectification among Chinese female sexual minorities. *Computers in Human Behavior*, 134. https://doi.org/10.1016/j.chb.2022.107322

Young, M. & Roberts, S. (2021). »Shifting old-fashioned power dynamics«?: women's perspectives on the gender transformational capacity of the dating app, *Bumble. Feminist Media Studies*. https://doi.org/10.1080/14680777.2021.1992472

Zytko, D., Ghandi, S. & Jones, Q. (2018). The (Un)Enjoyable User Experience of Online Dating Systems: From Usability to Enjoyment. In M. Blythe & A. Monk (Eds.). *Funology* 2, 61–75. Springer VS.

8 Chancen und Probleme digitaler Mediennutzung in bestehenden Partnerschaften

Christiane Eichenberg

Heutzutage kann davon ausgegangen werden, dass die digitale Mediennutzung integraler Bestandteil partnerschaftlichen Alltags ist. Dabei ist der Gebrauch nicht nur umfangreich, sondern auch individuell unterschiedlich in Abhängigkeit der spezifischen Alltagsanforderungen (Linke, 2010). Damit einher geht, dass sich durch die digitalen Kommunikationsoptionen Chancen, aber auch Probleme ergeben können, auch weil die Mediennutzung des Einzelnen innerhalb der Partnerschaft konsensuell oder nicht konsensuell sein kann. Damit ergeben sich verschiedene Szenarien, in denen die Mediennutzung offen oder verdeckt und damit expliziten oder impliziten Einfluss auf die Beziehung nimmt.

Welchen Einfluss hat die digitale Mediennutzung in diesem Spektrum auf bestehende Partnerschaften?

Das nachfolgende Kapitel hat zum Ziel, zentrale Chancen und Optionen aber auch mögliche Herausforderungen und Probleme zusammenzutragen, mit denen Paare im digitalen Zeitalter umgehen können bzw. müssen.

Wie gestalten Paare ihre Binnenkommunikation mittels Internet und Smartphone? Emotionale Bedürftigkeiten und Krisen können mittels digitaler Kommunikation bewältigt werden, gleichzeitig bieten sie aber Potenzial, Krisen zu evozieren, z. B., wenn der Partner nicht erreichbar ist oder (exzessive) Cyber-Sexualität und -Affären Leidensdruck und Eifersucht auslösen. Welche neuen Spielräume eröffnen sich beispielsweise für die Sexualität, wie effektiv sind Online-Interventionsangebote bei Partnerschaftsproblemen? Welche Optionen bieten digitale Medien, die Beziehungsdialektik in Partnerschaften zu steuern, d. h. zentrale Wendepunkte und Konflikte innerhalb einer Beziehung (Solomon & Roloff, 2018) zu bewältigen, die sich häufig im Spannungsfeld von Autonomie und Interdependenz gestalten. Im heutigen Medienzeitalter wird dieses Spannungsfeld um Themen der Integration von Einflüssen der virtuellen Außenwelt in die Beziehung sowie um das Bedürfnis nach Privatsphäre und dem gleichzeitigen Teilen von virtuellen Erfahrungen erweitert.

Für Psychotherapeuten und Paartherapeuten sind diese Themen von großer Relevanz, da die Art und Weise, wie Paare Technologie zur Gestaltung ihrer Beziehung zu sich selbst und zum anderen nutzen, sowohl die Gesundheit der Beziehung insgesamt fördern aber auch die psychische Gesundheit beeinträchtigen kann.

8.1 Chancen

8.1.1 Medienunterstützte Binnenkommunikation

Eine Reihe von Forschungsarbeiten hat sich damit beschäftigt, wie die partnerschaftliche Binnenkommunikation mit Hilfe von Online- und Mobil-Medien gestaltet wird (z. B. Jin & Peña, 2010). Sie ermöglicht nicht nur niederschwellig während des Tagesverlaufs in Kontakt zu bleiben, sondern digitale Medien sind auch wesentlich bei der Gestaltung von long-distance-Beziehungen (zum Stellenwert von Social Networks für geografisch weit voneinander getrennten Paaren siehe Billedo et al., 2015). Eine Studie aus den USA (Lenhart & Duggan, 2014) zeigt anhand telefonischer Interviews an $N=$ 2252 Erwachsenen, dass das Internet, Mobiltelefone und soziale Medien zu wichtigen Akteuren im Leben vieler amerikanischer Paare geworden sind – 66 % der Erwachsenen, die verheiratet sind oder in einer festen Beziehung leben, nutzen diese Technologien um ihr Leben, ihre Logistik und die emotionale Intimität in ihrer Beziehung zu managen. Sie verhandeln darüber, wann sie sie nutzen und wann sie darauf verzichten. Ein Teil von ihnen streitet sich über die Nutzung der Technologie und hat verletzende Erfahrungen gemacht, die durch die Nutzung der Technologie verursacht wurden. Die Mehrheit der Paare unterhält ihre eigenen getrennten E-Mail- und Social-Media-Konten, obwohl eine kleinere Zahl angibt, Konten und Kalender gemeinsam zu nutzen. Insgesamt berichteten drei Viertel derjenigen Befragten, die angaben, dass das Internet einen Einfluss auf ihre Ehe oder Partnerschaft hatte, von einem positiven Einfluss. Dabei zeigte sich, dass die digitalen Kommunikationsmedien als Quelle der Unterstützung dienten: 21 % der Handybesitzer oder Internetnutzer in einer festen Beziehung haben sich ihrem Ehepartner oder Partner durch den Austausch im Internet oder per Textnachricht näher gefühlt, bei der Gruppe der jungen Erwachsenen waren es sogar 41 %. Allerdings hatten auch 25 % der Handy-Besitzer in einer Ehe oder Partnerschaft das Gefühl, dass ihr Ehepartner oder Partner durch sein Handy abgelenkt wurde, wenn sie zusammen waren.

Döring und Dietmar (2003) konnten schon vor 20 Jahren anhand von Leitfaden-Interviews mit $N=$ 10 Personen (5 Paaren) auf der Grundlage der Theorie der interpersonalen Medienwahl herausarbeiten, dass und wie Partner ihren Mediengebrauch aufeinander abstimmen. Es wurde deutlich, dass beide Partner ihre interpersonale Medienwahl u. a. an Mobilitätsverläufe im Tagesablauf, an Kostenabwägungen und an Medienpräferenzen anpassten, so dass die einzelnen Paare jeweils charakteristische Mediennutzungsmuster entwickelten. Bei den befragten Paaren fanden sich typischerweise je ein bis zwei hinsichtlich Häufigkeit und Bedeutung dominante Kontaktmedien. Die Bindungstheorie wurde von den Autorinnen herangezogen, um zu ergründen, wie sich unterschiedliche Bindungsstile im Mediennutzungsverhalten niederschlagen und welche Rolle Telekommunikationsmedien in Bindungssituationen (d. h. bei situationsspezifischer Suche nach Unterstützung des Partners) spielen. Während systematische Zusammenhänge zwischen Bindungsstil und medialer Erreichbarkeitserwartung nicht nachweisbar waren, zeigte sich, dass die Paare Bindungssituationen insbesondere mit Mobilkommunikationsmedien erfolgreich bewältigen konnten. Andererseits erzeugen Telekommunikationsmedien aber auch neue Kommunikationsprobleme, z. B. durch technische Probleme wie Funklöcher, die bei bindungsunsicheren Partnern Verunsicherung auslösen können.

Dass, wann und wie Partner mittels digitaler Kommunikation Ängste erleben, aber auch bewältigen, war ein Ergebnis einer eigenen Studie (Hertlein, Raven & Eichenberg, under review). Auch hier wurden mittels halbstrukturierter Interviews $N=31$ Paare mit verschiedenem kulturellem Hintergrund dazu befragt, wie sie Technologien in ihren Beziehungen einsetzen. Ein Kernbefund dieser Studie war die Rolle, die die Angst bei der Steuerung der Handlungen vieler Teilnehmer spielte. So berichteten die Teilnehmer häufig, dass sie mehrere Kanäle nutzten oder mehrere Versuche unternahmen, um ihren Partner zu erreichen, wenn sie sich über etwas in der Beziehung Sorgen machten. Somit zeigte sich auch in dieser Studie, dass digitale Kommunikationsmedien in bindungsrelevanten Situationen von zentraler Bedeutung sind. Zum einen scheinen sie Bindungsängste zu aktivieren, zum anderen bieten sie die Möglichkeit, als Instrument zur Emotionsregulation zu dienen. Aus der Forschung zur bindungsstilabhängigen digitalen Mediennutzung (Eichenberg et al., 2017; Eichenberg, Schroiff & Schott, 2019) wissen wir, dass Personen mit unsicherem und vor allem ambivalentem Bindungsstil nicht nur häufiger eine pathologische Mediennutzung aufweisen, sondern auch bestimmte Cyber-Beziehungsmotive im Vergleich zu sicher gebundenen Nutzern dominieren. Dazu gehören vor allem soziale Kompensationsmotive, d. h., sie nutzen das Internet oder ihr Smartphone, um ihre *realen* Defizite in zwischenmenschlichen Beziehungen zu kompensieren. Dies deckt sich insofern mit den Ergebnissen der vorliegenden Studie, als sich bei unseren Befragten die Tendenz zeigte, dass sie ihre Beziehungsängste (z. B. Trennungsängste, Angst vor Kontrollverlust) durch technische Hilfsmittel, wie sie z. B. von Messenger-Diensten angeboten werden, zu kontrollieren versuchen. Auch das Ergebnis, dass Kommunikationstechnologien zur Beendigung von Beziehungen genutzt werden, zeigt, dass Ängste hier eine zentrale Rolle spielen: Der Zusammenhang zwischen dem sogenannten Ghosting und der Vermeidung von Bindungen ist bereits belegt (Collins & Gillath, 2012). Gerade für Menschen mit Nähe- und Konfliktängsten ist es aufgrund der räumlichen Distanz leichter, Beziehungen zu beenden. Letztlich wird eine weitere Komponente der Angst deutlich, nämlich wenn der digitale Kommunikationskanal nicht zur Verfügung steht. Dieser Angst wurde bereits ein fester Begriff zugeordnet: die *Fear of Missing Out* (Murphy-Kelly, 2013) oder auch als *Nomophobie* (Wortschöpfung aus no mobile phone und phobia) bezeichnet. Es handelt sich also um eine neue Form der Trennungsangst, die darin besteht, sein Smartphone nicht bei sich zu haben oder es nicht benutzen zu können. Es geht um das Gefühl, an den technisch vermittelten sozialen Interaktionen nicht teilnehmen zu können. Eine Umfrage unter $N=2084$ amerikanischen Erwachsenen ergab, dass 56 % der Nutzer sozialer Medien unter dieser Angst leiden (ebd.), was wiederum einen Zusammenhang mit unsicheren Persönlichkeitsmerkmalen zeigt (Mack & Vaughn, 2012).

8.1.2 Sexualität

Das Internet schafft auch im Bereich der Sexualität für Paare Optionen. Nicht nur kann sich im Internet über sexualbezogene Themen informiert werden (zur Nutzung des Internets als Informationsquelle bei sexuellen Krankheiten siehe Aicken et al. (2016); als Ressource für die positive sexuelle Entwicklung bei Jugendlichen siehe O'Sullivan (2014)), sondern die Online-Sexualität kann auch die Partnerschaft positiv beeinflussen. So ermöglicht *Cybersex*, d.h. sexuelle Interaktionen zwischen Online-Nutzern, zeitweilig räumlich getrenntlebenden Paaren Intimität in ihrer Beziehung fortleben zu lassen. Dabei können Paare auf unterschiedliche digitale Tools zurückgreifen – sie können beispielsweise via Messenger chatten, sich explizite Fotos schicken (auch als Sexting bezeichnet) oder auch die Webcam in ihre sexuelle Interaktion integrieren (wenn beide Partner diese nutzen, wird auch von Cam-to-Cam-Sex gesprochen).

Ein neuer Zukunftstrend ist die Sex-Robotic (siehe ausführlich Döring, 2017; ▶ Kap. 9). Ein Beispiel sind Roboter als Abbild des eigenen Partners, die z.B. in Fernbeziehungen genutzt werden können, oder das Gerät *Kissenger*, mit dem wechselseitig fühlbare Küsse ausgetauscht werden können. Diese Produkte wurden von Hooman Samani unter dem Label *lovotics.com* (eine die Verbindung von Love und Robotic) entwickelt (Döring, 2017). Ein weiteres Beispiel ist die Teledildonic: Gerade bei Fernbeziehungen ist es damit möglich, mittels Virtual Reality-Technologie und Teledildonic sexuell miteinander aktiv zu sein (ebd.). Eine aktuelle repräsentative Umfrage (Gesselman et al., 2022) unter $N= 7512$ amerikanischen Erwachsenen im Alter von 18–65 Jahre untersuchte die Verbreitung verschiedener Formen von *Sextech*, die hier als internetbasierte Anwendungen, Plattformen oder Geräte für sexuelles Vergnügen definiert werden. Die Teilnehmer gaben an, sich mit acht Formen von Sextech zu beschäftigen, darunter sechs neue Formen (Besuch von erotischen Camming-Seiten, Teilnahme an Camming-Streams, Nutzung von Teledildonic, Zugang zu Virtual-Reality-Pornografie, Spielen von sexuell expliziten Videospielen und sexuelle Nachrichtenübermittlung mit Chatbots oder Künstlicher Intelligenz, KI) sowie zwei gängigeren Bereiche (Online-Pornografie und Sexting). Teilnehmer, die jünger und männlich waren, über ein höheres Einkommen verfügten und sexuellen Minderheiten angehörten, gaben an, sich häufiger mit allen untersuchten Formen von Sextech zu beschäftigen. Das gleiche gilt für Personen, die sich als religiös bezeichnen. Die häufigste Form neuer Sextech war der Besuch einer Camming-Website (18%), gefolgt vom Spielen sexuell expliziter Online-Rollenspiele oder -Videospiele (13%), Teilnahme an einem Camming-Stream (z.B. Tippen von Nachrichten an Darsteller; 11%), Nutzung von Teledildonics (9%) und Austausch von sexuellen Nachrichten mit Chatbots oder KI (8%). Damit zeigt sich, dass auch neuere Formen von Sextech verbreitet sind.

Zumindest für einzelne Sextech-Anwendungen wurde untersucht, welchen Einfluss sie auf praktizierende Paare haben. McDaniel und Drouin (2015) untersuchten die Prävalenz und den Zusammenhang mit Bindungsverhalten von Sexting innerhalb einer Stichprobe von verheirateten/zusammenlebenden Paaren (180 Ehefrauen und 175 Ehemänner) (insgesamt nutzen Singles wie Paare gleichermaßen Sexting, vgl. Lenhart & Duggan, 2014). Verheiratete Erwachsene senden sich gegenseitig Sexting-Nachrichten, allerdings weitaus seltener als in Beziehungen junger Erwachsener und hauptsächlich in Form von erotischen oder intimen Gesprächen (29 %) und weniger in Form von sexuell eindeutigen Fotos oder Videos (12 %). Das Versenden von Nachrichten mit erotischen Gesprächen stand allerdings nur bei denjenigen in einem positiven Zusammenhang mit der Beziehungszufriedenheit, die ein hohes Maß an Vermeidungsverhalten aufwiesen, während das Versenden sexuell eindeutiger Bilder bei Männern und Frauen, die ein hohes Maß an Bindungsangst aufwiesen, mit der Zufriedenheit zusammenhing. Darüber hinaus stand das Versenden sexuell eindeutiger Bilder sowohl bei Männern als auch bei Frauen in Zusammenhang mit größerer Ambivalenz. Die Ergebnisse können auch in die Richtung interpretiert werden, dass die Möglichkeiten des Sextings auch aufgrund der größeren Distanz in der erotischen Interaktion Bindungsdefizite kompensieren können und für manche evtl. auch erst ermöglichen, explizitere sexuelle Kommunikation zu führen.

Auch die Rezeption von *Online-Pornografie* kann positive Aspekte auf die Partnerschaft haben (z. B. Informationsgewinn, Inspiration, Hilfestellung beim Erfahren der eigenen Bedürfnisse, Überwindung sozialisierter sexueller Scham- und Schuldgefühle, vgl. Eichenberg & Auersperg, 2013). Allerdings gibt es bislang nur wenig Studien, die beide Partner einbezogen haben (Campell & Kohut, 2016). Bridges (2008) konnte in einer Studie z. B. zeigen, dass Paare, die gemeinsam Pornografie konsumieren, eine höhere Partnerschaftszufriedenheit aufweisen als Paare, bei denen jeder Partner diese nur alleine rezipiert (siehe Fallbeispiel Kasten).

> Mein Partner beschwert sich, dass er Erektionsprobleme hat und beim Sex einen Leistungsdruck empfindet. Laut ihm wurden diese schlimmer, als ich von meinem 2-wöchigen Urlaub aus Griechenland zurückkam. Anscheinend hat er in der Zeit angefangen sehr viele Pornos zu schauen. Seitdem ich wieder da bin, befasst er sich die Zeit, wo wir nicht zusammen sind, damit, sich durch verschiedene pornografische Videos durchzuklicken. Er sagt mir, er fühlt sich abgestumpft und hat auf nichts mehr Lust, vergleicht sich mit Pornodarstellern und glaubt, er muss beim Sex mit mir mindestens so gut sein wie die, permanent leisten können, und erwartet von sich, dauernd Lust auf Sex haben zu können.
>
> Ich schlage ihm vor, es mal zu versuchen, keine Pornos zu schauen und zu schauen was passiert. Er fängt an, weniger Druck zu empfinden, mir über Fantasien von Videos, die er geschaut hat, zu erzählen und sagt mir, wie er sich gewisse Szenarien, die er gesehen hat, mit mir vorstellt. Ich finde es erregend, wenn wir gemeinsam unsere Fantasien teilen können und in den Gedanken gemeinsam über »unanständige« Dinge reden können. Manche davon wirken sehr verboten, aber durch die Pornos, sind wir auf Fantasien gekommen, die wir miteinander teilen können. So können wir unsere Sexualität gemeinsam sehr aufregend gestalten, obwohl wir dabei geschützt sind. Auch wenn wir in der Fantasie manchmal mehrere Partner gleichzeitig hätten, sind wir in unserer Zweisamkeit sehr zufrieden. Vielleicht werden wir mal gemeinsam einen Porno ansehen und schauen, was dann passiert…
> *Bericht einer Klientin (32)*

Staley und Prause (2013) berichteten von einer Zunahme der Selbsteinschätzung hinsichtlich der eigenen »sexuellen Kompetenz« und des Wunsches, dem Partner nah zu sein, allerdings hatte der Pornografiekonsum in dieser Studie keinen Effekt auf die Beziehungszufriedenheit. Eine aktuellere Studie (Kohut et al., 2017) konnte ebenso in der Summe deutlich mehr positive als negative Effekte für die Partnerschaft ermitteln, wenn mindestens ein Partner Pornografie konsumiert. Es wurden $N= 430$ Männer und Frauen in heterosexuellen Beziehungen befragt, die in offenen Fragen die wahrgenommenen Folgen des Pornokonsums für jedes Mitglied des Paares und für ihre Beziehung angaben. In der Stichprobe der Befragten war »keine negativen Auswirkungen« die am häufigsten genannte Auswirkung des Pornografiekonsums. Unter den verbleibenden Antworten wurden häufig positive Auswirkungen auf die Paare und ihre Beziehung genannt (z. B. verbesserte sexuelle Kommunikation, mehr sexuelle Experimente, größeres sexuelles Wohlbefinden); negative Auswirkungen des Pornokonsums (z. B. unrealistische Erwartungen, vermindertes sexuelles Interesse am Partner, erhöhte Unsicherheit) wurden ebenfalls genannt, wenn auch mit deutlich geringerer Häufigkeit. Floyd et al. (2020) konnten diese Befunde erweitern, in dem sie herausfanden, dass der Zusammenhang zwischen Pornografiekonsum und nachteiligen interpersonellen Folgen auf die Partnerschaft vom Grad der moralischen Missbilligung des Konsums abhängt. Gleichzeitig scheint ein ehrlicher Umgang des Partners mit der Pornografierezeption zu einem geringeren Maß an Belastung und zu einer höheren Beziehungszufriedenheit zu führen (Resch et al., 2014).

8.1.3 Hilfe bei Beziehungsproblemen

Weniger als ein Drittel der Paare, die aufgrund von Konflikten in Not sind, suchen eine gemeinsame Therapie auf (Cicila et al., 2014). Es ist seit langem bekannt, dass sowohl stigmatisierende Hindernisse (Doss et al., 2017) als auch eine Reihe von logistischen Barrieren viele Paare davon abhalten, professionelle Hilfe in Anspruch zu nehmen, darunter Kosten, Transportkosten und Terminschwierigkeiten (McAllister et al., 2012). Niederschwellige Internetangebote können hier Paaren, die Hilfe benötigen, entgegenkommen. Paaren stehen bei Beziehungsproblemen eine Reihe von Hilfsmöglichkeiten im Internet zur Verfügung. Neben einer Vielzahl von Foren zum Thema Liebe und Beziehung existieren im Internet professionelle Beratungs- und Therapieangebote in verschiedenen Settings (z. B. schriftlich oder videobasiert).

Videobasierte Paartherapie. Therapieangebote haben in Zeiten der Covid-19-Pandemie einen Digitalisierungsschub erfahren, so dass in dieser Zeit Studien die Erfahrungen von Paartherapeuten wie auch Klienten v. a. mit dem Videosetting erhoben haben, da Therapien in diesem Setting, die mehr als einen Klienten adressieren, vor der Pandemie noch weniger verbreitet waren als Einzeltherapien. Dies zeigt sich auch daran, dass in Deutschland Gruppentherapien im Videosetting im Verlauf der Pandemie erst sehr viel später erlaubt wurden (01.10.2021; www.bptk.de/akutbehandlung-und-gruppentherapie-ab-1-oktober-per-video-moeglich/), was damit zusammenhängen wird, dass die Erkenntnisse hierzu vergleichsweise geringer sind (Heiden-Rootes et al., 2021). Allerdings mehren sich inzwischen

Studien, die, aufgrund des pandemiebedingten Drucks, auch Paaren z. B. in Zeiten des Lockdowns therapeutische Hilfe zukommen zu lassen, Erfahrungen mit und Wirksamkeit des Videosettings untersucht haben. So befragten Machluf et al. (2021) im April 2020 $N=$ 166 israelische Paartherapeuten, von denen 60 wiederum nach Beendigung des Lockdowns nochmals an einer Folgebefragung teilnahmen, bzgl. ihrer Erfahrungen mit video- und telefonbasierter Paartherapie. Die Ergebnisse deuten darauf hin, dass die Paartherapeuten vor der Covid-19-Pandemie nur begrenzte Erfahrungen mit der Online-Modalität hatten. Die Therapeuten berichteten, dass sie die Online-Paartherapie als einigermaßen erfolgreich erlebten und dass ihre Erfahrungen mit der Therapie während der Covid-19-Krise einen insgesamt positiven Einfluss auf ihre Einstellung zur Online-Arbeit hatten. Der Aufbau einer starken therapeutischen Bindung zu beiden Partnern, der Umgang mit eskalierenden Konflikten und der Therapieabbruch wurden als die größten Probleme bei der Durchführung einer Online-Paartherapie genannt. Dabei sagten die wahrgenommenen Schwierigkeiten mit der Online-Therapie eine geringere Nutzung der Online-Paartherapie sowie eine geringere Absicht voraus, die Online-Therapie nach Überwindung der Krise fortzusetzen. Heiden-Rootes et al. (2021) befragten $N=$ 66 Ausbildungskandidaten, die systemisch mit Familien und Paaren arbeiteten, mit dem Kernbefund, dass das Online-Setting therapeutenseits sowohl Kreativität aber auch Erschöpfung fördere.

Eine andere Studie erfasste die klientenseitigen Erfahrungen mit und Erwartungen an das Videosetting (Kysely et al., 2020). Fünfzehn Paare nahmen an halbstrukturierten Interviews in der ersten und letzten Videositzung teil. Insgesamt ergab die Studie, dass die Paare eine positive Veränderung der Erwartungen erlebten. Trotz einiger anfänglicher Bedenken hinsichtlich der Fähigkeit des Therapeuten, sich über einen Bildschirm einzufühlen, und der Möglichkeit, dass die Technologie versagen könnte, stellten viele Klienten fest, dass Videokonferenzen es ihnen ermöglichten, vollständig in den therapeutischen Prozess einzutauchen. Viele Paare waren sogar der Meinung, dass Videokonferenzen eine gewisse Distanz zum Therapeuten schufen, die ihnen ein größeres Gefühl der Kontrolle und des Komforts vermittelte. Die Paare beschrieben durchweg, dass sie in der Lage waren, effektiv mit dem Therapeuten in Kontakt zu treten, und dass das Video die therapeutische Allianz aufgrund der stärkeren Fokussierung auf die Therapieprozesse tatsächlich verbesserte. Insgesamt empfand die Mehrheit der Paare die Videokonferenz trotz einiger anfänglicher Bedenken als vorteilhaft und positiv.

Offen blieb in diesen Studien die Frage, ob die videobasierten Paarinterventionen genauso effektiv sind wie im traditionellen Face-to-face-Setting. Eine Untersuchung von Veder et al. (2014) zeigte, dass die Erhebung der klientenseitigen Bewertung der Hilfestellung, der Zielerreichung, der Selbsteinschätzung vor und nach der Sitzung und der durchschnittlichen Sitzungsdauer vergleichbare Befunde aufweisen. Es gab keine statistisch signifikanten Unterschiede zwischen der Video- und persönlichen Beratung in Bezug auf die Abbruchquoten, das Nichterscheinen und die verspätete Terminabsage der Beratung.

Mit der schnell wachsenden Zunahme an Paar- und Familientherapien im Videosetting während der Pandemie wurde ebenso notwendig, die Supervisionspraxis an die technischen Begebenheiten anzupassen. Seit ihren Anfängen umfasst die

Familientherapieausbildung auch Live-Supervision, die in der Regel von einem Supervisor und einem Team von Auszubildenden auf der anderen Seite eines Einwegspiegels durchgeführt wird. Ein isrealisches Supervisionsteam aus Tel Aviv hat somit ihre Praktika, d. h., ihre Live-Supervisionskurse in den virtuellen Raum verlagert unter Nutzung der Anwendung *Zoom* und berichtet seine Erfahrungen mit dieser neuen Form des Online-Praktikums für die Online-Live-Supervision von Therapeuten mit geografisch verteilten Ausbildungsteilnehmern (Nadan et al., 2020). Sahebi (2020) argumentiert in diesem Zusammenhang, dass Supervisoren und Supervisanden nicht nur neue Kenntnisse erwerben müssen, die neben der therapeutischen *remote*-Arbeit auch den Umgang mit Einschränkungen (Burgoyne, 2020) und der besonderen Herausforderung beinhaltet, wenn Konflikte zwischen Paaren während der Sitzungen eskalieren. Darüber hinaus verfügen die Supervisanden häufig über ein höheres Ausmaß an digitaler Medienkompetenz, was zu einer Umkehrung der Rollen in der Supervision führen kann, die reflektiert werden muss.

Online-Interventionsprogramme. Neben videobasierten Angeboten existieren auch selbstgesteuerte Online-Interventionsprogramme, die häufig mit Kurzkontakten zu einer professionellen Fachkraft begleitet werden, da sich in einer Vielzahl von Studien in der Einzeltherapie gezeigt hat, dass diese um einen minimal contact ergänzten Programme effektiver sind (Burgoyne, 2020). Ein Beispiel dafür ist das US-amerikanische Programm OurRelationship (OR) (www.ourrelationship.com), das Online-Interventionen plus telefonische Kurzkontakte umfasst (siehe Kasten) und an evaluierten paartherapeutischen Konzepten orientiert ist.

> **Aufbau und Ablauf von »OurRelationship« (OR) (vgl. Doss et al., 2013)**
>
> Das Programm besteht aus drei Phasen:
>
> 1. Beobachtungsphase: In der Beobachtungsphase erhalten die Teilnehmer Feedback zu den wichtigsten Problemen in ihrer Beziehung, um herauszufinden, welche spezifischen Probleme im Rahmen des Programms angegangen werden sollten.
> 2. Verstehen des Problems: Hier arbeiten die Paare den Inhalt getrennt durch, um ein vertieftes Verständnis für das identifizierte Problem zu entwickeln. Dabei geht es v. a. um die z. T. verborgenen Emotionen, externen Stress und Kommunikationsmuster, die bei der Entwicklung des Kernproblems eine Rolle gespielt haben.
> 3. Reaktionsphase: In diese Phase wird psychoedukatives Material über Akzeptanz und Kommunikation vorgestellt, welches die Paare nutzen können, um einen Plan für individuelle Veränderungen zu erstellen, die vorgenommen werden können, um das identifizierte Problem zu verbessern.
>
> Am Ende des Programms wird ein auf das jeweilige Paar zugeschnittenes Feedback gegeben, und bei Bedarf werden Empfehlungen ausgesprochen.

> Das OR-Programm ist so konzipiert, dass die Mitglieder eines Paares das strukturierte Material im gleichen Tempo durcharbeiten (ca. sieben Stunden über sechs Wochen verteilt).
>
> In Anbetracht der Belege dafür, dass ein hohes Maß an Coaching-Unterstützung eine wirksame Komponente von OR ist (siehe oben), bietet das Programm die Option von vier 20-minütigen Tele-Coaching-Gesprächen.

An N= 600 Personen konnte in einer randomisierten Studie gezeigt werden, dass sich die Partnerschaftszufriedenheit durch die Intervention signifikant verbesserte (Doss et al., 2016) und sich auch hier bei Paaren, die zusätzlichen Kontakt zu einem Coach hatten, die Nichtteilnahme am Programm signifikant verringerte und die Programmwirkung zusätzlich verbesserte (Roddy et al., 2017). Eine weitere Evaluationsstudie dieses Programms (Roddy et al., 2021) zeigte auch, dass die Effekte in der Ein-Jahres Katamnese stabil blieben und zudem einkommensschwache Paare im selben Ausmaß profitierten. Auch wurden verhaltens- und akzeptanzbasierte Ansätze in ihrer Wirksamkeit miteinander verglichen, wobei die Unterschiede nur minimal waren. Die Autoren kommen zudem in einem Kostenvergleich zu dem Schluss, dass solche Internetprogramme trotz höherer anfänglicher Entwicklungskosten eine kosteneffiziente Option für die Verbreitung sind, entweder als eigenständige Intervention oder als erste Intervention in einem abgestuften Betreuungsmodell mit intensiverem persönlichem Kontakt (Salivar et al., 2020).

Megale, Peterson und Friedlander (2021) haben in einem aktuellen systematischen Review neun Studien zu vier verschiedenen Online-Programmen dieser Art ausmachen können (OR gehört ebenso zu den inkludierten randomisierten Studien), die insgesamt mehr als 2000 Paare umfassten. Im Kern konnte die Wirksamkeit von diesen Online-Interventionsprogrammen in Bezug auf die Verbesserung (a) der selbstberichteten Beziehungszufriedenheit, des Engagements, des Vertrauens und der Kommunikationsfähigkeiten der Teilnehmer und (b) in geringerem Maße der emotionalen und Verhaltensprobleme der Teilnehmer, z. B. Angst, Depression, Wut, Stress, Aggression und problematischer Alkoholkonsum, belegt werden. Hinsichtlich der langfristigen Wirksamkeit zeigte sich in der Summe, dass die Online-Interventionen die Rate der Beziehungsauflösung nicht stärker reduzierten als die Kontrollgruppen, allerdings blieben alle gemessenen Aspekte der Beziehungsfunktionalität stabil.

Neben allgemeinen paartherapeutischen Interventionsprogrammen richten sich weitere an Paare in speziellen Situationen, wie z. B. an Paare, bei denen die Frau an Krebs erkrankt ist (Fergus et al., 2015). Hierbei stellt *Couplelinks* eine der ersten internetbasierten psychologischen Interventionen zur Verbesserung der psychosozialen Anpassung von Paaren dar, die mit einer lebensbedrohlichen Krankheit wie Krebs zu kämpfen haben. Konkret umfasst die manualisierte Online-Intervention Psychoedukation und Übungen zur Verbesserung der Kommunikation, zur dyadischen Bewältigungsfähigkeit, zum gegenseitigen Einfühlungsvermögen und zur Perspektivenübernahme im Zusammenhang mit der Krebserkrankung. Ein Online-Moderator, ein ausgebildeter Psychologe, begleitete die Paare während des gesamten Prozesses. Auch existieren Online-Hilfen für Paare, die sich in reproduktionsmedizinischer Behandlung befinden (Sparidaens et al., 2021) oder auch nach der Geburt eines Babys, um der Beeinträchtigung des elterlichen Wohlbefindens in der perinatalen Phase entgegenzuwirken mit dem Ziel auch Väter einzubinden, die bei Unterstützungsangeboten in dieser Lebensphase häufig nicht adressiert werden (Hamilton et al., 2016). Einen explizit präventiven Ansatz verfolgt auch das Angebot 1x1der Liebe (www.1x1liebe.de), entwickelt von dem Psychoanalytiker und Verhaltenstherapeuten David Wilchfort. Ziel ist, mittels einer Minimalintervention (die Partner reflektieren jeden Tag ein positives Erlebnis mit dem anderen) beziehungsspezifische Interpretationsverzerrungen zu verändern. Es zeigte sich in einer ersten Untersuchung an N= 165 Personen, dass nach einer 14-tägigen Intervention die meisten der Teilnehmer eine neue Sichtweise auf ihren Partner entwickeln und dadurch ihre Beziehung stärken konnten (Wendt, 2016). Diese positiven Befunde konnten in einem Kontrollgruppendesign mit N= 221 Personen bestätigt werden (Schott et al., in Vorb.).

Neueste Anwendungen wie die Chatbot-basierte App *iCognito* als Selbsthilfeanwendung für Paare (Troitskaya & Batkhina, 2021) zur Verbesserung zwischenmenschlicher Probleme, erweisen sich ebenso als vielversprechend. In einer randomisiert-kontrollierten Studie zeigte sich, dass die Nutzer von iCognito nach zwei Wochen eine höhere Zufriedenheit, Zärtlichkeit, konstruktive Kommunikation sowie ein stärkeres Engagement in der Beziehung aufwiesen. Auch die Indikatoren für Beziehungsselbstwirksamkeit, kommunikative Fähigkeiten in Beziehungen und Selbstwertgefühl in Bezug auf Beziehungsfähigkeiten hatten sich signifikant erhöht, während das Konfliktniveau gesunken war.

Psychosoziale Mailberatung. Das am längsten bestehende Online-Hilfsangebot für Menschen mit Partnerschaftsproblemen bieten psychosoziale Beratungsstellen an, wie z. B. die Ehe-, Familien- und Lebensberatungsstellen (EFL) der katholischen Kirche (www.katholische-beratung.de). In einer eigenen Studie (Eichenberg & Aden, 2015) wurde die E-Mail-Beratung der EFL in einer multimethodalen Evaluation auf ihre Wirksamkeit hin überprüft. Insgesamt ließ sich anhand subjektiver und objektiver Indikatoren eine hohe Zufriedenheit mit der E-Mail-Beratung sowie eine allgemeine Zustandsverbesserungen der Ratsuchenden bei Partnerschaftsproblemen identifizieren. Darüber hinaus gelingt die Beziehungsgestaltung im Online-Setting, wobei medienspezifische Besonderheiten keine Einschränkung der Beratung, sondern punktuell sogar Vorteile der beraterischen Dyaden-Gestaltung darstellten.

8.2 Probleme

8.2.1 Online-Eifersucht

Eine Folge von den oben beschriebenen sexuellen Interaktionsmöglichkeiten im Internet kann das Problem der *digitalen Eifersucht* sein. Auch können Informationen, die Menschen über ihre Partner in sozialen Netzwerken nachlesen können, Eifersucht provozieren (Muise et al., 2009). Untersuchungen weisen jedoch darauf hin, dass digitale Eifersucht kein dem Medium immanentes Phänomen ist, sondern vielmehr stark von der Disposition einer Person hinsichtlich Eifersucht abhängt, ebenso wie vom Vertrauen in die eigene Beziehung und dem Beziehungscommitment. Die hohe Korrelation zwischen dispositioneller und digitaler Eifersucht weist darauf hin, dass Personen mit hoher Neigung zur Eifersucht auch Inhalte im Internet als bedrohlicher wahrnehmen als Personen, deren dispositionelle Eifersucht eher niedrig ausgeprägt ist (Aretz et al., 2010).

Studien verglichen auch die Intensität der Eifersucht als Reaktion auf verschiedene Arten von Untreue, wobei Studien insgesamt aufzeigen, dass die Eifersucht in Online-Kontexten stärker ist als in face-to-face Situationen (Lennarz et al., 2017), was u. a. mit dem Hyperception-Modell erklärt wird (Carpenter & Spottswood, 2021). Dieses besagt, dass, wenn der Beobachter nur die Interaktionen des beobachteten Senders und des beobachteten Empfängers in einer bestimmten Art von Online-Umgebung sieht, der Beobachter eine Hyperwahrnehmung entwickelt, d. h., eine Einschätzung der Intimität der Beobachteten, die größer ist als die, die die Beobachteten angeben würden. Der konkrete Vergleich von Szenarien von Untreue in Online- und Offlinekontexten gibt Aufschluss darüber, in welchen Kontexten welche Aspekte von Eifersucht besonders aktiviert werden. Von Dijkstra et al. (2013) wurden niederländische heterosexuelle ($n= 191$) und homosexuelle ($n= 121$) Personen untersucht. Den Teilnehmenden wurden zehn Eifersucht auslösende Situationen präsentiert, nach denen die Intensität von zwei verschiedenen emotionalen Aspekten der Eifersucht bewertet wurde (Verrat und Bedrohung). Die Ergebnisse zeigten, dass Szenarien, in denen ein Partner Sex mit einer anderen Person hatte oder sich in eine andere Person verliebte, in erster Linie Eifersucht in Bezug auf Verrat hervorriefen, während Szenarien, die eine emotionale Verbindung zwischen einem Partner und einer anderen Person beschrieben, in erster Linie Eifersucht in Bezug auf Bedrohung hervorriefen. Darüber hinaus empfanden Frauen mehr Eifersucht als Männer bei Szenarien, in denen ein Partner ein potenziell extra-dyadisches Online- (aber nicht Offline-)Verhalten an den Tag legte. Schließlich reagierten Homosexuelle, sowohl Männer als auch Frauen, im Vergleich zu Heterosexuellen mit weniger starker Eifersucht auf Szenarien, in denen ein Partner Sex mit einer anderen Person hatte.

Der Zusammenhang zwischen Eifersucht und Bindungsunsicherheit wurde vielfach belegt (z. B. Marazziti et al., 2010). Allerdings scheinen Moderatoren den Zusammenhang zwischen Online-Eifersucht und Bindungsunsicherheit zu vermitteln. So zeigte die Studie von Sullivan (2021) eine Wechselwirkung zwischen Bindungsangst und Einstellung zur Online-Kommunikation in dem Sinne, dass der Zusammenhang zwischen Bindungsangst und Eifersucht bei Studienteilnehmern mit relativ geringen negativen Einstellungen zur Online-Kommunikation stärker war als bei Teilnehmern mit relativ hohen negativen Einstellungen.

Ein weiterer Aspekt, der Eifersucht begünstigt, ist das sog. *elektronische Eindringen*, das dann vorliegt, wenn sich Personen heimlich Zugang zum Mobilgerät ihres Partners verschaffen, um Inhalte (z. B. Textnachrichten, private Nachrichten auf Social-Media-Websites) zu durchsuchen, was mit schwerwiegenden Folgen einhergehen kann wie z. B. erhöhte Raten von Gewalt in Paarbeziehungen und depressiven Symptomen (Ligman et al., 2021). Eine Studie untersuchte den Zusammenhang von Eifersucht, Beziehungsunsicherheit und elektronischem Eindringen in einer Stichprobe von amerikanischen Erwachsenen (ebd.). Es zeigte sich, dass Eifersucht mit mehr elektronischem Eindringen verbunden war, was auf die Unsicherheit über die Zukunft der Beziehung zurückzuführen war.

Eifersucht kann letztlich begründet oder unbegründet sein in dem Sinne, ob der andere tatsächlich nicht-konsensuelle intime Kontakte zu weiteren Personen hat. Finden diese Kontakte im Online-Kontakt statt, spricht man von *Internet-* oder *Online-Infidelity* (Vossler & Moller, 2020). Wenn Menschen, die in einer Partnerschaft leben, heimlich Dating-Apps nutzen oder mit anderen intim chatten oder mailen, können dem verschiedene Motive zugrunde liegen, die von einfacher Langeweile bis hin zu emotionaler Not reichen können, wobei Einsamkeit Online-Untreue begünstigt (Isanejad & Bagheri, 2018). Eine weitere Studie mit $N=338$ verheirateten Paaren/Einzelpersonen zeigte, dass mit Online-Untreue assoziierte Verhaltensweisen signifikant mit geringerer Beziehungszufriedenheit, höherer Beziehungsambivalenz und geringerer Verbundenheit verknüpft waren (Vossler, 2016).

Obwohl Paare nach der Online-Affäre auch eine progressive Beziehungsentwicklung nehmen können, diese z. B. zum Anlass nehmen, die Beziehung neu zu bilanzieren und evtl. auch *Untreue* in Offline- und Online-Kontexten neu zu verhandeln, so liegt der Fokus in der Fachliteratur auf negativen Konsequenzen. So benennen McDaniel, Drouin und Cravens (2017) als Folge von Internet-Infidelity Probleme in der Partnerschaft bis hin zu Trennungen oder Scheidungen mit entsprechenden Auswirkungen auf die gesamte Familie (Vossler, 2016). Es werden Vertrauensverluste, Selbstwertprobleme – auch weil die internetaktiven Partner häufig das Interesse an Sexualität in ihrer Beziehung verlieren (https://aamft.org/Consumer_Updates/Online_Infidelity.aspx) – und in einigen Fällen sogar traumatische Auswirkungen beschrieben (Cavaglion & Rashty, 2010; Mao & Raguram, 2009). Hertlein und Piercey (2018) befragten 15 Therapeuten zu den Behandlungsschritten in Paartherapien, für die Online-Untreue der Anlass war. Typischerweise werden eine Reihe von Schritten durchlaufen, darunter fielen: (a) Entwicklung physischer Grenzen, (b) Entwicklung psychologischer Grenzen, (c) Umgang mit Verantwortlichkeit, Vertrauen und Gefühlen, (d) Sensibilisierung des Klienten für die Ursachen der Internetbeziehung, (e) Bewertung des Paarkontextes und der Bereitschaft zur Veränderung, (f) Bewertung des Vorliegens besonderer Umstände und (g) Arbeit an der Vergebung.

Hertlein und Stevenson (2014) haben sieben potenzielle Gefahren aufgelistet, die zu Internet-Untreue führen können: Anonymity, Accessibility, Affordability, Approximation, Acceptability, Ambiguity und Accomodation. Eine Befragung von Personen, deren Partner eine Online-Affäre hatten, ergab, dass die Betroffenen Online-Verhaltensweisen und -Räume verwirrend erleben, und dass Untreue im Online-Kontext breiter und fließender definiert wird (Vossler & Moller, 2020). Somit besteht in der heutigen Zeit folglich für jede Partnerschaft die Herausforderung individuell als Paar zu definieren, welche Verhaltensweisen auch in Bezug auf die Mediennutzung als Fremdgehen bezeichnet werden.

8.2.2 Cybersexsucht des Partners

Obwohl der Trend besteht, dass Paare insgesamt aufgeschlossener gegenüber sexuellen Online-Aktivitäten ihres Partners sind (Maddox et al., 2011) und Cybersex bei Singles, aber auch bei Menschen in festen Beziehungen weit verbreitet ist (z. B. Studer et al., 2019; Ballester-Arnal et al., 2014), so stellen suchtartige sexuelle Internetnutzungsweisen (sog. Cybersexsucht, ausführlich siehe Eichenberg & Blokus, 2010; für neueste Erkenntnisse zur Online-Pornografiesucht siehe Alarcón et al., 2019) jedoch häufig hohe Belastungen für die Partnerschaft dar (z. B. Schneider, 2003; Gonyea, 2004; siehe Fallbeispiel).

> »Ich bin mit meinem Latein am Ende. Mein Freund ist anscheinend cybersexsüchtig oder beziehungssexsüchtig. Ich weiß es nicht genau, was es ist. Alles fing an, dass ich abgespeicherte E-Mails mit Internetdamen auf dem PC gefunden hatte. Dann SMS von verschiedenen Frauen auf seinem Handy. Dann erfuhr ich, dass er sich öfters an verschiedenen Wochenenden mit Frauen aus dem Netz trifft. Alles das kam letztes Jahr raus und er wollte auch jeden Kontakt abbrechen, was er aber nicht tat. Des Weiteren fand ich auch jede Menge selbst gebrannte Porno-CDs, die er sammelt, und noch andere Sachen, die ich jetzt hier nicht alle aufführen kann. Normalerweise hätte ich diese Beziehung beenden sollen, aber ich wollte uns noch eine Chance geben. Das jetzige größte Problem ist, dass er überhaupt keine Lust mehr auf Sex mit mir hat. Dieses macht mich derartig unzufrieden und aggressiv, weil ich nicht mehr alles glauben kann, was er mir erzählt und versprochen hat. Er beteuert immer wieder, dass er mich über alles liebt und sich ein Leben ohne mich nicht vorstellen kann. Was soll ich nur machen?«
> *(Auszug aus einer Online-Beratungsanfrage)*

Bereits seit 25 Jahren wird die Internetsucht als psychologisches Phänomen diskutiert. Dabei gehen insbesondere das Spielen von Online-Games und die Rezeption sexueller Angebote mit pathologischem Internetgebrauch einher (Meerkerk et al., 2006). Zum Ausmaß der *Cybersexsucht* existiert eine aktuelle weltweite Prävalenzschätzung, die auf einer Metaanalyse beruht und mit 8,23 % beziffert wird (Meng et al., 2022). Auch wenn somit davon ausgegangen werden kann, dass die Mehrheit der Cybersexnutzer keine mit ihrem Nutzungsverhalten zusammenhängende Probleme aufweist, so zeigen Studien, dass süchtige Nutzung massive intra- und interpersonelle Auswirkungen hat (Engel et al., 2019), sprich: nicht nur für die Betroffenen, sondern auch für ihr Umfeld wie Partner und Familie (Schneider, 2003). Schneider, Weiss und Samenow (2012) haben mittels einer Online-Umfrage die Auswirkungen von Cybersex auf die Partner untersucht. Die Ergebnisse zeigen, dass die Menschen das Vertrauen in den Partner verlieren können und auch professionelle Hilfe notwendig sein kann, um die negativen Auswirkungen zu verarbeiten. Ferron et al. (2016) arbeiteten heraus, dass die Rezeption von Online-Pornografie als Mediator zwischen einerseits Persönlichkeit und Bindung und andererseits Beziehungs- und sexueller Zufriedenheit fungierte. Weinstein et al. (2015) konnten zeigen, dass Cybersexsucht zum einen Probleme in intimen Beziehungen voraussagte, zum anderen ebenso solche Probleme Cybersex begünstigte. Gleichzeitig ist die Cybersexsucht u. a. mit Bindungsproblemen assoziiert (v. a. vermeidender Bindungsstil, Varfi et al., 2019). Daher liegt auf der Hand, dass Partner in die Behandlung von Cybersexsucht einbezogen werden sollten (Briken & Basdekis-Jozsa, 2010), aber natürlich auch von Einzeltherapien profitieren können. Nach Landau et al. (2008) zählt zu den wichtigsten Erfahrungen, die Familienmitglieder von Cybersexsüchtigen dazu veranlasst, einen Therapeuten um Hilfe zu bitten, die Erkenntnis, dass die Person, mit der sie zusammenleben, eine Fremde geworden ist.

8.3 Diskussion

Bedeutung digitaler Medien für Paare. Zusammenfassend zeigt sich, dass die Rolle digitaler Medien für bestehende Partnerschaften facettenreich und der Einfluss moderner Medien Gegenstand vieler Forschungsbemühungen ist. Dabei wurde für viele der untersuchten Themenbereiche, die Paare positiv wie negativ durch die digitale Mediennutzung tangieren, die Relevanz des Bindungsstils deutlich, was v. a. in der Behandlung problematischer Aspekte berücksichtigt werden sollte.

Mit der Internetnutzung eröffnen sich für Paare neue Optionen zur Binnenkommunikation, für die Sexualität sowie zur Lösung von Partnerschaftsproblemen. Laut einer aktuellen Umfrage (Doss et al., 2019) sind die fünf größten Beziehungsprobleme, die von Paaren, die Online-Hilfe suchen, genannt werden, Schwierigkeiten bei der Kommunikation und der emotionalen Intimität, partnerspezifische Probleme (z. B. Suchtverhalten), Vertrauensprobleme und häufige Streitigkeiten. Obwohl nicht alle diese Probleme in jeder Online-Intervention speziell angesprochen werden, haben die internetbasierten Programme in der Regel eine kompetenzbasierte Komponente, die Paaren beibringt, wie sie effektiv kommunizieren, Konflikte lösen und Probleme bewältigen können (Cilia, Georgia & Doss, 2014). Bei den Studien zur Videotherapie zeigten sich in der Paartherapie ähnliche Kernbefunde wie im Einzelsetting (Leuckhard et al., 2021), d. h., es wurden therapeuten- wie klientenseits jeweils ähnliche Vorteile, Herausforderungen und Schwierigkeiten thematisiert wie z. B. eine gegenüber dem traditionellen Setting größere Distanz zum Therapeuten, eine Verschiebung der Kontrolle in Richtung der Klienten bei dem gleichzeitigen Erleben einer tragfähigen therapeutischen Beziehung. Online-Hilfen können auch denjenigen Paaren helfen, für die die Nutzung digitaler Medien zum Katalysator ihrer Probleme wurde, die sich beispielsweise in Online-Untreue, damit evtl. zusammenhängender Eifersucht oder Cybersexsucht eines Partners äußern. Obwohl bereits entsprechende Überlegungen zu therapeutischen Behandlungsansätzen existieren, kann nicht davon ausgegangen werden, dass alle Einzel- und Paartherapeuten mit diesen Problemstellungen und Behandlungsoptionen vertraut sind. Aufgrund der ubiquitären und vielfältigen Verwendung digitaler Medien, die konstruktive wie destruktive Einflüsse auf Partnerschaften haben können, auch wenn, wie aufgezeigt, hier nicht die Mediennutzung an sich, sondern unterschiedliche Mediatoren wirksam sind, ist wichtig, dass Behandelnde mit entsprechenden Netzthemen und -trends vertraut sind. Allerdings zeigte eine Befragung an N= 160 Therapeuten, dass Medienkonsum vom Großteil der Befragten nicht in Anamnese und Therapie thematisiert werden (Eichenberg, Piening & van Loh, 2022). Gleiches gilt für die Kenntnis von paartherapeutischen präventiven wie kurativen Online-Ansätzen, wobei Überlegungen für die Indikation von E-Mental-Health-Anwendungen im Einzelsetting (Eichenberg, 2021) für das Paarsetting erweitert werden müssen.

Ausblick und weitere Trends. Neben der Bedeutung digitaler Medien für Paare in bestehenden Beziehungen ist ebenso ein Forschungsfeld, virtuelle Räume für die Entstehung von Partnerschaften (Online-Dating) und Trennungen zu untersuchen. Bei Trennungen werden hier v. a. Probleme wie Cyberstalking und Facebook-Stalking relevant. Während das Cyberstalking v. a. im Zusammenhang mit Ex-Partnerbeziehungen, aber auch in Kontakten zu Freunden, Bekannten und Arbeitskollegen auftritt und hier das Internet genutzt wird, um das jeweilige Opfer zu belästigen, zu bedrohen oder ihm Angst einzuflößen (Pittaro, 2007), so hat das Facebook-Stalking (Fox & Tokunaga, 2015) nichts mit kriminellem Stalking gemein. Es kann vielmehr insbesondere für die Person, die das Stalking durchführt, zum Problem werden. Das bedeutet, dass das Profil des Ex-Partners auch nach der Auflösung von Partnerschaften weiterhin besucht wird, um Informationen aus dessen Leben zu erhalten und so *verbunden* zu bleiben, was letztlich den Trennungsprozess erschwert.

Insgesamt wurden vor allem die Auswirkungen virtueller Sexualität bisher vor allem mit Blick auf eine Person in einer Beziehung untersucht, so dass weitere Studien notwendig sind, um die Auswirkungen auf beide Partner zu untersuchen. Ein Zukunftstrend, der bereits jetzt kontrovers diskutiert wird (vor allem aus ethischer Sicht; Eichenberg, 2020) ist die Sexrobotik, jedoch fehlen umfassende Studien auch zur Nutzungsbereitschaft von Sexrobotik in Partnerschaften.

Der Forschungsbereich zu *Cyber Crime Abuse*, der Missbrauch in intimen Partnerschaften mittels digitaler Medien umfasst und durch Anonymität, Unsichtbarkeit und insgesamt durch das Fehlen von Blickkontakt (Lapidot-Lefler & Barak, 2012) begünstigt wird, kann sowohl bei Personen auftreten, die sich nur *online* kennen, aber auch bei Intimpartnern im *real life*, so dass aggressives Online- und Offline-Verhalten miteinander verknüpft sein können (Marganski & Melander, 2018). Während Cyber Crime Abuse im ausschließlichen Online-Kontext bereits z.B. in Form des Love-Scammings (Rege, 2009) sowohl in der Fachliteratur (Davidson et al., 2011) als auch in den öffentlichen Medien (Hu, Chen & Bose, 2013) thematisiert wurde, ist die entsprechende Nutzung digitaler Medien zu missbräuchlichen Übergriffen in bestehenden Partnerschaften kaum ein Thema.

Literatur

Aicken, C. R., Estcourt, C. S., Johnson, A. M., Sonnenberg, P., Wellings, K. & Mercer, C. H. (2016). Use of the internet for sexual health among sexually experienced persons aged 16 to 44 years: evidence from a nationally representative survey of the British population. *Journal of medical Internet research*, *18*(1), e4373.

Aretz, W., Becher, L., Casalino, A. & Bonorden, C. (2010). Digitale Eifersucht: Die Kehrseite sozialer Netzwerke. Eine empirische Untersuchung. *Journal of Business and Media Psychology*, *1*, 17–24.

Ballester-Arnal, R., Castro-Calvo, J., Gil-Llario, M. D. & Giménez-García, C. (2014). Relationship status as an influence on cybersex activity: cybersex, youth, and steady partner. *Journal of sex & marital therapy*, *40*(5), 444–456.

Billedo, C. J., Kerkhof, P. & Finkenauer, C. (2015). The use of social networking sites for relationship maintenance in long-distance and geographically close romantic relationships. *Cyberpsychology, Behavior, and Social Networking*, *18*(3), 152–157.

Bridges, A. J. (2008). Dyadic consequences of non-addictive use of sexually explicit media. *Oral presentation presented at the Association for Behavioral and Cognitive Therapies, Orlando, FL*.

Briken, P. & Basdekis-Jozsa, R. (2010). Sexuelle Sucht? *Bundesgesundheitsblatt-Gesundheitsforschung-Gesundheitsschutz*, *53*(4), 313–318.

Burgoyne, N. & Cohn, A. S. (2020). Lessons from the transition to relational teletherapy during COVID-19. *Family Process*, *59*(3), 974–988.

Campbell, L. & Kohut, T. (2017). The use and effects of pornography in romantic relationships. *Current Opinion in Psychology*, *13*, 6–10.

Carpenter, C. J. & Spottswood, E. L. (2021). The Hyperperception Model: When Your Partner's New Friends Inspire Jealousy and Failing to Use Social Distancing. *Cyberpsychology, Behavior, and Social Networking*, *24*(7), 439–443.

Cavaglion, G. & Rashty, E. (2010). Narratives of suffering among Italian female partners of cybersex and cyber-porn dependents. *Sexual Addiction & Compulsivity*, *17*(4), 270–287.

Cicila, L. N., Georgia, E. J. & Doss, B. D. (2014). Incorporating Internet-based interventions into couple therapy: Available resources and recommended uses. *Australian and New Zealand Journal of Family Therapy*, *35*(4), 414–430.

Collins, T. J. & Gillath, O. (2012). Attachment, breakup strategies, and associated outcomes: The effects of security enhancement on the selection of breakup strategies. *Journal of Research in Personality*, *46*(2), 210–222.

Davidson, J., Grove-Hills, J., Bifulco, A., Gottschalk, P., Caretti, V., Pham, T. & Webster, S. (2011). Online abuse: Literature review and policy context. *(Project Report) European online grooming project*. Retirado de http://www. scotcen. org. uk/media/22523/european-online-grooming-projectliteraturereview.pdf

de Alarcón, R., de la Iglesia, J. I., Casado, N. M. & Montejo, A. L. (2019). Online porn addiction: What we know and what we don't – A systematic review. *Journal of clinical medicine*, *8*(1), 91.

Dijkstra, P., Barelds, D. P. & Groothof, H. A. (2013). Jealousy in response to online and offline infidelity: The role of sex and sexual orientation. *Scandinavian Journal of Psychology*, *54*(4), 328–336.

Döring, N. (2017). From Internet Sex to Robot Sex: State of Research and Challenges for the Science of Sexuality. *Zeitschrift für Sexualforschung*, *30*(1), 35–93.

Döring, N. & Dietmar, C. (2003, September). Mediated communication in couple relationships: approaches for theoretical modeling and first qualitative findings. In *Forum Qualitative Sozialforschung/Forum: Qualitative Social Research* (Vol. 4, No. 3).

Doss, B. D., Benson, L. A., Georgia, E. J. & Christensen, A. (2013). Translation of Integrative Behavioral Couple Therapy to a web-based intervention. *Family process*, *52*(1), 139–153.

Doss, B. D., Feinberg, L. K., Rothman, K., Roddy, M. K. & Comer, J. S. (2017). Using technology to enhance and expand interventions for couples and families: Conceptual and methodological considerations. *Journal of Family Psychology*, *31*(8), 983.

Doss, B. D., Roddy, M. K., Nowlan, K. M., Rothman, K. & Christensen, A. (2019). Maintenance of gains in relationship and individual functioning following the online OurRelationship program. *Behavior therapy*, *50*(1), 73–86.

Eichenberg, C. (2021). New Dimensions in Case Planning: Integration of E-Mental Health Applications. In *CBT Case Formulation as Therapeutic Process* (pp. 291–300). Springer, Cham.

Eichenberg, C. (2020). Robotik in der Psychotherapie: Anwendungsfelder – Effektivität – Praxisbeispiele. In *Bessere Menschen? Technische und ethische Fragen in der transhumanistischen Zukunft* (pp. 97–125). Springer, Berlin, Heidelberg.

Eichenberg, C., & Aden, J. (2015). Onlineberatung bei Partnerschaftskonflikten und psychosozialen Krisen. *Psychotherapeut*, *60*(1), 53–63.

Eichenberg, C., & Auersperg, F. (2013). Auswirkungen von Online-Sexualität auf das sexuelle Verhalten und Erleben. *PiD-Psychotherapie im Dialog*, *14*(02), 72–77.

Eichenberg, C., & Blokus, G. (2010). *Cybersexsucht: Epidemiologie, Diagnostik, Ätiologie und Therapie – Ein Überblick zum Stand der Forschung.* Psychologie in Österreich, 2/3, 142–154.

Eichenberg, C., Piening, K. & van Loh, J. (2022). Exploration und Berücksichtigung von Medienproblemen in der Psychotherapie von Erwachsenen: Eine Online-Befragung von Psychotherapeut*innen. Zeitschrift für Psychosomatische Medizin und Psychotherapie, 68(1). https://doi.org/10.13109/zptm.2022.68.1.24

Eichenberg, C., Schott, M., Decker, O., & Sindelar, B. (2017). Attachment style and internet addiction: an online survey. *Journal of Medical Internet Research*, *19*(5), e6694.

Eichenberg, C., Schott, M., & Schroiff, A. (2019). Comparison of students with and without problematic smartphone use in light of attachment style. *Frontiers in psychiatry*, 681.

Engel, J., Kessler, A., Veit, M., Sinke, C., Heitland, I., Kneer, J., ... & Kruger, T. H. (2019). Hypersexual behavior in a large online sample: Individual characteristics and signs of coercive sexual behavior. *Journal of behavioral addictions*, *8*(2), 213–222.

Fergus, K., Ahmad, S., McLeod, D. L., Stephen, J., Gardner, S., Pereira, A., ... & Carter, W. (2015). Couplelinks – an online intervention for young women with breast cancer and their male partners: study protocol for a randomized controlled trial. *Trials*, *16*(1), 1–15.

Ferron, A., Lussier, Y., Sabourin, S., & Brassard, A. (2016). The role of internet pornography use and cyber infidelity in the associations between personality, attachment, and couple and sexual satisfaction. *Social Networking*, *6*(1), 1–18.

Floyd, C. G., Landa, S., Saunders, M. A., & Volk, F. (2020). The moderating influence of moral disapproval of pornography on couples' sexual and relationship satisfaction. *Journal of Sex & Marital Therapy*, *46*(7), 660–682.

Fox, J., & Tokunaga, R. S. (2015). Romantic partner monitoring after breakups: Attachment, dependence, distress, and post-dissolution online surveillance via social networking sites. *Cyberpsychology, behavior, and social networking*, *18*(9), 491–498.

Georgia Salivar, E. J., Rothman, K., Roddy, M. K., & Doss, B. D. (2020). Relative cost effectiveness of in-person and internet interventions for relationship distress. *Family Process*, *59*(1), 66–80.

Gesselman, A. N., Kaufman, E. M., Marcotte, A. S., Reynolds, T. A., & Garcia, J. R. (2022). Engagement with Emerging Forms of Sextech: Demographic Correlates from a National Sample of Adults in the United States. *The Journal of Sex Research*, 1–13.

Gonyea, J. L. (2004). Internet sexuality: Clinical implications for couples. *The American Journal of Family Therapy*, *32*(5), 375–390.

Isanejad, O., & Bagheri, A. (2018). Marital quality, loneliness, and internet infidelity. *Cyberpsychology, Behavior, and Social Networking*, *21*(9), 542–548.

Jin, B., & Peña, J. F. (2010). Mobile communication in romantic relationships: Mobile phone use, relational uncertainty, love, commitment, and attachment styles. *Communication Reports*, *23*(1), 39–51.

Hamilton, K., Kavanagh, D., Connolly, J., Davis, L., Fisher, J., Halford, K., ... & Wittkowski, A. (2016). Baby steps – An online program promoting the well-being of new mothers and fathers: A study protocol. *JMIR research protocols*, *5*(3), e5706.

Heiden-Rootes, K., Ferber, M., Meyer, D., Zubatsky, M., & Wittenborn, A. (2021). Relational teletherapy experiences of couple and family therapy trainees: »Reading the room,« exhaustion, and the comforts of home. *Journal of Marital and Family Therapy*, *47*(2), 342–358.

Hertlein, K. M., Raven & Eichenberg, C. (under review). Navigating Relational Dialectics with Technology: A Cross-Cultural Study

Hertlein, K. M. & Stevenson, A. (2010). The Seven »As« Contributing to Internet-Related Intimacy Problems: A Literature Review. *Cyberpsychology, 4*(1).

Hertlein, K. M. & Piercy, F. P. (2012). Essential elements of Internet infidelity treatment. *Journal of Marital and Family Therapy, 38,* 257–270.

Hu, Y., Chen, X., & Bose, I. (2013). Cybercrime enforcement around the globe. *Journal of Information Privacy and Security, 9*(3), 34–52.

Kohut, T., Fisher, W. A. & Campbell, L. (2017). Perceived effects of pornography on the couple relationship: Initial findings of open-ended, participant-informed,«bottom-up« research. *Archives of sexual behavior, 46*(2), 585–602.

Kysely, A., Bishop, B., Kane, R., Cheng, M., De Palma, M. & Rooney, R. (2020). Expectations and experiences of couples receiving therapy through videoconferencing: A qualitative study. *Frontiers in psychology,* 2992.

Landau, J., Garrett, J. & Webb, R. (2008). Assisting a concerned person to motivate someone experiencing cybersex into treatment: Application of invitational intervention: The ARISE model to cybersex. *Journal of Marital and Family Therapy, 34*(4), 498–511.

Lapidot-Lefler, N & Barak, A. (2012). Effects of anonymity, invisibility, and lack of eye-contact on toxic online disinhibition. *Computers in human behavior, 28*(2), 434–443.

Lenhart, A. & Duggan, M. (2014). Couples, the internet, and social media. *Pew Research Center.*

Lennarz, H. K., Lichtwarck-Aschoff, A., Finkenauer, C. & Granic, I. (2017). Jealousy in adolescents' daily lives: How does it relate to interpersonal context and well-being? *Journal of Adolescence, 54,* 18–31.

Leukhardt, A., Heider, M., Reboly, K., Franzen, G., & Eichenberg, C. (2021). Videobasierte Behandlungen in der psychodynamischen Psychotherapie in Zeiten der COVID-19-Pandemie: Interviewstudie mit Psychotherapeut*innen und Patient*innen. Video-based treatment in psychodynamic psychotherapy in times of the COVID-19 pandemic. Interview study with patients and psychotherapists. *Psychotherapeut,* 1–8.

Ligman, K., Rodriguez, L. M. & Rocek, G. (2021). Jealousy and electronic intrusion mediated by relationship uncertainty in married and cohabiting couples during COVID-19. *Cyberpsychology, Behavior, and Social Networking, 24*(7), 444–449.

Linke, C. (2010). *Medien im Alltag von Paaren.* VS Verlag für Sozialwissenschaften.

Machluf, R., Abba Daleski, M., Shahar, B., Kula, O. & Bar-Kalifa, E. (2021). Couples therapists' attitudes toward online therapy during the covid-19 crisis. *Family process.*

Mack, A. M. & Vaughn, J. (2012). Fear Of Missing Out (FOMO). *J Walter Thompson Company (JWT), New York, NY.*

Mao, A. & Raguram, A. (2009). Online infidelity: The new challenge to marriages. *Indian Journal of Psychiatry, 51*(4), 302.

Marganski, A. & Melander, L. (2018). Intimate partner violence victimization in the cyber and real world: Examining the extent of cyber aggression experiences and its association with in-person dating violence. *Journal of interpersonal violence, 33*(7), 1071–1095.

Maddox, A. M., Rhoades, G. K. & Markman, H. J. (2011). Viewing sexually-explicit materials alone or together: Associations with relationship quality. *Archives of sexual behavior, 40*(2), 441–448.

Marazziti, D., Consoli, G., Albanese, F., Laquidara, E., Baroni, S. & Dell'Osso, M. C. (2010). Romantic attachment and subtypes/dimensions of jealousy. *Clinical practice and epidemiology in mental health: CP & EMH, 6,* 53.

McAllister, S., Duncan, S. F. & Hawkins, A. J. (2012). Examining the early evidence for self-directed marriage and relationship education: A meta-analytic study. *Family Relations, 61*(5), 742–755.

McDaniel, B. T. & Drouin, M. (2015). Sexting among married couples: Who is doing it, and are they more satisfied? *Cyberpsychology, Behavior, and Social Networking, 18*(11), 628–634.

McDaniel, B. T., Drouin, M. & Cravens, J. D. (2017). Do you have anything to hide? Infidelity-related behaviors on social media sites and marital satisfaction. *Computers in human behavior, 66,* 88–95.

Megale, A., Peterson, E. & Friedlander, M. L. (2021). How effective is online couple relationship education? A systematic meta-content review. *Contemporary family therapy*, 1–11.

Meerkerk, G. J., Eijnden, R. J. V. D. & Garretsen, H. F. (2006). Predicting compulsive Internet use: it's all about sex! *CyberPsychology & Behavior*, 9(1), 95–103.

Meng, S. Q., Cheng, J. L., Li, Y. Y., Yang, X. Q., Zheng, J. W., Chang, X. W., … & Shi, J. (2022). Global prevalence of digital addiction in general population: A systematic review and meta-analysis. *Clinical Psychology Review*, 102128.

Muise, A., Christofides, E. & Desmarais, S. (2009). More information than you ever wanted: Does Facebook bring out the green-eyed monster of jealousy? *CyberPsychology & behavior*, 12(4), 441–444.

Murphy-Kelly, S. (2013). *Report: 56% of social media users suffer from FOMO*. Mashable, 9. Juli 2013.

Nadan, Y., Shachar, R., Cramer, D., Leshem, T., Levenbach, D., Rozen, R., … & Cramer, S. (2020). Behind the (virtual) mirror: Online live supervision in couple and family therapy. *Family Process*, 59(3), 997–1006.

O'Sullivan, L. F. (2014). Linking online sexual activities to health outcomes among teens. *New directions for child and adolescent development*, 2014(144), 37–51.

Pittaro, M. L. (2007). Cyber stalking: An analysis of online harassment and intimidation. *International journal of cyber criminology*, 1(2), 180–197.

Rege, A. (2009). What's Love Got to Do with It? Exploring Online Dating Scams and Identity Fraud. *International Journal of Cyber Criminology*, 3(2).

Resch, M. N. & Alderson, K. G. (2014). Female partners of men who use pornography: Are honesty and mutual use associated with relationship satisfaction? *Journal of Sex & Marital Therapy*, 40(5), 410–424.

Roddy, M. K., Knopp, K., Georgia Salivar, E. & Doss, B. D. (2021). Maintenance of relationship and individual functioning gains following online relationship programs for low-income couples. *Family process*, 60(1), 102–118.

Roddy, M. K., Nowlan, K. M. & Doss, B. D. (2017). A randomized controlled trial of coach contact during a brief online intervention for distressed couples. *Family process*, 56(4), 835–851.

Sahebi, B. (2020). Clinical supervision of couple and family therapy during COVID-19. *Family Process*, 59(3), 989–996.

Schott, M., Schilbach, L. & Wilchfort D. (in Vorbereitung). Online-Untersuchung beziehungsspezifischer Interpretationsverzerrungen und ihr Einfluss auf die Beziehungszufriedenheit.

Schneider, J. (2003). The impact of compulsive cybersex behaviours on the family. *Sexual and Relationship Therapy*, 18(3), 329–354.

Schneider, J. P., Weiss, R. & Samenow, C. (2012). Is it really cheating? Understanding the emotional reactions and clinical treatment of spouses and partners affected by cybersex infidelity. *Sexual Addiction & Compulsivity*, 19(1–2), 123–139.

Solomon, D. H. & Roloff, M. E. (2018). Relationship initiation and growth. In A. L. Vangelisti & D. Perlman (Eds.). The Cambridge handbook of personal relationships (pp. 79–89). Cambridge University Press.

Sparidaens, E. M., Hermens, R. P., Braat, D. D., Nelen, W. L. & Fleischer, K. (2021). Web-Based Guidance Through Assisted Reproductive Technology (myFertiCare): Patient-Centered App Development and Qualitative Evaluation. *Journal of Medical Internet Research*, 23(8), e25389.

Staley, C. & Prause, N. (2013). Erotica viewing effects on intimate relationships and self/partner evaluations. *Archives of sexual behavior*, 42(4), 615–624.

Studer, J., Marmet, S., Wicki, M. & Gmel, G. (2019). Cybersex use and problematic cybersex use among young Swiss men: Associations with sociodemographic, sexual, and psychological factors. *Journal of behavioral addictions*, 8(4), 794–803.

Sullivan, K. T. (2021). Attachment Style and Jealousy in the Digital Age: Do Attitudes About Online Communication Matter? *Frontiers in Psychology*, 2932.

Troitskaya, O. & Batkhina, A. (2021). Mobile application for couple relationships: Results of a pilot effectiveness study. *Family Process*.

Varfi, N., Rothen, S., Jasiowka, K., Lepers, T., Bianchi-Demicheli, F. & Khazaal, Y. (2019). Sexual desire, mood, attachment style, impulsivity, and self-esteem as predictive factors for addictive cybersex. *JMIR Mental Health*, 6(1), e9978.

Veder, B., Pope, S., Mani, M., Beaudoin, K. & Ritchie, J. (2014). Employee and family assistance video counseling program: A post launch retrospective comparison with in-person counseling outcomes. *Medicine 2.0*, 3(1), e3125.

Vossler, A. (2016). Internet infidelity 10 years on: A critical review of the literature. *The Family Journal*, 24(4), 359–366.

Vossler, A. & Moller, N. P. (2020). Internet affairs: Partners' perceptions and experiences of internet infidelity. *Journal of Sex & Marital Therapy*, 46(1), 67–77.

Weinstein, A. M., Zolek, R., Babkin, A., Cohen, K. & Lejoyeux, M. (2015). Factors predicting cybersex use and difficulties in forming intimate relationships among male and female users of cybersex. *Frontiers in psychiatry*, 6, 54.

9 Überlegungen zu Zweier- und Dreierbeziehungen mit Liebespuppen und Sexrobotern

Oliver Bendel

9.1 Einleitung

Persönliche Beziehungen gehören zum Menschsein. Sie ermöglichen ein strukturiertes und organisiertes soziales Leben zwischen den Artgenossen und sichern – ausgehend meist von Paarbeziehungen – den Fortbestand des Lebens, indem Nachwuchs gezeugt und aufgezogen und Wissen an ihn vermittelt wird.[1] Sie sind eine Quelle der Zufriedenheit und des Glücks wie der Angst, der Sicherheit wie der Unsicherheit. Neben Zweierbeziehungen kommen Dreier- oder sogar Viererbeziehungen vor, zudem Harems als komplexere Organisationsformen und Orgien als komplexere Manifestationen der Sexualität.

Gummipuppen haben eine lange Tradition und eine Renaissance als realistisch gestaltete Sex- und Liebespuppen erlebt. Sie haben weltweit Einzug in Haushalte und Bordelle gehalten. Auch umgekehrte oder umgedrehte Cyborgs tauchen auf (Bendel, 2021d). Es handelt sich in diesem Fall um mit menschlichen Stimmen ausgestattete Liebespuppen, mit denen wiederum in Etablissements experimentiert wird. Sexroboter, mehr oder weniger Liebespuppen mit einem robotischen Kopf, stehen ebenfalls zur Verfügung, vorrangig einer betuchten Klientel in den eigenen vier Wänden.

Die Frage ist nun, ob Zweier- und Dreierbeziehungen mit Liebespuppen, Sexrobotern und umgekehrten Cyborgs möglich und welcher Art sie gegebenenfalls sind. Um dies zu klären, werden in ▶ Kap. 9.2 Merkmale von Zweier- und Dreierbeziehungen erarbeitet sowie in ▶ Kap. 9.3 die Merkmale und Funktionen der genannten Artefakte sowie ihr Gebrauch erklärt. ▶ Kap. 9.4 führt dann die Charakteristik der Zweierbeziehungen, am Rande auch der Dreierbeziehungen, und die Praxis der Liebespuppen, Sexroboter und umgekehrten Cyborgs zusammen. In ▶ Kap. 9.5 werden die Ergebnisse diskutiert und weiterentwickelt. ▶ Kap. 9.6 widmet sich in aller Kürze der Realität der Beziehungen. Zusammenfassung und Ausblick runden den Beitrag ab.

---

1 Paarbeziehungen sind in gewisser Weise die am wenigsten komplexe Form der sozialen Beziehung, auch wenn sie außerordentlich komplex sein können. Sie sind ein Versuchslabor wie die Familie, wo man Verhaltensweisen ausprobiert und (sozusagen gezwungenermaßen) ablegt.

9.2 Merkmale von Zweierbeziehungen

Für Lenz (2003) sind wesentliche Kennzeichen persönlicher Beziehungen die Nichtaustauschbarkeit der Personen sowie die Unterstellung ewiger Dauer. Wichtige Merkmale von Zweierbeziehungen als Formen von persönlichen Beziehungen sind nach ihm gesteigerte Individualität und Einzigartigkeitsanspruch, hohe Affektivität, Diffusität (kaum Tabus in der Thematik), Vertrauen, Körperlichkeit (kaum Tabus in der Berührung) und Sexualität. Er definiert eine Zweierbeziehung als »eine enge, verbindliche und auf Dauer angelegte Beziehung zwischen zwei Personen unterschiedlichen oder gleichen Geschlechts, die sich durch eine besondere Zuwendung auszeichnet und die Praxis sexueller Interaktion einschließt« (Lenz, 2003, S. 16).

Schneider (2009) sieht bei Paarbeziehungen vier zentrale Merkmale. Erstens wird Exklusivität hergestellt, mit einem einzigen Liebespartner oder Partner. Zweitens ist wechselseitige Solidarität vorhanden. Drittens herrscht eine Dauerhaftigkeit, die nach Burkart (2018, S. 28) heute eher als »relative Dauerhaftigkeit« verstanden werden muss, »d.h. es gibt eine ›Unendlichkeitsfiktion‹ [...] oder die Idealisierung von Dauer, aber mit einer Exit-Option«. Viertens ist eine Koresidenz oder Kolokalität der Partner gegeben, was nichts anderes bedeutet, als dass sie in einem gemeinsamen Haushalt leben (und womöglich das Bett teilen). Gemäß Burkart (2018, S. 28) scheint dieses letzte Kriterium angesichts der verbreiteten »Distanzbeziehungen« heute an Bedeutung zu verlieren. Und nicht nur das – manche möchten sogar in derselben Stadt nicht auf ihre Privat- und Intimsphäre verzichten.

Beziehungen zwischen Menschen (soziale Beziehungen) sind nach Linke (2010) Prozesse, die auf mentalen Vorgängen, Kommunikation und Interaktion beruhen, wobei genauer die Rede ist von symbolischen Interaktionen. Paarbeziehungen zeichneten sich grundsätzlich durch die zwei Perspektiven der beteiligten Individuen aus. Wesentliche Aspekte seien der Bezug zum Geschlecht, Zuwendung und Ausübung der Sexualität – die symbolischen Interaktionen werden von physischen ergänzt. Auch Verbindlichkeit, Zuneigung, Machtausübung und Ritualisierung (die sich u.a. in der Kommunikation zeigt) werden genannt (Linke, 2010). Dies lässt sich auf Dreier- und Viererbeziehungen übertragen, wobei unterschieden werden muss, ob diese offen gelebt oder von einem der Partner oder beiden Parteien verschwiegen werden. Zudem kommt eine dritte bzw. vierte Perspektive hinzu.

In Bezug auf die wissenschaftliche Beschäftigung fällt auf, dass vor allem Zweierbeziehungen adressiert werden, seien diese in der traditionellen Ehe oder in modernen Formen des Zusammenlebens auszumachen. Es findet sich zudem vereinzelt Forschung und populärwissenschaftliche Hinwendung zum Seitensprung (Schmidbauer, 2012; Gottmann & Silver, 2014), selten jedoch zur offen gelebten Dreierbeziehung und Viererbeziehung, die jenseits von Swingerclubs und Harems freilich die Ausnahme sein dürften (▶ Kap. 6). Disziplinen wie Biologie, Psychologie, Philosophie und Sexualwissenschaft sind beteiligt, wobei letztere in Deutschland an Bedeutung verloren hat (dpa, 2018). Der Einbezug von Medien wird berücksichtigt, etwa mit Blick auf die Kontaktanbahnung oder das Kommunikationsverhalten, das u.a. der Organisation und der Bindung dient. Artefakte wie Liebespuppen und Sexroboter werden vor allem in einschlägigen Communities wie der Konferenzreihe »Love and Sex with Robots« behandelt (Cheok, Devlin & Levy, 2017).[2]

9.3 Liebespuppen, Sexroboter und Cyborgs

Dieser Abschnitt erklärt, was Liebespuppen, Sexroboter und Cyborgs bzw. umgekehrte Cyborgs sind und wo und wie sie eingesetzt werden. Damit wird eine theoretische und empirische Grundlage für weitere Betrachtungen und Überlegungen geschaffen.

9.3.1 Liebespuppen

Sexpuppen dienen der sexuellen Befriedigung, zuweilen auch der sozialen Bezugnahme, z. B. wenn man mit ihnen »zusammenlebt« (Bendel, 2019a). Sie stehen in der Tradition von Gummipuppen, die bereits in früheren Zeiten auf Schiffen und in LKWs mitgeführt wurden. Sie unterscheiden sich von ihnen durch eine realistische Darstellung – wobei die Vorbilder (i. d. R. Mädchen und Frauen) nicht zwangsläufig in Stereotype münden müssen – und eine feste Form (im Gegensatz zu aufblasbaren Exemplaren). Von Benutzern und Besitzern sowie Experten in diesem Bereich werden sie gerne als Liebespuppen bezeichnet.

Liebespuppen werden häufig aus Silikon hergestellt, das sich zu harten und weichen Strukturen und Komponenten verarbeiten lässt. Manchmal ist Gel unter der Haut eingelagert, um bei der Berührung die Anmutung von Fleisch zu erzeugen. Es finden sich technische Erweiterungen wie Audioanlagen in Kopf oder Körper, über die Töne, Laute und Stimmen abgespielt werden, oder funktionale Ergänzungen wie Vaginen und Ani, unterschiedlich in Durchmesser, Länge und Oberfläche. Augen aus Kunststoff oder Glas und Perücken vervollkommnen die Geschöpfe. Stabilität verleiht ein Metallskelett, das einen Großteil des Gewichts ausmacht – deshalb sind Sexpuppen eher klein.

Sexpuppen können beim Hersteller oder über Mittler – Detailhändler und Plattformen – bestellt werden. Sie sind in verschiedenen Preisklassen erhältlich. Zuweilen kann man für das Finishing spezielle Ausstattungen wie Schambehaarung, Sommersprossen, Piercings und Tattoos in Auftrag geben, was den Preis deutlich in die Höhe treibt. Es sind Fantasyfiguren mit spitzen Ohren und Hörnchen oder mit blauer Haut auf dem Markt, ohne dass die Abweichung von üblichen

---

2 Diese Reihe hat durch eine Reihe von Vorfällen – Unstimmigkeiten im Peer-Review und Einladung bzw. Beteiligung von rechtsradikalen Kräften – an Reputation verloren. Einige Mitglieder der Community haben sich vor diesem Hintergrund dauerhaft zurückgezogen.

humanoiden Formen zu groß und damit die »Daisy-Duck-Grenze« (Bendel, 2022) überschritten wäre.³

Liebespuppen sind in Haushalten ebenso wie in Bordellen anzutreffen. Diese listen sie auf ihren Websites häufig neben Prostituierten auf und erlauben gleichzeitige Doppel- und Mehrfachbuchungen zu entsprechenden Kosten. Zudem existieren Puppenbordelle, in denen Menschen allenfalls als Geschäftsführer, Sprecher oder Reinigungskraft (die Puppen werden i. d. R. besser gereinigt als auf den erwähnten Schiffen, wo sie Krankheiten verbreitet haben) in Erscheinung treten. Die Sexpuppen können in separaten Räumen je nach Geschmack angezogen, geschminkt und mit Schmuck versehen werden.

9.3.2 Sexroboter

Sexroboter, in ihren Grundprinzipien eine Invention des späten 20. und des frühen 21. Jahrhunderts, sind Serviceroboter und zugleich soziale Roboter und sowohl für die sexuelle Befriedigung als auch für das längerfristige Führen einer Beziehung gedacht (Bendel, 2015; Bendel, 2020a).⁴ Es handelt sich meist um Roboterköpfe mit einem Puppenkörper. In wenigen Fällen wird mit beweglichen Armen experimentiert. Wie bei den Liebespuppen wird Wert auf eine realistische Darstellung gelegt. Es sind mehrheitlich weibliche, hellhäutige Modelle verfügbar.

Sexroboter haben wie Liebespuppen eine Oberfläche aus Silikon. Die Haut ist eher weich, die Zähne sind eher hart. Mund- und Augenpartie sind beweglich, sodass mimische Fähigkeiten vorhanden sind. Natürlichsprachliche Fähigkeiten sind Standard und gegenüber den Liebespuppen neben den motorischen Aspekten hervorstechendes Alleinstellungsmerkmal. Sprachmodelle wie GPT-2, GPT-3 und GPT-4 bzw. GPT-J sollen Flaggschiffen wie Harmony zu menschenähnlich anmutenden Konversationsmöglichkeiten verhelfen (Coursey, 2020).

Die Hersteller sitzen mehrheitlich in den USA und in China (Rogge, 2020). Die Bestellungen laufen über sie, in Ausnahmefällen auch über Mittler wie Einzelhändler und Plattformen. Alternative Gesichter und Haare sind bei manchen Modellen zusätzlich bestellbar und auswechselbar. Neben einer einfachen Vagina ist z. T. eine sensorisch erweiterte wie SenseX verwendbar, die die sexuelle Leistung des

---

3 Die Daisy-Duck-Grenze ist eine vermutete Grenze bei der Nutzung von Liebespuppen und Sexrobotern, die nicht überschritten wird, da dahinter Ekel und Irritation überwiegen. Während eine Elfenfigur meist noch attraktiv gefunden (oder sogar bevorzugt) wird, ist dies bei Daisy Duck wohl nicht mehr der Fall. Die Annahme muss empirisch überprüft werden.
4 Serviceroboter sind für Dienstleistungen und Hilfestellungen aller Art zuständig. So bringen und holen sie Gegenstände, überwachen die Umgebung ihrer Besitzer oder das Befinden von Patienten und halten ihr Umfeld im gewünschten Zustand (Bendel, 2021). Das Pendant sind Industrieroboter, wobei es mit den Cobots Zwischenformen gibt. Soziale Roboter sind laut Bendel (2021a) sensomotorische Maschinen, die für den Umgang mit Menschen oder Tieren geschaffen wurden. Sie können über fünf Dimensionen bestimmt werden, nämlich die Interaktion mit Lebewesen, die Kommunikation mit Lebewesen, die Nähe zu Lebewesen, die Abbildung von (Aspekten von) Lebewesen sowie – im Zentrum – den Nutzen für Lebewesen (Bendel, 2021b).

Benutzers misst und es dem Sexroboter ermöglicht, passendes verbales Feedback zu geben (Kubes, 2020).

Sexroboter sind fast ausschließlich in Privathaushalten (und an Hochschulen zum Zwecke der Forschung) anzutreffen. Für Nachtclubs, Striplokale und Bordelle sind sie i. d. R. zu teuer. Zudem verschleißen die zugehörigen hochpreisigen Puppenkörper und müssen regelmäßig ersetzt und montiert werden. Bei sinkenden Preisen wird vermutlich die Nutzung in Etablissements zunehmen. Manche Hersteller siedeln sich direkt in Vergnügungsorten wie Las Vegas an.[5]

9.3.3 Cyborgs und umgekehrte Cyborgs

Cyborgs sind biologische Strukturen, in die technische Strukturen und Komponenten eingepasst sind (Bendel, 2021d). Ein Beispiel ist ein Mensch mit einem NFC-Chip zwischen Daumen und Zeigefinger oder ein mit einem Sender ausgerüstetes Wildtier. Umgekehrte oder umgedrehte Cyborgs sind technische Strukturen, häufig tier- oder menschenähnlich, in die biologische Strukturen und Komponenten eingepasst sind (Bendel, 2021d). Ein Beispiel in der Fiktion (man denke an den Film *Terminator* von 1984) ist ein humanoider Roboter mit menschlicher Haut oder mit einem tierischen oder menschlichen Gehirn. In der Realität gibt es erste Umsetzungen wie Computer mit Hirnzellen (Padavic-Callaghan, 2023).

Eine Liebespuppe mit Audioanlage im Kopfbereich kann als technische Struktur mit humanoider Gestaltung begriffen werden. Wenn man sie als Medium benutzt, indem ein Sprecher ihr seine Stimme verleiht, und damit eine biologische Komponente hinzugenommen wird, kann man von einem umgekehrten Cyborg sprechen. Dasselbe würde beim Versuch gelten, mit Hilfe von In-Vitro-Fleisch bestimmte Stellen der Puppe auszukleiden, was im Moment natürlich Science-Fiction ist und wie eine Dystopie anmutet.

Liebespuppen mit menschlicher Stimme sind etwa in einem Berliner Bordell namens Cybrothel (aus engl. *cyber* und engl. *brothel* für *Bordell*) zu finden (www.cybrothel.de). Es gibt zu keinem Zeitpunkt einen direkten menschlichen Kontakt. Der Kunde bucht das Angebot online und erhält einen Zugangscode. Dann kann er sich für einen festgelegten Zeitraum mit der Puppe vergnügen – und sie vorher und nachher nach seinem Geschmack an- und auskleiden. Die Stimmen der Sprecher und Sprecherinnen sollen laut Anbieter zu den Sexpuppen passen. Auch Augmented-Reality-Komponenten sind verfügbar.[6]

---

5 So ist Abyss Creations LLC, zuvor mit seinen Niederlassungen mit verschiedenen Namen (u. a. RealDoll und Realbotix) in Kalifornien und Texas angesiedelt, nach Las Vegas in Nevada umgezogen, wo eine liberale Gesetzgebung existiert und Prostitution in allen erdenklichen Formen erlaubt ist, wodurch sich direkte Absatzmärkte und Einsatzmöglichkeiten ergeben. Mit neuen Modellen wie Denise will man wohl auch Hotellerie und Gastronomie erobern.

6 Augmented Reality ist die mithilfe von Computern und Geräten erweiterte Wirklichkeit. Beispielsweise trägt man eine Datenbrille (auch AR-Brille genannt) und erhält Hinweise zur Umgebung eingeblendet.

9.4 Beziehungen zu Liebespuppen, Sexrobotern und Cyborgs

In diesem Abschnitt werden die oben erarbeiteten Ergebnisse zusammengeführt und Aspekte von Zweier- und Dreierbeziehungen auf Liebespuppen, Sexroboter und Cyborgs übertragen. Die Anzahl der Beteiligten (bzw. Unbeteiligten) selbst ist der Ausgangspunkt. Es folgen diejenigen Punkte, die wichtig erscheinen bzw. bei den verschiedenen Autoren mehrmals genannt wurden, nämlich Nichtaustauschbarkeit und Langfristigkeit, Kommunikation, symbolische Interaktion, Bezug zum Geschlecht, Ausübung von Sexualität, Verbindlichkeit und Vertrauenswürdigkeit, Zuneigung und Liebe, Machtausübung, Ritualisierung sowie Kolokalität und Koresidenz.

Man könnte beanstanden, dass durch die Kategorien, die Beziehungen zwischen Menschen entnommen sind, genuine Aspekte bei Beziehungen zwischen Menschen und Maschinen verlorengehen. Allerdings wird sich zeigen, dass sich manche Besonderheiten gerade aus dieser Übertragung herausschälen und andere als Leerstellen sichtbar werden. Zudem ist es nicht zu vermeiden, persönliche Beziehungen zum Vorbild zu nehmen, wenn man überhaupt etwas über neuartige Verhältnisse herausfinden will.

Im Vordergrund steht die Frage, um dies nochmals zu betonen, ob Beziehungen mit Liebespuppen und Sexrobotern möglich sind, und wenn dies der Fall ist, auf welche Weise. In Bezug darauf, wie sich Besitzer und Benutzer tatsächlich verhalten, zeigen sich die Umrisse eines Bilds, das kaum zur Behauptung des perversen, gewalttätigen und frauenverachtenden Monsters passt, das Richardson (2017) und andere in ihren Beiträgen heraufbeschwören. In einem kurzen Abschnitt werden zudem wichtige Erkenntnisse zu tatsächlichen Beziehungen zusammengefasst, die das Bild vervollständigen.

9.4.1 Zweier-, Dreier- und Viererbeziehungen

Bei Eheschließungen und beim Eintrag von Partnerschaften sind in Deutschland, in der Schweiz und in Österreich lediglich Paarbeziehungen erlaubt, übrigens ohne stichhaltigen Grund.[7] Ansonsten überwiegen Zweierbeziehungen aus konventionellen Gründen, etwa weil man an Treue glaubt, oder aus Sicherheitsgründen. Viele Menschen suchen sich freilich weitere Liebespartner, die sie meist geheim halten, oder kurzzeitige Affären, u. a. über Datingplattformen und -apps. In der Gegenwart leben in Europa nur wenige offen in Dreier- oder Viererbeziehungen.

In Haushalten dominiert vermutlich meist schon aus Kostengründen und Gründen der Praktikabilität das Einzelexemplar einer Sexpuppe, allenfalls kombi-

---

[7] Nur die Piratenpartei hat dies in Deutschland versucht zu ändern (Schmollack, 2013). Andere Parteien scheinen keine Relevanz darin zu erkennen, Anhängern von Dreier- oder Viererbeziehungen die gleiche Rechtssicherheit zuzugestehen wie Anhängern von Zweierbeziehungen.

niert mit austauschbaren Perücken und Accessoires. Im Bordell wird diese alleine oder zusammen mit einer Prostituierten gebucht. Es sind dort also Zweier- und Dreierkonstellationen möglich und üblich, wobei es sich wiederum um eine Preisfrage handelt. Manche sind einer Liebespuppe treu, andere wechseln sie regelmäßig (Weber, 2020a).

Interessant ist, dass es nicht beim Mensch-Maschine-Verhältnis bleiben muss, sondern dass ein Mensch-Maschine-Mensch-Verhältnis entstehen kann (oder, allgemeiner gesprochen, ein Mensch-Artefakt-Mensch-Verhältnis). Wenn die Liebespuppen als Medium für Sprache und Stimmen dienen, gesellt sich eine weitere Instanz dazu, ohne dass diese physisch oder visuell in Erscheinung treten würde.

Ob die Zweier- oder Dreierkonstellation dann zur eigentlichen Beziehung wird, ist an den weiteren Merkmalen zu überprüfen. Wenn sie alle oder mehrheitlich auftreten, spricht einiges dafür, dass eine Beziehung stattfindet. In welcher Form, wird noch zu klären sein.

9.4.2 Nichtaustauschbarkeit und Langfristigkeit

Es ist offensichtlich, dass die Nichtaustauschbarkeit zu klassischen Paarbeziehungen gehört. Wenn man abends nach Hause kommt, möchte man die gleiche Person antreffen, von der man sich morgens verabschiedet hat. Man sieht sich aber bereits bei längeren Ausfällen und Abwesenheiten, bedingt etwa durch Krankheiten und Kriege, nach einer Weile zu neuen Kontakten bereit. Auch nach dem Tod eines Partners – nach einer gewissen Zeit der Trauer – wählt man oft einen Ersatz. Die emotionalen Bindungen verhindern auf jeden Fall ein beliebiges Auswechseln.

Menschen können emotionale Bindungen zu Artefakten aller Art haben, und zwar in jedem Lebensalter (Schulze et al., 2021). Sie geben ihnen Namen, und sie bestehen bei Stofftieren, Autos oder sozialen Robotern darauf, dass diese nicht ausgetauscht, sondern repariert werden.[8] Das Artefakt wird in genau der Form liebgewonnen, in der es vorliegt oder zu der es sich entwickelt – über die Zeit erhält es Markierungen wie Flecken oder Dellen, die es persönlicher machen.

Manche Benutzer und Besitzer werden großen Wert darauf legen, dass ihre Liebespuppe oder ihr Sexroboter nicht ausgetauscht wird und sich allenfalls bezüglich der Haare, der Intimrasur oder des Intimschmucks verändert. Andere werden gerade aus der Abwechslung den Genuss ziehen. Dies entspricht durchaus den unterschiedlichen Gewohnheiten bei Beziehungen zwischen Menschen, wobei man einen One-Night-Stand kaum als Paarbeziehung bezeichnen würde.

---

8 Dabei ist der Hinweis wichtig, dass das Kind i. d. R. ein anderes Verhältnis zur Puppe oder zum Teddybären hat als der Erwachsene zum Auto. Es integriert diese in seine Welt, die zum Teil eine Phantasiewelt ist, und gibt ihnen eine Bedeutung, von der es sich später distanzieren wird.

9.4.3 Kommunikation

Die Kommunikation in Paarbeziehungen findet auf verschiedenen Ebenen statt. Partner tauschen sich regelmäßig aus, organisieren sich bezüglich des Zusammenwohnens bzw. der Treffen und der gemeinsamen Kinder, sprechen vertraut und vertraulich miteinander, zeigen Humor und machen Witze oder verfallen im Liebesspiel in eine erotische Konversation. Relevant sind Stimme, Sprechweise und Gesprochenes (Inhalt). Die Stimme klingt in vielen Paarbeziehungen anders als bei anderen persönlichen Beziehungen, z. B. insofern sie sich hebt, kindlicher und süßlicher wird.

Mit klassischen Liebespuppen ist meist keine Kommunikation möglich (Bendel, 2020a, b). Einige wenige haben Geräte mit Lautsprechern, über die sich Geräusche, Töne, Laute (wie Stöhnen) und Sätze (mit Aussagen) abspielen lassen. Bei Liebespuppen mit geliehener Stimme ist Kommunikation auf mehreren Ebenen umsetzbar. Es handelt sich wie bei Telefonsex um eine unbekannte, sich an einem anderen Ort aufhaltende Person, freilich mit dem Unterschied, dass man zugleich die Puppe vor sich hat, in den Armen hält oder sie in diesem Augenblick penetriert.

Mit Sexrobotern sind lange und überzeugende Unterhaltungen denkbar, vor allem, wenn Sprachmodelle wie GPT-2, GPT-3 oder GPT-4 bzw. Derivate wie GPT-J implementiert werden (Coursey, 2020). Die Stimme selbst kann man mit Hilfe von SSML und anderen Ansätzen und Techniken höher und sanfter klingen lassen (Bendel, 2018b). In Bezug auf die Sprechweise haben Projekte wie Google Duplex gezeigt, wie man sich dem Menschlichen annähern kann, u. a. mit Pausen und Verzögerungslauten (Wittpahl, 2019). Dirty Talk ist auf der semantischen Ebene eine viel gefragte Option, zudem das Erzählen von lustigen Begebenheiten und mehr oder weniger schmutzigen Witzen.

Es zeigt sich also, dass man mit Sexrobotern durchaus Gespräche führen kann und will. Da bereits wenige Worte ausreichen können, um eine simple Aussage zu treffen, scheint die Leistung der Maschine alltäglichen Ansprüchen zu genügen. Dennoch ist klar und deutlich zu sagen, dass man in gewisser Weise gegen die Wand spricht und die Beziehung in der Kommunikation eine einseitige ist.

9.4.4 Symbolische Interaktion und partnerschaftliche Semantik

Zur symbolischen Interaktion kann eine gemeinsame Familiengeschichte gehören, die daraus entsteht, dass Kommunikations- und Handlungsmuster wahrgenommen und gedeutet werden (Spektrum, o. D.), oder eine entsprechende geteilte Beziehungsgeschichte mit einer partnerschaftlichen Semantik. Dazu zählen Souvenirs, die man aus gemeinsamen Urlauben mitgebracht hat, das Auswählen und Gestalten der zu zweit angemieteten oder gekauften Wohnung, bestimmte Reihenfolgen bei der Badbenutzung und Sitzordnungen, die eigene Anpassung an den Geschmack und die Vorlieben des anderen, etwa in Frisur und Kleidung, die Anpassung von persönlichen Verhaltensweisen und das Feiern von Anlässen wie dem Hochzeitstag.

Mit Liebespuppen kann man sich schwerlich eine vertraute gemeinsame Lebenswelt erschaffen. So bedeuten Souvenirs nur dem Menschen etwas, genauso das Anpassen der Umgebung. Bei Sexrobotern können Erinnerungsfunktionen im nichtmenschlichen Sinne ein Stück weit ein gemeinsames Narrativ erlauben. Dies funktioniert indes derzeit eher bei Chatbots wie Replika (replika.com), bei denen man sich anmelden und damit zu erkennen geben muss, als bei sozialen Robotern im engeren Sinne. Aus Gründen der Intim- und Privatsphäre und aus Datenschutzgründen will man zudem einem Sexroboter nicht alles anvertrauen. Selbst wenn sich der Sexroboter im definierten Sinne erinnert – er ist sich dessen nicht bewusst und gleicht einem Papagei, der »Weißt du noch ...?« ruft.

Am ehesten ist eine symbolische Interaktion mit dem umgekehrten Cyborg denkbar, genauer gesagt mit dem Sprecher dahinter. Die Wahrscheinlichkeit ist hoch, dass mit der Wahl einer bestimmten Puppe immer wieder dieselbe Stimme einhergeht (da diese mehr oder weniger zugeordnet sind). Einschränkend muss gesagt werden, dass vielleicht der Kunde an echten gemeinsamen Erinnerungen, Erlebnissen und Bezugnahmen interessiert ist, jedoch kaum der Sprecher, der sich i. d. R. – wiederum aus Gründen der Intim- und Privatsphäre und aus Datenschutzgründen – schützen muss und möglichst wenig von sich preisgeben will.

9.4.5 Bezug zum Geschlecht

Zum Bezug zum Geschlecht gehört, dass man das biologische oder soziale Geschlecht (Gender) des gewünschten oder tatsächlichen Partners wahrnimmt und einordnet und es einen in einer bestimmten Weise anzieht oder zumindest nicht abstößt, was wiederum mit dem eigenen Geschlecht zu tun haben kann. Wesentlich dafür ist die sexuelle Orientierung, wie die Hetero- oder Homosexualität respektive die Bisexualität. Mit dem Bezug zum Geschlecht können Rollen und Stereotype verbunden sein.

Liebespuppen sind oft einem biologischen Geschlecht nachempfunden, haben also z. B. weibliche Attribute, sodass sich der heterosexuelle Mann oder die homosexuelle Frau auf sie beziehen und einlassen können (Bendel, 2020a). Bei der Objekt- oder Dingsexualität steht im Vordergrund, dass man ein Verhältnis zur Puppe als Ding hat (Marsh, 2010; Weixler & Oberlerchner, 2018), wobei auch hier das Geschlecht eine Rolle spielen kann. Der umgekehrte Cyborg gewinnt seine Attraktivität z. B. durch ein weiblich anmutendes Artefakt – das man ansehen und anfassen kann – mit einer weiblichen, echten Stimme.

Sexroboter können ebenfalls durch die (eigene synthetische) Stimme einen Bezug zum Geschlecht verstärken. In einigen Fällen mögen sie mit Geschlechtsteilen von Mann und Frau ausgestattet werden, was sozusagen ein Ausprobieren verschiedener Geschlechter ermöglicht, ob man hetero-, homo- oder bisexuell ist, mit dem Resultat zusätzlichen Lustgewinns oder einer gewissen Verstörung (Bendel, 2020c). Mit sozialen Robotern können grundsätzlich Rollenspiele gespielt werden, unter Einbeziehung der natürlichsprachlichen Fähigkeiten, insbesondere der semantischen Ebene (Bendel, 2021a).

9.4.6 Ausübung von Sexualität

In den meisten Paarbeziehungen ist Sexualität ein wichtiger Bestandteil des gemeinsamen Lebens und Erlebens. Umarmungen und Berührungen sowie Stimulationen und Penetrationen (Oral-, Anal- und Vaginalverkehr) dienen der sexuellen Gesundheit (Döring, 2020). Der Wunsch nach Sexualität bleibt oft lebenslang erhalten, nimmt aber mehrheitlich innerhalb einer Partnerschaft mit den Jahren ab. Sexuell übertragbare Krankheiten treten in Paarbeziehungen insbesondere bei häufigen Seitensprüngen ohne Sicherheitsvorkehrungen auf.

Liebespuppen und Sexroboter können über mehrere Öffnungen bzw. Ausstülpungen im Kopfbereich und in der Leibesmitte zur Penetration benutzt werden. Sie sind aufgrund ihrer Konstruktion tendenziell passiv und werden in liegender Position (wie bei Vis a fronte, also der Missionarsstellung) oder in liegender, leicht abgewinkelter bzw. kniender Position verwendet (wie bei Coitus a tergo, engl. *doggy style*, oder bei Oralsex). Bei Varianten der Wiener Auster – bei dieser verschränkt der sich in Rückenlage befindende Penetrierte seine Beine hinter dem Kopf des Penetrierenden – droht das Metallskelett beschädigt zu werden. Sexuell übertragbare Krankheiten werden in Bordellen weitgehend durch Reinigen und Desinfizieren und anschließendes Trocknen der Artefakte vermieden (Weber, 2020a). Eine Kondompflicht herrscht dort nicht generell, weder bei Oral- noch bei Anal- oder Vaginalverkehr.

Eine spezielle Ausprägung sind Umarmungspuppen und -roboter, die man umarmen kann und von denen man sich umarmen lassen kann (Stocker, Korucu & Bendel, 2021). PR2 (HuggieBot), ARMAR-IIIb, HUGGIE, Telenoid und Hugvie sind Beispiele dafür, wobei letztere Medien sind, da die Umarmung eigentlich einem weit entfernten menschlichen Kommunikationspartner gilt (Bendel et al., 2023). Auch der unspezifische Pepper, ein Companion Robot, der in Shopping Malls und in Pflege- und Altenheimen auftaucht, fordert den Benutzer zur Umarmung auf. Liebespuppen können nicht umarmen, aber umarmt werden, ebenso Sexroboter, wobei die Weiterentwicklung der Arme darin münden dürfte, dass sie eines Tages umarmen können. Wichtig für die Akzeptanz ist, dass die Arme weich und warm sind (Block & Kuchenbecker, 2018).

Liebespuppen und Sexroboter mögen für manche Paarbeziehungen eine zusätzliche stimulierende Komponente sein. Man kann den Partner dabei beobachten, wie er Sex mit einer anderen Entität hat, ohne dass sich Eifersucht (wie auf eine reale Person) einstellen muss (Szczuka & Krämer, 2018). In Bordellen werden Sexpuppe und Prostituierte zuweilen zusammen gebucht. Doppelbuchungen von Prostituierten sind seit jeher beliebt, wenngleich kostspielig, und nun ersetzt eben eine Puppe einen der beiden Menschen, wobei sich das Setting ändert, schon weil das Artefakt zwangsläufig (zumindest im Physischen) passiv ist.

In Privathaushalten und Bordellen finden sich ferner Fantasyfiguren, etwa Elfen und Mangamädchen. Möglicherweise fühlen sich Gamer, Cosplayer, Manga- und Animeliebhaber von ihnen angesprochen. Die Betreiberin des BorDoll (www.bordoll.de) in Dortmund berichtete, dass die »Anime-Doll YUKI« (Weber,

2020a) rege von jungen Männern nachgefragt wurde.⁹ Auch im Cybrothel in Berlin ist eine solche Figur zugegen. Hervorzuheben ist, dass damit neue potenzielle Stimuli in die Sexualität geraten, denn es ist ein Unterschied, ob man beim Akt ein normales oder ein spitzes Ohr anfasst oder in Haar mit oder ohne Hörner greift.

Die passive Liebespuppe und der passive Sexroboter sind wiederum mit Blick auf die Gleichwertigkeit oder Ungleichwertigkeit der Beziehungsträger zu untersuchen, selbst wenn auch unter menschlichen Partnern bestimmte Rollen eingenommen werden – in dieser Konstellation zwischen Artefakt und Organismus hat keiner eine Wahl, weil das eine festgelegt ist und sich der andere festlegen muss. Das daraus resultierende Ungleichgewicht kann an Raping denken lassen, und tatsächlich wird immer wieder darüber debattiert, ob man Dinge wie Liebespuppen und Sexroboter vergewaltigen kann (Danaher, 2014).

9.4.7 Verbindlichkeit und Vertrauenswürdigkeit

Verbindlichkeit, Vertrauenswürdigkeit und Solidarität sind in Paarbeziehungen entscheidend für das Gelingen und Bestehen. Man verbreitet keine intimen Fotos des Partners, zumindest nicht ohne dessen Wissen, fällt sich nicht in den Rücken, kann miteinander die nähere und weitere Zukunft planen und vertraut sich in grundsätzlichen Angelegenheiten. Dazu gehört u. a., dass man sich nicht systematisch anlügt. Allerdings gibt es ebenso wenig ein Wahrheitsgebot dergestalt, dass man dem anderen jederzeit ins Gesicht sagen müsste, wie er gerade aussieht oder mit wem man gerade fremdgeht, außer man hat sich dies zugesichert.

Vertrauenswürdigkeit, Verlässlichkeit und Zuverlässigkeit sind Ziele und Merkmale technischer Systeme (Bendel, 2021c). In Robotik und KI haben sich entsprechende Schwerpunkte wie Trustworthy AI gebildet. Bei Liebespuppen hängt die Zuverlässigkeit vor allem mit Konstruktion und Material (Metallskelett, Haut, Öffnungen, Ausstülpungen) zusammen, bei Sexrobotern damit, dass die Mechanik einwandfrei funktioniert und keine persönlichen Daten unnötigerweise an Dritte gelangen. Letzterer Punkt dürfte bei umgekehrten Cyborgs ebenso wichtig sein. Die Sprecher müssen der Diskretion verpflichtet sein.

Sollten Bordelle eines Tages verstärkt Sexroboter beschäftigen, wäre die Vertrauenswürdigkeit ein entscheidender Punkt. Ein Freier ist darauf angewiesen, dass keine Kameras und Mikrofone seine Aktivitäten einfangen und Prostituierte keine Angaben und Eindrücke missbrauchen. Er wird skeptisch bei Sexrobotern sein, die Kameras hinter den Augen haben und die sich, auch wenn es Sinn ergibt und Vergnügen bereitet, seinen Namen und seine Gewohnheiten merken, und er wird sich fragen, welche Angaben und Eindrücke der Sprecher oder die Sprecherin weitergibt.

---

9 Im Sommer 2023 schloss das BorDoll nach sechs Jahren seine Pforten. Eine Rückfrage bei der Betreiberin ergab, dass es nicht gelungen war, geeignetes Personal zu finden bzw. zu halten. Dieses ist wichtig für Transport und Reinigung der Liebespuppen.

9.4.8 Zuwendung, Zuneigung und Liebe

Zuwendung, Zuneigung und Liebe gelten bei Paarbeziehungen weithin, zumindest in westlichen Ländern, als das romantische Ideal. Zuwendung kann auch ohne Zuneigung und Liebe stattfinden, gewinnt durch diese im Einzelfall aber sicherlich an Tiefe und Länge. Sie kann in einer Paarbeziehung darin bestehen, dass man sich wahrnimmt, ernstnimmt, sich psychisch und physisch dem anderen zuneigt und sich bei Bedarf pflegt. Liebesheiraten waren nicht immer selbstverständlich und viele Kulturen folgen immer noch anderen Prinzipien, ob mit oder ohne Einverständnis (Zwangsheirat) der Betroffenen (Riaño & Dahinden, 2010). Oft sichern Zuneigung und Liebe, wenn das Verliebtsein gewichen ist, längerfristige Beziehungen, wie auch wirtschaftliche Abhängigkeiten, gemeinsame Kinder – und die bereits erwähnte Verbindlichkeit.

Zuwendung findet bei sozialen Robotern so statt, dass sie sich mit dem Körper und dem Kopf am Gegenüber ausrichten und Blickkontakt suchen (Janowski & André, 2021), dass sie es ansprechen und mit Namen nennen, wenn dieser bekannt ist, und dass sie es grüßen und verabschieden. Pflegeroboter können Pflegebedürftige unterstützen und Pflegekräfte entlasten (Bendel, 2018a), und es wird diskutiert, ob sie sexuelle Assistenzfunktionen haben sollten (Döring, 2018; Bendel, 2020d), etwa indem sie Sexspielzeug reinigen oder für Stimulationen aller Art zur Verfügung stehen. Auch eigentliche Sexroboter könnten Teil der Pflege sein (Bendel, 2020d).

Man kann sich auf eine gewisse Art in Gegenstände wie Autos oder Vasen verlieben und Emotionen für sie entwickeln, bis hin zur Ding- oder Objektsexualität. Dafür müssen sie weder agieren noch reagieren können. Sicherlich können aber solche Möglichkeiten, ob sie sich in Akten oder Sprechakten ausdrücken, eine Spirale der Emotionalität in Gang setzen (was Anhängern der Objektsexualität i. d. R. nicht behagt, da die Beziehung in ihrem Kopf stattfindet). Manche soziale Roboter wie Pepper verfügen sogar über Emotionserkennung und zeigen auf dieser Basis dann Emotionen (ohne sie zu haben), die wiederum zu Emotionen auf der Seite des Menschen führen, die erneut Gegenstand der Analyse sind.

Das Simulieren von Empathie und Emotionen gehört zu den zentralen Themen bei sozialen Robotern. Es wird aus philosophischer Perspektive betont, dass es sich um Betrug und Täuschung handeln kann, aus psychologischer, dass zum Gelingen von Beziehungen beigetragen wird (Schulze et al., 2021). Auch Hersteller verweisen darauf, dass bestimmte Rollen nur erfüllt werden können, wenn eine Simulation stattfindet. So ergibt es keinen Sinn, dass man einen Lehrerroboter einsetzt, ohne dass dieser z. B. eine Schülerin lobt, wenn sie etwas richtig gemacht hat. Ebenso wenig scheint es zielführend zu sein, einen Sexroboter zu betreiben, der in emotionsgeladenen Situationen vollkommen emotionslos bleibt.

Hugvie aus den Hiroshi Ishiguro Laboratories ist als Medium für die Kommunikation zwischen Menschen gedacht (Stocker et al., 2021). Am Kopf der Umarmungspuppe ist eine Tasche eingenäht, in der das Handy untergebracht wird. Beim Telefonieren umarmt man Hugvie, aber eigentlich die Person, mit der man telefoniert. Zudem simuliert ein Motor mit Vibration den Herzschlag des anderen. Hugvie ist also dazu gedacht, die Beziehung und Bindung mit anderen – oft dauerhaft weit entfernten Personen – aufrechtzuerhalten.

Abgesehen vom Sonderfall der Umarmungspuppe wird in diesem Zusammenhang die Einseitigkeit der Beziehung besonders deutlich, denn während man noch zugestehen mag, dass die Maschine kommunizieren kann, ohne selbst zu verstehen, was ihr Gesprächspartner und sie selbst von sich gibt, muss man klar und deutlich konstatieren, dass sie nichts zu empfinden vermag. Ein Sexroboter, von einer Liebespuppe ganz abgesehen, ist und bleibt ein Ding ohne Bewusstsein, ohne Leidens- oder Glücksfähigkeit und ohne Gefühlszustände. Weder Liebe noch Hass sind in seinem Repertoire enthalten.

9.4.9 Machtausübung

Die Ausübung und Ausbalancierung von Macht ist in Paarbeziehungen entscheidend. In den letzten Jahrzehnten konnte die Herrschaft im wörtlichen Sinne gesellschaftlich wie gesetzlich relativiert werden. Frau und Mann sind heute in Partnerschaften der westlichen Welt im Wesentlichen gleichberechtigt. Lebensgefährten oder Lebensabschnittsgefährten üben Macht aus, um sich ihr Terrain zu sichern, ihr Selbstwertgefühl zu steigern und Lustgewinn zu erzielen. Dabei kann unerwünschte und einseitige oder gegenseitige Gewalt im Spiel sein. Vergewaltigung in der Ehe ist in der Schweiz seit 1992 eine Straftat, in Deutschland seit 1997 (Dackweiler, 2003).

Über Liebespuppen und Sexroboter kann scheinbar leicht Macht ausgeübt werden. Sie sind stets verfügbar und müssen sich dem fügen, was der Besitzer oder Benutzer im Sinn hat. Dabei dürfte den meisten klar sein, dass sie keinen eigentlichen Einfluss haben, da das Gegenüber in jeder Hinsicht machtlos ist. Auch eine Vergewaltigung im Sinne einer Erniedrigung ist kaum möglich, da nichts und niemand erniedrigt werden kann (Weber, 2020b). Dennoch kommt es, wie in Bordellen, in seltenen Fällen zu Gewaltakten gegenüber Sexpuppen (Lopes, 2022). Die rücksichts- und liebevolle Behandlung ist hingegen der Normalfall (Devlin & Locatelli, 2020).

9.4.10 Ritualisierung

Ritualisierung hat oftmals mit Sprache zu tun und drückt sich in Koseworten, morgendlichen Begrüßungen und Spezialwörtern aus, deren Bedeutung nur die Partner erfassen können, zudem in Anspielungen und Witzen, die zuweilen allein von Eingeweihten verstanden werden. Dazu kommen mimische und gestische Verständigungen, etwa geheime Signale. Rituale können weiterhin die symbolische Interaktion und die Ausübung der Sexualität betreffen. Sie geben Sicherheit, übrigens auch gegenüber den gemeinsamen Kindern, und stärken die Verbindlichkeit.

Eine Ritualisierung in der Koexistenz mit einer Liebespuppe und einem Sexroboter ist nicht ausgeschlossen. Sie bezieht sich in erster Linie auf den Umgang mit dem Artefakt, etwa das An- und Auskleiden in dem entsprechenden Zimmer des Bordells. In der Zukunft könnte Ritualisierung genauso in der Sprache stattfinden, wobei festgestellt werden muss, dass die Verwendung von Kosenamen und das Zelebrieren von Morgengrüßen für den Roboter schlicht keine Bedeutung haben.

In der Ritualisierung zeigt sich wiederum die Einseitigkeit der Beziehung. Man hat Rituale der Liebespuppe oder dem Sexroboter gegenüber, allerdings kaum mit ihr oder ihm. Das Artefakt ist Objekt des Rituals, keineswegs (selbst reflektierendes, imaginierendes, konstruierendes) Subjekt, und es ergibt sich wie bei der symbolischen Interaktion, dass das gemeinsame, verbindende Narrativ fehlt. Bestimmte einprogrammierte Verhaltensweisen des Roboters mögen uns wie Rituale vorkommen und sich mit unserer Sehnsucht danach verknüpfen und sind doch nichts anderes als geschickt gesetzte oder funktional ablaufende Routinen.

9.4.11 Kolokalität und Koresidenz

Eine moderne Beziehung kann, muss aber keine gemeinsame Wohnung als Ausgangspunkt haben. Gerade jüngere Leute legen Wert auf ihre hochindividuelle Privatsphäre und ihren Rückzugsort, wie einige ältere, die bereits etliche Partnerschaften hinter sich haben. Zudem mehren sich in einer globalisierten Welt die Fernbeziehungen, die weder Koresidenz noch Kolokalität im weiteren Sinne kennen und in denen zugleich die Mediennutzung intensiv ist (Scherrer, 2021). Das Zusammenleben in der Wohnung bedeutet u. a., dass man teilhat an intimen Vorgängen und intime Vorgänge miteinander initiiert.

Liebespuppen und Sexroboter leben mit einem nicht zusammen, da sie schlicht und ergreifend nicht leben – vielmehr koexistieren sie mit einem. Zur Koexistenz gehört hier die Koresidenz, und man wird die Artefakte i. d. R. nicht aus dem Zuhause entfernen und in die Ferien – z. B. in ein Hotel – mitnehmen. In den eigenen vier Wänden muss man sie, falls man nicht offen zu dem Verhältnis steht, wegräumen und verstecken können, etwa wenn Besuch kommt (Bendel, 2020a). Wenn sie zusätzlich zu einem bestehenden Partner einziehen, ist dies mit ihm zu klären. Sexroboter benötigen wie Menschen nicht nur Raum, sondern auch Energie, was die Stromkosten erhöht.

9.5 Diskussion

Der vorangegangene Abschnitt führte die Charakteristik der Zweierbeziehungen, am Rande der Dreierbeziehungen, mit der Praxis der Liebespuppen, Sexroboter und umgekehrten Cyborgs zusammen. Auf dieser Grundlage erfolgt nun eine Diskussion, in der in gebotener Distanz und mit notwendiger Kritik einerseits die wichtigsten Erkenntnisse genannt, andererseits erkennbare Lücken gefüllt werden sollen.

Besonders deutlich wurde in der Mensch-Artefakt-Konstellation die Einseitigkeit der Beziehung. Diese spielt sich nicht allein im Kopf ab, es gibt auf der anderen Seite etwas, das agiert und reagiert, das interagiert und kommuniziert. Es bleibt indes bei Imitation und Simulation. Selbst wenn man nicht von Täuschung und Betrug sprechen kann, fehlen doch wesentliche Elemente einer Paarbeziehung. Sie fehlen

9 Überlegungen zu Zweier- und Dreierbeziehungen mit Liebespuppen und Sexrobotern

in gewissen Lebenslagen und im gemeinsamen Erfahren und Lernen. Da ist kein gegenseitiges Vertrauen, keine Liebe, die sich beiderseitig entwickelt, die aufblüht und vergeht, kein Schmerz, der zugefügt und überwunden und verziehen werden kann. Man kann nicht zusammen planen, nicht zusammen erfolgreich sein und scheitern.

Ihre Stärken zeigen Liebespuppen und Sexroboter, wenig verwunderlich, in der Unterstützung der Triebabfuhr, überwiegend bei Männern. In etlichen modernen Beziehungen steht zumindest am Anfang das Sexuelle im Vordergrund und die Befriedigung, die dabei gesucht wird, kann vielleicht auch das Artefakt ein Stück weit bereiten. Selbst hier muss man aber genauer hinschauen. Die Befriedigung zwischen Menschen ergibt sich zunächst aus dem Verlangen und Begehren, das der andere in seiner Unbekanntheit auslöst, und die ersten Male, bei denen man seine Nacktheit darbietet und die des anderen kennenlernt, prägen sich, wenn Gefühle im Spiel sind, für lange Zeit ein. Es scheint für Puppenliebhaber durchaus ein Reiz darin zu bestehen, ihre Puppen an- und auszukleiden, doch die Nacktheit, die der Mensch bietet, in ihrer Einzigartigkeit und Verletzlichkeit, sucht man bei diesen vergeblich (Wennerscheid, 2020).

Möglich ist dafür ein Ausleben von Fantasien über die Gedanken hinaus, sei es durch einen gemischten Dreier, sei es mit Hilfe von Fantasyfiguren. Natürlich sind manche Paare dazu bereit, einen Swingerclub zu betreten, und natürlich kann sich der Partner als Elfe verkleiden oder als Mangamädchen, aber dazu muss er erst einmal bereit sein. Zudem sind manche Formen und Ausprägungen gar nicht umsetzbar, wenn man an extrem schmale Taillen oder riesige Augen denkt. Von daher ergibt sich für Leser, Gamer und Cosplayer die Gelegenheit, ihre Figuren über die Fiktionalität und Virtualität hinaus in der Realität zu treffen. Andere wiederum lernen in Bordellen Fantasyfiguren kennen, die für sie zunächst fremd sind, von denen sie sich aber aus irgendwelchen Gründen angezogen fühlen.

Wenn Aspekte von Paarbeziehungen auf Beziehungen zwischen Menschen und Artefakten transferiert wurden, blieb bisher fast unbemerkt, dass nicht allein das Bestehen, sondern auch das Entstehen von konventionellen Zweierbeziehungen gar nicht selbstverständlich ist. Aufgrund ihres Aussehens, ihres Alters, ihrer Behinderung, ihrer Armut, ihrer starken privaten oder beruflichen Auslastung etc. können viele Menschen zeitweise oder dauerhaft keinen Zugang zu einem menschlichen Partner erhalten. Ihnen bleibt oft nur das Bordell oder der Sexualbegleiter – oder eben die Liebespuppe, in Zukunft verstärkt der Sexroboter. Die Arbeit scheint etwa in Japan viele junge Männer davon abzuhalten, eine Beziehung einzugehen, und ihre Einsamkeit nimmt zu.[10]

Die Armut, um einen anderen angeführten Aspekt herauszugreifen, kann freilich dergestalt sein, dass nicht einmal ein Zugang zu Liebespuppen und Sexrobotern besteht. Der Besuch eines Bordells ist grundsätzlich nicht günstig, und oft sind die Preise von Prostituierten und Artefakten vergleichbar hoch. Der Kauf von hoch-

---

10 Dies führt auch dazu, dass sie sich Artefakten wie Sexpuppen, Chatbots und Sprachassistenten zuwenden. Immer wieder beschrieben werden in den Medien und in der Literatur Beziehungen zur Gatebox, die einen mithilfe eines Hologramms visualisierten Voice Assistant enthält (Zülli, 2021).

wertigen Liebespuppen und erst recht von Sexrobotern schließlich bedeutet eine erhebliche Investition, die nicht alle aufbringen können. Es öffnet sich bei Sexrobotern wie bei vielen Technologien demnach ein digitaler Graben, in der Gesellschaft und zwischen Ländern und Kulturen (Bendel, 2019b).

Umgekehrt besteht dort, wo dieser Zugang dauerhaft gewährleistet und einfach ist, die Gefahr, dass einem der Umgang mit Liebespuppen und Sexrobotern genügt. Man erhält durch sie eine gewisse Befriedigung, muss keine Launen und Widerworte ertragen. Der künstliche Partner behält, von einigen Verschleißerscheinungen abgesehen, seine Jugend und seine Schönheit. Man zieht sich vom sozialen Leben zurück, geht in die soziale Isolation und meidet fortan den Aufwand, jemanden kennenzulernen, zu verführen und zu halten. Oder man gewöhnt sich an Konstellationen wie Dreierbeziehungen (die man in Bordellen bucht) und möchte sie gegen den Willen von Beteiligten in persönlichen Beziehungen erleben.

Dadurch wächst wiederum die Gefahr, dass das Verhalten, das man gegenüber Liebespuppen und Sexrobotern einstudiert hat, auf Menschen überträgt, sofern man auf sie trifft. Überhaupt ist dies einer der am häufigsten genannten und zugleich am wenigsten erforschten Aspekte, der mit den oben skizzierten Machtverhältnissen zusammenhängt. Schon die Vorsokratiker und später Immanuel Kant sahen die Gefahr der Verrohung und Übertragung, wenn man ein bestimmtes Benehmen praktizierte, wobei sie das Verhältnis zwischen Mensch und Tier im Blick hatten und dem Tier seine Rechte weitgehend absprachen (Baranzke, 2018). Es ist unklar, welche Konsequenzen die intensive und permanente Inanspruchnahme von Sexpuppen und Sexrobotern hat.

Bis zum Vorliegen empirischer Ergebnisse dürfte wieder die Einteilung in Fantasie, Fiktionalität, Virtualität und Realität helfen. Die Gedanken sind frei, und das Ausleben einer Fantasie, das darin verbleibt, mag dabei helfen, dass sich etwas nicht in die Realität verirrt. In der Fiktionalität oder Fiktion (im Roman oder im Film) bemerkt man eine immersive Wirkung, wie in der Virtualität (z. B. im Computerspiel), die einen in besonderer Weise fordert. In der Realität der Liebespuppen und Sexroboter schließlich ist man mit allen Sinnen dabei, man lässt die Augen wandern und die Hände, man ist erregt, fasst etwas an, packt zu, lernt mit dem eigenen und anderen Körper und durch den Körper. Es ist anzunehmen, dass sich dies wie jedes Erfahrungswissen tief im Unterbewusstsein verankert (Loenhoff, 2012), ähnlich wie Fahrradfahren und Schwimmen, doch mit dem Effekt, dass das vielleicht abweichende oder problematische Verhalten auf menschliche Körper übertragen wird.

9.6 Die Realität der Beziehungen

Damit wurde ausführlich erörtert, ob und wie Beziehungen mit Liebespuppen, Sexrobotern und umgekehrten Cyborgs stattfinden können. Ein Stück weit wurde deutlich, wie sie sich in der Realität gestalten, durch Hinweise in den vorangehenden Abschnitten zu den verschiedenen Aspekten. Nun soll nochmals auf die Realität der Beziehungen insgesamt eingegangen werden.[11]

In Bezug auf Liebespuppen sind u. a. Aussagen von Puppenbordellbetreibern (zu nennen sind BorDoll in Dortmund und Cybrothel in Berlin) verfügbar. Manche Kunden haben bevorzugte Modelle, die sie wiederholt aufsuchen, andere wechseln lieber ab, womit sie sich kaum von normalen Freiern unterscheiden. Grundsätzlich behandeln sie die Liebespuppen vorsichtig und zärtlich, mit fast unvermeidlichen Ausnahmen: Im Cybrothel gab es 2022 einen ungewöhnlichen Fall, wo ein Kunde die Puppe aufschlitzte (Lopes, 2022) und androhte, dasselbe einer Frau anzutun.

Devlin & Locatelli (2020) haben Benutzer von Liebespuppen befragt. Ein Befragter namens Dean äußerte sich wie folgt: »The one message about love dolls I would love to get across to the general public is that they are not just for sex! Yes, some [people] do get them just for that, and in that respect they can, with a little care and imagination, work very well but I try to avoid the term sex doll as they are capable of being so much more.« (Devlin & Locatelli, 2020, S. 87) Dean betont also, dass Sexpuppen nicht bloß für Sex gedacht und geeignet sind.[12]

Die beiden englischen Wissenschaftlerinnen haben auch die Aussagen und Erfahrungen der Hersteller und der Benutzer von Sexrobotern kumuliert. Sie betonen wiederum den liebevollen Umgang. Ein weiteres Ergebnis ist, dass die emotionale Befriedigung für viele Kunden, die die Produkte von RealDoll bzw. Realbotix nutzen, mindestens genauso wichtig ist wie die sexuelle (Devlin & Locatelli, 2020). Dazu trägt die Sprachkomponente auf dem zugehörigen Tablet ganz wesentlich bei.

Die Benutzer begrüßen nicht nur die Kommunikation an sich, sondern speziell den Dirty Talk, der mit Harmony und Co. möglich ist. Zudem erfreuen sie sich am Humor der Sexroboter und an den Witzen, die sie erzählen. Es findet im eigentlichen Sinne kein gemeinsames Gelächter statt, das befreit und verbindet, aber ein auf den anderen (und seine Ausführungen) bezogenes Auflachen, das zumindest aus Benutzersicht eine Zustimmung und eine Wertschätzung enthält.

Durch das Cybrothel in Berlin können sogar erste Erkenntnisse zu umgekehrten Cyborgs gesammelt werden, auch dank des fundierten Dokumentarfilms »Hey, Puppe!« von Bild TV (2022). Die echte Stimme der echten Frau und die echte Zuwendung durch die echte Frau in der Kommunikation scheinen jeweils ein entscheidendes Moment in der Beziehung zur Puppe zu sein (Lopes, 2022). Obwohl es günstiger wäre, sich mit dem reinen Artefakt zu vergnügen, wird diese Option nach Angaben der Betreiber gerne dazugebucht (Lopes, 2022).

Es ist sehr schwierig, verlässliche Zahlen zur Nutzung zu erhalten. Liebespuppen dürften verbreitet sein, in den Haushalten und in den Bordellen, wenn man sich das Angebot auf den Plattformen und auf den Websites anschaut. Jenseits der Puppenbordelle haben normale Etablissements aufgerüstet – was eben einen soge-

---

11 Dabei konzentriert sich der Beitrag auf Forschungsliteratur. Es finden sich zahlreiche Berichte in den Medien, die mit Vorsicht zu genießen sind. So wird immer wieder behauptet, dass Japaner aus Einsamkeit oder aus Mangel an sexuellen Möglichkeiten virtuelle oder physische Artefakte heiraten, ohne dass dies kritisch reflektiert wird (Dawid, 2018).
12 Sie sind also auch für längerfristige Beziehungen gut – und für andere Dinge, auf die Bendel (2022) in seinem Buchbeitrag »Sexroboter als soziale Roboter für unterschiedliche Bedürfnisse und Anliegen« eingeht.

nannten flotten Dreier in der beschriebenen Konstellation erlaubt. Sexroboter dürften dagegen allein schon aufgrund ihres Preises, der wenigen Hersteller und der aufwändigen Bestellung (die oft nicht über Mittler läuft) eine kleine Nische sein.

9.7 Zusammenfassung und Ausblick

Der vorliegende Beitrag hat die Kennzeichen von Zweier- und Dreierbeziehungen erarbeitet und die Merkmale und Funktionen von Liebespuppen und Sexrobotern sowie ihren Gebrauch in Privathaushalten und Bordellen erklärt. Die Merkmale der Zweierbeziehungen, am Rande der Dreierbeziehungen, und die Praxis der Liebespuppen, Sexroboter und umgekehrten Cyborgs wurden dann zusammengeführt. In den darauffolgenden Abschnitten wurden die Ergebnisse diskutiert und weitergedacht sowie Erkenntnisse zu tatsächlichen Beziehungen mit Artefakten zusammengefasst.

Während bei Liebespuppen immer wieder auf einschlägige Praxisberichte sowie Gästebücher auf den Websites der Bordelle verwiesen werden kann, ist die Lage bei Sexrobotern lückenhafter und unklarer. Zum Teil lassen sich Ergebnisse sicherlich verwerten, denn es handelt sich jeweils um Artefakte, die sich auch noch äußerlich ähneln. Zum Teil ergeben sich aber neue Möglichkeiten und Herausforderungen, die es zu untersuchen gilt. Dies ist freilich schwierig, weil nicht viele Sexroboter im Einsatz sind und die Besitzer und Benutzer erst einmal gefunden und befragt werden müssten. Ein interessanter Ansatz ist die erwähnte Analyse von Herstelleraussagen und von Beiträgen in Foren der Hersteller (Devlin & Locatelli, 2020).[13]

Vermutlich wird die Lage der Forscher nicht komfortabler werden. Die Sexualwissenschaft spielt in Deutschland nicht mehr die Rolle, die ihr früher vergönnt war (dpa, 2018). Obwohl die Gesellschaft in Fiktionalität, Virtualität und Realität stark sexualisiert ist, nimmt die Forschung dies in ungenügender Weise auf. An Hochschulen schwindet die Bereitschaft, sich kontroversen Themen zuzuwenden, nicht zuletzt, weil die Identitätspolitik gestärkt ist und sich gegen die Wissenschaftsfreiheit erhebt (Ackermann, 2022). Selbst diejenigen, die noch Forschungsbeiträge leisten könnten, wie Psychologen und Ethiker, wenden sich aus persönlichen oder gesellschaftlichen Motiven ab und erfüllen letztlich ihren Auftrag nicht, was nicht heißen soll, dass dieser für alle von ihnen besteht. Während sich die Sexualität in der Gesellschaft also enttabuisiert, tabuisiert sie sich in der Wissenschaft.

---

13 Über diese Foren kann man sich Einblick verschaffen, auf welche Weise Besitzer und Benutzer Beziehungen mit Liebespuppen und Sexrobotern führen. Vermutlich ist der Wahrheitsgehalt höher als bei Befragungen, und man muss keine unerlaubten Mittel der Beobachtung anwenden, wie sie etwa Kameras in Puppenbordellen wären. Dennoch ist selbst diese Methode kritisch zu betrachten, denn in Foren wird, wie in allen Medien, die dem Austausch und der Selbstdarstellung dienen, gerne übertrieben und beschönigt.

Die Auswirkungen könnten erheblich sein. Wenn sich immer mehr Liebespuppen und Sexroboter verbreiten, ist das für einige Betroffene ein Glück. Sie sind in der Lage, ihre Sexualität und Emotionalität in einer Weise auszuleben, die der Paarbeziehung nahekommt, oder ihre Fantasie in die Realität zu bringen. Für andere, nicht direkt Beteiligte könnte sich jedoch ebenso ein Unglück anbahnen, wenn es stimmt, dass an menschenähnlichen Objekten auch problematische Verhaltensweisen trainiert werden, die dann auf Menschen übertragen werden (Strauss, 2023). Gesellschaft und Wissenschaft müssen bei neuen Produkten und Phänomenen hinsehen, selbst wenn ihnen das Unbehagen und Unwohlsein bereitet.

Literatur

Ackermann, U. (2022). *Die neue Schweigespirale. Wie die Politisierung der Wissenschaft unsere Freiheit einschränkt.* Darmstadt: wbg Theiss in Wissenschaftliche Buchgesellschaft.
Baranzke, H. (2018). Verrohungsargument. In J. Ach & D. Borchers (Hrsg.), *Handbuch Tierethik* (S. 219–224). Stuttgart: J.B. Metzler.
Bendel, O. (2015). Sexroboter. *Gabler Wirtschaftslexikon.* Wiesbaden: Springer Gabler. Zugriff am 26. 08. 2022 unter: https://wirtschaftslexikon.gabler.de/Definition/sexroboter.html.
Bendel, O. (Hrsg.) (2018a). *Pflegeroboter.* Wiesbaden: Springer Gabler.
Bendel, O. (2018b). SSML for Sex Robots. In A. D. Cheok & D. Levy (Hrsg.), *Love and Sex with Robots. Third International Conference, LSR 2017, London, UK, December 19–20, 2017, Revised Selected Papers* (S. 1–11). Cham: Springer International Publishing.
Bendel, O. (2019a). Liebespuppen. *Gabler Wirtschaftslexikon.* Wiesbaden: Springer Gabler. Zugriff am 26. 08. 2022 unter: https://wirtschaftslexikon.gabler.de/definition/liebespuppen-121148.
Bendel, O. (2019b). *400 Keywords Informationsethik: Grundwissen aus Computer-, Netz- und Neue-Medien-Ethik sowie Maschinenethik.* 2. Aufl. Wiesbaden: Springer Gabler.
Bendel, O. (Hrsg.) (2020a). *Maschinenliebe: Liebespuppen und Sexroboter aus technischer, psychologischer und philosophischer Sicht.* Wiesbaden: Springer Gabler.
Bendel, O. (2020b). Liebespuppen und Sexroboter in der Moral: Die Perspektive der Maschinenethik und der Bereichsethiken. In O. Bendel (Hrsg.), *Maschinenliebe: Liebespuppen und Sexroboter aus technischer, psychologischer und philosophischer Sicht* (S. 125–146). Wiesbaden: Springer Gabler.
Bendel, O. (2020c). Trans-Formers: Die Metamorphosen der Liebespuppen und Sexroboter. In O. Bendel (Hrsg.), *Maschinenliebe: Liebespuppen und Sexroboter aus technischer, psychologischer und philosophischer Sicht* (S. 185–205). Wiesbaden: Springer Gabler.
Bendel, O. (2020d). Care Robots with Sexual Assistance Functions. Accepted paper of the AAAI 2020 Spring Symposium »Applied AI in Healthcare: Safety, Community, and the Environment« (Stanford University). *ArXiv*, 10. April 2020. Cornell University, Ithaca 2020. Zugriff am 26. 08. 2022 unter: https://arxiv.org/abs/2004.04428.
Bendel, O. (Hrsg.) (2021a). *Soziale Roboter: Technikwissenschaftliche, wirtschaftswissenschaftliche, philosophische, psychologische und soziologische Grundlagen.* Wiesbaden: Springer: Gabler.
Bendel, O. (2021b). Die fünf Dimensionen sozialer Roboter: Der Versuch einer Systematisierung. In O. Bendel (Hrsg.), *Soziale Roboter: Technikwissenschaftliche, wirtschaftswissenschaftliche, philosophische, psychologische und soziologische Grundlagen* (S. 3–20). Wiesbaden: Springer Gabler.
Bendel, O. (2021c). Sind soziale Roboter verlässliche Partner? Fünf Dimensionen des Gelingens und Scheiterns. In O. Geramanis, S. Hutmacher & L. Walser (Hrsg.), *Kooperation in der*

digitalen Arbeitswelt: Verlässliche Führung in Zeiten virtueller Kommunikation (S. 3–18). Wiesbaden: Springer Gabler.

Bendel, O. (2021d). Chips, Devices, and Machines within Humans: Bodyhacking as Movement, Enhancement and Adaptation. In S. Brommer & C. Dürscheid (Hrsg.), *Mensch. Maschine. Kommunikation. Beiträge zur Medienlinguistik* (S. 252–276). Tübingen: Narr Francke Attempto. Zugriff am 26.08.2022 unter: https://elibrary.narr.digital/book/10.24053/9783823394716.

Bendel, O. (2022). Sexroboter als soziale Roboter für unterschiedliche Bedürfnisse und Anliegen. In K. Weber & S. Reinheimer (Hrsg.), *Faktor Mensch* (S. 101–114). Edition HMD. Wiesbaden: Springer Vieweg.

Bendel, O., Puljic, A., Heiz, R., Tömen, F. & De Paola, I. (2023). Increasing Well-being through Robotic Hugs. Preprint of the AAAI 2023 Spring Symposium »Socially Responsible AI for Well-being«. Hyatt Regency SFO Airport, Burlingame, California, USA, March 27–29, 2023. Zugriff am 22.09.2023 unter: https://arxiv.org/abs/2304.14409.

Block, A. E. & Kuchenbecker, K. J. (2018). Softness, Warmth, and Responsiveness Improve Robot Hugs. *International Journal of Social Robotics* (11), 25 October 2018, 49–64. Zugriff am 26.08.2022 unter: https://link.springer.com/article/10.1007/s12369-018-0495-2.

Burkart, G. (2018). *Soziologie der Paarbeziehung: Eine Einführung.* Wiesbaden: Springer VS.

Cheok, A. D., Devlin, K. & Levy, D. (Hrsg.) (2017). *Love and Sex with Robots. Second International Conference, LSR 2016, London, UK, December 19–20, 2016, Revised Selected Papers.* Cham: Springer International Publishing.

Coursey, K. (2020). Speaking with Harmony: Finding the right thing to do or say ... while in bed (or anywhere else). In O. Bendel (Hrsg.), *Maschinenliebe: Liebespuppen und Sexroboter aus technischer, psychologischer und philosophischer Sicht* (S. 35–51). Wiesbaden: Springer Gabler.

Dackweiler, R. M. (2003). Rechtspolitische Konstruktionen sexueller Verletzungsoffenheit und Verletzungsmächtigkeit: Zur Verrechtlichung von Vergewaltigung in der Ehe in der Schweiz und der Bundesrepublik Deutschland. In F. Koher & K. Pühl (Hrsg.), *Gewalt und Geschlecht* (S. 43–66). Wiesbaden: VS Verlag für Sozialwissenschaften.

Danaher, J. (2014). Robotic Rape and Robotic Child Sexual Abuse: Should They be Criminalised? *Criminal Law and Philosophy*, 13. Dezember 2014, 1–25.

Dawid, J. (2018). Japans Sexproblem ist so groß, dass ein 35-Jähriger einen ungewöhnlichen Schritt gegangen ist. *Business Insider*, 4. Dezember 2022. Zugriff am 26.08.2022 unter: https://www.businessinsider.de/panorama/japans-sexproblem-ist-so-gross-dass-ein-35-jaehriger-einen-ungewoehnlichen-schritt-gegangen-ist-2018-12/.

Devlin, K. & Locatelli, C. (2020). Guys and Dolls: Sex Robot Creators and Consumers. In O. Bendel (Hrsg.), *Maschinenliebe: Liebespuppen und Sexroboter aus technischer, psychologischer und philosophischer Sicht* (S. 79–92). Wiesbaden: Springer Gabler.

Döring, N. (2018). Sollten Pflegeroboter sexuelle Assistenzfunktionen haben? In O. Bendel (Hrsg.), *Pflegeroboter* (S. 249–267). Wiesbaden: Springer Gabler.

dpa (2018). Sex auf dem Abstellgleis. *Ärztezeitung*, 12. Februar 2018. Zugriff am 26.08.2022 unter: https://www.aerztezeitung.de/Panorama/Sex-auf-dem-Abstellgleis-222920.html.

Gottmann, J. & Silver, N. (2014). *Die Vermessung der Liebe: Vertrauen und Betrug in Paarbeziehungen.* Stuttgart: Klett-Cotta.

Janowski, K. & André, E. (2021). Nichtverbales Verhalten sozialer Roboter: Bewegungen, deren Bedeutung und die Technik dahinter. In O. Bendel (Hrsg.), *Soziale Roboter: Technikwissenschaftliche, wirtschaftswissenschaftliche, philosophische, psychologische und soziologische Grundlagen* (S. 293–308). Springer Gabler: Wiesbaden.

Kubes, T. (2020). Queere Sexroboter. In O. Bendel (Hrsg.), *Maschinenliebe: Liebespuppen und Sexroboter aus technischer, psychologischer und philosophischer Sicht* (S. 163–183). Wiesbaden: Springer Gabler.

Lenz, K. (Hrsg.). (2003). *Frauen und Männer. Zur Geschlechtstypik persönlicher Beziehungen.* München: Juventa.

Linke, C. (2010). *Medien im Alltag von Paaren: Eine Studie zur Mediatisierung der Kommunikation in Paarbeziehungen.* Wiesbaden: VS Verlag.

Loenhoff, J. (2012). *Implizites Wissen: Epistemologische und handlungstheoretische Perspektiven.* Weilerswist: Velbrück Wissenschaft.

Lopes, N. (2022). *Hey, Puppe*. Dokumentarfilm zum Cybrothel in Berlin. Berlin: Bild TV.

Marsh, A. (2010). Love Among the Objectum Sexuals. *Electronic Journal of Human Sexuality*, Volume 13, March 1, 2010. Zugriff am 26.08.2022 unter: http://www.ejhs.org/volume13/ObjSexuals.htm.

Padavic-Callaghan, K. (2023). 80,000 mouse brain cells used to build a living computer. *New Scientist*, 16. März 2023. Zugriff am 26.09.2023 https://www.newscientist.com/article/2363095-80000-mouse-brain-cells-used-to-build-a-living-computer/.

Riaño, Y. & Dahinden, J. (2010). *Zwangsheirat: Hintergründe, Massnahmen, lokale und transnationale Dynamiken*. Zürich: Seismo Verlag.

Richardson, K. (2017). »Man as an End in Himself« – the Libertine, the Culture of Sadism, Porn and Sex Robots. In A. D. Cheok & D. Levy (Hrsg.), *Love and Sex with Robots. Third International Conference, LSR 2017, London, UK, December 19–20, 2017, Revised Selected Papers* (S. XI). Cham: Springer International Publishing.

Rogge, A. (2020). I was Made for Love: Der Markt für Liebespuppen und Sexroboter. In O. Bendel (Hrsg.), *Maschinenliebe: Liebespuppen und Sexroboter aus technischer, psychologischer und philosophischer Sicht* (S. 55–77). Wiesbaden: Springer Gabler.

Scherrer, M. (2021). *Fernbeziehungen: Diffraktionen zu Intimität in medialen Zwischenräumen*. Bielefeld: Transcript Verlag.

Schmidbauer, W. (2012). *Die heimliche Liebe: Ausrutscher, Seitensprung, Doppelleben*. Hamburg und Berlin: Rowohlt.

Schmollack, S. (2013). Nur die Liebe zählt. *taz*, 11. September 2013. Zugriff am 26.08.2022 unter: https://taz.de/Familienkonzept-der-Piratenpartei/!5059336/.

Schneider, N. F. (2009). Distanzbeziehungen. In K. Lenz & F. Nestmann (Hrsg.), *Handbuch persönliche Beziehungen* (S. 677–693). Weinheim und München: Juventa.

Schulze, H., Bendel, O., Schubert, M., Binswanger, M., Simmler, M., Reimer, R. T. D., Tanner, A., Urech, A., Kreis, J., Zigan, N., Kramer, I., Flückiger, S., Rüegg, M., Künzi, C., Kochs, K. & Zingg, O. (2021). *Soziale Roboter, Empathie und Emotionen*. Zenodo, Bern. Zugriff am 26.08.2022 unter: https://zenodo.org/record/5554564.

Spektrum (o.D.). Symbolische Interaktion. *Lexikon der Psychologie*. Zugriff am 26.08.2022 unter: https://www.spektrum.de/lexikon/psychologie/symbolische-interaktion/15155.

Stocker, L., Korucu, Ü. & Bendel, O. (2021). In den Armen der Maschine. In O. Bendel (Hrsg.), *Soziale Roboter: Technikwissenschaftliche, wirtschaftswissenschaftliche, philosophische, psychologische und soziologische Grundlagen* (S. 343–361). Wiesbaden: Springer Gabler.

Strauss, S. (2023). Sex mit Robotern: Wie KI unser Liebesleben revolutioniert. F.A.Z.-Podcast mit Oliver Bendel. F.A.Z., 19. September 2023. Zugriff am 19.09.2023 unter: https://www.faz.net/podcasts/f-a-z-podcast-fuer-deutschland/sex-mit-robotern-wie-ki-unser-liebesleben-revolutioniert-19185247.html.

Szczuka, J. & Krämer, N. (2018). Jealousy 4.0? An empirical study on jealousy-related discomfort of women evoked by other women and gynoid robots. *Paladyn, Journal of Behavioral Robotics* 9 (1), 323–336.

Weber, L. (2020a). Die besseren Sexworker? Ein Interview mit Evelyn Schwarz zur Sexarbeit im BorDoll. In O. Bendel (Hrsg.), *Maschinenliebe: Liebespuppen und Sexroboter aus technischer, psychologischer und philosophischer Sicht* (S. 93–101). Wiesbaden: Springer Gabler.

Weber, L. (2020b). Dinge, Kolleginnen oder Konkurrentinnen? Ein Interview zur Sexarbeit mit Josefa Nereus. In O. Bendel (Hrsg.), *Maschinenliebe: Liebespuppen und Sexroboter aus technischer, psychologischer und philosophischer Sicht* (S. 103–122). Wiesbaden: Springer Gabler.

Weixler, M. & Oberlerchner, H. (2018). Objektophilie – Die Liebe zu Dingen. *psychopraxis. neuropraxis* 21 (2018), 210–213.

Wennerscheid, S. (2020). Warme und kalte Beziehungen im Netzwerk des Begehrens. In O. Bendel, (Hrsg.), *Maschinenliebe: Liebespuppen und Sexroboter aus technischer, psychologischer und philosophischer Sicht* (S. 20–33). Wiesbaden: Springer Gabler.

Wittpahl, V. (2019). *Künstliche Intelligenz: Technologien / Anwendung / Gesellschaft*. Berlin und Heidelberg: Springer Vieweg.

Zülli, F. (2021). »Neuer Partner« in den Warenkorb hinzufügen? – Zu den Veränderungen des Online-Datings von Parship über Tinder bis zum künstlichen Partner. In S. Brommer & C. Dürscheid (Hrsg.), *Mensch. Maschine. Kommunikation. Beiträge zur Medienlinguistik* (S. 102–

131). Tübingen: Narr Francke Attempto. Zugriff am 26. 08. 2022 unter: https://elibrary.narr.digital/book/10.24053/9783823394716.

IV Ausblick

10 Paartherapie und die Versorgung von Paarproblemen: Gegenwart und Zukunft

Christian Roesler

In spätmodernen Gesellschaften sind sowohl die Ansprüche an als auch die Herausforderungen für Paarbeziehungen deutlich gewachsen, was sich in einer weiten Verbreitung von Paarproblemen niederschlägt. Allein schon die hohe Scheidungsrate macht deutlich, dass die Belastung von Paarbeziehungen mit Beziehungsproblemen erheblich ist und ein hoher Bedarf an Paartherapie besteht. Mittlerweile ist auch wissenschaftlich gut abgesichert, dass die Folgen von Trennung/Scheidung nicht nur für die davon betroffenen Kinder, sondern auch für die beteiligten Partner, selbst für diejenigen, die die Trennung initiieren, mit erheblichen Schäden verbunden sind. Ähnliches gilt auch für anhaltende ungelöste Paarkonflikte, die nicht zur Trennung der Partner führen. Demgegenüber zeigen aktuelle Studien, dass bei jungen Menschen eine verbindliche langdauernde Paarbeziehung für die allermeisten nach wie vor zu den wichtigsten Werten im Leben zählt. Allerdings haben offenbar zunehmend mehr Menschen Schwierigkeiten damit, die in Paarbeziehungen auftretenden Konflikte zu bewältigen oder schrecken gar grundsätzlich vor intimen Beziehungen zurück.

Nach wie vor gilt die Regel: Paarbeziehungen werden von alleine schlechter; auch neueste Daten des Beziehung- und Familienpanels Pairfam zeigen, dass im Verlaufe der Paarbeziehung die Beziehungszufriedenheit der Partner kontinuierlich absinkt (Schmid et al., 2020).

In einer aktuellen Übersichtsarbeit stellen Bradbury & Bodenmann (2020) fest: 40% aller Ehen scheitern, in äußerlich intakten Ehen berichten 30% der Partner von anhaltenden Belastungen, und für nicht verheiratete Paare sind diese Zahlen noch deutlich höher; nur ca. ein Drittel der belasteten Paare nehmen professionelle Hilfe in Anspruch, so dass Paarprobleme der häufigste Grund für die Inanspruchnahme von Paartherapie/Paarberatung sind. Selbst in zunächst zufriedenen Paarbeziehungen sinkt oftmals die Beziehungsqualität besonders in den ersten Jahren nach der Heirat signifikant, so dass nach 15 Jahren für ca. die Hälfte dieser Paare eine Situation erreicht ist, die dem Beziehungsstress von Paaren gleicht, die sich in Paartherapie befinden (Balfour et.al., 2012). Auch Job et al. (2014, S.12) bestätigen: »Alarmierend sind jedoch nicht nur die hohen Trennungs- und Scheidungsraten, darüber hinaus leben zahlreiche Paare, um die 10 bis 25% (für Deutschland: 1.6 bis 4 Millionen), in stabilen jedoch unzufriedenen Partnerschaften.« Eine Untersuchung der Wohlfahrtsorganisation Relate für die Situation in Großbritannien hat auf Daten einer nationalen Umfrage ermittelt, dass dort 18% der Bevölkerung in Beziehungen leben, die man als stark belastet bezeichnen muss (Balfour et al., 2019).

Nur ein sehr geringer Teil der belasteten Paare sucht überhaupt therapeutische Hilfe. Selbst von den Paaren, die sich schließlich scheiden lassen, haben weniger als ein Viertel überhaupt jemals professionelle Hilfe in Anspruch genommen (Doss et al., 2003; und dies gilt für die USA, wo die Inanspruchnahme derartiger Leistungen deutlich höher ist als im deutschsprachigen Raum), und wenn sie es tun, dann zu spät, nämlich im Mittel sechs Jahre nachdem die Belastung der Paarbeziehung überhandgenommen hat.

Paarprobleme tauchen in den gängigen Klassifikationssystemen für psychische Probleme nicht direkt auf. Störungen der Sexualität werden zwar beschrieben, aber entsprechend der Logik des Gesundheitssystems zunächst einmal als Probleme der Einzelperson behandelt. Jenseits der standardisierten Diagnosesysteme werden darüberhinausgehende Probleme mit der Sexualität beschrieben, insbesondere Differenzen im sexuellen Interesse in Partnerschaften. Entsprechende Konflikte sind in Partnerschaften weit verbreitet (v. Sydow & Seiferth, 2015) und stehen häufig im Zusammenhang mit allgemeinen partnerschaftlichen Problemen und Unzufriedenheit. Es ist dabei keineswegs so, dass immer nur die Männer ein höheres Interesse an Sexualität hätten als die Frauen, in Statistiken zeigen sich beide Geschlechter gleich häufig interessierter als der Partner. Diskrepanzen im sexuellen Interesse sind so häufig, dass man sie wahrscheinlich eher als den Normalfall in länger dauernden Partnerschaften bezeichnen muss. Außenbeziehungen kommen auch in als glücklich bezeichneten Ehen vor, insgesamt wird die Häufigkeit mit 40 % angegeben (v. Sydow & Seiferth, 2015; für eine ausführliche Darstellung der Risikofaktoren für Beziehungsqualität und -stabilität siehe Roesler, 2018).

10.1 Scheidung und ihre Folgen

Neueste Daten aus der Scheidungsforschung (Mortelmans, 2020) zeigen, dass die öffentliche Wahrnehmung von Ehebeziehungen vor allem durch die hohe Scheidungsrate bestimmt wird. Man kann allerdings zumindest für Deutschland konstatieren, dass die Anzahl der Scheidungen im Zeitraum von 2003–2020 um ca. ein Drittel gesunken ist, während die Eheschließungszahlen im selben Zeitraum nicht rückläufig waren (▶ Kap. 5). Auf europäischer Ebene allerdings hat die Beziehungsstabilität insgesamt abgenommen und nimmt auch weiter ab, sodass vor allem junge Menschen das Risiko der Ehe, welches sie mit der Möglichkeit des Scheiterns verknüpfen, gar nicht mehr eingehen. Für unverheiratete Beziehungskonstellationen, soweit diese statistisch erfassbar sind, ist allerdings das Risiko der Trennung eher noch höher.

Die Scheidungsrate (Verhältnis von Eheschließungen zu Ehescheidungen) liegt aktuell in Deutschland bei 38,5 %, allerdings ist die so berechnete Scheidungsrate kein verlässlicher Indikator für die Stabilität von Paarbeziehungen. In einer komplexen Berechnung unter Berücksichtigung von korrupten Effekten wurde das Scheidungsrisiko für unterschiedliche Ehejahrgänge über 25 Jahre geschätzt: Der Ehejahrgang 1995 trägt mit ca. 40 % das höchste Scheidungsrisiko, seitdem sinkt dieses Risiko leicht ab; Ehen, die 2005 geschlossen wurden, werden aber nach 25 Jahren immer noch zu über einem Drittel geschieden sein (Wagner, 2019).

Paarbeziehungen nicht verheirateter, aber dauerhaft miteinander lebender Partner, die gemeinsame Kinder haben, nehmen zahlenmäßig zu. Diese Paare haben, soweit dies statistisch erfassbar ist, offenbar eine noch höhere Beziehungsinstabilität und Trennungsrate als verheiratete Paare. Geschiedene, auch wenn sie wieder verheiratet sind, haben ein nochmals erhöhtes Scheidungsrisiko.

Die Erkenntnisse der Scheidungsfolgenforschung (Bodenmann, 2013) machen deutlich, dass die Effekte einer Scheidung für alle Familienmitglieder grundsätzlich negativ sind. Die Gesundheit der Ehepartner sowie die psychische Befindlichkeit ist über Jahre hinweg deutlich verschlechtert, chronische körperliche und psychische gesundheitliche Probleme sind die Folgen (das Risiko einer Depression ist um 188 % erhöht), sogar die Mortalitätsrate ist erhöht. Auch auf lange Sicht erreichen Geschiedene nach der Scheidung, selbst wenn sie wieder heiraten, nie mehr dieselben hohen Lebenszufriedenheitswerte wie vor der Scheidung. 80 % der Betroffenen, selbst diejenigen, die die Scheidung initiiert haben, erleben die Scheidung, den Prozess und seine Konsequenzen als hohe Belastung. Für die betroffenen Kinder sind die Folgen teilweise noch dramatischer (Kröger et al., 2008). Zum einen sind sie sowohl psychisch als auch körperlich und in der beispielsweise schulischen Leistungsfähigkeit in den ersten zwei Jahren nach der Scheidung deutlich beeinträchtigt. Darüber hinaus zeigen sich langfristige Schädigungen noch über Jahre nach der Scheidung in einer deutlich erhöhten psychischen Belastung. Die prospektive Längsschnittstudie von Wallerstein und Lewis (2001) machte darüber hinaus in einem aufwendigen Forschungsdesign beeindruckend sichtbar, dass die betroffenen Kinder und Jugendlichen lebenslang eine Beeinträchtigung ihrer Beziehungsfähigkeit davontragen, die es zum einen wahrscheinlicher macht, dass sie in ihren eigenen Paarbeziehungen selbst Trennung bzw. Scheidung erleben, und dass sie sich grundsätzlich eine dauerhafte Beziehung sehr viel weniger zutrauen als Kinder aus intakten Familien. Dies wird als soziale Transmissionshypothese von Scheidung bezeichnet und stellt einen häufig replizierten Befund der Sozialpsychologie dar (Wagner & Weiss, 2003). Diese Folgewirkungen sind interessanterweise auch völlig unabhängig von der Form der Scheidung und dem Konfliktniveau sowohl im Scheidungsprozess als auch in der nach Scheidungsbeziehung der Eltern. Scheidungs-Forscher nehmen deshalb an, dass es eine intergenerationale Übertragung des Scheidungsrisikos gibt und somit Gesellschaften mit hohen Scheidungsraten von Generation zu Generation das Scheidungsrisiko weiter kumulieren; dies könnte auch den langjährigen Aufwärtstrend des Scheidungsrisikos in praktisch allen westlichen Gesellschaften erklären (Hetherington & Ellmore, 2004).

Bei den in Deutschland stattfindenden Scheidungen sind in ca. 75 % der Fälle minderjährige Kinder betroffen. Es entstehen dabei häufig Einelternfamilien oder Stieffamilien, wobei in diesen Familienformen mehr Risiken für das Aufwachsen von Kindern bestehen als in einer intakten Ursprungsfamilie. Bodenmann (2013) zeigt in einer Zusammenfassung mehrerer aktueller Metaanalysen, »dass Kinder aus biologischen 2-Eltern-Familien in Bezug auf intellektuelle, kognitive, soziale und behaviorale Parameter im Querschnitt wie im Längsschnitt (bis ins frühe Erwachsenenalter) signifikant besser abschneiden als Kinder aus monoparentalen Familien,

Scheidungs- oder Stieffamilien. [...] Der Selbstwert der Kinder aus Zwei-Eltern-Familien war signifikant höher als der bei alleinerziehenden Eltern aufwachsenden Kindern oder Kindern aus Stieffamilien, und sie zeigten weniger internalisierende oder externalisierende Störungen als die Kinder der beiden anderen Gruppen.« (S. 17).

Ungelöste Partnerschaftskonflikte von Eltern mit minderjährigen Kindern beeinträchtigen diese sowohl direkt als auch indirekt. Z. B prägen zum einen die Eltern mit ihrem Konfliktverhalten als Modelle für Konfliktbewältigung die zukünftigen Beziehungen der Kinder nachhaltig, zum anderen sind die Eltern aufgrund ihrer eigenen Belastung im Scheidungsprozess sowie danach in ihrer emotionalen Verfügbarkeit für die Kinder und als Erzieher insgesamt eingeschränkt (Überblick bei Kröger et.al., 2008). Eine Metaanalyse über Studien, die die negativen Effekte von Paarkonflikten auf die kindliche Entwicklung untersuchten, bezifferte die Effektstärke dieser negativen Einwirkung auf d = -0,62 (Krishnakumar et.al., 2004). Wenn Eltern in ihrer Beziehung manifeste Konflikte haben, haben Kinder mehr soziale, emotionale, Verhaltens- und Lernprobleme, die betroffenen Kinder haben mehr Probleme mit Peer-Beziehungen und Jugendliche mit heterosexuellen Beziehungen, sie haben ein geringeres psychisches Wohlbefinden, benötigen mehr gesundheitliche Leistungen im psychologischen Bereich und haben später im Erwachsenenleben eine signifikant geringere Ehequalität und größeres Risiko für Trennung/Scheidung (Booth et al., 2001). In seiner umfassenden Übersicht über verfügbare Forschungsergebnisse zeigt Bodenmann (2013), dass Kinder nicht nur unmittelbar unter den ungelösten Konflikten ihrer Eltern leiden, sondern auch deren Konfliktlösungs- und Austragungsstil übernehmen und lebenslang kopieren. Auf der anderen Seite werden Kinder nicht geschädigt, wenn es den Eltern in ihren offen ausgetragenen Konflikten gelingt, diese zu lösen und sich wieder zu versöhnen, in diesem Falle profitieren die Kinder sogar, da für sie die Eltern zu einem Modell für gelingende Konfliktbearbeitung bei Paarkonflikten werden.

Hier muss man auch Argumentationen widersprechen, die in der Scheidung der Eltern für die betroffenen Kinder auch positives sehen. Die heute verfügbaren Daten zeigen, dass alle Kinder ohne Ausnahme sowohl mittelfristig als auch langfristig von den Scheidungsfolgen negativ betroffen sind. Es wurde auch immer wieder behauptet, dass Scheidungen im Jugendalter bei den betroffenen Minderjährigen keine negativen Auswirkungen mehr hätten; auch dies gilt mittlerweile als widerlegt (vgl. Bodenmann, 2013). Allerdings leiden sowohl die betroffenen Partner als auch die Kinder unter anhaltenden Paarkonflikten, auch wenn es nicht zu einer Trennung/Scheidung der Eltern kommt; hier finden sich ebenso die negativen Auswirkungen auf psychisches Wohlbefinden, Lebensqualität und körperliche Gesundheit.

Die sich aus Scheidungen ergebenden ökonomischen Schäden für die Gesamtgesellschaft werden auf 4 bis 28 Milliarden Euro pro Jahr geschätzt, je nachdem, ob nur die unmittelbare Vernichtung von Vermögen oder auch die langfristige Erhöhung der Inanspruchnahme des Gesundheitswesens und von Sozialleistungen betrachtet werden (Andreß et al., 2006). Für Großbritannien werden die jährlichen Kosten für das Gemeinwesen, die durch den Zusammenbruch von Paarbeziehungen und damit von Familien entstehen, auf 40 Milliarden Pfund geschätzt (Balfour et al., 2019) – interessanterweise gibt es dafür in Großbritannien sogar einen staatlich geführten Index, Relationships Foundation's Cost of Family Failure Index (www.relationshipsfoundation.org). Trennung und Scheidung zählen neben Arbeitslosigkeit, Krankheit und niedriger Bildung zu den großen gesellschaftlichen Risikofaktoren. In einem Drittel der Scheidungsfälle wird einer der Scheidungspartner zum Sozialhilfeempfänger. Scheidungen verdoppeln das Armutsrisiko von Frauen, darüber hinaus führen sie häufig bei Frauen durch den Status alleinerziehend entweder zu einer wirtschaftlichen Verschlechterung, zumal da in nicht wenigen Fällen (10–20%) Unterhaltszahlungen durch den anderen Partner unterbleiben, oder aber bei Erwerbstätigkeit der Frau trotz Alleinerziehenden-Status führt dies zu einer deutlichen Verschlechterung der Betreuungsqualität für die Kinder. Alleinerziehende haben darüber hinaus ein zehnmal höheres Risiko, zum Sozialhilfeempfänger zu werden. Neben den unmittelbaren wirtschaftlichen Folgen schädigen Trennung und Scheidung darüber hinaus das Gemeinwesen, indem Geschiedene das Gesundheitssystem stärker in Anspruch nehmen (Law & Crane, 2000; Crane & Christenson, 2016).

10.2 Paarbeziehung und Gesundheit

Während also die Paarbeziehung zumindest im deutschen Gesundheitssystem nur eine geringe Rolle spielt, wirken sich Paarprobleme dagegen deutlich auf die Gesundheit der Betroffenen aus. Mittlerweile liegen umfangreiche Daten vor, die zeigen, dass es einen starken Zusammenhang zwischen der Qualität der Paarbeziehung und der körperlichen und psychischen Gesundheit der Partner gibt (Überblick Frisch et al., 2017). Sich chronisch verschlechternde Partnerschaften haben Einfluss auf die Entwicklung von Bluthochdruck und Arteriosklerose, senken nachweislich die Lebenserwartung und haben auch Auswirkungen auf andere Krankheiten wie z. B. Krebs (Pietromonaco et al., 2013). Geschiedene nehmen das Gesundheitssystem stärker in Anspruch (30% mehr akute Erkrankungen und Arztbesuche, sechsmal häufiger Klinikaufnahme). Geschiedenen geht es gesundheitlich deutlich schlechter (chronische Erkrankungen wie koronare Herzerkrankung, Krebs, Diabetes etc. um 20% häufiger als unter Verheirateten), was sich auch durch Wiederverheiratung nicht auffangen lässt (Tobe et al., 2007; Hughes & Waite, 2009). Ehe ist ein Schutzfaktor gegen negative Folgen von Lebensbelastungen: In einer der größten jemals durchgeführten Metaanalyse (Roelfs et al., 2011) mit Daten von mehr als 500 Millionen Menschen überwiegend aus Industrieländern hatten Verheiratete gegenüber Alleinstehenden ein um 24% niedrigeres Sterberisiko. Belastung in der Paarbeziehung, z. B. ein aktueller Konflikt, wirkt sich unmittelbar negativ auf das Immunsystems aus, z. B. die Aktivität von Lymphozyten, die Wundheilung wird verlangsamt, Zunahme von entzündlichen Prozessen usw. (Kiecolt-Glaser & Wilson, 2017). Ähnliche Zusammenhänge findet man auch bei psychischen Erkrankungen, unglückliche Partnerschaft ist ein deutlicher Risikofaktor für Depression (Barbato et al., 2018).

Eine neueste Übersichtsarbeit (Ditzen et al., 2019) belegt diese grundlegenden Erkenntnisse auch für Deutschland: Verheiratete sind grundsätzlich gesünder, erholen sich schneller von Erkrankungen und leben länger im Vergleich zu Alleinlebenden wie auch im Vergleich zu Menschen in einer unglücklichen Beziehung. Die positive Wirkung von Paarbeziehungen kann man auch für sehr spezifische psychophysiologische Parameter nachweisen, z. B. die durch Oxytocin vermittelte Senkung des Cortisolspiegels und damit Schmerzerlebens.

10.3 Paartherapie im deutschen Versorgungssystem

Es gibt also angesichts der Verbreitung von Paarproblemen sowie deren negativen Auswirkungen ausreichend Anlass, in einem umfassenden Sinne Hilfen für Paare zur Bewältigung von Problemen anzubieten, und zwar sowohl im Sinne von Paartherapie als auch von Prävention. Während die Psychotherapie durch das Psychotherapeutengesetz geregelt ist und der Titel *Psychotherapeut* gesetzlich geschützt ist und eine staatliche Approbation voraussetzt, ist Paartherapie nicht in vergleichbarer Weise gesetzlich geschützt – was auch dazu führt, dass die Qualifikation von Anbietern von Paartherapie nicht überprüft wird und daher auch erheblich variiert. Das hat zur Folge, dass Paartherapie größtenteils in Form von Paarberatung im Bereich der Beratungsstellen angeboten wird – oder von Paartherapeuten in privaten Praxen zu hohen Kosten für die Klienten. Dementsprechend bestehen auch unterschiedliche Finanzierungsstrukturen (Haid-Loh et al., 2009).

In der gesetzlich verankerten Kinder- und Jugendhilfe sind im §17 SGB VIII *Beratungsmöglichkeiten für Paare*, die Kinder im minderjährigen Alter haben, vorgesehen, die darauf abzielen, Paarbeziehungen, bei denen Trennung oder Scheidung drohen, zu unterstützen, um das Zusammenbleiben der Eltern wahrscheinlicher zu machen. Obwohl diese Aufgabe auch für Erziehungsberatungsstellen vorgesehen ist, findet der Großteil der Paarberatungen in den Ehe-, Familien- und Lebensberatungsstellen (EFL) statt, die hauptsächlich in kirchlicher, zu einem geringeren Teil auch in nicht-konfessioneller Trägerschaft sind (Haid-Loh et al., 2009).

Während also im Bereich der Beratung paartherapeutische Angebote gut institutionalisiert und weit verbreitet sind, ist dies im Gesundheitswesen nicht der Fall – das ist vor dem Hintergrund der oben aufgezeigten Zusammenhänge umso dramatischer. In verschiedenen Ländern ist bei manchen chronischen und schweren körperlichen Erkrankungen bereits eine Behandlung mit Paarinterventionen unter Einbeziehung des Partners ein Standardangebot geworden (Shields et al. 2012; siehe ausf. unten). Es ist schwer nachvollziehbar, warum in Deutschland der Bereich der Behandlung und Prävention von Paarproblemen von öffentlicher Seite so wenig gefördert wird und nicht Teil des Gesundheitswesens ist (Roesler, 2021a, 2021b). In einer Überblicksarbeit über die *Kosteneffektivität der Ehe- und Familientherapie* (Crane & Christenson, 2016) weisen die Ergebnisse »auf das Potenzial eines so genannten Offset-Effekts bei medizinischen Gesundheitskosten nach Paar- oder Familientherapien hin, wobei die stärkste Kostenreduktion unter Vielnutzern der Gesundheitsversorgung zu verzeichnen ist. Die Studien zeigen auch, dass die Übernahme der Kosten […] und die Anerkennung von Ehe- und Familientherapeuten als Anbietergruppe nicht mit signifikant höheren Behandlungskosten verbunden sind.« (ebd., S. 4). Bei der Behandlung von Beziehungsproblemen zeigte sich, »dass eine Paartherapie eine relativ kurze Intervention war, die im Durchschnitt fünf Sitzungen umfasste und eine diesbezügliche Versorgungsepisode ungefähr 280 $ kostete (und eine Rückfallquote von 8,43 % hatte). Es wäre also nicht kostenintensiv, eine Therapie zur Bewältigung von Beziehungsproblemen in die Gesundheitsversorgung zu integrieren. […] Im Vergleich zu anderen Anbietern weisen Ehe- und Familientherapeuten oft die niedrigsten Rückfall- und Abbruchquoten, die niedrigsten Gesamtkosten, die geringste Anzahl an Sitzungen und die niedrigste Anzahl an Klienten auf, die nach der Therapie erneut Gesundheitsleistungen in Anspruch nehmen. Ehe- und Familientherapeuten sind oft auch die kosteneffektivsten Anbieter.« (Crane & Christenson 2016, S. 18 ff.).

Auch gibt es aus dem angelsächsischen Bereich erste Studien (Caldwell et al., 2007), die das *Kosten-Nutzen-Verhältnis für Paartherapie* unmittelbar berechnet haben. Dabei wurde von der Annahme ausgegangen, dass der Staat bzw. die Krankenversicherungen empirisch evaluierte Formen von Paartherapie kostenlos anbieten. In dieser Berechnung hat sich Paartherapie als kosteneffektiv erwiesen, sowohl wenn es von staatlicher Seite kostenfrei angeboten würde, da es die dem Gemeinwesen entstehenden Kosten durch Scheidung in voller Weise aufwiegt, als auch wenn es von Krankenversicherungen angeboten würde, da hier wiederum die erhöhte Inanspruchnahme von Gesundheitsleistungen nach Trennung/Scheidung ebenfalls in vollem Maße aufgewogen würden. Hinsichtlich der Folgekosten von Scheidung im Sinne von erhöhtem Bedarf an Scheidungsberatung und Mediation liegt auch für Deutschland eine Kosten-Nutzen-Analyse vor (Kandler & Straus, 2000). Es wurde dabei in die Berechnung einbezogen, dass von Scheidung der Eltern betroffene Kinder in sehr viel höherem Maße als der Durchschnitt Verhaltensauffälligkeiten bis hin zu psychosomatischen Beschwerden entwickeln, die behandlungsbedürftig sind bzw. die Erziehungsberatung der Eltern erforderlich machen. Die Analyse zeigt, dass bei einem angenommenen Wirkungsgrad der Paarberatung zur Verhinderung von Scheidung von nur 44 % bereits die Kosten für die öffentliche Hand durch den Nutzen ausgeglichen werden. Auch liegen mittlerweile mehrere Studien vor, die zeigen, dass die Inanspruchnahme von Paarberatung bei Eltern einen deutlichen Effekt auf die Verbesserung des Familienklimas, die gemeinschaftliche Kindererziehung und die kindliche Entwicklung bewirkt, während die Wirksamkeit von Kinderpsychotherapie dann, wenn schon Entwicklungsschwierigkeiten aufgetreten sind, demgegenüber eher begrenzt ist (Kröger et al., 2008). »Besonders beeindruckend ist, dass die Kinder der Eltern, die die paartherapeutische Intervention bekommen hatten, noch zehn Jahre später von ihren Lehrerinnen als sozial und schulisch kompetenter eingeschätzt wurden und weniger problematische Verhaltensweisen zeigten.« (Sanders & Kröger, 2013)

10.4 Überblick über die Wirkungsforschung zur Paartherapie

In der Versorgung haben sich paartherapeutische Angebote aus allen therapeutischen Schulen etabliert. Unter den neueren integrativen Verfahren ragen besonders die Emotionsfokussierte Paartherapie (EFT) sowie die integrative verhaltenstherapeutische Paartherapie (IBCT) hervor. Die Wirksamkeit von Paartherapie im Allgemeinen sowie der verschiedenen Methoden im Besonderen ist mittlerweile ausführlich untersucht und wird im folgenden überblicksartig dargestellt (siehe dazu auch ausführlich Roesler, 2018, 2018a).

Zur Begriffsklärung: Paartherapie wird im Einklang mit der Forschungsliteratur verstanden als eine Intervention mit dem Ziel der Verbesserung der Beziehungsqualität und -stabilität, d. h., eine Erhöhung der Zufriedenheit beider Partner mit der Beziehung sowie einer Verhinderung von Trennung (Bradbury & Bodenmann, 2020). Vor dem Hintergrund der aufgezeigten Folgen von Trennung/Scheidung wird ersichtlich, dass eine Trennung der Partner einen Misserfolg dieser Intervention bedeutet, was nicht heißt, dass es nicht sinnvoll ist, Partnern in Trennung eine Trennungsberatung anzubieten, um diesen Prozess möglichst konstruktiv zu gestalten.

Mittlerweile haben zahlreiche Übersichtsarbeiten (Sprenkle, 2012; Lebow et al., 2012; Halford et al., 2016, Lebow, 2016) die allgemeine Wirksamkeit von Paartherapie mit Effektstärken von $d = 0.7–0.8$ belegt. Dabei erfahren 70 % der Paare nach einer Paartherapie eine signifikante Verbesserung. Allerdings ist dieser Effekt nur bei 40 % der Paare auch noch nach fünf Jahren nachweisbar.

Es bestehen allerdings deutliche Unterschiede in der Wirksamkeit zwischen verschiedenen Verfahren und die generelle Aussage, die manchmal auch noch in aktuellen Publikationen (z. B. Schär, 2016) transportiert wird, es gebe keine Unterschiede in der Wirksamkeit zwischen Verfahren, ist nicht haltbar. In einer Metaanalyse mit 17 Untersuchungen (Dunn & Schwebel, 1995) konnten die Unterschiede zwischen den Therapieverfahren anhand von Effektstärken bestimmt werden. Die VT und kognitive VT (KVT) zeigten sich mit mittleren Effekten (VT: $d = 0.78$; KVT: $d = 0.71$) und die psychodynamische Paartherapie (PD) mit großem Effekt ($d = 1.37$). In neueren Übersichtsstudien zeigt sich: VT erreicht im Mittel eine Effektstärke von $d = 0.82–84$ (Halford et al., 2016), wobei berücksichtigt werden muss, dass in einer Metaanalyse, in der auch unveröffentlichte Studien mit einbezogen wurden, diese Effektstärke auf eine moderate Größe von $d = 0.585$ reduziert werden musste (Shadish & Baldwin, 2005); in allen Studien zur PD wurde eine Effektstärke von über $d = 1.1$ erreicht, teilweise bis zu $d = 1.37$, was einer sehr hohen Wirksamkeit entspricht (Wright et al. 2006, Lebow et al., 2012); die Effektstärken für EFT variieren mit $d = 0.94–1.95$, wobei die mittlere Effektstärke mit $d = 1.3$ sehr hoch und höher als bei allen anderen Verfahren liegt (Lebow et al., 2012); für die systemische Paartherapie variieren die berechneten Effektstärke enorm zwischen $d = 1.15$ in einer Einzelfallstudie (Wright et al., 2006) und $d = 0.17$, was keiner Wirksamkeit entspricht (Kuhlmann et al., 2013), im Mittel liegt die Effektstärke bei moderaten $d =$

0.5–0.7 (v. Sydow et al., 2007). Für andere Paartherapieverfahren liegen entweder gar keine Studien oder nur sehr vereinzelte Ergebnisse vor, weswegen manche Autoren die Wirksamkeit dieser Verfahren grundsätzlich in Zweifel ziehen (Sprenkle et al., 2012). Es ist auch die wichtige Unterscheidung zu beachten, dass zahlreiche – insbesondere systemische – Paartherapiestudien überhaupt nicht die Verbesserung der Beziehungsqualität erfassen, sondern ausschließlich auf die Behandlung einer individuellen Symptomatik eines der beiden Partner (z.B. Depression, Sucht) fokussiert sind. Hier werden interessanterweise durchgängig höhere Effektstärken erreicht als bezüglich der Verbesserung der Beziehungsqualität. Insofern erlaubt die mangelhafte Studienlage insbesondere zur systemischen Paartherapie keine abschließende Beurteilung, macht aber den dringenden Forschungsbedarf in diesem Bereich deutlich.

In neueren Übersichten (Sprenkle, 2012; Halford et al., 2016) werden sogar nur noch zwei Paartherapieverfahren als empirisch fundiert und wirksam dargestellt. Dazu zählen die integrative VT-Paartherapie (IBCT, Christensen et al., 2010), die akzeptanzorientierte Form von VT mit Paaren sowie die EFT (Johnson, 2009). Demgegenüber ermittelte die neueste Übersichtsarbeit (Bradbury & Bodenmann, 2020) keine Überlegenheit der IBCT gegenüber der klassischen VT. Anzumerken ist, dass die Einschätzung der Wirksamkeit dieser Verfahren in der Frage gründet, ob eine genügend große Anzahl an methodisch strengen Studien zur Wirksamkeit vorgelegt werden konnte. Insbesondere das Forschungsprogramm zur Überprüfung der Wirksamkeit von EFT wird von verschiedenen Autoren explizit als vorbildlich gelobt. Hier wird nicht nur systematisch die hohe Wirksamkeit des Therapieansatzes bei ganz unterschiedlichen Problemkonstellationen repliziert. Es findet auch eine Überprüfung der Manualtreue der behandelnden Therapeuten statt (Wiebe & Johnson, 2016). Übersichtsarbeiten betonen inzwischen die Überlegenheit der EFT gegenüber anderen Paartherapien, auch der IBCT (Sprenkle, 2012; Lebow et al., 2012). Dabei benötigt EFT eine geringere Zahl von Therapiesitzungen (im Mittel ca. 10 Sitzungen) im Vergleich zur VT (im Mittel ca. 15 Sitzungen). Andere Übersichtsarbeiten (Snyder & Halford, 2012; Wright et al., 2007) schließen demgegenüber auch psychodynamische Paartherapie in die empirisch überprüften Verfahren mit ein, weil hier durchweg hohe Effektstärken berichtet werden.

Die neueste Übersichtsarbeit über die Wirksamkeit von Paartherapie (Bradbury & Bodenmann, 2020) bestätigt die Erkenntnis, dass Paartherapie im Allgemeinen wirksam ist mit einer im Mittel guten Effektstärke ($d = 0.84$), insofern vormals belastete Partner nach Paartherapie eine Verbesserung berichten im Gegensatz zu 80% unbehandelter, aber gleichermaßen belasteter Paare. Im Gegensatz zu früheren Übersichtsarbeiten diskutiert diese aber nur noch zwei herausragende Modelle, VT Paartherapie (BCT; $d = 0.53–0.95$) sowie EFT ($d = 0.73–2.09$), die genügend wiederholt getestet wurden. Die aktuellste Übersichtsarbeit zu EFT über neun seit dem Jahr 2000 abgeschlossene Studien ermittelte sogar die enorme Effektstärke von $d = 2.09$ (Beasley & Ager, 2019). Entscheidend ist allerdings die Nachhaltigkeit der bewirkten Effekte, was nur über mehrjährige Follow-up Studien zu ermitteln ist. Insgesamt lässt sich sagen, dass in etwa 40% der behandelten Paare auch nach zwei Jahren weiterhin in einem Bereich von Zufriedenheit mit der Paarbeziehung sind, während 40–51% unverändert, verschlechtert oder sogar schon getrennt sind. Interessant ist dabei, dass diese beiden Paartherapieformen auch bei scheinbar schwersten Problemen in gleichem Maße erfolgreich sind. Bei Gewalt in der Partnerschaft, unabhängig, ob sie von Mann oder Frau ausgeht, bewirkt eine paartherapeutische Bearbeitung eine Überwindung der Gewaltproblematik mit einer Effektstärke von d = 0.84 (Karakurt et al., 2016).

Paartherapie ist darüber hinaus auch wirksam in der Behandlung individueller psychischer Störungen, insbesondere bei Depression (Barbato et al., 2018) und Abhängigkeitserkrankungen (v. Sydow et al., 2010). Auch bei körperlichen, vor allem chronischen Erkrankungen können durch Paartherapie signifikant positive Effekte auf die psychische als auch die körperliche Gesundheit des Erkrankten und auf das psychische Wohlbefinden der Angehörigen bewirkt werden (Carr, 2014). Paartherapie erweist sich sogar als effektiver bei der Behandlung von Depression eines Partners als Einzeltherapie insofern, als es nicht nur die Depression in einer vergleichbaren Weise bessert, sondern zugleich die depressionsbedingten Probleme in der Paarbeziehung mit einer Effektstärke von d = 1.1 mit behandelt (Bradbury & Bodenmann, 2020). Bei Alkoholabhängigkeit ist die Behandlung im Paarsetting sogar deutlich der Behandlung im Einzelsetting überlegen (ebd.). Neuerdings wird auch Paaren mit einem Partner mit einer schweren oder chronischen körperlichen Erkrankung Paartherapie angeboten. Insbesondere bei Krebserkrankungen erweist sich dies als sehr effektiv, das psychische Wohlbefinden des Patienten sowie des Partners wird signifikant verbessert sowie die Belastung für die Paarbeziehung verringert (Badr et al., 2019).

Generell gilt, dass die Wirksamkeit der Paartherapie absinkt in Relation dazu, wie weit ein oder beide Partner sich motivational schon auf dem Wege zur Trennung befinden. Als Gegenmittel hat sich erwiesen, ein Monitoring des Fortschritts für jede Sitzung zu erheben; wenn das Paar sich schon nach wenigen Sitzungen *off track* erweist, erhöht sich die Wahrscheinlichkeit für ein Scheitern der Paartherapie auf 70 % (Bradbury & Bodenmann, 2020).

10.5 Verbesserte Kommunikation verbessert nicht die Paarbeziehung

Darüber hinaus zeigt sich, dass die Verbesserung des Verhaltensrepertoires der Paare, z. B. hinsichtlich Kommunikation, zwar zum Ende der Therapie hin deutliche Verbesserungen erbringt, diese aber in einem Fünfjahres-Follow-up wieder verschwinden und das Paar auf das anfängliche Niveau von Belastung zurückkehrt. Demgegenüber zeigt sich, dass, wenn das Paar in der Therapie neue positive emotionale Erfahrungen miteinander macht und sich der emotionale Rückzug vom anderen verändert oder auflöst, die Effekte der Paartherapie auch nach fünf Jahren unverändert bleiben (ebd.). Insbesondere in Prozessstudien im Rahmen der EFT konnte gezeigt werden, dass, wenn in den Sitzungen tiefere emotionale Erfahrungen, die Mitteilung von intimem Erleben und ein bezogenes Antworten auf den Partner stattfanden – kurz gesagt, Bindungserfahrungen gemacht und vertieft werden konnten – sich die Wirkung der Paartherapie deutlich steigert (McKinnon & Greenberg, 2017). Demgegenüber zeigen Veränderungen auf der Verhaltensebene, z. B. in der Kommunikation, keinen inkrementellen Beitrag zum Effekt der Therapie. Insofern urteilen die Autoren (Bradbury & Bodenmann, 2020), obwohl beide aus der VT kommen, dass die ursprünglichen Annahmen, bestimmte Arten von Kommunikation seien die Ursache für Paarprobleme und eine Verbesserung der Kommunikation bewirke eine Verbesserung der Zufriedenheit mit der Paarbeziehung, sich als Illusion erwiesen hätten; Kommunikation in diesem Sinne sei mindestens im gleichen Maße eine Konsequenz von Beziehungszufriedenheit wie es deren Ursache sei. Diese Erkenntnisse haben sich dann auch in einer Veränderung der verhaltenstherapeutischen Paartherapie niedergeschlagen, weil sich die ursprünglich kommunikations- und übungsorientierte Vorgehensweise als nicht nachhaltig wirksam erwies bzw. sogar zu Verschlechterungen führte (Baucom et al., 2008; Snyder & Halford, 2012). Insbesondere bei Frauen korrelierten Verbesserungen der Kommunikationskompetenz paradoxerweise mit einer Verschlechterung der Beziehungsqualität (Wadsworth & Markman, 2012). Dies bedeutet, dass die Bedeutung, die anfänglich der Kommunikationskompetenz für die Partnerschaftsqualität zugeschrieben wurde, sich empirisch nicht bestätigte (s. dazu ausf. Roesler, 2015). Insgesamt fassen Bradbury & Bodenmann (2020) zusammen:

> »For couple therapy, behavioral and emotion-focused approaches perform well in RCTs, and mechanisms of treatment have become an active focus of research. But more remains to be learned about treatment effects in applied settings and how to strengthen them, and about which couples are most susceptible to poor treatment response initially and following effective treatment.« (S. 116)

10.6 Wirkfaktoren der Paartherapie: Ist Integration immer gut, und wenn ja, welche Art von Integration?

Seit Jahren gibt es im angelsächsischen Bereich eine intensive Diskussion um gemeinsame Wirkfaktoren (*common factors*), die für erfolgreiche Paartherapien schulenübergreifend als grundlegend angenommen werden (Bradbury & Bodenmann, 2020). Aktuelle Versuche, integrative Modelle oder Konzepte der Paartherapie vorzulegen, finden aber häufig nur in additiver Form statt, wie z. B. in der Verhaltenstherapie oder dem systemischen Ansatz (z. B. v. Sydow & Borst, 2018). Damit ist gemeint, dass Methoden und Interventionskonzepte aus unterschiedlichen Ansätzen aneinandergefügt werden, ohne ein verbindendes theoretisches Modell im Hintergrund zu formulieren, das eine Logik der Veränderungsprozesse in Paarbeziehungen berücksichtigen würde. Auch wird dabei übersehen, dass solche additiven Modelle die Gefahr bergen, dass inkonsistente oder gar widersprüchliche Ansätze kombiniert werden, wobei manche Autoren betonen, dass hierdurch nicht nur nicht geholfen, sondern auch Schaden angerichtet werden kann (Snyder & Balderrama-Durbin., 2012). Auch merken mittlerweile eine Reihe von Autoren an, dass es innerhalb der Paartherapie Kontroversen gibt, die möglicherweise unlösbar sind, da die zugrunde liegenden Menschenbilder und Epistemologien inkompatibel und daher die entsprechenden Ansätze nicht integrierbar sind (Lebow, 2014; Roesler, 2023).

Ich habe in meinem 2018 vorgelegten Buch *Paarprobleme und Paartherapie* (Roesler, 2018) versucht, die genannte wissenschaftliche Fundierung zu liefern und zu einem kohärenten Modell davon, was Paarbeziehungen sind, welche Bedingungen sie haben, wie es hier zu Störungen kommen kann und wie dies dann therapeutisch sinnvoll veränderbar ist, zu integrieren, und würde für eine ausführlichere Diskussion darauf verweisen – im Folgenden findet sich eine gekürzte Zusammenfassung dieses Modells und die weiteren Ausführungen schließen direkt daran an. Es lässt sich mit guten Gründen argumentieren, dass Menschen zu langdauernden monogamen Paarbeziehungen angelegt sind, nicht nur um bei dem Heranwachsen der Nachkommen zu kooperieren, sondern weil beim Menschen die Emotionsregulation grundsätzlich dyadisch angelegt ist und daher alle Menschen lebenslang auf die Verfügbarkeit emotionaler Sicherheit in nahen zwischenmenschlichen Beziehungen angewiesen sind. Dies lässt sich mit anthropologischen und biologischen Erkenntnissen (z. B. die Rolle des Hormons Oxytocin in Paarbeziehungen und bei der Sexualität) ebenso schlüssig erklären wie mit neueren Erkenntnissen aus der affektiven Neurowissenschaft, der Forschung zu Paarinteraktion und der Bindungsforschung.

10.7 Ein forschungsbasiertes Modell von Paarbeziehung und Paardynamik

10.7.1 Paarinteraktionsforschung von John Gottman

Der Paarforscher John Gottman (1994) führte detaillierte Beobachtungsstudien mit Paaren durch, bei denen er diese in unterschiedlichen alltäglichen Interaktionssituationen wie auch in Konfliktgesprächen aufzeichnete. Dabei wurden unterschiedlichste Dimensionen erfasst wie z. B. der mimische Ausdruck von Emotionen, die Qualität der Paarinteraktion, ebenso wie physiologische Maße wie Herzschlagrate, Blutdruck, Stresshormone. Die Paare wurden dann in der Entwicklung ihrer Paarbeziehung weiterverfolgt über Zeiträume von bis zu 18 Jahren; insbesondere wurde untersucht, ob die Paare zusammenblieben oder sich trennten. Als Ergebnis dieser detaillierten Untersuchungen konnten die Forscher mit hoher Treffsicherheit die Trennung des Paares und sogar den Zeitpunkt der Trennung vorhersagen (Gottman & Gottman, 2008). Das zentrale Ergebnis ist, dass die entscheidende

Größe für Zufriedenheit in Paarbeziehungen und deren langfristige Stabilität nicht die Anwesenheit oder Abwesenheit von Konflikten ist, sondern auf einer viel basaleren Ebene liegt, nämlich der Fähigkeit des Paares, negative Affekte zu regulieren.

Dabei zeigten sich charakteristische Unterschiede zwischen zufriedenen und unzufriedenen Paaren. Bei unzufriedenen Paaren dominiert negativer Affekt ihre Interaktionen, oft ist dies schon zu Beginn von Interaktionen erkennbar (start-up) und erzeugt weitere negative Sequenzen, die sich ausbreiten. Die Partner erleben negative Emotionen wie Ärger, Verletztheit und erwarten weitere Angriffe, was mit starkem physiologischem Stress einhergeht – die Partner werden regelrecht von negativen Affekten, sowohl eigenen als auch denen des Partners, überflutet. Dies setzt eine charakteristische Kaskade von Verhaltensweisen in Gang, die sogenannten Reiter der Apokalypse (Kritik, Verachtung, Rechtfertigung, Abblocken). Langfristig beginnen die Partner sich zu distanzieren und erleben Gefühle von Isolation. Interessanterweise ist dabei die entscheidendste Variable nicht das Ausmaß an Konfliktinteraktionen zwischen den Partnern (auch bei zufriedenen Paaren finden sich die apokalyptischen Reiter), sondern die Fähigkeit, nach Konfliktgesprächen wieder über eine positive Interaktion zu einer Wiederverbindung zwischen den Partnern zu finden. Letztlich unterscheiden sich zufriedene Paare von solchen, die leiden und sich letztlich trennen, vor allem darin, dass es ihnen gelingt, ihre Affekte zumindest im Nachhinein erfolgreich zu regulieren und stattgefundene Konflikte konstruktiv zu reflektieren.

Diese Erkenntnisse legen die Schlussfolgerung nahe, dass Affekte, und zwar vor allen Dingen negative Effekte, und deren Regulation die entscheidende Bedeutung für die Entstehung und Weiterentwicklung von Paarkonflikten haben. Oft haben bisherige Modelle der Paardynamik zu sehr auf Verhalten und Konfliktthemen fokussiert statt auf Affekte. In intensiven negativen Affektzuständen kann nicht auf gelernte differenzierte Verhaltensmuster zurückgegriffen werden. Physiologische Erregung in Konfliktgesprächen macht es wahrscheinlicher, dass primitive Verhaltensweisen aus archaischen Verhaltensmustern dominieren und neuere, erworbene Verhaltensweisen übersprungen werden. Das macht es Partnern im Konflikt bei Anwesenheit von affektiver Erregung und negativen Affektzuständen schwer, auf neu erlernte Verhaltensweisen zurückzugreifen, wie z. B. Kommunikationsregeln, die zur Beruhigung von Konflikten führen würden (weshalb klassische verhaltenstherapeutische Strategien bei Paaren auch wenig Wirkung zeigen).

10.7.2 Neuroaffektive Theorie

Gottman nimmt hier Bezug auf die Affekttheorie des Neurowissenschaftlers Jaak Panksepp (1998). In der sogenannten neuro-affektiven Theorie wird auf Basis neurowissenschaftlicher Erkenntnisse ein Set von Basisemotionssystemen angenommen, wobei diese bei Menschen evolutionär angelegt sind und überlebenswichtige Verhaltensprogramme steuern. Das jeweilige System kann detailliert beschrieben werden anhand der beteiligten Hirnareale, der dafür verantwortlichen Hormone/Neurotransmitter, der begleitenden Emotionen sowie der dadurch ausgelösten Handlungsimpulse. In Bezug auf die Konfliktdynamik bei Paaren sind diese Basisemotionssysteme insofern von Bedeutung, dass sie, wenn aktiviert, von höheren kortikalen Zentren nicht mehr steuerbar sind. Dies erklärt Gottmans Erkenntnisse, dass die Paare bei Überflutung durch Affekte keine willentliche Kontrolle mehr über ihre Emotionen und Handlungen haben. Zugleich sind diese basalen Emotionssysteme *primär adaptiv*, das heißt, sie dienen dem Individuum zur Anpassung an seine normale Umwelt. Sie stellen Basisprogramme dar, die dem Überleben dienen, und wurden deshalb evolutionär so angelegt, dass bei Aktivierung der initiierenden Emotionen alle anderen Handlungspläne der Person überschrieben werden. Für Paar-Interaktionen ist hier insbesondere das Bindungssystem (PANIC) von entscheidender Bedeutung, wobei die grundlegenden Mechanismen zunächst bei Kindern in ihrer Beziehung zu ihren erwachsenen Bindungspersonen untersucht wurden: Wenn das Kind von seiner Bindungsperson getrennt wird, entstehen Trennungsangst und Bindungsstress, das Bindungssystem wird aktiviert und alles Handeln des Kindes darauf ausgerichtet, die Nähe zur Bindungsperson wiederherzustellen. Dabei gilt es zu beachten, dass diese verschiedenen primären Emotionssysteme wechselseitig aufeinander bezogen sind. Zeigt das Kind seinen Bindungsstress durch Weinen, Nachfolgen usw., aktiviert dies bei der Bindungsperson das Fürsorgesystem (CARE) und sie wird genau die adaptiven Verhaltensweisen zeigen, die zur Beruhigung des Bindungssystems des Kindes dienen. Dies findet in vergleichbarer Weise auch in erwachsenen Paarbeziehungen statt, auch hier dienen weiterhin die basalen Emotionssysteme zur wechselseitigen Emotionsregulation (Cozolino, 2006). Paarbeziehungen können als ein System gemeinsamer Emotionsregulation betrachtet werden, was mittlerweile auch durch Studien mit bildgebenden Verfahren nachgewiesen wurde (Coan et.al., 2006).

10.7.3 Mentalisierung und der Switchpoint

Werden die basalen Emotionssysteme durch Überschreiten einer gewissen affektiven Erregung aktiviert, können sie willentlich nicht mehr gesteuert werden, weil das mentale Funktionieren von präfrontale auf subkortikale Zentren umschaltet. Das hat zur Folge, wie Gottman erkannte, dass Partner bei der Konfrontation mit negativem Affekt und der dadurch ausgelösten Erregung den anderen nicht mehr realistisch, sondern stark verzerrt wahrnehmen, etwa als bedrohlich, abweisend usw. Verhaltensweisen, die den Konflikt deeskalieren würden, wie z.B. sich empathisch in den anderen hineinzuversetzen, sind dann nicht mehr möglich. Mentalisierung meint die Fähigkeit, sich selbst und andere in ihrer inneren Welt, ihren Emotionen und Motiven, realistisch, einfühlsam und akzeptierend wahrzunehmen (Rottländer, 2020). Mentalisierung kann geradezu als der entscheidende Faktor für Beziehungsfähigkeit und das Gelingen von Paarbeziehungen beschrieben werden. Gutes Mentalisieren setzt allerdings einen ausgeglichenen Zustand, also nicht zu starke affektive Erregung, voraus; steigt die Erregung an, sinkt die Mentalisierungsfähigkeit stark ab und schließlich wird ein Umschlagpunkt erreicht, an dem präfrontale kortikale Zentren abgeschaltet werden und subkortikale Zentren aktiviert werden, in denen die erwähnten emotionalen Basissysteme verankert sind (Taubner, 2015). Das Gegenüber kann dann nicht mehr realistisch wahrgenommen werden und es kann auch nur mit archaischen Verhaltensweisen wie Flucht oder Angriff reagiert werden. Dies kann Gottmans Erkenntnisse erklären, warum Paare, bei denen negativer Affekt überwiegt, in Eskalationen geraten, die sie, auch wenn sie das wollen, nicht mehr verlassen können. Die entscheidende Erkenntnis für Paartherapie ist also, dass es wenig Sinn macht, Paaren Kommunikationsstrategien beizubringen oder kognitive Kontrolle über Emotionen zu vermitteln, sondern die Emotionen selbst müssen erreicht und verändert werden.

10.7.4 Paarbeziehungen als Bindungsbeziehungen – der Beitrag der Bindungstheorie

Die Bindungstheorie beschreibt den Menschen als Beziehungswesen, das von Anfang an auf eine dyadische Emotionsregulation in nahen Beziehungen angelegt ist. Schon seit über drei Jahrzehnten wird die Bindungstheorie auch für die Erklärung von erwachsenen Paarbeziehungen angewendet und diese als Bindungsbeziehungen verstanden (Mikulincer & Shaver, 2007; Cassidy & Shaver 2019). Paarbeziehungen als Bindungsbeziehungen fungieren als emotionale Regulationssysteme, die ein existenzielles Gefühl von Sicherheit vermitteln und Voraussetzung für die Handlungsfähigkeit von Menschen sind – Menschen suchen also in Paarbeziehungen emotionale Sicherheit. Vor diesem Hintergrund können Paarprobleme also als ein Versagen der Regulation negativer Affekte in der Beziehung konzeptualisiert werden. Insofern muss eine zeitgemäße Theorie von Paarbeziehung diese Regulationsleistung in den Mittelpunkt stellen, Paarprobleme werden als eine Störung der dyadischen Regulationsfähigkeit verstanden.

Eine weitere Erkenntnis der Bindungsforschung lässt sich hier anwenden, dass nämlich die frühen Bindungserfahrungen die Art und Weise prägen, wie Menschen später ihre Paarbeziehungen gestalten und wie sie für sich selbst und in den Beziehungen ihre Emotionen regulieren (Johnson, 2006). Eine amerikanische Längsschnittstudie, die mehr als 200 Personen seit Beginn der 1970er Jahre beobachtete, konnte diese Zusammenhänge zwischen frühen Bindungserfahrungen und späterer Beziehungskompetenz belegen – sicher gebundene Kinder hatten später sicherere und befriedigender Paarbeziehungen (Simpson, 2007). Die Qualität der Bindung im Alter von einem Jahr konnte vorhersagen, wie gut die Emotionsregulation und die Konfliktlösung in Paarbeziehungen im Alter von 21 war, was auch frühere psychoanalytische Annahmen über den Zusammenhang zwischen frühen Beziehungserfahrungen und späterer Beziehungskompetenz bestätigt. Wenn die Partner auf sichere Bindungsrepräsentationen zurückgreifen können, dann besitzen sie Flexibilität und ein Repertoire an Regulationsmechanismen auch für problematische Situationen in der Partnerschaft (Howe, 2015).

Schon vor diesen theoretischen Entwicklungen wurde in der Paarforschung das sogenannte Verfolger-Vermeider-Muster bei Paarproblemen beschrieben. Dieses Muster findet sich empirisch bei ca. zwei Drittel der Fälle in der Paartherapie (Heavey et al., 1995) und kann nun aus bindungstheoretischer Sicht erklärt werden als eine Kombination zweier Partner mit komplementär unsicherer Bindungsrepräsentation. Für die Erklärung von Paarproblemen sind offenbar insbesondere

Kombinationen von Partnern mit unsicherer Bindungserfahrung relevant. Hier scheint es ein universelles Muster zu geben, bei dem sich zwei Partner mit komplementär unsicherer Bindungsrepräsentation kombinieren, als Verfolger-Vermeider-Muster bezeichnet, wobei ein unsicher-ambivalenter Partner den anderen mit Vorwürfen und Kritik verfolgt, worauf der unsicher-vermeidende Partner abwiegelt und sich zurückzieht. Die Bindungstheorie versteht diese Problematik als wechselseitige Versuche der Partner, den anderen emotional zu erreichen, den Partner als zugänglich und verständnisvoll zu erleben, um auf diese Weise wieder emotionale Sicherheit in der Beziehung zu finden. Allerdings setzen beide aufgrund unsicherer Bindungsrepräsentationen dysfunktionale Strategien ein um dies zu erreichen, und dies führt zu Teufelskreisen, die sich verfestigen und weiter verstärken, weil unter dem Einfluss heftiger Affekte die Partner dieses Muster nicht mehr verlassen können. Diese Dynamik der Entstehung von Teufelskreisen stellt das eigentliche Problem dar, nicht die zugrunde liegenden Bedürfnisse und Emotionen an sich.

Die Basisemotionssysteme sind dabei offenbar so angelegt – zumindest in funktionierenden Paarbeziehungen – dass sie komplementär aufeinander bezogen sind und ineinandergreifen, z. B. löst das Mitteilen von Ängsten und Bindungsbedürfnissen beim Gegenüber das Fürsorgesystem und damit verbundene komplementäre Regulationshandlungen aus. Entscheidend ist dabei die Fähigkeit der Person, sowohl ihre eigenen Emotionen und Bedürfnisse wahrnehmen, reflektieren und in einem gewissen Maße auch regulieren zu können sowie sich mit diesen Emotionen und Bedürfnissen unmittelbar an den Partner zu wenden; darüber hinaus die Fähigkeit, entsprechende Emotionen und Bedürfnisse beim anderen wahrnehmen und einfühlen zu können, um sich davon emotional erreichen zu lassen und entsprechende Reaktionsweisen zu zeigen – kurz gesagt: Mentalisierungsfähigkeit (s. ausf. unten). Wenn allerdings starke negative Affekte entstehen, wie sie durch etablierte Teufelskreise verstärkt werden, kommt es durch verzerrte Wahrnehmungen des Gegenübers und daraus folgenden problematischen Handlungsstrategien in der Beziehung zu einem wechselseitigen Eskalationsprozess, der wiederum zur Etablierung von Teufelskreisen führt. Entscheidend ist also eine gute Mentalisierungsfähigkeit der Partner, diese wiederum hängt stark von den Bindungserfahrungen der Person ab (Taubner, 2015). Personen mit unsicherer Bindungsrepräsentation neigen zu dysfunktionalen Bewältigungsformen von unangenehmen Affektzuständen wie Angst, Wut, Ohnmacht und neigen dazu, diese Muster in aktuellen Paarbeziehungen zu reproduzieren. Sie können auch nicht so gut wie Personen mit sicherer Bindungsrepräsentation die Interaktion mit dem Partner zur Regulation der eigenen Affektzustände nutzen bzw. neigen zu Fehlinterpretationen der vom Partner ausgedrückten Emotion, reagieren beispielsweise hypersensibel auf Signale von Desinteresse und interpretieren dies als fundamentale Abweisung. Dies führt, je nach Bindungstyp, zu Rückzug oder Vorwürfen gegenüber dem Partner, was bei beiden Bindungsbedürfnisse frustriert und zu hohem Stress führt (Johnson, 2006). Unter Stress reduziert sich die Beziehungsfähigkeit, wodurch die Partner sich zunehmend problematisch gegenüber dem anderen verhalten (weiteres Anklagen bzw. Rückzug), was zu weiterer Frustration und Stresserhöhung führt usw. Mit der Zeit verliert der Partner seine Bedeutung als sicherer Hafen, stattdessen wird er oder sie zunehmend als Stressquelle (Feind) erlebt. Wie Gottman zeigen konnte, beginnen die Partner irgendwann, eine Trennung als Lösung zu erleben. Auch in weiteren Studien wurde bestätigt, dass nicht das Ausmaß an Konflikten entscheidend ist für Trennung, sondern der Mangel an emotionaler Responsivität, also unsichere Bindung (Huston, 2001). Der entscheidende Faktor für Qualität und Stabilität von Paarbeziehungen ist also emotionale Verbindung und Erreichbarkeit.

10.8 Konsequenzen für die Praxis der Paartherapie

Diese Erkenntnisse werfen ein neues Licht auf traditionelle Ansätze der Paartherapie, die an der Kommunikation der Partner arbeiten. Wenn die Partner allerdings besser kommunizieren können, aber weder ihre eigenen Emotionen und Bedürfnisse spüren noch sich besser in den anderen einfühlen können, ist damit nichts gewonnen. Der Kern von Paarproblemen, mit denen sich Paare in der Therapie präsentieren, besteht eher darin, dass sich eskalierende Teufelskreise gebildet haben, in denen beide Partner versuchen, den anderen mit ihren emotionalen Bedürfnissen zu erreichen, dies aber auf eine so ungünstige Weise tun, dass es zu einer Überflutung mit negativen Affekten kommt, was die Wahrscheinlichkeit, dass der andere erreichbar ist, immer weiter senkt.

Es geht also darum, die Affekte selbst zu erreichen und diese zu verändern. Hierzu müssen die basalen emotionalen Regulationsmechanismen in einer dyadischen Beziehungsregulation wieder in Gang gesetzt werden. Dazu müssen die Emotionen tatsächlich anwesend sein, die bearbeitet werden (wie schon Freud richtig bemerkte: man kann einen Affekt nicht in Abwesenheit erschlagen). Es hat sich als nicht hilfreich erwiesen, an die Partner zu appellieren mit Vernunft ihre Emotionen zu kontrollieren und dies durch Lernen und Üben zu vermitteln, insbesondere Ärger lässt sich auf diese Weise nicht regulieren; dasselbe gilt für die Vermittlung von Akzeptanz oder Toleranz für den Partner (Short, 2016). Dass Prozesse, die durch Lerntheorien, Austausch- und Attributionstheorien oder systemische Regelkreise beschrieben werden können, in einer Paarbeziehung tatsächlich entscheidenden Einfluss haben, ist bislang auch in keiner Weise durch entsprechende Grundlagenforschung überzeugend belegt. Die in konflikthaften Paarbeziehungen vorherrschenden Emotionen sind so heftig, dass sie ganz einfach die regulatorischen Fähigkeiten überrollen, wenn die Bindungsbeziehung der Partner nicht genügend Sicherheit vermittelt: »The stranglehold that self-centered emotional systems can have on cognitive processes can be overwhelmingly robust« (Panksepp, 2009, S. 6).

Wenn es gelingt, wieder eine von Vertrauen und Sicherheit geprägte emotionale Verbindung zwischen den Partnern herzustellen, wirkt diese positiv regulierend auf die mit den Konflikten verbundenen negativen Affekte. Es sind nicht die Konfliktthemen selbst, sondern die damit verknüpften heftigen Affekte, die eine Bearbeitung unmöglich machen. Dies bedeutet eine grundsätzliche Verschiebung des Schwerpunktes von Paartherapie weg von der Bearbeitung von Konflikten hin zur Förderung von sicherer emotionaler Verbindung zwischen den Partnern. Ist diese emotionale Verbindung erst einmal hergestellt, lassen sich die inhaltlichen Konfliktthemen sehr viel leichter und konstruktiver bearbeiten.

Die effektivste Art, Emotionen zu regulieren, ist sie mit anderen Emotionen zu regulieren, und nicht Kontrolle über sie zu erlangen oder sie durch kognitive Konzepte weg zu erklären. Hierbei können die Erkenntnisse der affektiven Neurowissenschaft genutzt werden, dass die emotionalen Basissysteme als wechselseitig regulierend angelegt sind und damit auch schwieriger Affekte reguliert werden können. Diese Regulation benötigt aber eine sicherheitsspendende, emotional bedeutsame zwischenmenschliche Beziehung. Bei belasteten Paarbeziehungen ist diese Sicherheit verloren gegangen, so dass der Partner selbst Auslöser der negativen Emotion ist und zudem in dieser Situation aufgrund seiner eigenen emotionalen Betroffenheit nicht in der Lage, verständnisvoll zu reagieren. Daher braucht es den Therapeuten als dritte Person, die Verständnis vermittelt, Emotionen differenziert und reguliert und damit wieder Sicherheit schafft.

Für die Paartherapie folgt daraus, dass man von Partnern, die mit starken negativen Emotionen beschäftigt sind aufgrund entsprechender Aktivierung des eigenen Bindungssystems, nicht fordern kann, dass sie sich mit beziehungsrelevanten Themen oder gar mit Verständnis für die Situation des anderen beschäftigen können. Beide Partner sind darauf angewiesen, eine dritte Person zu erleben – in diesem Fall muss das die Therapeutenperson übernehmen – die feinfühlig auf sie eingeht und damit ihr Bindungssystem soweit beruhigt, damit sie überhaupt wieder befähigt werden, Neues aufzunehmen und sich mit möglicherweise schwierigen Themen zu beschäftigen. Würde man dieses Verständnis vom Partner einfordern, so wäre dieser überfordert und die Wahrscheinlichkeit wäre hoch, dass das Paar wieder in seine typischen Eskalationsmuster gerät und außerdem die Paartherapie als nicht hilfreich erlebt: »Die empathische Einfühlung des Therapeuten schafft Sicherheit. Das Ziel ist es, die Partner in eine solche Einfühlung miteinander zu führen.« (Johnson, 2009, S. 14). Der Fokus in der Paartherapie muss also auf Emotionen und deren Veränderung liegen, und zwar nicht durch Einsicht/kognitives Verständnis, sondern durch das Angebot einer therapeutischen Beziehung als wesentlichen Wirkfaktor, um eine neue, korrigierende emotionale Beziehungserfahrung zu ermöglichen.

10.9 Paarbeziehungen als Bindungsbeziehungen: Die Integration der Bindungstheorie in neuere Paartherapiemodelle

Auf dem Hintergrund der beschriebenen grundlegenden Überlegungen wurde in verschiedenen neueren paartherapeutischen Ansätzen die Bindungstheorie integriert und hat zu einer umfassend neuen Herangehensweise bei der Bearbeitung von Paarproblemen geführt. Das Rationale dieser Therapieansätze lässt sich wie folgt beschreiben:

(Dyadische) Emotionsregulation. Bei emotionaler Belastung suchen Menschen Entlastung, Trost und Sicherheit in ihrer emotional bedeutsamsten Beziehung; diese Bezugsperson ist das geeignetste Mittel, um das neuronale System wieder zu beruhigen (Tronick, 2007). Wird man von dieser Person nicht verstanden oder gar zurückgewiesen, führt dies sehr schnell zu den stärksten negativen Affekten (Verletztheit, Verzweiflung, Trennungsangst), die Menschen kennen. Die Regulation insbesondere negativer Emotionen hängt wiederum nachweislich mit frühen Bindungserfahrungen zusammen. Insofern liefert die Bindungstheorie das derzeit kohärenteste wissenschaftliche Modell von Liebesbeziehungen und eine Antwort auf die Frage, worum es in Paarbeziehungen grundsätzlich geht: emotionale Sicherheit durch Verbundenheit (Johnson, 2014). Zentral ist dabei, ob die Bezugsperson für die eigenen Bedürfnisse emotional ansprechbar ist.

Typische Konfliktmuster. Durch äußere Bedrohungen, insbesondere aber auch durch die Wahrnehmung, dass die Beziehung infrage gestellt wird (auch wenn dies nur eine Fantasie ist), wird das Bindungssystem aktiviert, was sich in einem Bedürfnis nach Wiederherstellung der Bindungsbeziehung manifestiert. Die Reaktion auf Unterbrechungen der Bindung hat (wie auch beim Kind) ein typisches Muster: wütender Protest (beim Paar: Streit), Anklammern/Einfordern von Nähe, wenn dies versagt: Verzweiflung/Depression und schließlich Distanzierung. Dies erklärt den typischen Verlauf von Konflikten in Beziehungen: Es wird verzweifelt versucht, wieder Nähe zum Bindungspartner herzustellen; weil dies aber oft in einer erregten und auch aggressiven Weise geschieht, wird das Gegenteil erzeugt. Wiederholen sich solche Konflikte immer wieder, etablieren sich Teufelskreise und das Bindungssystem der Partner wird hyperaktiv. Dies wiederum aktiviert die früh erworbenen Bindungsrepräsentationen, was die Wahrnehmung des Partners zunehmend verzerrt.

Bindung und Autonomie. In der Bindungstheorie wird angenommen, dass die dem Bindungssystem zu Grunde liegenden Emotionen und Bedürfnisse angeboren und insofern universell sind; da sie zur Ausgestaltung von menschlichen Paarbeziehungen beitragen, entstehen so universelle Muster. Emotionale Abhängigkeit der Partner voneinander wird als normal und gesund angesehen, die Partner suchen beim anderen »einen sicheren Hafen«, insbesondere bei Belastungen, Stress usw., und wenn sie diese finden, dient die Beziehung als »emotionale Basis«, von der aus autonomes Handeln und Auseinandersetzung mit den Anforderungen der Welt (*Exploration*) möglich ist. Dabei stehen das Bindungssystem und das Explorationssystem in einem Wechselverhältnis: wenn eine Person sichere Bindung in ihrer Beziehung erlebt, ist sie zur Autonomie fähig. Autonome Personen wiederum können dies sein, weil sie in ihrer Beziehung Bindungssicherheit erfahren bzw. auf sichere Bindungsrepräsentation zurückgreifen können.

Aus frühen Beziehungserfahrungen resultierende Paarbindungstypen (Beziehungsrepräsentationen) führen zu destruktiven Kreisläufen. Eine grundlegende Erkenntnis der Bindungsforschung ist, dass die Erfahrungen in frühen Beziehungen verinnerlicht werden und sich in Beziehungsrepräsentationen niederschlagen, die wiederum als Modell für die Gestaltung von Beziehungen im Erwachsenenalter fungieren. Darüber hinaus führen die in den Beziehungsrepräsentationen verinnerlichten Frustrationserfahrungen von grundlegenden Bedürfnissen dazu, dass diese Beziehungserfahrungen reinszeniert werden, was sowohl einen Abwehr- als auch einen Entwicklungsaspekt hat: Im Grunde suchen sich die Partner genau ein solches Gegenüber, bei dem sie sehr wahrscheinlich dieselbe Frustration wieder erleben; andererseits ist die Andersartigkeit des Partners gerade zu Beginn der Beziehung auch anziehend und vermittelt die Hoffnung, es diesmal anders und besser lösen zu können. In solchen Paarbeziehungen entstehen destruktive Kreisläufe, die zur weiteren Frustration von Bindungsbedürfnissen und damit zu anhaltend hohem Stress führen. Dies reduziert die Mentalisierungsfähigkeit der Partner weiter, und irgendwann wird der Partner eher als Belastung und Stressquelle erlebt, was Trennung wahrscheinlicher macht.

Mentalisierungsleistung des Therapeuten beruhigt Bindungssystem der Partner. Wenn eine Person schwierige Emotionen regulieren muss, geschieht dies am besten dadurch, dass sie ihre Emotionen mit einer emotional bedeutsamen Beziehung Person teilt. Bei belasteten Paarbeziehungen ist allerdings das Problem, dass der Partner selbst Auslöser der negativen Emotion ist und zudem gerade nicht in der Lage, verständnisvoll zu reagieren, weil er sich selbst unverstanden und bedürftig fühlt. In dieser Situation braucht es den Therapeuten, um den Klienten maximales Verständnis zu geben und so die Emotionen zu regulieren. Dies ermöglicht es den Partnern, ihre emotionale Erregung zu beruhigen, wodurch sie erst wieder für die Mitteilungen des anderen empfänglich werden. Wie oben aufgezeigt, werden ja beide Partner an den Konfliktpunkten von ihren Affekten überwältigt, können dann ihre eigenen Mitteilungen nicht mehr reflektieren und auch dem anderen nicht zuhören. Insofern muss der Therapeut als eine sichere Basis dienen, und er tut dies, indem er durch seine Mentalisierungsleistungen beiden Partnern hilft, ihre schwierigen Affekte zu regulieren. So schafft er durch seine stellvertretende Regulationsleistung eine Situation, in der die Partner anfangen können, ausgehend von dieser zuverlässigen Basis ihre eigenen Emotionen und die des anderen zu untersuchen. Das Ziel von Paartherapie ist es, durch die Regulationsleistungen des Therapeuten das Paar in die Fähigkeit zu versetzen, dass ihre Paarbeziehung wieder ein sicherer Hafen und eine zuverlässige Basis für beide wird, d. h., ein tragfähiger Container.

Diese grundlegenden Erkenntnisse und Überlegungen wurden vor allem in drei neueren paartherapeutischen Ansätzen berücksichtigt bzw. integriert, weswegen diese im Folgenden ausführlicher dargestellt werden: bindungsorientierte psychodynamische Paartherapie, emotionsfokussierte Paartherapie und mentalisierungsbasierte Paartherapie. Die dargestellten Überlegungen können auch erklären, warum traditionelle verhaltenstherapeutische Paartherapie sowie systemische Paartherapie bei der empirischen Überprüfung ihrer Wirksamkeit vergleichsweise schlecht abschneiden. Die Verhaltenstherapie hat diese Prozesse anhand detaillierter Prozessforschung ausführlich untersucht und auch entsprechende Konsequenzen daraus gezogen (siehe oben). In der systemischen Paartherapie fehlt bisher eine vergleichbare Prozessforschung nahezu gänzlich, die die theoretischen Annahmen über die veränderungsrelevanten Wirkfaktoren anhand von Therapieverläufen und Mikroanalysen empirisch untersucht. Es ist aber zu vermuten, dass die geringe Wirksamkeit dieses Ansatzes in der Paartherapie sich dadurch erklären lässt, dass im systemischen Ansatz die oben dargestellten essenziellen Prozesse nicht berücksichtigt werden, sondern stattdessen als maßgeblicher Wirkfaktor nach wie vor die »Anregung von Musterveränderungen« gilt. Von Beginn an wurde hier als der entscheidende veränderungswirksame Faktor in der Therapie angesehen, die Konstruktionen der Klienten über sich, ihre Beziehungen und ihre Probleme zu verändern, indem man ihre bisherige Konstruktion/Sichtweise infrage stellt; klassischer Weise wurde dies sogar mit dem drastischen Begriff der »Verstörung« bezeichnet, abgeschwächter als Irritation, Destabilisierung usw. (v. Schlippe & Schweitzer, 2019; für eine ausführliche Diskussion s. Roesler, 2018, S. 221–247 sowie Roesler, 2023). Dabei geht systemische Therapie (ST), entsprechend ihrer Herkunft aus systemtheoretischen Modellen, vom Prinzip aus, dass lebende Systeme zur Autopoiese fähig sind, d. h., sich selbst ordnungsgebende und stabilisierende Strukturen sowie Abgrenzung gegenüber anderen Systemen zu schaffen in der Lage sind. Bei *Problemen* wird der entscheidende Wirkfaktor darin gesehen, dem Klientensystem durch Verstörung, Irritation, Infragestellung, Destabilisierung usw. seine bisherige problemschaffende Struktur zu nehmen und darauf zu vertrauen, dass das System in der Lage ist, sich eine neue, besser angepasste, entwicklungsförderlichere usw. Struktur zu geben, was als »Anregung« bezeichnet wird (v. Sydow & Borst, 2018, S. 47). Vor dem Hintergrund des oben dargestellten Modells vermute ich, dass dieses Wirkprinzip bei problembelasteten Paaren nicht oder nur unzureichend funktioniert, weil die Paare damit überfordert sind, selbst ein günstigeres Beziehungsmuster zu finden, in dem sie wieder eine sichere emotionale Verbindung zueinander erleben. Hierzu braucht es stattdessen, wie aufgezeigt, die aktive Regulierungsleistung des Therapeuten, die sich daran orientiert, dass der Therapeut im Grunde schon vorher weiß, was die Klienten fühlen und brauchen – eine Formulierung, die systemische Therapeuten weit von sich weisen würden.

10.10 Integration bindungstheoretischer Erkenntnisse in die psychodynamische Paartherapie

Da die Bindungstheorie sich ursprünglich aus der Psychoanalyse heraus entwickelt hat, lag es nahe, in psychoanalytische Paartherapieansätze bindungstheoretische Konzepte zu integrieren, was hier sehr frühzeitig geschah – exemplarisch das am Tavistock Relations Institute (TR) in London, einem führenden Institut für die Konzeptentwicklung und Beforschung psychoanalytischer Paartherapie, entwickelte Modell (Clulow, 2000). Als entscheidende Erkenntnis wurde betont, dass die Rolle des Therapeuten in der Paartherapie die ist, durch seine hilfreiche Präsenz das Paar dabei zu unterstützen, ihre Affekte besser zu regulieren, als ein Container für unverarbeitete emotionale Zustände zu dienen und ihnen dabei zu helfen, einen Zustand emotionalen Gleichgewichts zu finden, der es beiden Partnern ermöglicht, sich miteinander sicher zu fühlen. Wenn die Partner sich unsicher fühlen mit dem anderen, dann führt die dabei empfundene Angst dazu, dass die Fähigkeit einer

Person, sowohl sich selbst als auch den anderen aufmerksam zu reflektieren, heruntergefahren wird. Paare, die in Therapie kommen, empfinden für gewöhnlich eine Angst in Bezug auf die Beziehung zu ihrer primären Bindungsfigur, ihrem Partner, ob dieser tatsächlich in allen Situationen für die eigenen Bedürfnisse zugänglich und erreichbar sein wird. Die Frage ist nun, wie der Therapeut in dieser Situation der Bindungsangst hilfreich sein kann und Sicherheit wiederherstellen kann (Clulow, 2014). Weil beide Partner an den zentralen Punkten von ihrem negativen Affekt überwältigt werden und dann ihre Interaktionen nicht mehr reflektieren und prozessieren können, ist es von entscheidender Bedeutung, dass der Therapeut als eine sichere Basis dient und diese Reflexionsleistung stellvertretend anbietet. Das Ziel von Paartherapie besteht darin, das Paar durch die Regulationsleistungen des Therapeuten zu befähigen, ihre Paarbeziehung selbst als einen sicheren Hafen und eine zuverlässige Basis für beide zu transformieren. Der Therapeut repariert emotionale Unterbrechungen zwischen den Partnern. Dies stellt weniger ein Hindernis für die Paartherapie dar, sondern eher eine günstige Gelegenheit, in der der Therapeut durch seine engagierten Unterstützungsleistungen die emotionale Verbindung über sein Verständnis für beide Partner wiederherstellen kann. So wie Eltern in den ersten Lebensjahren die Affekte ihres Kindes spiegeln und damit regulieren, so tut dies auch der Paartherapeut, indem er vor allem nonverbalen Hinweisreizen und Reaktionen (Gesichtsausdruck, Stimme, Körperhaltung,) seine besondere Aufmerksamkeit schenkt, diese für die Partner entschlüsselt und damit die emotionale Interaktion zwischen den Partnern verdeutlicht und reguliert. Letztlich stellt der Therapeut so eine sozialisatorische Umgebung dar, in der beide Partner neue Erfahrungen mit sich selbst und mit dem anderen machen können und in gewissem Sinne eine Nachbeelterung erfahren.

Insbesondere diese überarbeiteten psychoanalytischen Konzepte in der Paartherapie zeigen eine große Übereinstimmung mit dem Grundverständnis von Paardynamik in der EFT.

Übersichtsarbeiten und Metaanalysen haben für die psychodynamische Paartherapie sehr hohe gemittelte Effektstärken von $d = 1.18–1.37$ ermittelt (Dunn & Schwebel, 1995; Wright et al., 2007; Balfour & Lanman, 2011). In einer neueren naturalistischen Studie zur Wirksamkeit des am TR entwickelten Modells psychodynamischer Paartherapie (mit 7000 Patienten die größte jemals für Paartherapie durchgeführte Studie) konnte die Wirksamkeit in einem Alltagskontext auf $d = 0.58$ belegt werden (Hewison et al., 2016); diese geringere Wirksamkeit entspricht aber exakt dem mittleren Wert für Studien, die die Alltagspraxis der Paartherapie/Paarberatung untersuchen (s. u.). Neben signifikant positiven Effekten auf die Beziehungsqualität zeigte sich auch ein deutlicher Effekt auf die allgemeine psychische Gesundheit, wobei auffiel, dass bei 70 % der belasteten Paare zusätzlich eine klinische Depression vorlag, woraus die Autoren schlussfolgern, dass die Belastung von Paarbeziehungen nicht getrennt werden kann von anderen Dimensionen psychischer Belastung und Störung; daraus folgt zum einen, dass das Gesundheitssystem diese Dimension nicht länger vernachlässigen kann, zum anderen, dass man die Behandlung von Paarproblemen nicht nur für Einzelpsychotherapie ausgebildeten Therapeuten überlassen kann (Balfour et al., 2019). Kritisch muss angemerkt werden, dass es für die psychodynamische Paartherapie, zumindest im Vergleich zur VT und EFT, nur diese wenigen Studien gibt, allerdings haben diese fast alle sehr hohe Effektstärken und eine besonders nachhaltige Wirksamkeit. Eine systematische Review zu psychodynamischen Interventionen auf der Ebene der Paarbeziehung zeigte darüber hinaus deutlich positive Effekte auf die Kinder der behandelten Paare, wobei interessanterweise die Kinder nicht selbst Ziel der Intervention waren (Balfour et al., 2019)!

10.11 Manualisierte Paartherapieansätze

Auf der Basis des beschriebenen psychodynamischen Vorgehens wurde ein manualisiertes Behandlungsprogramm zur Behandlung von Depression im Paar-Setting entwickelt und empirisch überprüft (Hewison et al., 2014; Thompson, 2019). Auch im systemischen Ansatz wurde ein manualisiertes Programm für die Behandlung von Depression durch Paartherapie entwickelt (Borst & v. Sydow, 2018). Die Wirksamkeit des Ansatzes wurde im Vergleich zu medikamentöser Behandlung untersucht. Die Abbruchrate war bei dem Paartherapieprogramm deutlich geringer als bei der medikamentösen Behandlung, auch konnte das Ausmaß an Depressivität gesenkt werden, allerdings gab es keinen signifikanten Unterschied zwischen Paartherapie und Pharmakotherapie. Die Behavioral Couple Therapy for Alcohol and Drug Abuse (BCT), ein VT-Programm für die Behandlung von Abhängigkeitserkrankungen im Paarsetting (Lindenmeyer, 2018), ist bestens evaluiert und hat sich sogar der einzeltherapeutischen Suchtbehandlung als überlegen erwiesen, allerdings kann es in Hinsicht auf die Paarbeziehung sogar zu Konflikteskalationen führen; es wird aufgrund der hiesigen Struktur der Suchtbehandlung in Deutschland praktisch kaum angewandt.

10.12 Mentalisierungsbasierte Paartherapie

Es wurde schon betont, dass die Emotionsregulation beim Menschen von Geburt an dyadisch angelegt ist, da Kinder nicht mit der Fähigkeit zur Welt kommen, Emotionen selbstständig zu regulieren, sondern auf das dyadische Regulationssystem, welches sie mit ihrer Bezugsperson aufbauen, angewiesen sind (Fonagy et al., 2011). Die Bezugsperson spiegelt dem Kind seine Affekte, beruhigt und reguliert diese dadurch, und vermittelt dem Kind über die Zeit hinweg dadurch ein sicheres Grundgefühl, das auch schwierige Emotionen bewältigt werden können; diese Erfahrung wird verinnerlicht und legt die Grundlage für eine autonome Emotionsregulation (Taubner, 2015) Diese Leistung wird als Mentalisierung bezeichnet und beschreibt, wie die Verinnerlichung von Beziehungserfahrungen auf einer Mikroebene stattfindet. Diese Regulation von Emotionen über Mentalisierung findet grundsätzlich auch in Bindungsbeziehungen von Erwachsenen, also vor allem in der Paarbeziehung statt (Batemann & Fonagy, 2015). Insofern stellt das Mentalisierungskonzept einen hilfreichen Verständnishorizont dar für die Erklärung der Paardynamik sowie für die Ziele von Paartherapie, nämlich eine verbesserte Mentalisierungsfähigkeit bei beiden Partnern sowie eine Atmosphäre in der Paarbeziehung, die Mentalisieren auf hohem Niveau erlaubt, zu schaffen. Dabei spielt die mentalisierende Haltung des Paartherapeuten eine entscheidende Rolle, weil dadurch die Partner sowohl sich selbst als auch das Gegenüber besser verstehen lernen und damit quasi nebenbei die eigene Mentalisierungsfähigkeit verbessert wird.

Auf diesem Hintergrund hat sich im angelsächsischen Bereich eine mentalisierungsbasierte Paartherapie entwickelt (MBT-CT; Thompson & Tuch, 2014; Thompson, 2019), für die es mittlerweile auch ein deutschsprachiges Handbuch gibt (Rottländer, 2020): Es geht um das Identifizieren und Anerkennen kompetenten Mentalisierens; Interesse an den Gedanken und Gefühlen, kurz der inneren Welt des anderen zu zeigen; nicht-mentalisierende Interaktionen unterbrechen und nach Gefühlen fragen; Identifizierung von Interaktionsmustern, in denen nicht mentalisiert wird; identifizieren und benennen vorhandener, aber nicht geäußerter Gefühlszustände (Spiegeln); exemplarisch über das Denken und Fühlen hypothetisch nachdenken; explizites Offenlegen der inneren Bewegungen des Therapeuten, der dadurch auch als Modell dient (z. B. »An Ihrer Stelle würde mich das ärgern«). Falls Partner im Therapiegespräch Verhalten zeigen, bei dem Mentalisierung ausgesetzt wird, dann wird vom Paartherapeuten eine starke Intervention gefordert, indem er unterbricht, steuert und spiegelt. Dabei zeigt er immer seine prinzipielle Haltung des Nichtwissens in dem Sinne, dass niemand von einem anderen wissen kann, was in diesem vorgeht. Der Paartherapeut beruhigt überhitzte Emotionen und unterbricht, wenn es nötig ist. Wenn Beruhigung eingetreten ist, lädt der Therapeut die Partner dazu ein, den gerade vergangenen Moment noch einmal miteinander zu reflektieren und zu reprozessieren. Mentalisierungsbasierte Paartherapie will bei beiden Partnern die Mentalisierungsfähigkeit verbessern, insbesondere aber eine gemeinsame Interaktionsebene für Mentalisieren schaffen und stabilisieren. Dies wird aber vor allem dadurch erreicht – und damit ist die MBT eine genuin psychodynamische Therapieform – dass der Therapeut zunächst beide Partner möglichst optimal mentalisiert, nicht nur um als Vorbild zu dienen, sondern weil die Erfahrung von guter Mentalisierung zu einer Verinnerlichung führt und auf diesem Wege die Mentalisierungsfähigkeit verbessert.

In Großbritannien wurde die MBT vor allem auf dem Hintergrund entwickelt, dass zunehmend Paare mit sehr schweren und eskalierten Konfliktdynamiken vor dem Hintergrund einer ganz geringen Fähigkeit zur Emotionsregulation in der Paartherapie auftauchten (Thompson, 2019). Zusätzlich zu dem psychodynamischen Paartherapiemodell des TR (s. o.) wurde auch ein dort entwickelter mentalisierungsbasierter Ansatz für die Unterstützung von Eltern in hochstrittigen Nach-Scheidungskonflikten untersucht (Hertzmann et al., 2017). Das Ziel dieses Ansatzes ist, Eltern dazu zu befähigen, auch nach der Scheidung eine kooperative Elternschaft leben zu können, um die Belastung der Kinder durch diese Art von familiären Konflikten zu reduzieren. Die randomisiert kontrollierte Studie zeigte in dieser

Hinsicht signifikant positive Effekte (Hertzmann et al., 2016). Mentalisierungsbasierte Paartherapie ist ansonsten allerdings bislang nicht empirisch untersucht worden.

10.13 Emotionsfokussierte Paartherapie

Die Emotionsfokussierte Paartherapie (EFT) (Johnson, 2006, 2009; Roesler, 2019a) ist die international bekannteste der neueren Paartherapieformen, die zentral auf der Bindungstheorie basiert und diese mit den oben dargestellten Erkenntnissen integriert. Paarprobleme werden als Ausdruck einer Unterbrechung der Bindungsbeziehung konzeptualisiert. Die Partner haben Verletzungen von Bindungsbedürfnissen in der Beziehung erlebt, finden keine Bindungssicherheit mehr beim anderen und zeigen bindungstypische Verhaltensweisen des Protests (Klagen, Vorwürfe, Streit), um eigentlich den Bindungskontakt zum anderen wiederherzustellen. Entsprechend ihres internalen Arbeitsmodells von Bindung setzen sie dann automatische Verhaltensweisen ein, um den anderen wieder in die emotionale Verbindung zurückzuholen, was aber beide Partner in einen Interaktionsteufelskreis führt, der dem oben beschriebenen Verfolger-Vermeider-Muster entspricht. Die Bindungsperspektive von EFT unterschiedet dabei verschiedene Ebenen von Emotionen (dies entspricht dem psychodynamischen Verständnis einer Schichtung von Emotionen und Motivationen bzw. dem Konzept von Abwehr): den Partnern unmittelbar zugänglich ist nur die Ebene ihres Handelns sowie die unmittelbare Motivation dafür, z. B. Wut und Enttäuschung über den anderen. Dies wird als sekundäre Emotion bezeichnet, weil sie nicht die eigentliche, noch unbewusste Ebene der Bindungsgefühle und -bedürfnisse darstellt, sondern dazu dient, diese zu regulieren. Die primären Emotionen stellen aber den eigentlichen Schlüssel für eine Veränderung der destruktiven Paardynamik dar. Die Prozessforschung zeigt, dass dann therapeutische Veränderung eintritt, wenn die Partner sich mit diesen primären Bedürfnissen wieder direkt an den anderen wenden.

Im Verlauf des dargestellten Teufelskreises allerdings führt das durch die sekundären Emotionen ausgelöste Problemverhalten der Partner beim jeweils anderen zur Frustration oder gar Verletzung der primären Emotionen und Bindungsbedürfnisse, aktiviert weitere Ängste vor Trennung und Bindungsverlust: Beim Verfolger entsteht das Gefühl, abgeschnitten zu sein und keinen Kontakt zum anderen zu bekommen; beim Vermeider entsteht das Gefühl, dem Partner nicht das geben zu können, was er braucht, was mit schmerzlichen Versagens- und Wertlosigkeitsgefühlen verbunden ist. Um sich vor diesen schmerzlichen Gefühlen zu schützen, verhalten sich beide Partner entsprechend ihren früh erworbenen Bindungstypen und fahren fort, den anderen anzugreifen bzw. sich aus dem Kontakt zurückzuziehen, was den Teufelskreis immer weiter befeuert. Der EFT-Therapeut versucht nun zunächst, in diesen alltäglichen Streitigkeiten den zugrundliegenden, sich stereotyp wiederholenden Interaktionszyklus zu identifizieren. Diese neue Sichtweise ihrer

Interaktionen wird den Partnern vermittelt, wobei ein grundlegendes Reframing stattfindet: Streit wird als die verzweifelte Suche nach Wiederherstellung der Bindung umgedeutet, Vermeidung bzw. Rückzug als Versuch, sich und die Beziehung vor Verletzungen zu schützen. Den Partnern wird erläutert, dass sie aus verständlichen Motiven heraus handeln, dass sie versuchen, den anderen zu erreichen oder sich selbst zu schützen, dass dies aber die Form eines Teufelskreises angenommen hat, in welchem sie den anderen immer wieder – ohne es zu wollen – verletzen. Der Therapeut vermittelt damit ein unmittelbar einleuchtendes Erklärungsmodell, in dem die Partner nicht kritisiert, sondern validiert werden, weil ihr Handeln aus zugrunde liegenden Bindungsbedürfnissen erklärt wird. Damit wird zugleich daran gearbeitet, dass sie ihre bisher nicht anerkannten primären Emotionen, wie z. B. Angst davor, die Verbindung zum Partner zu verlieren, zunehmend wahrnehmen und als Motor hinter ihrem Handeln im Teufelskreis erkennen können.

Entsprechend diesem Verständnis versucht EFT, den Partnern ihre eigentlichen Bindungsgefühle und -bedürfnisse hinter ihrem Konfliktverhalten wieder zugänglich zu machen und sie dabei zu unterstützen, sich wieder mit diesen Bindungsbedürfnissen aufeinander zu beziehen, um so die Bindungsbeziehung wiederherzustellen. Beide Partner werden ermutigt, sich mit ihren primären Emotionen zu identifizieren und diese unmittelbar zu äußern.

Mikroanalysen von Paartherapieprozessen zeigen, dass die stärkste und nachhaltigste Veränderung der Paarkonflikte durch solche Momente der Wiederherstellung der Bindungsbeziehung in der Therapiesitzung geschehen, was einer korrigierenden emotionalen Beziehungserfahrung entspricht. Ein zentrales Wirkmoment der Therapie ist dabei die Beziehung, die der Therapeut zu den Klienten einnimmt. Im Gegensatz zu Verfahren, in denen sich Paartherapeuten eher als neutrale Moderatoren verstanden, bietet sich der EFT-Therapeut als Bindungsperson an, die maximales Verständnis für die emotionale Situation beider Partner aufbringt. Der EFT-Therapeut bemüht sich, beide Klienten optimal zu mentalisieren, um auf diese Weise die aufgewühlten Emotionen beider Partner zu beruhigen und diese wieder in einen Zustand zu versetzen, dass sie ihre eigenen Emotionen und die des Gegenübers wieder besser wahrnehmen können. Erst wenn dieser Punkt erreicht ist, bringt der Therapeut beide Partner miteinander in einen direkten Kontakt.

Es liegen deutlich mehr als 30 Prozess- und Wirksamkeitsstudien (hauptsächlich RCTs) zur EFT vor, die in mehreren Metaanalysen zusammengefasst wurden (Wiebe & Johnson, 2016). Die Effektstärken variieren im hohen Bereich ($d = 0.94$–1.95), wobei die mittlere Effektstärke ($d = 1.3$) höher ist als bei allen anderen Verfahren. Die bisher durchgeführten Studien zeigen eine signifikante Besserungsrate von 86–90 % in 10–12 Sitzungen, 70–74 % der Paare bezeichnen sich in den Nachbefragungen als komplett frei von therapierelevanten Problemen; diese Resultate erweisen sich auch in mehrjährigen Nachkontrollen als stabil. Die Ergebnisse gelten für unterschiedliche Klientenpopulationen und im Gegensatz zu anderen Verfahren unabhängig vom anfänglichen Konfliktniveau des Paares. Die Probleme anderer Paartherapiemethoden mit niedrigeren Besserungsraten und hohen Rückfallquoten finden sich bei EFT nicht, weswegen die Methode von unterschiedlichen Autoren als allen anderen Methoden überlegen bezeichnet wird (Lebow et al., 2012). Snyder & Halford (2012) fassen die Prozessforschung dahingehend zusammen, dass die Vorhersagen des theoretischen Modells von EFT über die Entwicklung der Partner und der Paarbeziehung in der Therapie empirisch bestätigt werden konnte. Seit einigen Jahren wird EFT in der Behandlung von Depression, Traumafolgestörungen, körperlichen Erkrankungen (z. B. koronare Herzerkrankung, Krebserkrankungen) und deren Auswirkungen auf die Partnerschaft angewandt. Die Effektstärken liegen dabei im hohen Bereich (Wiebe & Johnson, 2016). Bei Depression ist EFT mit einer hohen Effektstärke ($d = 1.28$) nicht nur der Behandlung im Einzelsetting überlegen, auch die Qualität der Paarbeziehung verbessert sich signifikant. Zudem zeigt sich erneut eine Überlegenheit gegenüber anderen paartherapeutischen Behandlungsansätzen. Kritisch wurde zur Wirksamkeitsforschung zu EFT angemerkt, dass es sich in den RCTs häufig um kleine Stichproben handelt (Halford et al., 2016).

Nach meinem Eindruck führen diese beeindruckenden Forschungsergebnisse dazu, dass andere Schulen sich die EFT versuchen einzuverleiben, z.B. sie als eine systemische Methode zu bezeichnen (v. Sydow & Borst, 2018) – was sie definitiv nicht ist (vgl. Roesler, 2023).

10.14 Wirksamkeit in der realen Praxis geringer

Verschiedene Autoren (Wright et al., 2006; Halford et al., 2016) diskutieren die auffälligen Unterschiede in den Effektstärken zugunsten der RCTs ($d = 0.8$) im Vergleich mit naturalistischen Studien ($d = 0.5$), in denen die reale Alltagspraxis untersucht wird. In den naturalistischen Studien brechen 50% der Paare die Therapie vorzeitig ab. Nur 40% erreichen eine klinisch bedeutsame Besserung und selbst von diesen erleiden 30–60% in der Folge einen Rückfall. Daher liegt die Effektstärke bei einer konservativen Berechnung für reale Praxisbedingungen nur bei der Hälfte der Effektstärken aus RCTs (Halford et al., 2016). Alle Autoren betonen, dass die Erkenntnisse aus experimentellen Studien möglicherweise wenig Relevanz für die Praxis haben, weil die Studienbedingungen zu artifiziell sind. Allerdings findet sich konsistent ein Zusammenhang zwischen der anfänglichen Ausprägung der Belastung der Paarbeziehung und dem Erfolg der Paarintervention, der 46% der Varianz im Outcome erklärt (Snyder & Halford, 2012).

Einen aktuellen umfassenden Überblick über naturalistische Studien zur Paartherapie bieten Hewison et al. (2016). Die zehn berichteten Studien zeigen durchgängig moderate Effektstärken für die Verbesserung der Paarbeziehung ($d = 0.5$). Die Studienlage für Deutschland wird in Roesler (2020, 2019, 2018) ausführlich berichtet, wobei festgestellt werden kann, dass sich die besagten moderaten Effektstärken ($d = 0.3$–0.5, mit Verbesserung von 30–40% der Paare) in den Studien bestätigen, ebenso wie die hohe Rate an Abbrechern und Rückfällen. Die hochgradige Konsistenz der Ergebnisse und die darin sich zeigende begrenzte Wirksamkeit der Paarintervention, stützt deutlich den Befund von Halford et al. (2016). Ebenso findet sich auch hier ein deutlicher Zusammenhang zwischen einer hohen anfänglichen Belastung der Paarbeziehung und einer geringeren Verbesserung der Paarbelastung sowie oftmals frühzeitigem Therapieabbruch.

Bradbury & Bodenmann (2020) betonen daher, dass die aufgeführten RCT und Metaanalysen Praktikern wenig Hilfestellung dabei bieten, ihre Praxis zu verbessern. Die Wirksamkeit in der Praxis betrage höchstens $d = 0.45–0.50$, wobei nur 40 % der Paare nachhaltig profitieren (vgl. auch Owen et al., 2019). Darüber hinaus erreichen theoriegeleitete RCTs offenbar einen Deckeneffekt. Interessanterweise ähnelt dieser Deckeneffekt für die Paartherapie dem, den Leichsenring et al. (2022) für die Einzelpsychotherapie gefunden haben, wo auch nur maximal 50 % der Klienten von der Intervention profitieren und die Effektstärken 0.3–0.4 nicht übersteigen. Demgegenüber erweist sich die therapeutische Beziehung bzw. das Arbeitsbündnis zwischen Therapeut und Paar als ein ebenso entscheidender Wirkfaktor wie in der Einzelpsychotherapie.

Paarberatung, die im deutschsprachigen Raum wahrscheinlich häufigste Form von Paartherapie, wurde bislang praktisch ausschließlich in solchen naturalistischen Designs untersucht, d.h. es wurde die im Alltag stattfindende Praxis untersucht (aktueller Überblick in Roesler, 2020). Die hier berichteten Studien erreichen durchgängig eine Effektstärke für die Verbesserung der Paarbeziehung von im Mittel $d = 0.5$, also eine mittelmäßige Wirkung. Interessanterweise zeigt sich auch hier durchgängig ein stärkerer Effekt von $d = 0.88$ auf individuelle Probleme.

10.15 Paartherapie bei psychischen und körperlichen Erkrankungen

> »In fact, mental health clinicians, psychological researchers, and family policy makers now have clear evidence that when intimate adult relationships flounder, they do so at great cost. Not only do partners endure an impaired quality of life, at least in the short term, but also many will suffer from increased risk for depression and even suicide, not to mention other mental health problems such as anxiety disorders and alcoholism. Unhappiness in couple relationships results not only in a higher incidence and prevalence of psychological difficulties, but also can affect physical health adversely. In addition, the impact of marital partnership dissatisfaction on children cannot be overestimated. The offspring of chronically conflicting couples will be much more likely to develop a plenora of psychological and physical problems, ranging from impaired school performance to greater likelihood of childhood obesity and clinical depression.« (Balfour et.al., 2016 S. XVIII)

Angesichts der oben aufgezeigten engen Zusammenhänge zwischen Beziehungszufriedenheit und körperlicher und psychischer Gesundheit wird in verschiedenen Ländern seit einigen Jahren Paartherapie auch bei körperlichen und psychischen Erkrankungen eines Partners angeboten. Die Einbeziehung des Partners in die Behandlung im Sinne einer paartherapeutischen Intervention hat eine unmittelbare Auswirkung auf die Verbesserung der körperlichen Symptomatik und der Überlebenswahrscheinlichkeit (z.B. bei Herzerkrankungen), eine Reduktion von depressiven Symptomen sowie generell eine Verbesserung des psychischen Wohlbefindens der Angehörigen (Martire et al., 2004). Auch lässt sich zeigen, dass Nutzer von Paar- und Familientherapie ihre Nutzung von Leistungen des Gesundheitswesens signifikant um 21,5 % reduzieren (Law & Crane, 2000). Bis zu 30 % der schweren depressiven Episoden könnten verhindert werden, wenn die Betroffenen durch Paartherapie ihre Beziehung verbessern könnten (Thompson, 2019).

Leider spiegelt die Versorgung im deutschen Gesundheitssystem diese Erkenntnisse in keiner Weise wider, *Paarbeziehungen sind*, vereinfacht gesagt, *im deutschen Gesundheitssystem kaum existent*. Es wäre grundsätzlich wünschenswert, dass Psychotherapeuten sowie andere Akteure in Gesundheitssystem eine Sichtweise entwickeln, die psychoanalytische Paartherapeuten in Großbritannien als »couple state of mind« bezeichnen (Balfour et al., 2019), also eine grundsätzliche Berücksichtigung der Bedeutung von Paarbeziehungen von Patienten in Behandlung.

10.16 Wie lässt sich die begrenzte Wirksamkeit von Paartherapie in der Praxis erklären?

Bei einer realistischen Betrachtung der Wirksamkeit von Paartherapie können nur 40 % der Paare auch in einem klinischen Sinne als gebessert betrachtet werden. Der Autor ist der Frage nachgegangen, wie man die doch recht begrenzte Wirkungsrate anhand der empirischen Erkenntnisse erklären kann. Die nachfolgend dargestellte Grafik ist ein Versuch, diese Zusammenhänge in ein etwas vereinfachtes, aber kohärentes Modell zu bringen. Generell kann man sagen, dass die Paarberatung in Beratungsstellen sowie die Paartherapie von niedergelassenen Therapeuten für eine bestimmte Gruppe von Paaren mit einer eher geringen Belastung ein gutes Angebot darstellt; hier bewirkt die Intervention eine Verbesserung der Beziehungsqualität und die Beziehung wird stabilisiert, sodass auch auf längere Sicht keine Trennung droht. Davon unterschieden werden müssen aber Paare mit einer hohen Eingangsbelastung. Interessanterweise bewirkt auch hier die Intervention für einen Teil der hochbelasteten Paare eine zum Teil starke Verbesserung in der Beziehungsqualität und der Zufriedenheit mit der Beziehung, auch diese Paare werden gegen eine drohende Trennung stabilisiert. Es gibt aber eine nicht unerhebliche Gruppe in der Praxis, die trotz Intervention an ihrer hohen Belastung nichts verändern kann; diese Paare brechen zu einem erheblichen Teil die Beratung vorzeitig ab und in der Nachbefragung sind viele dieser Paare schon getrennt. Eine entscheidende Frage für zukünftige Forschung muss daher sein, besser zu verstehen, wodurch sich die hochbelasteten Paare, die von der Intervention nicht profitieren, von denen unterscheiden, die das Angebot in konstruktiver Weise für sich nutzen können.

In diesem Zusammenhang wird in der Paartherapielandschaft von Praktikern schon seit längerem argumentiert, dass viele Paare offenbar zu spät professionelle Hilfe suchen, so dass schon zu tief gehende Verletzungen bzw. ein De-Engagement aus der Paarbeziehung stattgefunden haben, sodass auch gute Paartherapieansätze

IV Ausblick

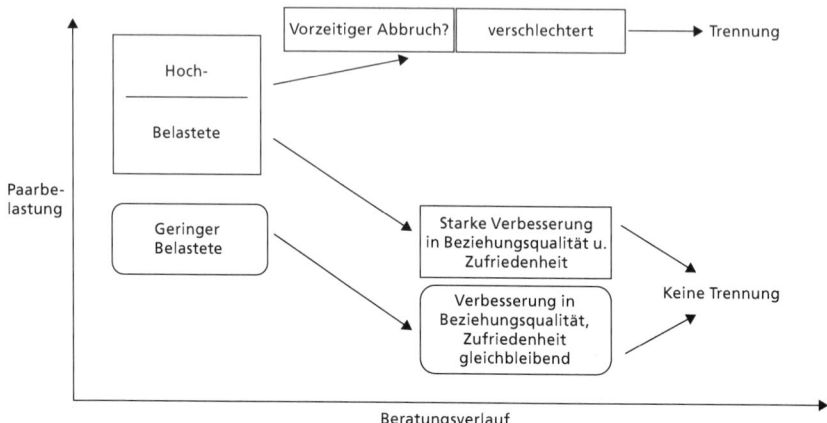

Abb. 10.1: Verschiedene Typen von Beratungsverläufen in Abhängigkeit vom Belastungsniveau des Paares

hier keine Besserung mehr bewirken können. Allerdings muss man die empirischen Erkenntnisse zur Wirksamkeit der EFT dabei berücksichtigen, die zeigen, dass dieser Ansatz auch bei hochbelasteten und Risiko-Paaren eine hohe Wirksamkeit erreicht. Sollte sich dieses Ergebnis auch in Praxisstudien bestätigen, wäre zu überlegen, ob man Paartherapeuten und Paarberatern sozusagen auf großer Fläche in dieser Methode weiterbildet, um auf diese Weise die Reichweite der Paartherapie bzw. Paarberatung zu verbessern.

Unabhängig davon kann man aber aus dieser Überlegung die grundlegende Konsequenz ableiten, dass der Bereich der Prävention von Paarproblemen deutlich ausgebaut werden sollte, um zum einen solche schwierigen Beziehungsverläufe zu verhindern und zum anderen die Schwelle für eine frühzeitige Inanspruchnahme professioneller Hilfsangebote bei Paarproblemen in der Bevölkerung zu senken.

10.17 Prävention

Vor diesem Hintergrund wurden beginnend in den USA schon in den 1920er Jahren Programme zur Prävention von Paarproblemen entwickelt und auf unterschiedlichen Ebenen gesellschaftlich vermittelt (siehe ausf. Roesler, 2018, 2021). In einer Langzeitstudie mit einem Follow-Up nach elf Jahren ermittelten Hahlweg & Richter (2010) die Wirksamkeit des deutschen Präventionsprogrammes EPL. In der ersten Studie zeigten die Paare, die einen Kurs absolviert hatten, erheblich niedrigere Scheidungs- und Trennungsraten (27,5 %) im Vergleich zu der Kontrollgruppe, die keinen Kurs besucht hatten (52,6 %). Diese Befunde wiederholten sich in einer zweiten Studie, die eine 20 %ige Trennungsrate bei EPL-Paaren nachgewiesen hat. Ferner konnte gezeigt werden, dass 80 % der Paare, die elf Jahre nach Kursteilnahme noch zusammen waren, eine glückliche Beziehung führten, trotz der Tatsache, dass sich lediglich 55% an eine der im Kurs vermittelten Sprecherregeln und 70% an eine Zuhörerregel erinnern konnten.

Für die EFT liegt darüber hinaus ein Gruppenprogramm für Paare vor (»Halt mich fest«, Johnson, 2016), das präventiven Charakter hat. In diesem Programm durchlaufen Paare den typischen EFT-Therapieprozess anhand von sieben klar strukturierten Paargesprächen. Die Wirksamkeit dieses Gruppenprogramms wurde empirisch bestätigt mit einer mittleren Effektstärke von $d = 0.63$, die nach einem dreieinhalbmonatigen Follow-up auch aufrechterhalten werden konnte ($d = 0.57$) (Conradi et al., 2018).

In Ländern wie den USA, Großbritannien und Norwegen wurden in den letzten Jahren vielfältige Bemühungen unternommen, um die entwickelten Präventionsprogramme für Paare der Bevölkerung zugänglich zu machen. In den USA und Australien liegt der Anteil der Paare, die an einer präventiven Paarintervention teilnehmen, bei ca. 30%. In Deutschland werden derzeit nur sehr wenige Angebote in diese Richtung gemacht, die zudem nur einen sehr geringen Prozentsatz der relevanten Zielgruppe erreichen. So bezogen sich beispielsweise von geschätzten 200.000 präventiven Interventionen im Bereich Familie in Deutschland pro Jahr nur 1500 auf die Stärkung von Paarbeziehungen (vgl. Plankensteiner et al., 2006).

Ein Gewinn solcher Angebote könnte allein schon darin liegen, dass Paare eine Kenntnis der verschiedenen Unterstützungsmöglichkeiten erhalten und sich so möglicherweise früher Hilfe holen. Dies kommt auch unmittelbar den Kindern dieser Paare zugute, die, wie oben aufgezeigt, durch anhaltende Paarkonflikte nachhaltig geschädigt werden. Wenn es den Eltern dagegen im Verlaufe bzw. im Nachhinein gelingt, den Konflikt zu lösen und sich wieder zu versöhnen (gegebenenfalls mit Hilfe eines präventiven Trainings), werden die Eltern zu einem Modell für gelingende Konfliktbearbeitung in der Partnerschaft. Daher profitieren die Kinder in der Familie in ihrer Entwicklung unmittelbar davon, wenn Eltern bei Partnerschaftskonflikten Unterstützung in Form von Paarberatung erhalten und diese nutzen können, um ihre Auseinandersetzungen konstruktiver zu gestalten, was in einem englischen Projekt (Becoming a Family) empirisch nachgewiesen werden konnte (Balfour et.al., 2012): »Enhanced parenting skills are not necessarily followed by improved couple relationships, whereas enhanced couple relationship satisfaction seems to bolster the quality of both parent-child and couple relationships.« (S. 12).

Auch der Übergang vom Paar zur Familie geht mit zum Teil erheblicher Belastung für die jungen Eltern und deren Paarbeziehung einher und es gibt für die Unterstützung der betroffenen Eltern bislang viel zu wenig Hilfsangebote (Roesler, 2015).

10.18 Innovative Strategien zur Verbreitung von Präventionsangeboten

Fazit ist, dass sich zwar die im deutschen Sprachraum etablierten Präventionsprogramme als wirksam erwiesen haben, hier aber eine viel zu geringe Zahl an Teilnehmern (vermutlich weniger als 1 % der relevanten Bevölkerungsgruppe) erreichen. Nichtsdestotrotz konnte nachgewiesen werden, dass die üblichen Kommunikationstrainings im Sinne einer Erhöhung der langfristigen Paarstabilität effektiv sind, allerdings nur dann, wenn die Paare sehr frühzeitig in ihrer Paarbeziehung diese Programme absolvieren, bevor sie in größere Konflikte geraten. Daher stellt es eine der zentralen Herausforderungen für die Versorgung von Paaren in der Zukunft dar, wie solche durchaus effektiven Präventionsprogramme an die Paare vermittelt werden können, die dieser Programme besonders bedürfen. Angesichts der Beobachtung, dass vor allem Paare aus sozial benachteiligten Schichten bzw. Gruppen, die für Paarprobleme überhäufig anfällig scheinen, in besonderem Maße von Präventionsprogrammen profitieren, stellt sich die Frage, wie man die als wirksam erkannten Programme so weiterverbreiten kann, dass sie diese Gruppen auch erreichen. Hierfür hat man sich in verschiedenen Ländern bemüht, die bestehenden Programme an spezifische Nutzergruppen anzupassen (ausf. Roesler, 2021). Viele der etablierten Präventionsprogramme haben online-basierte Formate entwickelt, die sich häufig entweder an junge Menschen oder Jugendliche richten oder spezifische Angebote zum selbstgesteuerten Lernen machen. In verschiedenen Ländern, insbesondere im angelsächsischen Bereich, wird darüber hinaus Beziehungskompetenz schon in der Schule (im Rahmen von »Family and Consumer Sciences (FCS) classes«) bzw. in Seminaren an Hochschulen (z. B. »Marriage 101«) unterrichtet.

10.19 Eine Zukunftsvision

Als Ergebnis der Ausführungen sollte deutlich geworden sein, dass das Scheitern von Paarbeziehungen oder auch nur deren dauerhafte Belastung nicht nur für die Betroffenen Partner selbst, sondern für ihre Kinder und das Gemeinwesen insgesamt einen erheblichen Schaden bedeutet. Ebenso dürfte klar geworden sein, dass das System der Hilfen in Deutschland diesen Erkenntnissen bislang kaum gerecht wird. Die Leistungen für Familien, wie sie im Kinder- und Jugendhilfegesetz definiert sind, beziehen sich schon dem Namen nach immer auf die Kinder. Die Logik, die sich aus den obigen Ausführungen ergibt, würde aber nahelegen, Familie immer von der Paarbeziehung der Eltern aus als Basis zu denken (vgl. Balfour et al., 2012).

Die Erkenntnisse zur sozialen Vererbung des Scheidungsrisikos machen deutlich, dass in der Gesellschaft insgesamt erhebliche Defizite hinsichtlich der Kompetenzen bestehen, die es für gelingende Paarbeziehungen braucht. Die Vermittlung solcher Beziehungskompetenzen kann also nicht allein den Eltern und der Familie überlassen werden, weil sich sonst negative Modelle von Paarbeziehung und das Risiko ihres Scheiterns weiter fortpflanzen werden. An dieser Stelle ist es erforderlich, dass die Vermittlung von Beziehungskompetenzen für alle Gesellschaftsmitglieder verpflichtend und flächendeckend geschieht und von daher Eingang in die schulische und weiterführende Bildung finden muss (Stichwort: Beziehungskompetenz und Familienbildung als Schulfach). Darüber hinaus sollten alle gesellschaftlichen Institutionen, die eine große Anzahl an Personen erreichen, sich als Vermittler solcher Angebote verstehen und dafür entsprechende Kontexte schaffen.

Aus meiner Sicht wären daher neben einer besseren öffentlichen Finanzierung von Paarberatungsstellen folgende Veränderungen erforderlich:

- Es müsste von öffentlicher Seite sehr viel früher im Leben von Menschen, am besten schon in der Schulzeit, eine Förderung partnerschaftlicher Kompetenzen sowie an Aufklärung und Information über Grundbedingungen des Beziehungslebens stattfinden.
- Präventive Angebote im Sinne von Beziehungstrainings für Paare müssten stärker propagiert werden, deutlicher ins Bewusstsein der Öffentlichkeit gerückt werden und in ausreichender Form niedrigschwellig und möglichst kostenfrei verfügbar und erreichbar sein.
- Schließlich müsste eine umfassende Information und Aufklärung in Hinsicht darauf stattfinden, dass Paare, die in Schwierigkeiten geraten, frühzeitiger Beratung als Hilfe zur Lösung ihrer Probleme in Anspruch nehmen, um schwierige Verläufe, die dann häufig zu Trennung/Scheidung führen, zu verhindern.
- Paartherapie muss eine Leistung des Gesundheitswesens werden. Dies hätte auch zur Folge, dass Anbieter von Paartherapie sich Maßnahmen der Qualitätssicherung unterziehen müssten bzw. eine staatliche Kontrolle über die Zulassung zum Angebot von Paartherapie etabliert würde.

Die in anderen Ländern erprobten innovativen Strategien für die Verbreitung von Präventionsprogrammen für Paare sollten auf ihre Tauglichkeit für die Situation in Deutschland in Modellprojekten getestet werden. Konkret könnte dies beinhalten: Modellversuche zu Familienbildung als Schulfach und als Seminarangebot im Hochschulbereich; Modellprogramme im Bereich der Krankenversicherungen, der Bundeswehr, der betrieblichen Gesundheitsförderung, der Geburtsvorbereitung usw.; eine intensive Werbung für entsprechende Präventionsprogramme über die Bundeszentrale für gesundheitliche Aufklärung, die Standesämter, Institutionen der Familienbildung und Familienberatung usw. Für derartige Modellprojekte müssten entsprechende finanzielle Fördermittel bereitgestellt werden.

Es ist eine Neuorientierung im Gesundheitswesen erforderlich in dem Sinne, dass die Paarbeziehung als ein wesentlicher Faktor sowohl für die Entstehung von gesundheitlichen Störungen als auch für deren Prävention und Behandlung ernst genommen wird. Die Behandlung von Beziehungsstörungen und deren Prävention muss Aufnahme in den Leistungskatalog der gesetzlichen Krankenversicherung finden. Darüber hinaus muss die in vielen Bereichen bislang schon erfolgreiche

Verbreitung von Präventionsmaßnahmen (z. B. im Bereich der Frühen Hilfen, der Suchtprophylaxe etc.) auf den Bereich der Paarbeziehung ausgedehnt werden.

Die Qualität und Stabilität von Paarbeziehungen ist von entscheidender Bedeutung für die körperliche und psychische Gesundheit nicht nur für die betroffenen Partner selbst, sondern auch für das Aufwachsen ihrer Kinder und damit für die Gesellschaft als Ganzes. Wenn Paarbeziehungen scheitern, so ist dies mit einem hohen Schaden für alle Beteiligten und mit erheblichen Kosten für das Gemeinwesen insgesamt verbunden. Eine Scheidungsrate von ca. 40 % ist mit einer hohen und langanhaltenden Belastung für die Betroffenen und ihre Kinder verbunden und belastet das Gesundheits- und Sozialwesen sowie die Gesellschaft als Ganzes mit jährlichen Kosten in Milliardenhöhe. Insofern muss die Prävention von Paarproblemen und Trennung/Scheidung als eine gesamtgesellschaftliche Aufgabe angesehen werden und erfordert eine klare Übernahme der Verantwortung staatlicher Institutionen in diesem Bereich sowie konkrete Präventionsinitiativen. Die im Grundgesetz verankerte besondere staatliche Verantwortung für Ehe und Familie muss auf dem Hintergrund der ausgeführten Erkenntnisse neu interpretiert werden als eine besondere Verantwortung des Staates für das Gelingen auf Dauer angelegter Paarbeziehungen. Dass dieser Schritt von staatlicher Seite erfolgreich vollzogen werden kann und damit ein erheblicher Anteil der Bevölkerung mit entsprechenden Angeboten erreicht werden kann, zeigen die dargestellten Beispiele aus verschiedenen Ländern.

Literatur

Andreß, H.-J., Borgloh, B., Güllner, M. & Wilking, K. (2006). *Wenn aus Liebe rote Zahlen werden – Über die wirtschaftlichen Folgen von Trennung und Scheidung.* Opladen: Westdeutscher Verlag.
Badr, H., Bakhshaie, J. & Chhabria, K. (2019): Dyadic interventions for cancer survivors and caregivers: state of the science and new directions. *Seminars in oncology nursing*, 35 (4), 337–341. WB Saunders.
Balfour, A. & Lanman, M. (2012): An evaluation of time-limited psychodynamic psychotherapy for couples: A pilot study. *Psychology and Psychotherapy:* Theo, Res, Pra, 85, 292–309).
Balfour, A., Clulow, C. & Thompson, K. (eds.) (2019): *Engaging couples. New directions in therapeutic work with families.* London: Routledge.
Bateman, A. W. & Fonagy, P. (2015): *Handbuch Mentalisieren.* Gießen: psychosozial.
Barbato, A., D'Avanzo, B. & Parabiaghi, A. (2018): *Couple therapy for depression.* Cochrane Database Syst. Rev.6:CD004188
Baucom, D. H., Epstein, N., LaTaillade, J. J. & Kirby, J. S. (2008): Cognitive behavioral couple therapy. In: Gurman, A. S. & Jacobson, N. S. (Eds.): *Clinical handbook of couple therapy* (4th ed.). New York: Guilford, 31–72.
Beasley, C. C. & Ager, R. (2019): Emotionally Focused Couple Therapy: a systematic review of its effectiveness over the past 19 years. Journal of Evidence-Based Social Work, 16, 144–159.
Bodenmann, G. (2013): *Lehrbuch klinische Paar- und Familienpsychologie.* Bern: Huber.
Booth, A., Crouter, A. C. & Clements, M. (2001). *Couples in conflict.* Mahwah: Erlbaum.
Borst, U. & v. Sydow, K. (2018): Systemische Paartherapie bei Depressionen. In: v. Sydow, K. & Borst, U. (Hg.): *Systemische Therapie in der Praxis.* Weinheim: Beltz, 775–783.

Bradbury, T. N. & Bodenmann, G. (2020): Interventions for couples. *Annual Review of Clinical Psychology*, 16, 99–123.

Caldwell, B. E., Wolley, S. R. & Caldwell, C. J. (2007): Preliminary estimates of cost-effectiveness for marital therapy. *Journal of Marital and Family Therapy, 33*(3), 392–405.

Carr, A. (2014): The evidence base for couple therapy, family therapy and systemic interventions for adult-focused problems. *Journal of Family Therapy* 36, 158–194.

Christensen, A., Atkins, D. C., Baucom, B. & Yi, J. (2010): Marital status and satisfaction five years following a randomized clinical trial comparing traditional versus integrative behavioral couple therapy. *Journal of Consulting and Clinical Psychology*, 78 (2), 225–235.

Clulow, C. (2014): Attachment, affect regulation, and couple psychotherapy. In: Scharff, D. E. & Scharff, J. S. (eds.): *Psychoanalytic couple therapy. Foundations of theory and practice.* London: Karnac, 45–58.

Clulow, C. (ed.) (2000): *Adult attachment and couple psychotherapy.* London: Brunner Routledge.

Coan, J. A., Schaefer, H. S. & Davidson, R. J. (2006): Lending a hand: Social regulation of the neural response to threat. *Psychological Science*, 17, 1032–1039.

Conradi, H. J., Dingemanse, P., Noordhof, A., Finkenauer, C. & Kamphuis, J. A. (2018): Effectiveness of the ›Hold me Tight‹ Relationship Enhancement Program in a Self-referred and a Clinician-referred Sample: An Emotionally Focused Couples Therapy-Based Approach. *Family Process*, 57(3), 613–628.

Cozolino, L. J. (2006): *The neuroscience of human relationships: attachment and the developing social brain.* New York: Norton.

Crane, D. R. & Christenson, J. D. (2016): Über die Kosteneffektivität der Ehe- und Familientherapie und der Ehe- und Familientherapeuten. Ein Forschungsüberblick. *Familiendynamik*, 41 (1), 4–15.

Ditzen, B., Schaer, M., Gabriel, B., Bodenmann, G., Ehlert, U., & Heinrichs, M. (2019). Intranasal oxytocin increases positive communication and reduces cortisol levels during couple conflict. *Biological Psychiatry*, 728–31

Doss, B. D., Atkins, D. C. & Christensen, A. (2003): Who's dragging their feet? Husbands and wives seeking marital therapy. *Journal of Marital and Family Therapy*, 29, 165–177. https://doi.org/10.1111/j.1752-0606.2003.tb01198.x

Dunn, R. L. & Schwebel, A. I. (1995): Meta-analytic review of marital therapy outcome research. *Journal of Family Psychology* 9(1), 58–68.

Engl, J. & Thurmaier, F. (1998): *Wie redest Du mit mir? – Fehler und Möglichkeiten in der Paarkommunikation.* Freiburg: Herder.

Fonagy, P., Gergely, G., Jurist, G. & Target, M. (2011): *Affektregulierung, Mentalisierung und die Entwicklung des Selbst.* Stuttgart: Klett Cotta.

Frisch, J., Aguilar-Raab, C., Eckstein, M. & Ditzen, B. (2017): Einfluss von Paarinteraktion auf die Gesundheit. *Psychotherapeut*, 62 (1), 59–76.

Gottman, J. M. (1994): *What predicts divorce.* Hillsdale: Erlbaum.

Gottman, J. M. & Gottman, J. S. (2007): *And baby makes three. The six-step plan for preserving marital intimacy and rekindling romance after baby arrives.* New York: Three Rivers.

Gottman, J. M. & Gottman, J. S. (2008): Gottman method couple therapy. In: Gurman, A.S. (ed.): *Clinical handbook of couple therapy* (4th ed.). New York, London: Guilford, 138–166.

Hahlweg, K. & Richter, D. (2010): Prevention of marital instability and distress. Results of an 11-year longitudinal follow-up study. *Behaviour Research and Therapy*, 48 (5), 377–383.

Haid-Loh, A., Hufendiek, S., Kröger, C., Merbach, M., Meyer, A. & Volger, I. (2009): IFB – *Integrierte Familienorientierte Beratung®. Ein Weg in die Zukunft.* Band I. Untersuchungen aus dem Evangelischen Zentralinstitut für Familienberatung Nr. 24. Berlin: EZI-Eigenverlag.

Halford, W. K., Pepping, C. A. & Petch, J. (2016): The gap between couple therapy research efficacy and practice effectiveness. *Journal of Marital and Family Therapy*, 42 (1), 32–44.

Heavey, C. L., Christensen, A. & Malamuth, N. M. (1995): The longitudinal impact of demand and with drawl during marital conflict. *J Consult Clin Psychol*, 63, 797–806.

Heinrichs, N.; Bodenmann, G. & Hahlweg, K. (2008): *Prävention bei Paaren und Familien.* Göttingen: Hogrefe.

Hertzmann, L., Abse, S., Target, M., Glausius, K., Nyberg, V. & Lassari, D. (2017): Mentalization- based Therapy for parental conflict – parenting together; an intervention for parents in entrenched post-separation disputes. *Psychoanalytic Psychotherapy*, 32(2), 195–217.

Hertzmann, L., Target, M., Hewison, D., Casey, P., Fearon, P. & Lassri, D. (2016): Mentalization- based Therapy for parents in entrenched conflict: a random allocation feasibility study. *Psychotherapy*, 53(4), 388–401.

Hetherington, E. M. & Elmore, A. (2004). The intergenerational transmission of couple instability. In K. Kiernan, R. Friedman & P. Chase-Landsdale (Eds.), *Human development across lives and generations: The potential for change* (pp. 171–203). New York: Cambridge University Press.

Hewison, D., Casey, P. & Mwamba, N. (2016): The effectiveness of couple therapy: Clinical outcomes in a naturalistic United Kingdom setting. *Psychotherapy*, 53 (4), 377–387.

Hewison, D., Clulow, C. & Drake, H. (2014): *Couple therapy for depression.* Oxford: Oxford University Press.

Howe, D. (2015): *Bindung über die Lebensspanne. Grundlagen und Konzepte der Bindungstheorie.* Paderborn: Junfermann.

Hughes, M. E. & Waite, L. J. (2009): Marital biography and health at mid-life. *Journal of Health and Social Behavior* 2009, 50–344.

Huston, T., Caughlin, J. P., Houts, R. M., Smith, S. E. & George, L. J. (2001): The connubial crucible: Newlywed years as predictors of marital delight, distress, and divorce. *Journal of Personality and Social Psychology*, 80, 237–252.

Job, A.-K., Bodenmann, G., Baucom, D. H. & Hahlweg, K. (2014): Neuere Entwicklungen in der Prävention und Behandlung von Beziehungsproblemen bei Paaren. *Psychologische Rundschau*, 65(1), 11–23.

Johnson, S. M. (2006): *Attachment processes in couple and family therapy.* New York: Guilford.

Johnson, S. M. (2009): *Die Praxis der Emotionsfokussierten Paartherapie.* Paderborn: Junfermann.

Johnson, S. M. (2014): *Halt mich fest.* Paderborn: Junfermann.

Karakurt, G., Whiting, K., Van Esch, C., Bolen, S. D. & Calabrese, J. R. (2016): Couples therapy for intimate partner violence: a systematic review and meta-analysis. *Journal of Marital and Family Therapy* 42, 567–583.

Kandler, J. & Straus, F. (2000): Scheidungsberatung und Mediation helfen Kosten sparen. Methodik und Ergebnisse einer Kosten-Nutzen-Analyse. In: Buchholz-Graf, W. & Vergho, C. (Hg.): *Beratung für Scheidungsfamilien.* Weinheim: Juventa.

Kiecolt-Glaser, J. K. & Wilson, S. J. (2017): Lovesick: how couples' relationships influence health. *Annu.Rev. Clin.Psychol.* 13, 421–443.

Kröger, C., Haslbeck, A., Dahlinger, K. & Sanders, R. (2008): »Paare sind die Architekten der Familie«. Zur Bedeutung der Paarbeziehung für die Familienentwicklung. *Beratung Aktuell*, 3, 139–155.

Kuhlmann, I., Tolvanen, A., & Seikkula, J. (2013). Couple therapy for depression within a naturalistic setting in Finland: Factors related to change of the patient and the spouse. *Contemporary Family Therapy*, 35, 656–672.

Law, D. D. & Crane, D. R. (2000): The influence of marital and family therapy on health care utilization in a health maintenance organisation. *Journal of Marital & Family Therapy*, 26 (3), 281–291.

Lebow, J. L. (2014): Couple and family therapy: An integrative map of the territory. Washington, DC: *American Psychological Association.* https://doi.org/10.1037/14255-000

Lebow, J. L. (2016): Editorial: Empirically Supported Treatments in Couple and Family Therapy. *Family Process*, 55, 385–389.

Lebow, J. L., Chambers, A. L., Christensen, A. & Johnson, S. M. (2012): Research on the Treatment of Couple Distress. *Journal of Marital and Family Therapy*, 38 (1), 145–168.

Leichsenring, F., Steinert, C., Rabung, S. & Ioannidis, J. (2022): The efficacy of psychotherapies and pharmacotherapies for mental disorders in adults: an umbrella review and meta-analytic evaluation of recent meta-analyses. *World Psychiatry*, 21 (1), 133–145.

Lindenmeyer, J. (2018): Behavioral Couple Therapy for Alcohol and Drug Abuse (BCT). In: v. Sydow, K. & Borst, U. (Hg.): *Systemische Therapie in der Praxis.* Weinheim: Beltz, 810–816.

Martire, L. M., Lustig, A. P., Schulz, R., Miller, G. E. & Helgeson, V. S. (2004): Is it beneficial to involve a family member? A meta-analysis of psychosocial interventions for chronic illness. *Health psychology*, 23, 599–611.

McKinnon, J. M. & Greenberg, L. S. (2017): Vulnerable emotional expression in Emotion Focused Couples Therapy: relating interactional processes to outcome. *Journal of Marital and Family Therapy* 43, 198–212.

Mikulincer, M. & Shaver, P. R. (2007): *Adult attachment: Structure, dynamics and change.* New York: Guilford.

Mortelmans, D. (2020). D*ivorce in Europe. New insights in trends, causes and consequences of relation break-ups.* Cham: Springer Open.

Owen, J., Rhoades, G. K., Stanley, S. M., Markman, H. J. & Allen, E. S. (2019): Treatment as usual for couples: trajectories before and after beginning couple therapy. *Family Process*, 58, 273–286.

Panksepp, J. (1998): *Affective neuroscience. The foundations of human and animal emotions.* New York: Cambridge University Press.

Panksepp, J. (2009): Brain emotional systems and qualities of mental life: from animal models of affect to implications for psychotherapeutics. In: Fosha, D., Siegel, D. J. & Solomon, M. (eds.) (2009): *The healing power of emotion. Affective neuroscience, development, and clinical practice.* New York: Norton, 1–26.

Pietromonaco, P. R., Uchino, B. & Schetter, C. D. (2013): Close relationship processes and health: Implications of attachment theory for health and disease. In: *Health Psychology*, 32 (5), 499–513.

Plankensteiner, B., Lösel, F., Schmucker, M. & Weiss, M. (2006): *Bestandsaufnahme und Evaluation von Angeboten im Elternbildungsbereich. Abschlussbericht.* Erlangen-Nürnberg: Universität Erlangen-Nürnberg.

Roelfs, D. J. (2011): The rising relative risk of mortality for singles: Meta-Analysis and Meta-Regression. *American Journal of Epidemiology*, 174, 379–389.

Roesler, C. (2015): *Psychosoziale Arbeit mit Familien.* Stuttgart: Kohlhammer.

Roesler, C. (2018): *Paarprobleme und Paartherapie – Theorien, Methoden, Forschung. Ein integratives Lehrbuch.* Stuttgart: Kohlhammer.

Roesler, C. (2019a): Emotionsfokussierte Paartherapie – theoretische Begründung, therapeutische Methodik und Wirksamkeit. *Psychotherapeut*, 64(5), 385–389. https://www.springer medizin.de/emotionsfokussierte-paartherapie/17116348

Roesler, C. (2019b): Die Wirksamkeit von Paarberatung in Deutschland: Ein Überblick über die Wirkungsforschung und Ergebnisse einer aktuellen bundesweiten Studie. *Beratung Aktuell* (Online), 20 (2), 4–25.

Roesler, C. (2019c): Die Wirksamkeit von Paartherapie Teil 2: Ergebnisse einer bundesweiten naturalistischen Studie zur Wirksamkeit von Paarberatung. *Familiendynamik*, 44 (2), 126–137.

Roesler, C. (2020): Effectiveness of couple therapy in practice settings and identification of potential predictors for differential outcomes. Results of a German nationwide naturalistic study. *Family Process* 59 (2), 390–408.

Roesler, C. (2021a): Familiäre Folgen von Paarproblemen und Strategien zur Prävention. *Psychotherapie im Dialog*, 22, 66–68.

Roesler, C. (2021b): Innovative Strategien zur Prävention von Paarproblemen. *Familiendynamik*, 46 (1), 56–67.

Roesler, C. (2023): Was genau ist eigentlich systemisch – und was nicht? Ein Plädoyer für Unterscheidungen, die einen Unterschied machen. *Familiendynamik*, 48 (3), 226–238

Rottländer, P. (2020): *Mentalisieren mit Paaren.* Stuttgart: Klett-Cotta.

Sanders, R. & Kröger, S. (2013): Die Partnerschule als schematherapeutisch orientierter und emotionsfokussierender Beratungsansatz für Paare. *Beratung Aktuell*, 14(1), 20–44.

Schär, M. (2016). *Paarberatung und Paartherapie. Partnerschaft zwischen Problemen und Ressourcen.* Berlin, Heidelberg: Springer.

Schmid, L., Wörn, J., Hank, K., Sawatzki, B. & Walper, S. (2020): Changes in employment and relationship satisfaction in times of the COVID-19 pandemic: Evidence from the German family Panel. *European Societies*, https://doi.org/10.1080/14616696.2020.1836385

Schnarch, D. (2011): *Intimität und Verlangen. Sexuelle Leidenschaft wieder wecken.* Stuttgart: Klett-Cotta.

Shadish, W. R. & Baldwin, S. A. (2005): The effects of behavioral marital therapy: A meta-analysis of randomized controlled trials. *Journal of Consulting and Clinical Psychology*, 73, 6–14.

Shields, C. G., Finley, M. A. & Chawla, N. (2012). Couple and family interventions in health problems. *Journal of Marital and Family Therapy*, 38(1), 265–280.

Short, D. (2016): The evolving science of anger management. *Journal of Psychotherapy Integration*, 26 (4), 450–461.

Simpson, J., Collins, A., Tran, S. & Haydon, K. (2007): Attachment and the experience and expression of emotions in romantic relationships: a developmental perspective. *Journal of Personality and Social Psychology*, 92, 355–367.

Snyder, D. & Halford, W. (2012): Evidence-based couple therapy: current status and future directions. *Journal of Family Therapy*, 34, 229–249.

Snyder, D. K. & Balderrama-Durbin, C. (2012). Integrative approaches to couple therapy: Implications for clinical practice and research. *Behavior Therapy*, 43, 13–24.

Sprenkle, D. (2012): Intervention research in couple and family therapy: a methodological and substantive review and an introduction to the special issue. *Journal of Marital and Family Therapy*, 38, 3–29.

Strauss, B., Kirchmann, H., Schwark, B. & Thomas, A. (2010): *Bindung, Sexualität und Persönlichkeitsentwicklung.* Stuttgart: Kohlhammer.

Taubner, S. (2015): *Konzept Mentalisieren: Eine Einführung in Forschung und Praxis.* Gießen: psychosozial.

Thompson, J. M. & Tuch, R. (2014): *The stories we tell ourselves. Mentalizing tales of dating and marriage.* London: Routledge.

Thompson, K. (2019): Couple therapy for depression. In: Balfour, A., Clulow, C. & Thompson, K. (eds.): *Engaging couples. New directions in therapeutic work with families.* London: Routledge, 109–124.

Tobe, S. W., Kiss, A., Sainsbury, S., Jensin, M., Geerts, R. & Baker, B. (2007). The impact of job strain and marital cohesion on ambulatory blood pressure during 1 year: The double exposure study. *American Journal of Hypertension*, 20(2), 20–148.

Tronick, E. (2007): *The neurobehavioral and social emotional development of infants and children.* New York: Norton.

v. Schlippe, A. & Schweitzer, J. (2019): *Gewusst wie, gewusst warum. Die Logik systemischer Interventionen.* Göttingen: V&R.

v. Sydow, K., Beher, S., Retzlaff, R. & Schweitzer, J. (2007): *Die Wirksamkeit der systemischen Therapie/Familientherapie.* Göttingen: Hogrefe.

v. Sydow, K., Beher, S., Schweitzer, J. & Retzlaff, R. (2010): The efficacy of systemic therapy with adult patients: meta-content analysis of 38 randomized controlled trials. *Family Process*, 49, 457–485.

v. Sydow, K. & Borst, U. (Hg.) (2018): Systemische Therapie in der Praxis. Weinheim: Beltz.

v. Sydow, K. & Seiferth, A. (2015): *Sexualität in Paarbeziehungen.* Göttingen. Hogrefe.

Wadsworth, M. E. & Markman, H. J. (2012): Where's the Action? Understanding What Works and Why in Relationship Education. *Behavior Therapy*, 43, 99–112.

Wagner, M. (2019). Ehestabilität in Deutschland. Historische Trends und Scheidungsrisiken. *Psychotherapeut*, 64, 467–481.

Wagner, M. & Weiß, B. (2003). Bilanz der deutschen Scheidungsforschung. Versuch einer Meta-Analyse. *Zeitschrift für Soziologie*, 32, 29–49.

Wallerstein, J. & Lewis, J. S. (2001). *The unexpected legacy of divorce. Report of a 25 year landmark study.* New York: Hyperion Books.

Wiebe, S. A., Johnson, S. M. (2016): A Review of the Research in Emotionally Focused Therapy for Couples. *Family Process*, 55, 390–407.

Wright, J., Sabourin, S., Mondor, J., McDuff, P. & Mamodhoussen, S. (2006): The clinical representativeness of couple therapy outcome research. *Family Process*, 46 (3), 301–316.

11 Epilog zum Herausgeberband »Paarbeziehung im 21. Jahrhundert:« Spannungsfelder und Entwicklungsperspektiven

Christian Roesler und Sonja Bröning

In diesem abschließenden Beitrag wollen wir versuchen, ein *Resümee* aus den verschiedenen Perspektiven auf Paarbeziehung zu ziehen, die in diesem Band präsentiert wurden. Wir konstatieren sowohl hoffnungsvolle Entwicklungen (wie die Chance auf eine größere Wertschätzung geschlechtlicher, sexueller und beziehungsbezogener Vielfalt) als auch Problemfelder (wie die Gefahr der Banalisierung der Liebe durch marktwirtschaftliche Logiken, wie z. B. im Online-Dating). Manche Fundamente der Liebe stehen stabil, wie die neurobiologischen Grundlagen von Begehren und Bindung. An der kulturbewegten Oberfläche jedoch zeigen sich weiterhin rasante Entwicklungen, z. B. im Bereich der Digitalisierung. Es ist nicht unser Anspruch, und wäre auch nicht zu leisten, Antworten auf die aufgeworfenen Fragen zu geben oder gar endgültige Beurteilungen zu liefern. Wir wollen stattdessen versuchen, die Inhalte und Perspektiven der Beiträge *in Form übergreifender Spannungsfelder zu bündeln und zu diskutieren.* Unserem Eindruck nach sind viele aktuelle Debatten von scharfen Gegensätzen gekennzeichnet, die wenig Raum für nachdenkliche Reflexion oder gar Zwischentöne lassen und in Schwarz-Weiß- bzw. Alles-oder-Nichts-Diskurse abgleiten. Wenngleich Provokation und Zuspitzungen da, wo sie aufrütteln sollen, sicher ihre Berechtigung haben, gehen wir hier den Weg des balancierten Diskurses. Dabei müssen aus unserer Sicht auch nicht alle Gegensatzspannungen aufgelöst werden. Im Gegenteil: Manche davon wirken (genau wie in einer Partnerschaft), durchaus befruchtend und förderlich für gesellschaftlichen Fortschritt und können den Lesenden dazu einladen, den eigenen Standort zu bestimmen. Auch wir als Autorenteam haben im Austausch darüber, in welchen Spannungsfeldern sich Liebe und Partnerschaft heute bewegt, unterschiedliche Perspektiven zwischen uns festgestellt. Dennoch (oder gerade deshalb?): *Für uns lassen sich auf dieser Basis durchaus Optionen entwickeln und Bedarfe aufzeigen, dort,* wo problematische Situationen Weiterentwicklungen erfordern. Dies wollen wir im Folgenden tun. Beide sind wir nicht nur als Wissenschaftler, sondern auch praktisch als Paartherapeuten tätig, und verfügen darüber hinaus in der Beratungslandschaft (CR) sowie in der Familien- und Sexualtherapie (SB) über Erfahrungswissen. Daher bringen wir, wo dies angebracht erscheint, auch unsere praktischen Erfahrungen ein und schlagen aus solchen Erfahrungen heraus Lösungsansätze vor. Das anzustrebende Ziel ist klar: Enge Bindungen sind für Menschen essentiell, und es ist ein Menschenrecht, die Möglichkeit zu haben, in erfüllenden intimen Beziehungen zu leben.

11.1 Diversitätsdebatten

Bröning und Walper, Roesler sowie Mazziotta und Möller-Kallista (jew. in diesem Band) thematisieren die zunehmende Sichtbarkeit von Diversität im Hinblick auf Geschlecht, Begehren und Beziehungsform. Es ist eine enorme Errungenschaft in spätmodernen, zivilisierten Gesellschaften, dass Menschen die sexuelle Orientierung, die Geschlechtsidentität und die Form von Beziehung, die ihnen entspricht, auch leben und in der Gesellschaft offen zeigen können, ohne deswegen Nachteile oder gar Verfolgung fürchten zu müssen. Doch ist diese Errungenschaft fragil und unvollständig, denn auch in einer liberalen Gesellschaft wie der deutschen ist die Realität von Diskriminierung und Stigmatisierung gegenüber sexuellen und geschlechtlichen Minderheiten sowie nicht konventionellen Beziehungsformen leider nach wie vor festzustellen. Zwar sind physische Attacken auf dem Rückzug, doch stigmatisierende Haltungen und weniger offensichtliche Formen der Diskriminierung wie Mikroaggressionen, d. h. subtiles verbales oder nonverbales Herabsetzen, sind noch weit verbreitet (Nadal et al., 2016). In einer EU-Studie aus dem Jahr 2020 gaben 36 % der befragten LGBTI-Menschen an, im vergangenen Jahr aufgrund ihres Minderheitenstatus belästigt worden zu sein. Kleinplatz et al. (▶ Kap. 4) beschreiben für die USA, dass die Trends in Richtung Inklusion und Gleichberechtigung derzeit einen starken »Pushback« (= Widerstand) erleben und stellt reaktionäre ideologische Angriffe gegen Sexualität, reproduktive Freiheit und körperliche Autonomie fest. Wirth (2022) entwickelt auf der Basis psychoanalytischer Überlegungen ein Erklärungsmodell, warum gerade männliche Mitglieder der alten Mittelklasse, die von traditionellen Geschlechtsrollen geprägt sind, feindselige Haltungen gegenüber der neuen Vielfalt in Form von Misogynie und Homophobie zeigen, weil es auf ihre fragil gewordenen Identitäten bedrohlich wirkt und diese infrage stellt. Bezogen auf Sexpuppen/-roboter (vgl. Bendel, ▶ Kap. 9) lautet z. B. das Argument einer männlichen Nutzergruppe, Sexpuppen böten eine Ausstiegsmöglichkeit aus dem komplizierten »Hamsterrad der Liebesbeziehungen« und könnten als Möglichkeit angesehen werden, sich der erstarkenden Macht der Frauen nicht zu unterwerfen (Björkas & Larsson, 2021; Hanson, 2022).

Vor diesem Hintergrund gilt es grundsätzlich zu bedenken, dass Minderheiten – in welcher Hinsicht auch immer – gegenüber der Mehrheitsgesellschaft in einer unterlegenen und damit gefährdeteren Position sind und deshalb mehr als andere auf Schutz angewiesen sind. Jedoch – eine nuancierte Betrachtung muss auch danach fragen, an welchen Stellen Kritik an extremen Vertretern der Vielfalt angebracht ist. Auch hier wird oft zugespitzt, feindselig agiert, Intoleranz gegenüber anders Denkenden und Fühlenden geübt (z. B. wird immer wieder beklagt, unkonventionelle Beziehungsformen würden diskriminiert, ja gar unterdrückt, und es existierten *Herrschaftslogiken*, die sich gegen solche Beziehungen richten würden). Die Mehrheit der Deutschen lehnt z. B. eine gendergerechte Sprache ab, und dies z. T. auch aus nachvollziehbaren Gründen (wie der Lesbarkeit und der Linguistik). Soll diese Mehrheit ignoriert und bevormundet werden? Ist darin wirklich ausschließlich eine diskriminierende *Herrschaftslogik* zu erkennen? Ist derartige *Diskriminierung* gleichzusetzen mit derjenigen, die ein Schwarzer Bürger in den USA erfährt, der riskieren muss, von der Polizei erschossen zu werden, nur weil er abends im falschen Stadtteil joggen geht? Die Realität von Diskriminierung sexueller Minderheiten soll nicht geleugnet werden (z. B. genügt es, die Grenze zu unserem Nachbarland Polen zu überschreiten, um eine ganz andere Situation vorzufinden). In diesem Sinne ist es ohne Zweifel eine enorme gesellschaftliche Errungenschaft, dass diese Orientierungen zunehmend auch rechtlich gleichgestellt werden, z. B. durch die Einführung der gleichgeschlechtlichen Ehe. Es muss aber verhindert werden, dass die Ausweitung des Diskriminierungsbegriffes zu einem inflationären Gebrauch führt, der letztlich das Gewicht und die gesellschaftliche Wirkung des Begriffes Diskriminierung mindert. Schwierig wird der politische Diversitätsdiskurs Handerer (2022) zufolge dann, wenn »durch die (Über) Betonung der gängigen Diskriminierungskategorien von sozialen Unterschieden und ökonomischen Ungleichheiten abgelenkt werde« (S. 9). Auch Müller (2021) argumentiert, dass eine inflationäre Verwendung oder Verwässerung des Diskriminierungsbegriffs von drängenden sozialen Fragen ablenken könne:

> »Manche sich linksdenkenden Bürgerinnen und Bürger richteten sich auf diese Weise ganz bequem in einem progressiven Neoliberalismus ein. Man sieht sich als fortschrittlich an, weil man Transgender-Toiletten befürwortet – wer die Toiletten dann sauber macht und zu welchem Stundenlohn, wird dann gar nicht mehr gefragt.« (Müller, 2021, S. 12)

11.1.1 Sehnsucht nach Eindeutigkeit und Identität

Einige nachdenkliche Stimmen nehmen inhaltliche Widersprüche im Diskurs wahr. Sie fragen danach, warum die Debatten um Diversität angesichts positiver Trends wie der rechtlichen Gleichstellung gleichgeschlechtlicher Ehen mit unverminderter Schärfe und Vehemenz geführt werden, warum Themen kleiner Bevölkerungsteile wie Trans*, derart breit diskutiert werden, und ob eng kategorisierende Selbstbeschreibungen wie »ich bin eine genderqueere, pansexuell begehrende, polyamor lebende Person of Color« nicht durch die Betonung von Verschiedenheit dem Prinzip der Gleichberechtigung aller Menschen entgegenwirken. Zu letzterem Aspekt schreibt Handerer (2022): »Die mit dem Konzept ›Diversität‹ verknüpften Appelle […] erfüllen nicht selten die Kriterien einer Doppelbotschaft: einerseits sollen Unterschiede wahrgenommen und gewürdigt, andererseits zugunsten von mehr Gleichheit aufgehoben oder ignoriert werden.« (S. 8). Diese Charakterisierung erscheint insofern zutreffend, als sie bei Anwendung auf die Genderdebatte zeigt, dass einerseits für mehr Vielfalt von Geschlechteridentitäten gestritten wird, andererseits die Unterscheidung zwischen den Geschlechterkategorien *männlich* und *weiblich* eingeebnet werden soll. Der Autor schreibt derartige Phänomene einer mangelnden Ambiguitätstoleranz zu. Hier werde die Mehrdeutigkeit, Vagueheit und Unbestimmtheit des Lebens nicht mehr ausgehalten, stattdessen würden eindeutige Verhältnisse angestrebt. Dies ist tatsächlich auch bei dem Diskurs um Geschlechtsidentitäten erkennbar: Während es in der vormodernen Zeit überhaupt keinen Diskurs um Geschlechtsidentitäten oder sexuelle Orientierung gab, tatsächlich (zumindest im Verborgenen) aber eine diverse Sexualität gelebt wurde (Schnell, 2002), gebe es heute eine Bemühung um Entambiguisierung: »Der Versuch, Eindeutigkeit in einer uneindeutigen Welt wenigstens dadurch herzustellen, dass man die Vielfalt der Welt möglichst präzise in Kästchen einsortiert, innerhalb derer größtmögliche Eindeutigkeit herrscht, ist eher dazu geeignet, Vielfalt zu verdrängen als zu fördern« (Handerer 2022, S. 8). Degen (▶ Kap. 7) nimmt ähnliche Tendenzen der *Vereindeutigung* in der Debatte um sexuellen Konsens wahr und stellt fest, dass die Bereitschaft, sich in uneindeutigen Situationen zu riskieren, gesunken ist. Einer ihrer Interviewpartner sagte: »Spätestens seit #metoo spreche ich keine Frauen mehr an, da lass ich mich lieber beim Klauen erwischen.« Auf den ersten Blick erscheinen die Möglichkeiten des Kennenlernens durch Online-Dating dann einfacher, ist doch zumindest das beiderseitige grundsätzliche Interesse geklärt. Roesler (▶ Kap. 5) fragt ebenfalls danach, wieviel sexuelle Hingabe in einer Atmosphäre der Besorgnis über Grenzüberschreitungen und in der Suche nach eindeutiger Zustimmung zu jedem erotischen Schritt noch möglich ist: »Wer zu jedem Knopföffnen seine Zustimmung geben muss, ist zu ekstatischem Selbstverlust nicht mehr in der Lage.« (Flaßpöhler, 2018, S. 26)[1].

11.1.2 Diversität: Sehnsucht nach Akzeptanz und Zugehörigkeit

Doch der Wunsch nach Eindeutigkeit erklärt noch nicht, warum die gesellschaftliche Debatte um die Anerkennung der neuen Beziehungsformen und Orientierungen oft mit einer solchen Schärfe und Vehemenz geführt wird. Liegt es schlicht an der Energie emanzipatorischer Bewegungen, an manchen Stellen den Bogen zu überspannen? Müller vermutet ein anderes Anliegen. Ihr zufolge geht es in den heutigen Entwürfen »mit ihrem letztlich unstillbaren Verlangen nach Anerkennung immer ausgefallenerer Identitäten« (Müller, 2021, S. 13) im Kern um die vollständige *Anerkennung* des eigenen durch die anderen. Dies könnte erklären, warum so vehement darum gerungen wird. Auch die Behauptungen, in einer »mononormativ-heteronormativen« Gesellschaft würden alternative Beziehungsformen unterdrückt, werden dadurch besser verstehbar: Vielleicht geht es gar nicht in erster Linie nur um die Freiheit, diese Beziehungsformen leben zu dürfen, sondern um eine umfassende (und damit wohl letztlich utopische) Anerkennung dieser Lebensformen im Sinne einer *Komplettakzeptanz* (▶ Kap. 5)? Andererseits erscheint das Bedürfnis nach Ak-

---

1 Der Paartherapeut Retzer (2022, S. 255) meint hierzu sehr pointiert: »Diese Art der entsexualisierenden Korrektheit führt zu Dilemmata, die keine besonders sexualisierende Wirkung haben müssen: Gerade hatte man noch die Rede von der Befreiung von der Last der Schuldgefühle und Hemmungen im Ohr, da wird man ständig davor gewarnt, welche möglichen Schaden man sich selbst und anderen durch eine unkorrekte Sexualität zufügen kann. Unterlässt man alles sexuell anmutende, scheint man auf der sicheren Seite zu sein, zumindest auf der, die sich nicht inkorrekt verhält. Das militante Ziel scheint hier zu sein, die Umwelt von unerwünschter sexueller Aufmerksamkeit, von Erregung, Begierden und Fantasien zu säubern. Sexuelle Inappetenz bietet sich hier als Lösung unmittelbar an. Die Folge sind diese furchtbaren moralisierenden Achtsamkeitsnötigungen und Würdigungszumutungen, die ja inzwischen durch die sogenannten Triggerwarnungen zur Vermeidung allgegenwärtiger Traumatisierungen noch unerträglicher geworden sind« (Retzer 2022, S. 305).

zeptanz bei Minoritäten angesichts der psychischen Folgen von Minoritätenstress und Ausgrenzung (▶ Kap. 2) in vielen Fällen durchaus nachvollziehbar. Wer mit permanenten Erfahrungen von Ablehnung und Ausgrenzung im engsten Familienkreis und in der Schule aufwächst und diese Ablehnung – je nach Resilienz – auch z. B. als *Homonegativität* internalisiert, entwickelt in besonderer Weise ein Bedürfnis nach Affirmation, Akzeptanz und Wertschätzung seiner Person. Maupin (2017) merkt hierzu an, dass die Erfahrung von horizontaler, d. h. gleich-generationaler *Zugehörigkeit* in der eigenen Minoritätengruppe offenbar für viele Menschen die fehlende vertikale (d. h. intergenerationale) Zugehörigkeit in ihrer eigenen Familie ersetzt, so sehr, dass diese zur *logischen Familie* im Gegensatz zur *bio-logischen Familie* wird und dadurch auch identitätsstiftend wirkt.

11.1.3 Sehnsucht nach Singularität bei wachsender Sensibilität

Andere aktuelle gesellschaftswissenschaftliche Theoriekonzepte werfen ein neues Licht auf das zunehmende *Bedürfnis nach der Anerkennung von Singularität in der individualisierten Gesellschaft*. In verschiedenen Beiträgen in diesem Band war schon thematisiert worden, dass eine der Hauptantriebskräfte hinter der Pluralisierung von Beziehungsformen in der Spätmoderne der Anspruch nach Selbstverwirklichung ist und dies mittlerweile grenzenlose Ausmaße angenommen hat. Andreas Reckwitz (2019) betont in seinem Beitrag zur *Gesellschaft der Singularitäten* zum Gedanken der Selbstverwirklichung als übergeordnetem Leitmotiv folgendes: das Individuum »setzt sich […] als befähigt und berechtigt zur Selbstverwirklichung voraus; es sieht sich als Ort von Potenzialen und nimmt für sich gewissermaßen ein moralisches Recht in Anspruch, sich so zu entfalten, wie es ihm in seiner Besonderheit entspricht. […] Das spätmoderne Subjekt spricht sich selbst einen Wert als Individuum zu, vor dessen Hintergrund die Legitimität der freien Entfaltung dieses Selbst überhaupt nicht in Zweifel steht, ja sozusagen natürlich zu sein scheint« (S. 290 f.). Allerdings gehe dieses Streben mittlerweile weit über ein bloßes Erringen der Freiheit zum Ausleben des Eigenen hinaus: »Diese Kulturalisierung ging einher mit einer Entstandardisierung und Singularisierung: der *besondere* Mensch als Individuum, das *besondere* Ding, der *besondere* Ort, das *besondere* Ereignis sind ihre Zielmarken« (S. 286). In diesem Sinne gehe es nicht mehr nur darum, das eigene zu entdecken und es auszuleben, dieses eigene müsse auch etwas Besonderes, Einzigartiges und noch nie Dagewesenes darstellen. Diese Argumentation kann schlüssig erklären, warum immer feiner ausdifferenzierte Identitäten und Beziehungsformen auftauchen, weil eben nur dieses neue, noch nie dagewesene das *Streben nach Singularisierung* befriedigt. Darüber hinaus entwickelt sich das gesellschaftliche Streben hin zu einer von Reckwitz so bezeichneten performativen Selbstverwirklichung, »also einer Darstellung von Selbstverwirklichung vor einem sozialen Publikum, um von dort als attraktives Leben anerkannt zu werden« (S. 305).[2] Als Beispiel für die

---

2 Die technologische Form der mediatisierten Verbreitung dieser Orientierung ist bekanntlich das Selfie.

Außendemonstration von Singularität kann ein Begriff wie *Gold Star Gay* angeführt werden. Bezeichnet wird damit ein schwuler Mann, der niemals vaginalen Verkehr mit einer Frau hatte (www.urbandictionary.com). Leicht könnte man darin eine Abwertung von Frauen oder Bisexuellen vermuten (und darin zeigt sich auch das Dilemma der Singularität, nämlich die Notwendigkeit, sich auf Kosten anderer zu profilieren), doch verwendet wird dieser Begriff vor allem, um eines deutlich zu machen: dass die *gold star gay person* offenbar in besonderer, singulärer Weise niemals an der eigenen sexuellen Orientierung gezweifelt habe.

In dieser Gestaltungsfreiheit und -notwendigkeit des Individuums verortet Wirth (2022) auch sexuelle Aspekte. Er weist darauf hin, dass Menschen ihr Leben nicht nur leben, sondern ein Leben führen.

> »Auf die Sexualität bezogen heißt das: die Menschen werden in ihrem Sexualleben nicht nur triebhaft gesteuert, sondern sie führen ihr sexuelles Leben und ihre Liebesbeziehungen und formen damit auch den Sexualtrieb selbst, d. h. sie verleihen durch ihre Entscheidungen und Handlungen ihrer Sexualität eine ganz persönliche Gestalt. Diese Gestaltgebung geht heute so weit, dass auch das eigene Geschlecht selbst konstruiert werden kann. Diese enorme Gestaltungsfreiheit ist jedoch mit einer Flexibilität, Offenheit und Fragilität verbunden, die notwendigerweise auch eine besondere Vulnerabilität mit sich bringt.« (S. 258 f.)

Und so sehen einige Positionen (vgl. Engels, 2022) die steigenden Zahlen im Bereich der sexuellen Minoritäten als Suchbewegung einer traditionell *identitäts-vulnerablen Gruppe*, nämlich der Adoleszenten, an. Dem Energieschub der Jugend setze die moderne Industriegesellschaft wenig Möglichkeiten der Kanalisierung entgegen, und insbesondere die Verunsicherung gegenüber der eigenen Sexualität und Geschlechtsrolle sei in dieser Zeit besonders ausgeprägt. Eine *Transidentität* zum Beispiel böte in dieser Lage angesichts diffuser Rollenerwartungen ein klares Identifikationsangebot mit *Singularitätscharakter.* Konkretisiert werde dieses Identitätsangebot durch die vielfältigen Möglichkeiten der Selbstinszenierung und Vernetzung des Internets.

Dem ist aus Sicht der Entwicklungspsychologie und der Sexualwissenschaft entgegenzuhalten, dass eine umfassende Gestaltungsfreiheit hinsichtlich der eigenen sexuellen und geschlechtlichen Identität nicht besteht – zu stark sind die Hinweise auf eine biologische Fundierung z. B. der sexuellen Orientierung, die sich auch im Scheitern jeglicher Konversionsversuche zeigt. Sowohl die weite Verbreitung nicht-heterosexuellen Begehrens sowie einer gewissen *Fluidität* des erotischen Begehrens sind seit der berühmten Kinsey-Studie durch weitere Studien belegt (z. B. Diamond, 2008; vgl. Bröning & Walper, ▶ Kap. 2). Ein ähnliches Spektrum an Erlebensmöglichkeiten, wie van Anders (2015) in ihrer *Sexual Configurations Theory* beschreibt, wird auch für Geschlechtsidentitäten gelten (ebd.). Daher kann man annehmen, dass es sich bei einem Teil der Menschen, die sich als trans* identifizieren, beim Übernehmen von Einstellungen nicht um ein reines Nachahmen handelt (so, wie man sich die Haare grün färbt, wenn es *in* ist), sondern auch um eine Art *Sicherkennens*, um eine innere Resonanz, die dieses Handeln begründet und innerlich logisch erscheinen lässt. Wie groß dieser Teil ist, wird weiterhin kontrovers diskutiert, auch weil zu Quellen und Verläufen von nicht-binärem oder transgender Geschlechtserleben bisher wenig geforscht wurde.

11.1.4 Zwischenfazit zum Spannungsfeld 1: Diversität

Zusammenfassend bewegt sich Diversität zwischen neuen Möglichkeiten der Zugehörigkeit, Akzeptanz und Identitätsfindung einerseits und dem Druck, sich als singulär zu inszenieren und dafür anerkannt zu werden andererseits. Die Verletzlichkeit bei ausbleibender Anerkennung der eigenen Singularität wird von Reckwitz (2019) als »Sensibilisierung des Subjekts« bezeichnet. Er fragt kritisch, ob sich diese nicht mittlerweile gegen sich selbst kehrt:

> »Die Sensibilisierung des Subjekts war und ist zunächst ein fortschrittlicher Prozess – mittlerweile droht er aber destruktiv zu wirken. [...] Die Sensibilisierung hat in der Gegenwartsgesellschaft einen Punkt erreicht, an dem sie riskiert, den Subjekten und dem Raum des Sozialen zu schaden – und dies nicht durch eine bloße Übersensibilisierung, sondern durch eine widersprüchliche Kultur der Sensibilität, die versucht, Negativität und Ambivalenz auszuschließen.« (Reckwitz, 2019, S. 57).

In der Gesellschaft der Singularitäten muss die Besonderheit des eigenen Selbst permanent konstruiert und behauptet werden, was mit einer erhöhten Verletzlichkeit einhergeht. Insofern werden die heute präsentierten Identitäten, Orientierungen und Beziehungsformen mehr als in früheren Zeiten als bedroht erlebt, zumal sie im Sinne der performativen Selbstverwirklichung auf andauernde Anerkennung angewiesen sind. In diesem Sinne könnte man die Vermutung anstellen, dass die Vielfalt und das Auftauchen bisher nicht dagewesener sexueller und beziehungsbezogener Identitäten zwar zum einen sicherlich eine Ausdifferenzierung bisher offenbar nicht lebbarer Orientierungen darstellt, die nun im Zuge der gesellschaftlichen Liberalisierung möglich wird, an manchen Stellen aber auch dem Umstand geschuldet ist, dass in dieser gesellschaftlichen Atmosphäre im Sinne der performativen Selbstverwirklichung permanent neue Besonderheiten produziert werden müssen. Da diese auch entsprechend gesellschaftlich anerkannt sein wollen, kann ein Gefühl latenter Diskriminierung schlichtweg durch die Erfahrung von Nicht-Wahrgenommen-Werden entstehen (dies würde möglicherweise die Lautstärke mancher Diskurse erklären). An dieser Stelle schlägt der emanzipatorische Impuls der Sensibilisierung dialektisch in sein Gegenteil um, weil Bevölkerungsteile, die diese Sensibilisierung auf dem Spielfeld des Geschlechts und der Sexualität nicht mitmachen können oder wollen, sich abgehängt und moralisch minderwertig fühlen (bzw. im kämpferischen Diskurs auch als solche verurteilt werden), was dann wiederum zu Ressentiments führt (Wirth, 2022; Flaßpöhler, 2021).

11.2 Diversität: Entwicklungsperspektiven

11.2.1 Stärkung von Vielfalt: Diversität ist unteilbar

Die grundsätzliche Freiheit, die eigene sexuelle Orientierung zu leben bzw. welche Beziehungsform auch immer zu wählen, muss in einer freiheitlichen Gesellschaft absolut gegeben sein im Sinne eines Menschenrechts. Demgegenüber ist die Frage, ob man in allen Teilen der Gesellschaft für diese Orientierung bzw. Lebensform Anerkennung bekommt, relativ, insofern dies ein sehr hoher Anspruch ist, der wohl realistischerweise nicht einzulösen ist, da er mit dem Recht auf Meinungsfreiheit kollidiert: Jedem Bürger in einem freiheitlichen Staat ist es freigestellt, die Lebensorientierungen anderer auch abzulehnen, kritisch zu sehen, vielleicht sogar zu verurteilen. Somit könnte man mit Schulze-Heuling (2022) hier davon sprechen, dass bezüglich der Konzepte von Gleichheit (i. S. v. Gleichbehandlung) und Anerkennung eine Verwechslung von relativen und absoluten Maßstäben zu Grunde liegt. Aufgabe des Staates muss es sein, die Freiheit zum Ausleben der eigenen Orientierungen zu gewährleisten und Benachteiligungen zu verhindern; es kann aber nicht Aufgabe des Staates sein – weil es schlichtweg nicht zu leisten ist – in allen Bereichen der Gesellschaft Anerkennung für alle anderen Lebensformen zu schaffen, wobei auch nicht klar wäre, worin sich diese Anerkennung ausdrücken würde. Natürlich bleibt es ein erstrebenswertes Ziel, dass Gesellschaft sich auf eine solche umfassende Anerkennung aller für alle hinbewegt – realistischerweise muss man das aber wohl eher als eine Utopie bezeichnen. Eine Annäherung an eine größere Akzeptanz ist dennoch erstrebenswert. Wie in verschiedenen Beiträgen dargelegt, spricht vieles dafür, dass es bei der Mehrheit der Menschen eine biologisch präformierte Bereitschaft für heterosexuelle und monogame Paarbindung gibt. Doch zeigt der Beitrag von Mueller-Schneider, dass dies nicht im Widerspruch zu einem Plädoyer für Vielfalt in Beziehungen stehen muss. Der Nachweis, dass es für Soziosexualität eine genetische Grundlage gibt, impliziert ja, dass es auch schon auf biologischer Ebene offenbar Bereitschaften für unterschiedliche Beziehungs-, geschlechtliche und sexuelle Orientierungen gibt. Vor allem aber kann der Mensch in der Spätmoderne sich auch über solche biologischen Präformierungen hinwegsetzen, eben weil die Kultur Teil unserer Natur ist. Die Frage ist also, ob es gelingt, eine Kultur der Vielfalt zu etablieren, in der dies für die nachkommenden Generationen zu einer Selbstverständlichkeit geworden ist.

Vor diesem Hintergrund treten wir einerseits für eine Stärkung des Diversitätsbegriffes ein, andererseits aber auch für ein Ernstnehmen der darin enthaltenen Implikationen – Vielfalt ist in diesem Sinne unteilbar. In Abwandlung eines berühmten Wortes von Rosa Luxemburg könnte man sagen: Vielfalt meint immer die Vielfalt der anderen Orientierungen (als der eigenen). Wenn also die Befürworter neuer Beziehungsformen sich für Vielfalt in kämpferischer Weise einsetzen und um Anerkennung für neuartige Orientierungen streiten, muss man ihnen entgegenhalten, dass Vielfalt eben auch traditionelle, ja sogar konservative und reaktionäre Modelle beinhaltet, die das gleiche Recht auf Anerkennung haben. Wenn in diesen Diskursen dann die Abschaffung der Ehe gefordert wird oder argumentiert wird, Monogamie sei ja nur eine Ausformung von Herrschaftslogiken, dann beinhaltet dies implizit eine Abwertung von Menschen, für die dieses Modell ihren Sehnsüchten entspricht: Im Grunde wird unterstellt, dass diese Menschen nicht wüssten, was ihnen eigentlich guttut, ja sie würden sich unwissentlich in ihren Orientierungen Herrschaftsdiskursen unterwerfen – das ist ebenfalls diskriminierend. So berechtigt also die Forderungen nach gesellschaftlichem Freiraum für neue Beziehungsformen erscheinen, so erzeugen die Ausdrucksformen dieses Diskurses oftmals Reaktanz und Widerstände. Man könnte es mit der berühmten Maxime der feministischen Combahee River Collective formulieren: »To be recognized as human, levelly human, is enough« (Müller, 2021, S. 17).

11.2.2 Liebe und Partnerschaft: Von der Vielfalt lernen

Vielfalt fordert heraus, die gelebten Konzepte von Geschlecht, Beziehung und Sexualität zu hinterfragen. Für Menschen in intimen Beziehungen entsteht durch Vielfalt eine größere Auswahl an möglichen Geschlechtsrollen, Beziehungsmodellen und Formen von Sexualität. Davon profitieren vor allem diejenigen, die sich in bestehenden Strukturen wenig wiederfinden. Durch eine *Verflüssigung starrer Geschlechtsrollenstereotype* ergeben sich neue Perspektiven auf Partnerschaft, eine größere Bandbreite im sozialen und emotionalen Ausdruck wird verfügbar. Wirth (2022) weist darauf hin, dass als eine Folge der Liberalisierungsbestrebungen »früher als typisch weiblich geltende Eigenschaften wie Expressivität, Emotionalität, Kommunikationsfreudigkeit, emotionale Kompetenz und Fürsorglichkeit, eine stärkere gesellschaftliche Relevanz, Anerkennung und Verbreitung gefunden haben – und zwar sowohl bei Frauen als auch bei Männern« (S. 208) – und dass schon Horst Eberhard Richter in den 1970er Jahren es als unerlässlich für den gesellschaftlichen Fortschritt angesehen habe, dass sich Männlichkeit und Weiblichkeit in diesem Sinne stärker wechselseitig durchdringen bzw. flexibler und durchlässiger werden. Tatsächlich bestätigen auch neueste Daten (Stiftung Männergesundheit, 2022), dass nur noch jeder vierte befragte junge Mann einem traditionell männlichen Rollenbild anhängt (und interessanterweise sind diese auch gesundheitlich am stärksten belastet), während nahezu 60 % ein von Gleichberechtigung und Partnerschaftlichkeit geprägtes Rollenverständnis haben. Zu einem erheblichen Teil haben zu diesen Entwicklungen auch die Emanzipationsbemühungen sexueller Minoritäten beigetragen, und so kann man diese als Motoren der gesellschaftlichen Entwicklung bezeichnen. Zum Typus der jungen Frauen, die sich »sehr eindeutig für die Sicherheit in der Beziehung entscheiden und anderes zurückstellen« (Roesler, ▶ Kap. 5) gesellt sich der Typus der jungen Männer, die dies ebenfalls tun, was zu mehr partnerschaftlicher Aufgabenverteilung führt. Dies entlastet Liebesbeziehungen, denn Paare, die Gleichberechtigung und Arbeitsteilung leben können, sind generell zufriedener (Bröning & Walper, ▶ Kap. 2). Auch die Sexualität kann sich durch flexiblere Rollenbilder verändern: Frauen zeigen bereits heute in Beruf und Beziehung zunehmend Verhaltensweisen wie Zielstrebigkeit und Selbstbewusstsein, ohne dafür *shaming* zu erfahren. Eine Zunahme dieser Eigenschaften in erotischen Begegnungen von Frauen würde vermutlich die Notwendigkeit, konsensuellen Sex formal sicherzustellen, an manchen Stellen obsolet machen.

Wir sehen in der Vielfalt der neuen Beziehungsmodelle ein Potenzial, von dem die Gesellschaft als Ganzes profitieren kann – Kleinplatz et al. (▶ Kap. 4) beispielsweise weisen auf die Erprobung alternativer Beziehungsstrukturen hin »jenseits der üblichen Rolltreppe in Richtung einer Kinder zeugenden, heterosexuellen Zwei-Personen-Ehe«. Gerade die Erfahrungen in der polyamoren Community in Verbindung mit dem hier sich entwickelnden Forschungsfeld böten eine Perspektivenerweiterung in Hinsicht auf Beziehungsführung (Bröning & Mazziotta, im Druck), und es zeigen sich offenbar Beziehungsgewinne und Formen, die mit dieser Beziehungsform verbundene Komplexität zu bewältigen (Fern, 2020). In diesem Sinne könnte man diese neuen Beziehungsformen als ein gesellschaftliches *Laboratorium* bezeichnen, in dem einige wenige Erfahrungen sammeln und Erkenntnisse gewinnen – allerdings müssen sie dann auch nüchtern ausgewertet werden, denn es bestehen besonders hohe zeitliche und emotionale Anforderungen an solche Beziehungen, wie ein deutlich erhöhter Aushandlungsbedarf. In der Beratungslandschaft erleben wir, dass die Zahl der Paare drastisch zunimmt, die sich zur Paarberatung anmelden mit dem Ziel, eine sogenannte *offene Beziehung* als vermeintliche Lösung ihrer Probleme anzugehen. Gerade dies verkompliziert aber vielfach die schon vorher vorhandenen Probleme noch weiter. Erst in der Zukunft wird sich zeigen, ob offene und polyamore Beziehungen aufgrund des schwierigen Umgangs mit Eifersucht eine Ausnahme bleiben werden (Müller-Schneider, ▶ Kap. 3) oder für Menschen unserer Zeit eine verbreitungswürdige, gangbare Alternative darstellen (Mazziotta & Möller-Kallista, ▶ Kap. 6). Es wäre schon ein Gewinn, wenn temporäre Außenbeziehungen nicht mehr von so vielen in der Gesellschaft zwangsläufig als das Ende der Primärbeziehung betrachtet würden (siehe dazu ausführlicher unten).

11.2.3 Prävention, Beratung und Therapie: Vielfalt integrieren

Brauchen (Paar-)Berater und -Therapeuten angesichts von Diversität besonderes Wissen und besondere Kompetenzen? Ja und nein. Einerseits zeigt Forschung zu queeren Beziehungen nur wenig Unterschiede zu gegengeschlechtlichen Beziehungen auf, was Paardynamik angeht (Bröning & Walper, ▶ Kap. 2) bis auf die bereits erwähnte Tatsache, dass eine offenere Sexualität und Beziehungsform deutlich stärker verbreitet ist. Zugleich ist die Beziehungsdauer in der queeren Community im Schnitt kürzer (Kneale et al., 2014) und der Bedarf nach Paarberatung daher groß. Eigene, aktuelle Daten (Bröning & Mazziotta, eingereicht) zeigen, dass offene Diskriminierung gegenüber Minoritäten in Beratungs- und Therapiesettings auf dem Rückmarsch ist. Viele queere Menschen erachten ein *Spezialwissen* über die queere Szene in der Auswahl ihrer Berater und Therapeuten nicht als zentral; andererseits ist dieses Wissen und die Thematisierung von Vielfalt als Ressource in Beratung und Therapie ausbaufähig, geht doch ihr Vorhandensein mit einem größeren subjektiven Beratungs- und Therapieerfolg einher (ebd.). Kleinplatz et al. (▶ Kap. 4) weisen ebenfalls darauf hin, dass die entsprechende Klientel mit einer Kontaktaufnahme zum Gesundheitssystem aus Sorge vor Pathologisierungen zurückhaltend ist, daher sollte das Personal entsprechend geschult sein, um die Inanspruchnahme zu erleichtern. Angesichts der Tatsache, dass bereits die *Mainstream-Sexualität* in Therapieausbildungs-Curricula ein stiefmütterliches Dasein führt, ist dies ein längst überfälliger Schritt. Nichols (2020) beschreibt aus langjähriger Erfahrung queere Themen in Beratungsprozessen und geht hier auch auf Paarbeziehungen und spezielle Themen, die in unterschiedlichen Konstellationen auftreten können, ein.

Am wenigsten Erfahrung gibt es wohl in der Beratung fluider und trans* Geschlechtsidentitäten im Kontext von Liebesbeziehungen. Angesichts der besonders schwierigen (Beziehungs-)Erfahrungen von trans*-Kindern, -Jugendlichen, und -Erwachsenen (Holt et al., 2021) bis hin zu verbreiteten Suizidversuchen (Bröning & Walper, ▶ Kap. 2) ist eine affirmative Haltung in der Beratung hier besonders zentral. Unsicherheiten in Bezug auf und die Infragestellung der eigenen Geschlechtsidentität im Jugendalter können auch eine Projektionsfläche für psychische Probleme im weitesten Sinne rund um die Bildung einer stabilen Identität darstellen. Konformitätsdruck kann Geschlechtsdysphorie verstärken (Perry, Pauletti & Cooper, 2019), stattdessen ist eine Beratung gefragt, die innere Prozesse weder antreibt noch blockiert, sondern Raum schafft für eine angemessene, produktive Zeit der Identitäts- und Beziehungsfindung. Grundsätzlich geht der Leidensdruck, der aus starren Rollen- und Geschlechterbildern resultiert weit über Menschen mit trans*Empfinden hinaus (Wippermann, 2013). Degen (▶ Kap. 7) zeigt, dass Tinder und andere Dating-Plattformen eher zur Verstärkung traditioneller Geschlechterklischees und dem damit verbundenen Konformitätsdruck beitragen. Prävention, Beratung und Therapie können dem entgegenwirken, indem sie starre Geschlechterstereotype in Frage stellen, Vielfalt positiv konnotieren und vielfältige Quellen von Identität aufzeigen, damit die Palette der *Singularitäts- und Zugehörigkeitsoptionen* größer wird.

11.3 Technologisierung: Schaffung neuer Beziehungsoptionen oder Deformierung menschlicher Beziehungen?

Die Digitalisierung hat das Leben revolutioniert: Acht von zehn Bundesbürgern nutzen mindestens ein Smartphone und fast drei Viertel aller Nutzer würden lieber auf ein Auto verzichten, als auf ihr Smartphone (Bitkom, 2021). Bezogen auf Liebe und Beziehungen bietet Medientechnologie Vorteile (vgl. Eichenberg, ▶ Kap. 8). Messengerdienste bieten einfache Möglichkeiten für Paare, sich zwischendurch auszutauschen und das tägliche Leben zu organisieren. »Zuneigung ausdrücken« war in einer Untersuchung der häufigste Grund für digitalen Kontakt zwischen Liebespartnern (Coyne et al., 2011). Sexting und Cybersex, d. h. sexuelle Interaktionen zwischen Online-Nutzern, helfen räumlich getrennten Paaren Intimität in ihrer Beziehung fortleben zu lassen. Online-Pornographie kann die partnerschaftliche Sexualität beleben (Eichenberg, ebd.). Online verfügbare Informations- und Hilfsangebote eröffnen Zugänge zum Hilfesystem auch bei intimen Fragen und Schwierigkeiten. Online-Paarberatung ist von großem Wert, wenn kein Angebot vor Ort ist. Auch qualifizierte Hilfe bei spezifischen Fragestellungen wie Trauma, die spezielle Zusatzausbildungen erfordern, wird verfügbar. Darüber hinaus bietet das Internet eine nicht mehr wegzudenkende Möglichkeit sozialer Unterstützung für diejenigen, die sich in ihrer Entwicklung außerhalb der gesellschaftlichen Norm empfinden und enger oder loser zusammenhängende Online-Unterstützungsnetzwerke als große Entlastung empfinden. Vorteile für die Anbahnung von Liebesbeziehungen eröffnen Online-Datingplattformen. Diese erscheinen besonders hilfreich und effizient für Situationen der Partnersuche, in denen Zeit eine knappe Ressource ist, in denen Menschen eingeschränkt sind, physische Begegnungen wahrzunehmen, und zur Risikominimierung bzw. *Vorklärung* von Passung, z. B. bei spezifischen Suchprofilen (Degen, ▶ Kap. 7). Schließlich gibt es Menschen, die dauerhaft erhebliche Schwierigkeiten haben, intime Beziehungen mit anderen Menschen aufzunehmen, z. B. aufgrund von körperlichen oder geistigen Einschränkungen. Dabei ist längst bekannt und wissenschaftlich gut untermauert, dass Einsamkeit sowohl psychisch als auch körperlich auf längere Sicht krank macht (Hawkley & Cacioppo, 2010). Liegt dann nicht auch ein Lösungspotenzial in der technologischen Weiterentwicklung *künstlicher Liebes- und Sexualpartner?* Seit wenigen Jahren werden Sexroboter in Form von Silikonpuppen mit künstlicher Intelligenz entwickelt und vertrieben (Bendel, ▶ Kap. 9). Diese sind bislang kaum verbreitet (Matyjas, 2022) und kaum beforscht. Zu diesem Zeitpunkt ist es noch unklar, inwieweit neben den sexuellen auch romantische/beziehungsorientierte Motive bei ihrem Kauf eine Rolle spielen werden (Matyjas, 2022). In ihrem aktuellen Entwicklungsstadium können sie nur sehr rudimentär eine Beziehungsillusion erzeugen (Bendel, ebd.). Ob sie in der sexuellen Bildung oder in der Prostitution eine größere Rolle spielen werden, ist ebenfalls unklar. Allerdings wird schon jetzt deutlich, dass die Existenz dieser technologischen Möglichkeiten eine neue Variante von Liebesbeziehungen hervorbringt (Bendel, ebd.; Devlin, 2020).

Üblicherweise wirken Berichte über Sexroboter irritierend bis befremdend und es wird häufig unterstellt, Nutzer solcher Technologien seien beziehungsunfähige, ausschließlich an Sex interessierte Männer. Eines der interessantesten Phänomene in diesem Feld ist die Erkenntnis, dass Nutzer von Sex-Robotern und Liebespuppen diese keineswegs ausschließlich für Sex verwenden, sondern mit der Zeit Quasi-Liebesbeziehungen zu diesen Maschinen entwickeln und dann völlig andere Dinge mit diesen unternehmen, als wofür sie ursprünglich gedacht sind. Im Grunde ist das eine auch rührende Erkenntnis, zeigt sie doch, dass die Sehnsucht nach Nähe, Intimität und Geborgenheit offenbar wichtiger werden kann als die reine sexuelle Begierde, zumindest in den berichteten Fällen. Kate Devlin, eine der führenden Forscherinnen in diesem Gebiet, betont folgendes:

> »The one message about love dolls I would love to get across to the general public is that they are not just for sex! Yes, some people do get them just for that, and in that respect they can, with a little care and imagination, work very well but I try to avoid the term ›sexdolls‹ as they are capable of being so much more.« (Devlin & Locatelli 2021, S. 87)

Deutlich verbreiteter sind derzeit andere *parasoziale Beziehungen*, d. h., einseitige Beziehungen mit einer mediatisierten *Persona*, vor allem diejenigen zu Online-Influencern in den sozialen Medien (Degen, Pistoll & Bröning, eingereicht). Diese Beziehungen können durch tägliche Selbstdarstellungen der Influencer eine Illusion realer und intensiver persönlicher Verbundenheit auf der Seite der Rezipienten erzeugen (Aw & Chuah, 2021). Allerdings – auf Einsamkeitsgefühle hatten parasoziale Beziehungen im Gegensatz zu *echten Freundschaften* keinen mildernden Effekt (Stein, Liebers & Faiss, 2022).

11.3.1 Schattenseiten der Technologisierung von Beziehungen

Die Risiken der technologischen Entwicklungen zeigen sich sowohl in bestehenden Partnerschaften, als auch bei der Partnersuche und in parasozialen Beziehungen. Nicht nur bei jüngeren Menschen ist eine Zunahme an *FoMo* (fear of missing out = Angst, etwas zu verpassen) zu beobachten, die ein permanentes Überprüfen von sozialen Medien und Messengern erforderlich macht. Wer sich gestresst fühlt, nutzt das Smartphone besonders intensiv (Dissing et al., 2019). In der *Partnerschaft* erzeugt die vermehrte Nutzung der Technologie vielfach zwischenmenschliche Störungen (technology + interference = *technoference*). Dies kann sich auch auf die Beziehungszufriedenheit auswirken, z. B., wenn sich ein Lebenspartner durch die dauernde Außenkommunikation in Gegenwart des Partners (auch Phubbing = phone snubbing/vor den Kopf stoßen mit dem Telefon) bedroht oder vernachlässigt fühlt (Bröning & Wartberg, 2022). (Online-)Eifersucht gegenüber vermeintlichen oder faktischen Rivalen kann entstehen (Eichenberg, ▶ Kap. 8). Die durch die Technik erleichterten Möglichkeiten für (Online-)Affären und Cybersex schüren diese Eifersucht, besonders bei bindungsunsicheren Personen (Bröning & Wartberg, 2021). In manchen Menschen wächst dadurch das Bedürfnis, ihre Partner zu kontrollieren, was sich in Cyberbullying und -stalking (=jemanden online bedrängen und verfolgen) äußern kann. Dazu kommen kommunikative Aspekte. Schon Gottman (1994) hatte in seinen Studien zur Paarinteraktion gezeigt, dass das wiederholte Sichabwenden in Gegenwart des Partners (heutzutage z. B., um eine Nachricht auf dem Smartphone zu lesen) einen der größten Risikofaktoren für die Verschlechterung der Beziehungsqualität darstellt. So weisen einige Studien darauf hin, dass allein der häufige Verlust von Blickkontakt Gefühle von Unverbundenheit und Bedeutungslosigkeit auslösen kann (Karadağ et al., 2016; Halpern & Katz, 2017), und dass die reine physikalische Nähe des Handys auf dem Tisch schon ablenkend wirken kann (Przybylski & Weinstein, 2013; Dwyer, Kushley & Dunn, 2018). Zudem steht zu vermuten, dass die gedankliche Abwesenheit, ausgelöst durch neue Informationen aus dem Smartphone die Gesprächsqualität noch lange nach dem letzten Blick in das Handy beeinträchtigen kann. Zu diesen alltäglichen Schwierigkeiten kommen laut Eichenberg (▶ Kap. 8) Probleme, die durch Online-Süchte, z. B. nach Cybersex und Online-Pornografie entstehen können.

Lapierre und Lewis konstatieren, dass es aber vor allem die unspezifische, »psychologische Abhängigkeit von diesen Endgeräten, und das Bedürfnis einer Person, dauernd mit ihrem oder seinem Smartphone verbunden zu sein« (Lapierre & Lewis, 2018, S. 395) potenziellen Schaden für die Beziehung birgt. Diesem Sog können sich viele Nutzer kaum entziehen, birgt doch das Handy bei vielen Menschen große Teile ihrer Alltagskommunikation und -information und damit von Freundschaften und Arbeit, genau wie auch den Zugang zu potenziellen neuen Freundschaften und Liebesbeziehungen. Darüber hinaus birgt der unspezifische positive Stimulus, der im Hinweiston einer neuen Nachricht liegt, eine unbewusste Hoffnung auf irgendetwas Lohnendes. Wird das Handy in Anwesenheit eines intimen Partners priorisiert, gibt man dieser unspezifischen Verheißung, d. h. einer fantasierten *augmented reality* (= ergänzte, verbesserte Realität), den Vorzug vor der unvollkommenen realen Welt. Parasoziale Beziehungen, z. B. zu Influencern, die sich mangels echter, zweiseitiger Kommunikation durch Distanz und projektive Lücken konstituieren, scheinen dem vulnerablen Ego möglicherweise mehr Belohnungscharakter zu bieten: Weder muss eine echte Auseinandersetzung stattfinden, noch besteht die Gefahr, dass die Imperfektion des Menschlichen das Liebesideal stört (Degen, persönliche Kommunikation). Die Intensität spezifischer parasozialer *Liebe*, d. h. die »gefühlte Wechselseitigkeit« bei »objektiver Einseitigkeit«, steigt bei wahrgenommener Attraktivität, Meinungsführerschaft und Glaubwürdigkeit der medialen Persona (ebd.; Leißner et al., 2014), ein Phänomen, das Konzerne zur Promotion ihrer Produkte reichlich nutzen. Letztlich bieten parasoziale Beziehungen, seien sie online oder mit einem Sexroboter, vielleicht kurzfristige Stimmungsaufhellungen, jedoch keine echte Reduktion von Einsamkeit (s. o.). Stattdessen diskutiert Bendel (▶ Kap. 9) die Gefahr der Versuche, Technologie in Richtung einer Liebesbeziehung umzunutzen. Im Umgang mit künstlichen Sexpartnern könnte diese darin liegen, dass die Gewöhnung an destruktive Verhaltensweisen wie gewalttätiges Verhalten gegenüber Sexrobotern sich auf zwischenmenschliche Beziehungen ausbreiten und zu einem Verlust von Respekt gegenüber den Grenzen des anderen führen könnte.

11.3.2 Einflüsse der Technologie auf Partnerwahl und Beziehungsdynamik

Besser erforscht ist die *Wirkung der Technologie auf die Partnersuche* und frühe Stadien von Beziehung. In diesem Bereich hat die Ökonomie schon ihren Siegeszug über die Gestaltung von Beziehungen angetreten, es gelten hier Degen (▶ Kap. 7) zufolge marktwirtschaftliche Prinzipien, die von den Machern und Betreibern von Online-Dating-Plattformen bewusst zur Kundenbindung genutzt werden. Spätestens seit Tinder sind Menschen hier zum *Produkt* geworden, das durch Wischen nach rechts oder links auf dem Bildschirm verworfen oder angenommen werden kann. Dies scheint auf den ersten Blick verheißungsvoll, so lassen sich in langen Checklisten genaue *Produktvorstellungen* beschreiben, das eigene Selbst kann optisch optimiert werden, die Applikation verspricht Zeitersparnis, Risikominimierung und Verfügbarmachung positiver Emotionen durch gelungene Matches. Doch die Schattenseite ist schnell erkennbar. Zum einen arbeiten die sorgfältig gehüteten Matching-Prozeduren der Online-Partnersuchplattformen weder empirisch begründet noch praktisch wirkungsvoll: In einer kürzlich veröffentlichten Studie (Joel & MacDonald, 2021) konnte nicht einmal mithilfe von künstlicher Intelligenz, die über 100 Persönlichkeitseigenschaften nebst Vorlieben erfasste, Partnerwahlen valide vorhergesagt werden. Auch ist die Vorstellung, Menschen würden sich innerhalb solcher technologischen Möglichkeiten rationaler verhalten und damit besser ihren eigenen Interessen dienen als in der *wilden Wirklichkeit*, offenbar eine Illusion. Menschen verhalten sich noch nicht einmal bei rein ökonomischen Entscheidungen, wie z. B. der Geldanlage, rational, wie der Ökonomie-Nobelpreisträger Richard Thaler (2018) gezeigt hat – umso weniger also werden sie es bei Beziehungsentscheidungen tun. In der genannten Publikation wurde die noch immer häufig in der Psychologie zur Erklärung von Paarbeziehungen verwendete Austauschtheorie überzeugend widerlegt. Es ist nicht plausibel, dass Menschen auf einem Partnermarkt tatsächlich in einer selbstbestimmten und ihren Interessen und Bedürfnissen dienlichen Weise potentielle Partner systematisch suchen und finden können. Das Argument also, die technologischen Möglichkeiten würden die Menschen ermächtigen, das, was sie suchen, auf bessere Weise und erfolgreicher zu finden, ist weitgehend entkräftet. Es vernachlässigt darüber hinaus die mittlerweile umfangreichen Erkenntnisse aus der psychoanalytischen Paardynamik über unbewusste Prozesse bei der Partnerwahl (vgl. Roesler, im Druck).

Online-Partnersuche fördert die Tendenz zur Selbstvermarktung, z. B. gilt im Suchprozess beim Anbieten des eigenen Profils das Primat der Optik, auf deren Basis die Entscheidung für oder gegen ein weiteres Kennenlernen getroffen wird. Außerdem entsteht eine checklistenhafte und darüber hinaus letztlich kaum erfüllbare Erwartungshaltung an das Gegenüber. Und in der Nutzung der App wird durch die mögliche Parallelität der Anbahnungen und der Kommunikation wenig Tiefe und Intensität der Begegnung erlebt, ja die Intimität an sich zerstört (Degen, ▶ Kap. 7). Es zeigt sich kurzum die ökonomische Logik, der Illouz (2018) oder auch Weigel (2018) das Ende der romantischen Liebe zuschreiben (vgl. Roesler, ▶ Kap. 5). Die durch Technologie vermittelten, potenziell unendlichen und dauernd verfügbaren Optionen greifen auch in bereits angebahnte Beziehungen hinein, z. B., wenn in Krisen der eigene Marktwert durch erneute Tinder-Dates oder -Flirts geprüft wird. Solche Entwicklungen hätte sich selbst Karl Marx wohl kaum träumen lassen, als er voraussagte, dass im Kapitalismus menschliche Beziehungen »Warencharakter« erhalten.

Die Algorithmen der Dating-Plattformen unterstützen die auch von Seiffge-Krenke (2022) thematisierte Unverbindlichkeit und Kurzlebigkeit von Beziehungen. In der Kommerzialisierung der Partnersuche wäre es ein unlogisches Geschäftsmodell, wenn Partnersuchende tatsächlich jemanden für den Rest des Lebens finden würden – dann bräuchten sie ja nicht weiterhin eine Dating-Plattform. Zwar weist das *menschliche Bedürfnis nach Bindung und Intimität ein großes Beharrungsvermögen* auf: In einer bemerkenswerten Analyse von Nutzungsmustern der Dating-App Tinder stellt Newerla (2021) fest, dass ausnahmslos alle ihre Gesprächspartner sich verbindliche Beziehungen wünschten und auf der Suche nach einer festen Beziehung waren. Auch Degen kam zu dem Ergebnis, dass das Interesse an sexuellen Beziehungsanbahnungen nur im unteren Drittel der Motive der Nutzer von Tinder steht. Doch ist die Online-Partnersuche gekennzeichnet durch Unsicherheiten und gebrochen durch den Anspruch des Offenseins, wobei dabei unscharf bleibt, wofür genau: »Feste Partnerschaft, Gelegenheitssex, Fuck Buddies, Freundschaft Plus, die große Liebe, einen Urlaubsflirt, Kletterpartnerinnen, die ein sich näher kommen nicht ausschließen, etwas Unbeschwertes und Offenes, kein Drama, keine oder ausschließlich One-Night-Stands, Spaß und Unterhaltung usw.« (Newerla, 2021, S. 48 f.). Sowohl bei Degen als auch bei Newerla wird ein vielfältiges Unwohlsein der Nutzer von Online-Dating angesichts der Ambiguität der eigenen Wünsche deutlich, das z.T. durch Spaltung aufgelöst wird: man hat »Menschen für intimen Austausch und Menschen zum Vögeln« (ebd.). Das Unwohlsein resultiert aber auch aus einer Angst vor Ablehnung, falls man sich auf einen Dating-Partner einlässt und von diesem plötzlich nicht mehr kontaktiert wird (Ghosting). Derartige Erfahrungen führen vor allem bei unsicheren Menschen zu einer Reduktion des Selbstwerts und dem Gefühl, nicht begehrenswert zu sein, zu Selbstoptimierungsversuchen und Hassgefühlen gegenüber der Gruppe, die gleichzeitig die Zielgruppe der eigenen Suche ist (Degen, ▶ Kap. 7).

11.3.3 Zwischenfazit zum Spannungsfeld 2: Technologisierung

Der sogenannte Transhumanismus sieht in der Überschreitung menschlicher Grenzen durch Technologie ein *Upgrade* des Menschen voraus (vgl. Sahinol, Coenen & Motika, 2021). Und es ist angesichts der beschriebenen Phänomene nicht von der Hand zu weisen, dass die technologische Entwicklung auf die Ausformung von Paarbeziehungen in der Gesellschaft zurückwirkt. Doch scheinen die technologischen Entwicklungen trotz der genannten Vorteile menschliche Beziehungen an vielen Stellen eher zu deformieren und damit den Bedürfnissen der Nutzenden oft nachhaltig zu schaden. Dies bestätigt Befürchtungen, die technologischen Entwicklungen und ihre Nutzung für die Suche nach und Gestaltung von Paarbeziehung würde auf subtile Weise das eigentlich menschliche an den menschlichen Beziehungen unterlaufen und schleichend auflösen (Illouz, 2018, S. 12f.). Denn kennzeichnet es nicht gerade die Conditio humana, dass wir als Menschen auf die anderen Menschen angewiesen sind? Dass Beziehung eben gerade nicht verfügbar und kontrollierbar ist, sondern auch mit einer gewissen Ausgeliefertheit, Abhängigkeit und somit Unkontrollierbarkeit durch das Selbst unauflöslich verknüpft ist? So stellen technologische Mittel möglicherweise auch Versuche dar, etwas in den Griff und die subjektive Kontrolle zu bekommen, was sich ebendiesem ganz grundsätzlich entzieht. Doch ist gerade Unverfügbarkeit, d.h. die nicht kontrollierbare Antwort eines anderen Subjekts, eine entscheidende Zutat für das Erleben zwischenmenschlicher Resonanz (Rosa, 2016). Es ist höchste Zeit, diese sich rasant entwickelnde Eigenlogik in Bezug auf intime Beziehungen kritisch zu hinterfragen.

11.4 Technologisierung: Entwicklungsperspektiven

11.4.1 Handlungsfähigkeit im Umgang mit der Technologie

Illusionär wäre es, zu glauben, die technologische Entwicklung würde sich verlangsamen, innehalten oder gar verschwinden. Vielmehr ist vermutlich eher das Gegenteil der Fall. Welche Ansätze kann es geben, sie – auch angesichts der

Marktmacht ihrer Anbieter – zu *zähmen* und zum Wohl ihrer Nutzer einzusetzen? Zum einen gibt es die Erkenntnis, dass die meisten Menschen auf der Online-Partnersuche sehr viel mehr als durch sexuelle Begierden von der *Sehnsucht nach Nähe, Intimität und Geborgenheit* in einer erfüllenden Beziehung angetrieben werden. An dieser Stelle scheint es sinnvoll, den für die Verwendung von Medien definierten Begriff der Medienkompetenz auf die Nutzung von Technologien insgesamt auszudehnen. Schlüsselkonzept beim Begriff der Medienkompetenz ist die selbstbestimmte und den eigenen Interessen und Bedürfnissen dienende Nutzung von Medien, bzw. hier nun von Technologien insgesamt. Technologie muss den Menschen und ihren Interessen und Bedürfnissen dienen, nicht umgekehrt. Die Entwicklung und Förderung einer Technologiekompetenz als Bestandteil einer noch weiter gefassten Beziehungskompetenz scheint eine der bedeutsamsten Aufgaben für gelingende Beziehungen in der Zukunft zu sein. Dazu gehört auch eine frühe Reflexion über einen mündigen Umgang mit Tools wie Online-Dating-Plattformen sowie deren marktwirtschaftlichen Interessen und Mechanismen (Degen). Auch respektvolle Smartphonenutzung in Liebesbeziehungen (s. o.) ist Teil aktueller Beziehungskompetenz. Prozesse wie *technoference* (der Übergriff des technischen ins Private und Intime) und *phubbing* können in der Beratung thematisiert und dort kritisch hinterfragt werden, wo sie besonders für junge *digital dwellers*, d. h. digital verweilende Menschen, bereits zur Beziehungsnormalität gehören.

Gleichzeitig bieten digitale Medien für die präventive Arbeit mit Paaren auch ein Potenzial. Die Pandemie hat den Ausbau digitaler Angebote für Paare stark angeschoben. Bekannt sind z. B. Online-Angebote wie *Paarlife*, *Paarbalance* oder *Theratalk*. Zwar bestehen für den deutschsprachigen Raum wenig evaluierte Online-Angebote (Pilsl & Heitkötter, 2020), internationale Forschungsarbeiten belegen bereits die Wirksamkeit einiger Angebote (Doss et al., 2022). Die Chancen digitaler Prävention liegen in der hohen Reichweite und der Möglichkeit der stark zielgruppenorientierten Gestaltung sowie einem niedrigschwelligen Zugang. Erste Erfahrungen mit der kommerziellen Beratungsplattform *Couch Now* sowie Erfahrungen mit belasteten Familien in Zeiten der Pandemie zeigen, dass besonders männliche Zielgruppen, die traditionell weniger Beratung aufsuchen und technikaffiner sind, sowie jüngere Zielgruppen durch digitale präventive Angebote besser angesprochen werden können (Bröning & Clüver, 2022). Christian Roesler, einer der Autoren dieses Bandes, ist beteiligt an der Gestaltung und wissenschaftlichen Begleitung des Internetportals www.lotsenportal.de, das 2023 gestartet wurde. Dieses basiert – im Gegensatz zu einigen anderen Online-Angeboten für Paare – auf wissenschaftlichen Erkenntnissen, prüft eingangs mit einem wissenschaftlich fundierten Test die Belastung der Beziehung der Nutzer und schaltet diese dementsprechend für in Eigenregie nutzbare Angebote frei bzw. weist die Klienten bei hoher Belastung direkt einer persönlichen Beratung zu; letzteres ist entscheidend, da bei höheren Konfliktniveaus z. B. Kommunikationstrainings sich kontraproduktiv auswirken können. Das Angebot ist darüber hinaus durch einen gemeinnützigen Träger finanziert und für die Nutzer kostenfrei, im Gegensatz zu zahlreichen kommerziell orientierten Angeboten.

11.4.2 Rehabilitierung physischer Begegnungsmöglichkeiten

Die aufgezeigten Entwicklungen sprechen für eine neue Wertschätzung und Förderung physischer Präsenz. Auch Kleinplatz et al. (▶ Kap. 4) plädieren für eine Veränderung der sozialen Strukturen und die Stärkung von echten, Offline-Begegnungsmöglichkeiten – und das aus der Perspektive der USA, d. h. eines Landes, das schon früher und intensiver von der Digitalisierung überzogen wurde. Aus ihrer Sicht sind »soziale Strukturen […] der Rahmen, in dem Beziehungen und Sexualität erlebt werden. Die Rückbesinnung auf ältere Modelle, wie z. B. die Schaffung von mehr Möglichkeiten, sich in Echtzeit und an realen Orten zu treffen (kostenlose Konzerte in Parks, gemeinschaftliches Gärtnern, Räume zum Tanzen usw.), bieten Möglichkeiten zur Linderung von Einsamkeit.« (ebd.). Roesler (▶ Kap. 5) betont die Bedeutung der Körperlichkeit angesichts der Verunsicherungen und Relativierungen der Spätmoderne, die fraglos Echtheit und Eindeutigkeit vermittelt, so z. B. in der Sexualität, in der man sich als kompletter Mensch akzeptiert fühlt. Auch Bröning und Walper (▶ Kap. 2) kommen zu dem Ergebnis, dass die physische Begegnung zentral ist, da die Wurzeln unserer Beziehungsfähigkeit physiologisch verankert sind. Letztlich wird Resonanz zwischen Menschen (Rosa, 2016) zu großen Teilen nonverbal übertragen. Dieses Primat der ganzheitlichen Begegnung ist weiterhin das zentrale Argument gegen das Überhandnehmen von sinnesmäßig verflachten Kanälen der digitalen Welt.

11.5 Selbstverwirklichung: (Wie) Ist sie mit dauerhafter Bezogenheit vereinbar?

Es ist eine grundlegende Verunsicherung in der spätmodernen Gesellschaft darüber spürbar, was Paarbeziehung eigentlich ist, welche Rolle sie für Menschen spielt, welche Bedeutung sie in Bezug auf Gesundheit, Transgenerationalität sowie für die Gesellschaft als Ganzes hat. Einerseits wird eine langfristig erfüllende Partnerschaft ersehnt, die eine breite Palette von Sehnsüchten und Wünschen bedient (vgl. Bröning & Walper, ▶ Kap. 2), romantische Liebe und gelingende Sexualität enthält. Gleichzeitig soll die Beziehung beliebigen Spielraum lassen für selbstbestimmte Entwicklung und die Entfaltung der eigenen Persönlichkeit. Individuen messen ihren Erfolg an selbst produzierter Zufriedenheit (Degen, ▶ Kap. 7), und sind insofern auch für Unglück selbst verantwortlich. Vor dem Hintergrund ohnehin schon hoher Anforderungen an Qualifizierung und berufliches Fortkommen, Mobilität und Flexibilität des Individuums ist die von Seiffge-Krenke (2022) und Kleinplatz et al. (▶ Kap. 4) konstatierte zögerliche Bereitschaft junger Menschen, sich langfristig zu binden und dadurch entstehender möglicher Zielkonflikte mit einer zweiten Person durchaus nachvollziehbar. Im Zuge dieser zunehmenden Ökonomisierung zwischenmenschlicher Beziehungen entfaltet das Streben nach

Selbstverwirklichung ein durchaus destruktives Potenzial. Gegenwärtige Diskurse betonen mit Blick auf Beziehungen zum einen den Aspekt der Selbstbestimmtheit, zum anderen – durchaus in marktkapitalistischer Logik – die Maximierung des eigenen Nutzens durch die Beziehung. Bereits erwähnt wurde, wie die *Übertragung marktwirtschaftlicher Logik auf menschliche Liebesbeziehungen* bei der Dating-Plattform Tinder offenkundig wird, die eine effiziente, Risiko minimierende Partnersuche verspricht und menschliche Beziehungen als Katalogware anpreist. Der Übergang zwischen Sex als Akt der Vorstellung (Degen, ▶ Kap. 7) und unverbindlicher Partneroptimierung einerseits sowie Offline-Liebesglück, Stabilität und Treue andererseits dürfte nicht immer leichtfallen – die überfordernde Wahlmöglichkeit bleibt schließlich immer nur einen Klick entfernt.[3] Insgesamt bewerten Menschen gelebte Beziehungen, der Logik der Nutzenmaximierung folgend, vermehrt danach, ob ihre individuellen Bedürfnisse befriedigt werden. Geschieht dies nicht, kann Beziehung schnell an ihr Ende geraten, mit allen in diesem Band aufgezeigten Konsequenzen.

Zur rigiden Moral des *goldenen Zeitalters der Ehe*, in der die Auflösung der Beziehung keine Option oder zumindest sozial geächtet war, möchte wohl kaum einer zurück. Doch wenn man sagen kann, dass Paarbeziehung von Polaritäten bzw. Gegensatzspannungen bestimmt ist, von denen die wahrscheinlich wichtigste die Polarität von Bindung versus Autonomie ist, dann könnte man von den herrschenden postmodernen Diskursen sagen, dass sie den Pol der Autonomie im Sinne von verabsolutierter Selbstbestimmtheit überbetonen. Im selben Maße wird der Pol der Wandelbarkeit/Veränderung im Gegensatzpaar Stabilität versus Veränderung überbetont. Die Nachteile der wiederholten Auflösung von Liebesbeziehungen werden daher oft nicht ausreichend bedacht. Verheiratete haben in unserer Gesellschaft nach wie vor die höchsten Werte in der Lebenszufriedenheit und der Verlust des Partners, insbesondere durch Scheidung, bewirkt, dass viele Betroffene nicht mehr die gleichen Zufriedenheitswerte erreichen wie davor (Schröder, 2020). Mit der Trennung von einem Partner geht auch ein Stück gelebte Geschichte verloren, von emotionaler Bindung und strukturellen Nachteilen ganz zu schweigen. Vor allem aber wird zu wenig beachtet, dass die Betonung der individuellen Gestaltbarkeit von Beziehung nach den eigenen Interessen und Vorstellungen sowie die daraus entstehende Instabilität auch mit Blick auf die persönliche Entwicklung nicht nur einen Gewinn darstellen. Zwar wird immer wieder betont, eine Beziehung müsse beendet werden, weil man auf der Suche nach dem optimalen Umfeld für die persönliche Selbstentfaltung sei. Doch es gibt auch ein gutes Argument, warum das Verbleiben in einer schwierigen Beziehung für den eigenen Weg besser sein könnte als das Aussteigen: die Vorstellung der persönlichen Wachstumschance im Partner. Diese kommt in einer Idee zum Ausdruck, die schon von Guggenbühl-Craig (1990) im Konzept der Individuationsehe bzw. von Jürg Willi (1985) in seinem Modell der

---

3 Die Entlastung von dieser allgegenwärtigen Verfügbarkeit einer möglicherweise besseren Alternative wurde interessanterweise während der Corona-Epidemie deutlich: Dating-Prozesse wurden während des Lockdowns als intensiver erlebt, weil man sich aufgrund des Ansteckungsrisiko mit weniger Menschen traf, sich aber auf Spaziergängen intensiv austauschte (Konrath, 2020). Auch bezogen auf die Paarbeziehung wurde trotz der vielen Schwierigkeiten eine gestiegene Verbundenheit während Corona berichtet, der subjektive Wert der bestehenden Partnerschaft stieg an (z. B. Gunther-Bel et al., 2020).

Koevolution vorgestellt wurde. Diese Ideen beziehen sich auf die sogenannte deutsche Begegnungsphilosophie bzw. insbesondere auf das von Martin Buber formulierte Prinzip: das Ich wird am Du (siehe dazu ausf. Willi, 1985). Denn ein Paar gestaltet zwar den Rahmen, in dem es lebt – die Form des Paares aber gestaltet den Verlauf der Beziehung und kann die Individuen darin transformieren (siehe dazu ausf. Roesler, 2017). Diese Sichtweise nimmt an, dass die Vorstellung, man wähle sich bewusst seine Partner, weitgehend eine Illusion darstellt. *Etwas in uns* wählt genau solche Partner, mit denen wir zwangsläufig in Konflikte geraten, wobei gerade dies in besonderer Weise ein Feld für persönliche Entwicklung und Individuation darstellt. Denn die anfänglich so attraktive Andersartigkeit des Partners zeigt nach und nach ihre Schattenseite: was anfänglich so anziehend und faszinierend war, wird nun zunehmend störend und wird abgelehnt (s. auch Kollusion; Willi, 2012). Es ist das Wechselspiel dieser schwer aushaltbaren Andersartigkeit, die in der Beziehung Entwicklungen in Gang setzt, die die Person gerade *nicht* bestimmen kann, auch *nicht* selbst wählen würde. Und gerade darin liegt ein Wachstumspotential – nämlich erstens das, was man früher im Partner liebte, jetzt aber aufgrund seiner Andersartigkeit ablehnt, als Akt der Selbstfürsorge in sich selbst zu integrieren, und zweitens den anderen Menschen trotz der resultierenden Enttäuschung in seiner Unvollkommenheit zu akzeptieren. Diese Idee relativiert die starke Orientierung an Selbstbestimmtheit. Es wird anerkannt, dass man sich mit einer Paarbeziehung zwangsläufig Konflikte einhandelt, die letztlich unvermeidlich sind, doch darin steckt eine Entwicklungschance. *Paarkonflikte beinhalten ein Wachstumspotential,* wenn man bereit ist, einen Sinn in diesen Konflikten zu sehen und die Auseinandersetzung damit zu akzeptieren. Der Gewinn derartiger Entwicklungen ist aber nur dann erfahrbar, wenn die Konflikte in der Beziehung ausgehalten und konstruktiv ausgetragen werden – und man nicht angesichts der Schwierigkeiten in Trennung flüchtet.

11.5.1 Der Reiz des Neuen als Trennungsgrund – sind »offene Beziehungen« die Lösung?

Besonders schwer auszubalancieren ist in der Langzeitbeziehung der *ewige Konflikt zwischen dem Bedürfnis nach Sicherheit in der Bindung und (erotischer) Spannung bzw. Neugierde.* Idealerweise unterstützen sich in einer Liebesbeziehung die Bedürfnisse nach Sicherheit in einer emotionalen Bindung sowie nach sexueller Anziehung und Erregung wechselseitig. Diese Bedürfnisse können aber auch in ein antagonistisches Verhältnis geraten, nämlich dadurch, dass insbesondere das Neue und Fremde erotisch interessant und anziehend wirkt. Es ist keine neue Erkenntnis, dass auch Partner in festen und verbindlichen, ja in glücklichen Beziehungen durchaus für den Reiz des Neuen und Fremden empfänglich sind. Dies ist auch keine neue Erscheinung der Spätmoderne:

> »Ich ging in die Richtung einer Sehnsucht, die weiter nicht nennenswert ist, da sie doch, wir wissen es und lächeln, alljährlich wieder kommt, eine Sache der Jahreszeit, ein märzliches Heimweh nach neuen Menschen, denen man selber noch einmal neu wäre, so, dass es sich

auf eine wohlige Weise lohnte, zu reden, zu denken über viele Dinge, ja, sich zu begeistern, Heimweh nach einem langen Gespräch mit einer fremden Frau.« (Frisch, 1952, S. 10)

Daraus folgt für langdauernde Paarbeziehungen ein gewisses Strukturproblem, was sich auch darin zeigt, dass in Ehen bzw. lebenslang angelegten Partnerschaften ca. 50 % der Partner irgendwann im Verlaufe der Beziehung Außenbeziehungen eingehen, wobei es hier keine wesentlichen Unterschiede zwischen den Geschlechtern mehr gibt. Wir beide machen in unserer Arbeit als Paartherapeuten immer wieder die Erfahrung, dass die Aufdeckung eines solchen Fremdgehens, sei es sexuell oder in anderer Form, selbst wenn es äußerst begrenzt ist und keine fundamentale Infragestellung der Paarbeziehung bedeutet, bei den betrogenen Partnern extrem destruktive Dynamiken auslösen kann, die selbst beim besten Willen beider Beteiligten nicht selten in Trennung und Scheidung münden. An dieser Stelle könnte sich ein möglicher *Gewinn neuer Modelle von offenen bzw. polyamoren Beziehungskonstellationen* ergeben. Das Argument, das die Befürworter solcher Beziehungsformen anführen, dass ja auch in eigentlich sexuell exklusiven Ehen massenweise Fremdgehen stattfindet, und es von daher aufrichtiger wäre, die Beziehung gleich in dieser Hinsicht offen zu gestalten, ist nicht von der Hand zu weisen – zumal, wenn man den Schaden bedenkt, den solche Vertrauensbrüche erzeugen.

11.6 Langzeitbeziehung: Entwicklungsperspektiven

11.6.1 Neue Beziehungsmodelle rufen zu reflektierter Beziehungsgestaltung auf

Die Existenz der neuen Beziehungsmodelle schafft insofern eine neue gesellschaftliche Situation, als sie Paare dazu aufruft, bewusster und expliziter über ihre Beziehungsmodelle zu reflektieren und darüber zu interagieren – z. B. schon früh im Beziehungsverlauf offener über die Gestaltung des Umgangs mit dem »Außen« zu sprechen. Doch Diskurse über neue Beziehungsformen sind zweischneidig. Einerseits können sie helfen, bestimmte Probleme in Paarbeziehungen der Gegenwart zu lösen, indem sie z. B. starre Sichtweisen in Hinsicht auf Treue/Verbindlichkeit durch neue Perspektiven auflockern oder relativieren. Andererseits sind diese Modelle emotional voraussetzungsreich, und ihre Existenz kann auch in den Zweifel führen, z. B., wenn man glaubt, man müsse im Sinne der Selbstverwirklichung und des eigenen *Marktwerts* trotz Widerwillen gegen die eigenen Bedürfnisse handeln, z. B. eine Außenbeziehung einfach akzeptieren, eine Minimalanzahl sexueller Abenteuer erleben, die Beziehung dem anderen zuliebe öffnen oder zumindest ausgefallene sexuelle Praktiken vollziehen. So zeigen neue Beziehungsformen einerseits verheißungsvolle Wege zu mehr Freiheit und Vielfalt auf, während sie andererseits Verunsicherung bewirken und manchmal auch die Gestalt neuer normativer Anforderungen annehmen. Es verstärkt sich noch einmal die Erkenntnis, dass

Paarbeziehung heutzutage individualisierte Aushandlungsprozesse erforderlich macht. Ein Beispiel hierfür ist die Familiengründung. Tatsächlich findet sich heute durchaus auch die Situation, dass Menschen, die sich ihrem Kind in den ersten Lebensjahren widmen wollen und dafür aus dem Beruf aussteigen, gesellschaftlichen Druck in der anderen Richtung erhalten, nämlich dass sie ihre berufliche Karriere und persönliche Entwicklung nicht vernachlässigen sollten.[4] Die Entscheidung, ob und wann Frau Kinder bekommt und in welcher Beziehungskonstellation, muss aber nicht zwangsläufig als heteronormativer Druck verstanden werden. Im Sinne der oben dargestellten Auffassung von Vielfalt wäre daher wichtig zu betonen, dass eben diese Vielfalt auch traditionelle Modelle und Lebenslaufmuster inkludieren muss. Dies ist zu unterscheiden vom Phänomen der unfreiwilligen Retraditionalisierung, die nach wie vor viele Paare bei der Geburt des ersten Kindes erleben (vgl. Bröning & Walper, ▶ Kap. 2). Diese strukturell bedingte traditionelle Rollenaufteilung stimmt in diesem Fall nicht mit den Wünschen des Paares nach einer egalitären Aufgabenverteilung überein.

Echte Vielfalt inkludiert freie Wahlmöglichkeit. *Wir sehen daher weder die Monogamie als ein durch Herrschaftslogiken erzwungenes Gefängnis an, noch leugnen wir die belebende Kraft innovativer Diskurse und gelebter Erfahrungen mit neuen Beziehungsformen.* Diese können bereichernd für die Gesellschaft insgesamt wirken. Eine Bereicherung könnte z. B. schon darin bestehen, dass eine Diskussion über die oft extrem weitreichenden Absolutheits- und Ausschließlichkeitsansprüche eröffnet wird, die immer noch viele der herkömmlichen Beziehungsmodelle kennzeichnen, die häufig eine Trennung auslösen, und die von denen, die ihnen anhängen und sie versuchen zu leben, oft nicht einmal reflektiert werden können. Ein Beispiel dafür ist die Treue. Bindung, Attraktion und Sexualität fallen nicht immer ein Leben lang zusammen (Bröning & Walper, ▶ Kap. 2), und so wird es auch zukünftig Affären und Außenbeziehungen geben. Viele Menschen in unserer Kultur kennen als einzige Reaktionsweise, einen solchen Schritt als massiven Verrat an sich und der Beziehung zu betrachten, der als einzig mögliche Konsequenz die Trennung erfordert. Doch der Fremdgeher muss nicht automatisch ein Täter sein, von dem man sich radikal abwendet, stattdessen könnte die Beziehungsdynamik als Ganzes mehr in den Blick genommen werden. Es wäre für die gesellschaftliche Entwicklung viel gewonnen, wenn die Diskurse und die Erfahrungen mit gelebten Formen von Mehr-Personen-Beziehungen zu einer entspannteren Sichtweise mit Seitensprüngen führen würden. Aus unserer Sicht fehlt vielen Paaren ebenso wie der Kultur insgesamt eine Sichtweise, die solche Nebenbeziehungen differenziert betrachtet, und zwar insbesondere hinsichtlich ihrer Bedeutung und Auswirkung auf die primäre bzw. ältere Beziehung. So wird in der Paartherapie schon länger eine Außenbeziehung als

---

4 In meiner Sprechstunde (CR) finden sich dementsprechend auch immer wieder Studentinnen bzw. Absolventinnen, die ihr Baby vorstellen, und mir dann sozusagen hinter vorgehaltener Hand sinngemäß etwa das folgende sagen: Ich genieße die Zeit mit dem Kind zu Hause und möchte das auch über einige Jahre leben, also mein Kind nicht in eine Frühbetreuung geben – und bin froh, dass mein Partner den Part der Berufstätigkeit übernimmt, auch wenn das eine traditionelle Rollenaufteilung ist. Das darf ich meinen Geschlechtsgenossinnen so aber nicht sagen, weil ich dann mit massiven Vorwürfen konfrontiert werde, ich würde meine eigene berufliche und Identitätsentwicklung vernachlässigen.

eine implizite Botschaft an den Partner interpretiert, dass etwas wichtiges in der Hauptbeziehung fehlt – eine Entwicklungschance liegt also darin, dies zum Thema in der Beziehung zu machen.

11.6.2 Ein Plädoyer für den langen Atem

Eine Langzeitbeziehung bietet persönliche Entwicklungschancen, wenn sie den Raum erhält, derartige Transformationen zu vollziehen. Es erfordert hierfür regulative Kompetenzen, um die Spannungen und Konflikte auszuhalten, welche die notwendige Grundlage dieses Prozesses darstellen, anstatt bei auftretenden Schwierigkeiten die Beziehung zu beenden und in einer nächsten Beziehung (vermutlich) ähnliches zu erleben. Eine gelingende *Transformation zu zweit* bietet einen Schatz der Unterstützung bis ins hohe Alter hinein. Diese »positive Alchemie der Langzeitbeziehung« (Bröning & Walper, ▶ Kap. 2) ist auch auf physiologischer Ebene messbar, z. B. indem zufriedene Paare sich durch körperliche Zuwendung gegenseitig beim Stressabbau und der Erhaltung des Immunsystems helfen (Roesler, in diesem Band). Die gereifte Beziehung kann darüber hinaus Individuen in der gegenwärtigen Gesellschaft von dem Druck befreien, ihr Leben ganz allein gestalten, bestimmen und zum Gelingen bringen zu müssen, was ja für nicht Wenige auch eine enorme Last bedeutet. Und schließlich hätte die Aufrechterhaltung der Beziehung Vorteile für Kinder, falls vorhanden. Gefordert ist ein langer Atem, gepaart mit einer Haltung des Geschehen-Lassens und des sich Transformieren-Lassens – gleichzeitig auch Verantwortung für die Beziehung, für sich und die eigenen Entscheidungen zu übernehmen. In diese Richtung gehen auch die Überlegungen von Nida-Rümelin & Weidenfeld (2022) mit ihrem Begriff des »erotischen Humanismus«, der es den einzelnen Individuen ermöglichen möchte, in unterschiedlichen Liebeskonstellationen zu leben, was allerdings voraussetzt, dass die Menschen grundsätzlich für ihr eigenes Handeln verantwortlich sind und deshalb auch dafür verantwortlich gemacht werden müssen.

Voraussetzung für die Aushandlung passender Modelle für die jeweilige Lebensphase der Paarbeziehung sind Dialogfähigkeit und eine größere Offenheit, auch über tabuisierte Aspekte in der Beziehung (wie sexuelle Wünsche, Reiz des Fremden) zu sprechen – oder eine Absprache darüber zu treffen, was auch ohne offenes Gespräch erlaubt und möglich ist. Denn nicht jede Transparenz ist sinnvoll, der *Schleier des Nicht-Wissens* (wenn gemeinsam beschlossen) ist ebenfalls ein probates Mittel. Doch für eine Dialogfähigkeit über die Sexualität in der Beziehung ist *sexuelles Selbstbewusstsein*, d. h. die eigenen Bedürfnisse zu kennen, eigene Wünsche zu äußern und bei Bedarf auch Handlungen zu stoppen eine essenzielle Grundlage für gelingende Sexualität. Davon sind viele Menschen aller Geschlechter noch weit entfernt. Relevante Vorbilder finden sich hierfür interessanterweise in der BDSM/Kink-Community, d. h. in Gruppen, die sexuelle Vorlieben rund um Dominanz, Unterwerfung, Schmerz und Fetisch teilen. Dort geht es in keiner Weise um die machtvolle Unterdrückung von gehorsam daherkommenden Frauen, wie dies in der Pornographie häufig dargestellt wird (und bei intensiv Pornographie konsumierenden Männern auch mit traditionellen Geschlechterstereotypen einhergeht;

Massey, Burns & Franz, 2021). Stattdessen wird das erotische Skript konsensual ausgehandelt. Wie weit davon entfernt sind häufig heterosexuelle Mittelschichtpaare in der Paarberatung, die häufig überhaupt nicht über ihre Sexualität sprechen! Sexuelle Präsenz, Klarheit über eigene Wünsche und Dialogfähigkeit sind wichtige Zutaten »optimaler Sexualität«, (Kleinplatz et al., 2009), die der von Kleinplatz konstatierten Verarmung des sexuellen Repertoires und der steigenden sexuellen Unlust eine erotische Horizonterweiterung entgegenzusetzen vermögen.

11.6.3 Langzeitperspektiven für Paare

Langzeitbeziehung beinhaltet, Veränderungen im Laufe einer Beziehung anzunehmen und anzuerkennen. Vorstellungen über gemeinsam verbrachte Zeit, Freizeit- und Wohnraumgestaltung, Arbeitsteilung oder Reisen können sich ändern. Entwicklungsdimensionen der Liebe sind breiter als das romantische Ideal es beschreibt (Bleckwedel, 2014). Dies wird gegenwärtig kaum thematisiert. Auch die spätmoderne Gesellschaft ist nach wie vor dominiert vom alten, romantischen Beziehungsideal – und das zudem meist völlig unreflektiert. Nur vom romantischen Ideal her gedacht können Trennungen als der Versuch angesehen werden, immer wieder zurück in das *verlorene Paradies* der romantischen Liebe zu gelangen. In einem Weltbild, in dem es nur dieses Paradies und das Ausgeschlossensein davon gibt, scheint dies ein legitimes Ansinnen. Doch es könnte einen dritten Ort geben, der über »resignative Reife« (Retzer, 2022) hinausgeht und langfristig erfüllt. Hierfür gibt es in unserer Gesellschaft kaum positive Zielvisionen.[5]

Trennung wird auch in Zukunft in unserer Gesellschaft eine Realität bleiben. Die Frage, was und wie lange aushalten in einer Beziehung und wann Veränderungen angehen oder gar gehen, ist und bleibt nicht einfach zu beantworten, sondern komplex. Sowohl klinische Erfahrung als auch Scheidungsfolgenforschung zeigen allerdings klar, dass eine Trennung viel seltener zum gewünschten Lebensziel führt als ursprünglich angestrebt, und dass der Gewinn des Reifens an überwundenen Schwierigkeiten sich erst über die Zeit auszahlt. Möglicherweise hat dieses Fehlen einer langfristigen Perspektive auf die Vorteile einer Paarbeziehung auch in späteren Lebensjahren auch etwas mit dem gesellschaftlich weit verbreiteten Vermeiden des Nachdenkens über das Älterwerden und Sterben zu tun. Wer so lebt, als ob er für immer jung bleiben könnte, wird dies auch in seinen Beziehungen tun. Wer kein Verständnis für Schwäche und Unvollkommenheit hat, sondern nach Selbstperfektion strebt, wird auch für den Partner wenig Fehlertoleranz zeigen. Auch die Potenziale von Erotik und Sexualität im höheren Erwachsenenalter werden selten

---

5 In meiner ressourcenorientierten paartherapeutischen Praxis (SB) ist dies jedoch immer wieder Thema. Von Paaren entwickelte Bilder für diesen *dritten Ort* (d. h. eine Beziehung, in der große Ent-Täuschungen überstanden wurden) sind z. B. der gereifte edle Wein, die *Paar-Identität* als gemeinsam gestaltetes Kunstwerk, eine gemeinsame *Paar-Mission*, d. h. eine Aufgabe für das soziale Umfeld. Oder auch einfach der schweifende Blick über das gemeinsam aufgebaute *Königreich* eines Paares, gestaltet nach den Wünschen beider Individuen, über die Zeit ausgearbeitet und verfeinert, mit Raum für weitere Menschen, Freunde und Familie.

thematisiert. Doch Kleinplatz und Kollegen (2009) fanden in ihren qualitativen Interviews, dass Menschen, die von sich behaupteten, »optimale Sexualität« zu erleben, sich typischerweise mindestens im mittleren Erwachsenenalter und in einer Langzeitbeziehung befanden. Als Begründung gaben sie an, dass die in ihrer Forschung aufgedeckten Zutaten erfüllender Sexualität wie Präsenz, Authentizität, intensive Verbundenheit, gegenseitiger Respekt, laufende Kommunikation in einem One-Night-Stand, in unausgereifter Sexualität oder in einer unverbindlichen Freundschaft-plus schwer zu erlangen sind.

11.7 Individuelle Lebensentwürfe – wie passen sie zur Verantwortung für Kinder?

Immer wieder fällt an postmodernen Beziehungsentwürfen auf, dass das Vorhandensein von Kindern hier nicht mitgedacht ist (z. B. auch nicht bei Mazziotta & Möller-Kallista, Kap. 6). Nutzenmaximierung fokussiert stark auf das Individuum und lässt die Interessen der Kinder außen vor. Offene Beziehungsformen betonen und fördern die Flüssigkeit und Veränderlichkeit[6] von Beziehungen. Angesichts der sich wandelnden Dynamik von Beziehungen holt diese Perspektive zwar einen oft abgelehnten und verschwiegenen Aspekt von Partnerschaft ans Licht. Doch wenn diese Dynamik auch mit dem vermehrten Wechsel von Bezugspersonen verknüpft ist, geht dies für betroffene Kinder mit einem Entwicklungsrisiko einher. Denn für die kindliche Entwicklung sind sowohl die Qualität von Beziehungen als auch Stabilität und Verlässlichkeit von Bindungen zentral. Trennung und Scheidung sind, wie verschiedene Beiträge in diesem Band gezeigt haben, gesellschaftliche Realität, und die Konsequenzen für die davon betroffenen Kinder wurden im Detail aufgezeigt. Obwohl viele betroffene Eltern sich um kooperative Modelle bemühen, um damit Belastungen der Kinder zu begrenzen, gelingt dies nicht immer. Es bleibt eine der brennenden gesellschaftlichen Fragen, wie mit den Auswirkungen der Destabilisierung kindlicher Lebensbezüge umgegangen werden kann. Deshalb können wir uns dem Argument nicht anschließen, dass die gesellschaftliche und auch staatliche Unterstützung für langdauernde monogame Beziehungen lediglich ein Herrschaftsinstrument sei und die eigentlich polygame Natur des Menschen verleugnen würden. Auch das Argument, langfristige Bindungen seien nur eine soziale Konstruktion, die einfach geändert werden kann, erscheint – auch mit Blick auf anthropologische Erkenntnisse (siehe den Beitrag von Mueller-Schneider, ▶ Kap. 3) – wenig plausibel. Immer wieder zeigt sich auch empirisch eine Sehnsucht

---

6 »In Bewegung bleiben und nicht in starren Konzepten verweilen, Veränderungen zulassen, das Werden […] als Veränderungspotenzial begreifen, dies alles bietet Chancen sich den bestehenden Herrschaftslogiken und normalisierenden mononormativen Strukturen zu entziehen, so dass neue Lebens- und Beziehungsformen sowie Netzwerke entstehen, in denen sich die Beziehungen beständig neu erfinden« (Newerla, 2021, S. 64).

einer Mehrheit der Gesellschaftsmitglieder nach Stabilität, Verlässlichkeit und Verbindlichkeit in Beziehungen. Von ganz besonders großer Bedeutung sind diese Beziehungsmerkmale jedoch für die heranwachsende Generation (Bröning & Walper, ▶ Kap. 2). Anthropologen vermuten, dass die Entwicklung der monogamen Paarbindung in der Entwicklung des Menschen einen erheblichen evolutionären Vorteil darstellte, weil die dadurch bedingte Kooperation der Eltern optimale Bedingungen für das Aufwachsen des Nachwuchses bedeutet (vgl. Müller-Schneider, ▶ Kap. 3). Die Institutionalisierung der Ehe als ein quasi universelles Phänomen in der Kulturgeschichte hatte historisch gesehen auch die Funktion, das männliche Streiten um weibliche Partnerinnen so weit wie möglich zu begrenzen, weil die damit verbundene Gewalt die menschlichen Gemeinschaften geschwächt hätte.

Gegenwärtig sind durch Gesetzgebung und fortschreitende Gleichberechtigung viele der ursprünglichen Vorteile der Monogamie (wie Versorgung der nicht berufstätigen Frau) nicht mehr zwingend erforderlich. Doch stimmen wir der Einschätzung, der Staat würde abweichende Beziehungsformen unterdrücken oder gar verfolgen, zumindest in Deutschland im 21. Jahrhundert insgesamt nicht zu. Es ist nicht zu leugnen, dass der Staat die Ehe zumindest finanziell, und teilweise auch durch andere Maßnahmen, unterstützt – wozu er qua Grundgesetz auch verpflichtet ist. Dies ist vor dem Hintergrund der funktionalen Überlegung heraus zu sehen, dass insbesondere eine stabile und möglichst konfliktarme Beziehung der Eltern nach wie vor die beste Umwelt für das Aufwachsen von Kindern darstellt, was durch vielfältige wissenschaftliche Studien, z. B. aus der Bindungsforschung, auch empirisch sehr gut abgesichert ist. Der Staat bekämpft also nicht neue Beziehungsformen, er versucht vielmehr, die Reproduktions- und Sozialisationsfunktion der Paarbeziehung zu stärken. Diese kann bei postmodernen Beziehungsmodellen tatsächlich aus dem Blick geraten, zumindest werden bei vielen Modellen Kinder oder zumindest die Möglichkeit, Kinder zu haben, nicht unbedingt mitgedacht, während individuelle Selbstverwirklichung und die Verfolgung eigener Interessen großen Raum einnehmen. *Kinder zu haben, bedeutet aber nach wie vor, zumindest für eine gewisse Zeit eigene Interessen zurückzustellen.* Darüber hinaus muss man dem Staat eine gewisse zeitliche Verzögerung bei der Wahrnehmung gesellschaftlicher Liberalisierungsprozesse und darauffolgend ihrer rechtlichen Kodifizierung zugestehen, was ja aber tatsächlich auch stattfindet, z. B. durch die Schaffung der Ehe für gleichgeschlechtliche Beziehungen oder schon in den 1970er Jahren die Vereinfachung des Scheidungsrechts. Es ist nicht zu leugnen, dass an vielen Stellen noch Handlungsbedarf im Hinblick auf die gesellschaftliche Gleichstellung von Minoritäten besteht – die berechtigten Interessen von Kindern und Familien sollten hierbei aber nicht aus dem Blick geraten.

11.8 Verantwortung für Kinder: Entwicklungsperspektiven

11.8.1 Beziehungskompetenz

Gelingende Beziehungen sind psychologisch anspruchsvoll. Sowohl Roesler (▶ Kap. 10) als auch Bröning und Walper (▶ Kap. 2) machen deutlich, wie unterschiedlich die Ausgangsvoraussetzungen von Individuen mit Blick auf Beziehungskompetenzen sind. Wenn man davon ausgeht, dass Menschen lernen, wie man Beziehung macht, indem sie als Kinder über viele Jahre hinweg ihre Bezugspersonen dabei beobachten, wie sie ihre Paarbeziehung gestalten, auch selbst mit diesen in Beziehung stehen, und diese Erfahrungen auf zum Teil subtile Weise verinnerlichen, dann wundert man sich nicht, dass die Instabilität von Paarbeziehungen über Generationen weitergetragen wird. Roesler zeigte auf, dass Gesellschaften mit einer hohen Rate an instabilen und problembelasteten Paarbeziehungen diese Probleme weiter akkumulieren. *Es ist inakzeptabel, diese Entwicklungen weiterlaufen zu lassen*, ohne von öffentlicher Seite aktiv entgegenzuwirken. Lange Zeit – und in weiten Teilen der Gesellschaft noch immer – wurde offenbar davon ausgegangen, dass man die Kompetenz zur Gestaltung von gelingenden Beziehungen irgendwie mitbringt. Doch wir sind der Auffassung, dass es Zeit ist für vermehrte präventive Bemühungen. Im Beitrag von Roesler zur Versorgung von Paarproblemen wird eine Vision entwickelt, wie die gesellschaftliche Unterstützung von Paarbeziehungen in Zukunft gestaltet sein sollte. Paarprobleme sind weit verbreitet und es gibt gute Hilfsangebote, allerdings ist das Wissen bei vielen Gesellschaftsmitgliedern über die Normalität von Problemen in Paarbeziehungen und das Angebot an Hilfen viel zu wenig ausgebildet. Dies verweist auf die Notwendigkeit, allen Gesellschaftsmitgliedern Möglichkeiten zum Erwerb von Wissen über Paarbeziehung im Allgemeinen und ihre Bedeutung für Lebenszufriedenheit sowie einen Raum zur Reflexion dessen, was die eigenen Bedürfnisse und Orientierungen sind (im Sinne von Identitätsbildung) zur Verfügung zu stellen.

In Deutschland hat der Staat qua Grundgesetz explizit die Verpflichtung, sich für die Unterstützung von Ehen einzusetzen (was man zeitgemäß eigentlich übersetzen müsste in: dauerhaft angelegte Paarbeziehungen); bislang geschieht dies fast ausschließlich auf finanzieller Ebene, fast kaum auf pädagogisch-psychologischer Ebene. Hier ist ein gesamtgesellschaftlicher Aufbruch vonnöten. Dies würde beinhalten, dass alle pädagogischen Institutionen, auch die Erwachsenenbildung, die Vermittlung und Förderung von Beziehungskompetenz als Vorbereitung auf die Gestaltung gelingender Paarbeziehungen im Erwachsenenalter für sich zu einer zentralen Aufgabe machen. Die Programme und Konzepte dafür liegen längst in ausreichender Zahl und hoher Qualität vor. Historisch kann man eine starke Zurückhaltung der politischen Institutionen in der Bundesrepublik in Hinsicht auf Eingriffe in Paarbeziehung und Familie beobachten. Diese begründet sich vermutlich aus den massiven und auch deutlich als verbrecherisch zu bezeichnenden Eingriffen in diese intimen Bereiche in der Zeit des Nationalsozialismus (z.B. Sterilisierung von sogenannten Asozialen, gewaltsame Wegnahme und Heimunterbringung von Kindern, Verbot bestimmter Ehen usw.). In einer bewussten Gegenbewegung wollten sich die Verfassungsgeber möglichst wenig, am besten gar nicht in die intimen Beziehungen einmischen, was aus der Historie ja auch durchaus verständlich ist. Es scheint aber an der Zeit, dass man diese Haltung einer differenzierten Überprüfung unterzieht. Nicht nur im Bereich des elterlichen Sorgerechts mahnen mittlerweile viele Experten stärkere Eingriffsrechte von Seiten des Staates an (Weber & Alberstötter, 2022). Darüber hinaus ist Familie aus staatlicher Sicht in Deutschland immer noch definiert als da, wo Kinder sind, wie es die ehemalige Familienministerin Ursula von der Leyen ausgedrückt hat Im Gegensatz dazu könnte man mit der amerikanischen Familientherapeutin Virginia Satir betonen: Paare sind die Architekten der Familie.

Die Logik, die sich aus diesen Ausführungen ergibt, würde nahelegen, Familie immer von der Paarbeziehung der Eltern als Basis zu denken, eine Haltung, die in Großbritannien als »couple state of mind« (Balfour, 2012, S. 20) bezeichnet wird. Dies beinhaltet, dass *bei allen Interventionen im Blick behalten wird, welche signifikanten Paarbeziehungen vorhanden sind, welche Rolle sie spielen und wie deren Qualität weiter gefördert werden kann*. In anderen Ländern, insbesondere im angelsächsischen Bereich sowie in Skandinavien, haben Regierungen bzw. staatliche Institutionen mittlerweile staatliche Programme zur Förderung dauerhafter Paarbeziehungen sowie zur Prävention von Paarproblemen aufgelegt sowie verschiedenartige innovative Wege begangen, um die vorhandenen hilfreichen Konzepte möglichst weiträumig in der Bevölkerung zu verbreiten (für eine Übersicht siehe Roesler, 2021). Dass solches staatliches Engagement auch in europäischen Ländern möglich ist, zeigt das Beispiel Großbritannien. Der 1999 vom Justizministerium in Auftrag gegebene »Hart-Review« (van Acker, 2008) kommt zum Schluss, dass es nötig ist, mithilfe von Beziehungs-Edukation Paarkonflikte zu reduzieren und Scheidungen zu verhindern, daraufhin stellte der britische Staat mehr Geld für entsprechende Organisationen sowie Forschungs- und Entwicklungsprojekte zur Verfügung.[7]

Inhaltlich wären sowohl für junge als auch für langjährige Paarbeziehungen Angebote notwendig, die neuere Erkenntnisse psychologischer Forschung in bewährte Prävention und Beratung integrieren. *Dies gilt insbesondere für die Erkenntnisse bezüglich vielfältiger Geschlechtsidentität und Beziehungsmodelle, bezüglich verschiedener Facetten von Begehren und Erotik, bezüglich der Folgen von Trauma und Missbrauch für die Sexualität, bezüglich der Sexualität in der zweiten Lebenshälfte, sowie bezüglich der Emotions- und Bindungsforschung* (vgl. Bröning & Walper, Roesler). Die Entwicklung positiver Zielvisionen für Langzeitbeziehungen stellt ebenfalls eine

---

7 Es muss thematisiert werden, dass die Initiative für derartige Programme, insbesondere in den USA, häufig aus sehr konservativen oder gar reaktionären Kreisen kommt, die zum Beispiel ausschließlich verheiratete Paare als unterstützenswert betrachten. Dies schmälert allerdings nicht den Wert der angebotenen Programme aus psychologischer Sicht. Außerdem muss man diese weltanschauliche Sicht auf Paarbeziehungen ja nicht teilen, um solche Programme zu unterstützen. In dem erwähnten Bericht der britischen Regierung wird beispielsweise ausdrücklich erwähnt: »[...] the government has no desire to tell people how to live their lives. But if couples' lives can be improved – and those of their children – then that is something worth doing« (Hart-Review, zit. n. van Acker, 2008, S. 70).

lohnende Aufgabe präventiver Arbeit in bestehenden Partnerschaften dar. Diese könnten auch gemeinschaftsstiftend sein. Auch für das hetero-mono-normative Durchschnittspaar wäre eine solidarische, unterstützende *Community* sinnvoll und hilfreich, denn das Einüben von Identität aus Bezogenheit (statt aus individuellem Erfolg) und das Zurückstellen eigener Bedürfnisse zugunsten anderer bleibt in Anbetracht des Zeitgeists ein anspruchsvolles Unterfangen. Der Blick auf die anerkennende, humanistische Kultur der LGBTQ-Communities (Degen, ▶ Kap. 7) kann hierfür als Vorbild dienen.

In Deutschland fehlt bislang ein staatlich finanziertes Institut für Forschung und Konzeptentwicklung zu Paarbeziehungen, wie es das mit Tavistock Relationships in Großbritannien gibt (vgl. Balfour et al., 2019). Auch die Forschungsförderung für die Untersuchung der Wirksamkeit verschiedener Paartherapiemethoden sowie präventiver Angebote ist angesichts der gesellschaftlichen Bedeutsamkeit viel zu gering; es bedarf hier der Auflegung systematischer Forschungsprogramme mit einer entsprechenden Finanzierung. Dies würde es ermöglichen, Wissenslücken bezüglich der Differentiellen Wirksamkeit verschiedener Therapieansätze zu füllen sowie die Konzeptentwicklung im Bereich der Behandlung und der Prävention von Paarproblemen voranzutreiben. Wie im Beitrag von Roesler deutlich wurde, können sich derartige Investitionen für die Gesamtgesellschaft durchaus längerfristig auch finanziell auszahlen durch eine geringere Inanspruchnahme des Gesundheitswesens sowie der Kinder- und Jugendhilfe.

11.8.2 Müssen Scheidungen über ein juristisch-streitiges Verfahren laufen?

Wenn es angesichts großer Probleme zum Scheitern der Paarbeziehung kommt und Trennung/Scheidung folgen, setzen sich oft destruktive Dynamiken fort, die rein paarpsychologisch betrachtet nicht unbedingt nötig wären. Eine erhebliche Rolle dabei spielt die sogenannte »streitige Logik«, die bei der Abwicklung von Scheidungen in Deutschland vom Rechtssystem immer noch als Normalmodell angeboten wird. Damit ist gemeint, dass die Struktur des Scheidungsrechts beiden Partnern nahelegt, sich Anwälte zu nehmen, die dann für ihren jeweiligen Klienten einen maximalen Gewinn auf Kosten der Gegenseite versuchen herauszuschlagen. Es ist längst bekannt, dass diese Logik des Rechtssystems in dem ohnehin nicht einfach zu bewältigenden Scheidungsprozess zu weiterer Eskalation beiträgt (Weber & Alberstötter, 2022). Demgegenüber ist in skandinavischen Ländern die Ehescheidung mittlerweile ein formaler Amtsakt auf dem Standesamt, entsprechend der Heirat. Dies hat den Vorteil, dass die Betroffenen zum einen nicht mit den hohen Kosten eines Verfahrens vor Gericht konfrontiert sind, vor allem führt das bezeichnenderweise als streitiges Verfahren bezeichnete Vorgehen häufig dazu, dass die auseinandergehende Partnerschaft, bei der die beiden Partner ja sowieso schon erheblich emotional belastet sind, durch juristische Auseinandersetzungen noch weiter mit Streit angeheizt wird, unter dem betroffene Kinder besonders leiden (Bröning, 2009).

Die juristische Eskalation bei Trennung/Scheidung wird von Expertenseite schon lange als nicht notwendig betrachtet und entsprechende rechtliche und verwaltungsmäßige Änderungen gefordert (Buchholz-Graf & Vergho, 2000; Roesler, 2012). Zumindest wenn sich die Nachscheidungsauseinandersetzungen um die betroffenen Kinder und das Sorge- und Umgangsrecht drehen, hat der Gesetzgeber mittlerweile angesichts der enormen Schäden, die dadurch für die Kinder entstehen, Änderungen im Verfahrensrecht eingeführt (FamFG), die einer streitigen Logik entgegenwirken. Diese Veränderungen könnte man durchaus auf die Regelung von Scheidung insgesamt ausweiten. Mit dem Verfahren der Familienmediation gibt es längst eine konsensorientierte Methodik, mit der man Paare, die auseinandergehen, bei der Findung von einvernehmlichen Lösungen unterstützen kann. Es bräuchte dringend von staatlicher Seite eine deutliche Unterstützung für solche Vorgehensweisen, z. B. die Kostenfreiheit bei der Inanspruchnahme von Mediation, um insgesamt eine neue Kultur des Umgangs mit dem Ende von Beziehungen auf den Weg zu bringen.

Für die Verarbeitung einer schmerzvollen Trennung braucht es Zeit, Begleitung – und vielleicht auch so etwas wie die Institutionalisierung von Scheidungsritualen: »Zwar ist die Ehescheidung gesellschaftlich institutionalisiert, doch sie ist nach wie vor lediglich ein rechtlicher und bürokratischer Akt. Stilvolle Scheidungsrituale, sei es – wie bei der Hochzeit – privat mit Freunden und Verwandten, kirchlich oder staatlich organisiert, würden es den Expartnern erleichtern, Kränkungen, Wut und Trauer besser zu bewältigen. Sie würden den Zusammenhalt der Netzwerke der Partner stärken, und sie erleichtern den Expartnern, ihre Funktion als Eltern wahrzunehmen, was den Kindern zugutekommt« (Wagner, 2019, S. 480). Generell hilft es Menschen, schwierige und belastende Übergänge besser zu bewältigen, wenn sie in ritualisierte und gesellschaftlich anerkannte Formate eingebunden sind; praktische Beispiele für die Gestaltung von Scheidungsritualen finden sich z. B. bei Kast (2000).

11.9 Schlusspunkt

Grundsätzlich bleibt die menschliche Sehnsucht nach Sicherheit und Anerkennung in einer intimen Beziehung eine anthropologische Grundkonstante, die sich auch durch gesellschaftliche Veränderungen hindurch nicht grundlegend ändert (die Bindungstheorie beschreibt diese Grundbedürfnisse, und wie sie sich in konkreten Paarbeziehungen auswirken, in der besten Weise). Insofern ist auch die Monogamie als Sicherheit vermittelnde Beziehungsform keinesfalls am Ende, auch mit Blick auf beteiligte Kinder. Während manche Autoren eine *Renaissance der Ehe* konstatieren, rufen andere angesichts scheiternder Ansprüche, wechselnder Beziehungen und höherer Unverbindlichkeit eine *Epidemie der Einsamkeit* als Kennzeichen der Spätmoderne aus. Offenkundig ist auch eine Diskrepanz zwischen der Radikalität aktueller Diskurse und auch neuen Beziehungskonzepten wie Polyamorie auf der einen Seite und der Praxis gelebter Paarbeziehungen, die zumindest im Bereich heterosexueller Zweierkonstellationen noch ziemlich konventionell erscheint. Ob dies dauerhafte »Bruchlinien« (Roesler, Kap. 5 bleiben oder es eine Entwicklung hin zu mehr Beziehungsvielfalt geben wird, bleibt abzuwarten.

Es wäre uns allen zu wünschen, dass sich die gesellschaftliche Diversitätsdebatte in Richtung auf mehr generelle Gelassenheit bewegt. Ressentiments entstehen vor allem da, wo neuartige Entwicklungen auf fragile Identitäten treffen und die letzteren sich durch das Neue fundamental infrage gestellt fühlen. In diesem Sinne wäre eine gelassenere Gesellschaft eine mit stabilen Identitäten; hier gilt nach wie vor die Erikson'sche Identitätstheorie, derzufolge eine stabile Identität eine erarbeitete ist, die sich mit den inneren Strebungen und gegebenenfalls auch Widersprüchen reflexiv auseinandergesetzt hat, und die gerade durch ihre Stabilität auch flexibel ist und nicht gleich durch Fremdes sich fundamental infrage gestellt fühlt. Dies hat Implikationen für die Förderung von Beziehungskompetenz, insofern das vielleicht wesentliche Element ein erarbeitetes Wissen über sich selbst darstellt. Eine solche zugleich stabile und flexible Identität kann dem Individuum genügend Raum bieten, zum einen intrapsychisch verschiedene und vielleicht auch widersprüchliche Bestrebungen, eine innere Vielfalt anzuerkennen, ohne sich dabei auf ein fixiertes Selbstkonzept festlegen zu müssen – in diesem Sinne leisten die Minderheitenbewegungen eine wertvolle gesellschaftliche Arbeit, indem sie starre Konzepte und Begrenzungen auflockern, solange die daraus entstehenden neuen Identitäten nicht wieder auf Fixierungen und Normierung i. S. v. Eindeutigkeit hinauslaufen. Zum anderen sorgen stabile, reflektierte Identitäten möglicherweise auch auf gesellschaftlicher Ebene für mehr allseitige Toleranz gegenüber andersartigen Orientierungen. Dies erweitert den Raum des möglichen innerhalb einer konkreten Paarbeziehung, und schafft bei mehr Paaren Akzeptanz für die Veränderlichkeit bei sich selbst, beim anderen und in der Beziehung insgesamt, so dass z. B. bei einer temporären Außenbeziehung nicht sofort die Existenz der Beziehung an sich infrage steht. In jedem Falle ist zu hoffen, dass präventive Bemühungen auf die Stärkung von Beziehung und Bezogenheit hinwirken, und zwar unabhängig davon, in welcher Lebensphase oder Beziehungskonstellation sich Partner befinden. Das Ausbalancieren und Abmildern überhöhter, sich gegenseitig ausschließender Anforderungen an die Beziehung dürfte dabei eine ebenso wichtige Rolle spielen wie das Entwickeln positiver, umsetzbarer Leitbilder für unterschiedliche Lebensphasen der Beziehung. Eine starke Orientierung an individueller Einzigartigkeit (*doing singularity*) hat in unserer Kultur den früher geltenden Einsatz für eine am allgemeinen Wohlergehen orientierte Ausrichtung (*doing generality*) abgelöst. Eine reife Paarbeziehung bietet Platz für beides – für die persönliche Entwicklung ebenso wie für Engagement für den anderen, die Familie, die Gemeinschaft. So verstanden, bilden intime Partnerschaften auch im 21. Jahrhundert ein wichtiges Fundament für die persönliche Zufriedenheit wie auch für das Lebensglück heranwachsender Generationen.

Literatur

Allemand, M., Steiger, A. E. & Fend, H. A. (2015). Empathy development in adolescence predicts social competencies in adulthood. *Journal of Personality*, 83 (2), 229–241.

Aw, E. C. X. & Chuah, S. H. W. (2021). »Stop the unattainable ideal for an ordinary me!« fostering parasocial relationships with social media influencers: The role of self-discrepancy. *Journal of Business Research*, 132, 146–157.

Balfour, A., Clulow, C. & Thompson, K. (eds.) (2019). *Engaging couples. New directions in therapeutic work with families*. London: Routledge.

Balfour, A., Morgan & M., Vincent, C. (2016). *How couple relationships shape our world*. London: Karnac.

Bitkom (2019). *Smartphone-Markt wächst um 3 Prozent auf 34 Milliarden Euro* [Smartphone-market increases by 3 percent to 34 billion Euros]. https://www.bitkom.org/Presse/Presse informa-tion/Smartphone-Markt-waechst-um-3-Prozent-auf-34-Milliarden-Euro [Zugriff am 09/04/2020].

Bischof-Köhler, D. (2022): *Von Natur aus anders. Die Psychologie der Geschlechtsunterschiede*. 5., erweiterte u. überarbeitete Aufl. Stuttgart: Kohlhammer.

Björkas, R. & Larsson, M. (2021). Sex dolls in the Swedish media discourse: Intimacy, sexuality, and technology. *Sexuality & Culture*, 25(4), 1227–1248.

Bleckwedel, J. (2014). *Entwicklungsdimensionen der Liebe: Wie Paarbeziehungen sich entfalten können*. Göttingen: Vandenhoeck & Ruprecht.

Bröning S. & Mazziotta, A. (im Druck) Konsensuelle Nicht-Monogamie. In Eck, A. & Büttner, M. (Eds.), *Sexualität und Integrative Sexualtherapie*. Stuttgart: Klett-Cotta.

Bröning, S. & Mazziotta, A. (eingereicht). *How affirmative are we? Helpful and inappropriate practices of German-speaking mental health practitioners working with gender, sexual, and/ or relational diversity*.

Bröning, S. & Clüver, A. (2022). Aus Corona für die Zukunft familienfördernder Angebote lernen. *Prävention und Gesundheitsförderung*, 1–6.

Bröning, S. & Wartberg, L. (2022). Attached to your smartphone? A dyadic perspective on perceived partner phubbing and attachment in long-term couple relationships. *Computers in Human Behavior*, 126, 106996.

Bröning, S. (2009). *Kinder im Blick: Theoretische und empirische Grundlagen eines Gruppenangebotes für Familien in konfliktbelasteten Trennungssituationen*. Waxmann Verlag.

W. Buchholz-Graf & Vergho, C. (Hg.) (2000): *Beratung für Scheidungsfamilien*. Weinheim: Juventa.

Coyne, S., Stockdale, L., Busby, D., Iverson, B. & Grant, D. (2011). »I luv u :)!«: A descriptive study of the media use of individuals in romantic relationships. *Family Relations*, 60, 150–162. https://doi.org/10.1111/j.1741-3729.2010.00639.x

Degen, J., Pistoll, D. & Bröning, S. (eingereicht). The nature of parasocial relationships with influencers. A new measure for parasocial involvement. Computers im Human Behavior.

DELVV (2016). *Delvv Digital Habits Survey 2016*. Verfügbar unter: http://delvv.com/downloads/ survey_2016_results.pdf [Zugriff am 05/03/2020].

Dissing, A. S., Jørgensen, T. B., Gerds, T. A., Rod, N. H. & Lund, R. (2019). High perceived stress and social interaction behaviour among young adults. A study based on objective measures of face-to-face and smartphone interactions. *PloS one*, 14(7), e0218429.

Doss, B. D., Roddy, M. K., Wiebe, S. A. & Johnson, S. M. (2022). A review of the research during 2010–2019 on evidence-based treatments for couple relationship distress. *Journal of marital and family therapy*, 48(1), 283–306.

Dwyer, R. J., Kushlev, K. & Dunn, E. W. (2018). Smartphone use undermines enjoyment of face-to-face social interactions. *Journal of Experimental Social Psychology*, 78, 233–239.

Engels, B. (2022). »Umgang mit Transsexualität bei Jugendlichen«: Eine Tagung erörtert ethische Fragen. *PSYCHE*, 76(1), 77–89.

EU-FRA (Fundamental Rights Agency) (2020). *A long way to go for LGBTI equality*. Verfügbar unter: https://fra.europa.eu/en/publication/2020/eu-lgbti-survey-results. [20.11.2023]

Fern, J. (2020). *Polysecure: Attachment, trauma and consensual nonmonogamy.* Thorntree Press LLC.
Frisch, M. (1925). Bin, oder, die Reise nach Peking. (Vol. 8). Berlin: Suhrkamp.
Flaßpöhler, S. (2021). *Sensibel. Über moderne Empfindlichkeit und die Grenzen des Zumutbaren.* Stuttgart: Klett-Cotta.
Flaßpöhler, S. (2018). *Die potente Frau. Für eine neue Weiblichkeit.* Berlin: Ullstein.
Gottman, J. (1994). *Why marriages succeed or fail: And how you can make yours last.* New York: Fireside.
Guggenbühl-Craig, Adolf (1990). *Die Ehe ist tot – lang lebe die Ehe.* München: Kösel.
Günther-Bel, C., Vilaregut, A., Carratala, E., Torras-Garat, S. & Perez-Testor, C. (2020). A Mixed-method Study of Individual, Couple, and Parental Functioning During the State-regulated COVID-19 Lockdown in Spain. *Family Process*, 59(3), 1060–1079.
Halpern, D., & Katz, J. E. (2017). Texting's consequences for romantic relationships: A cross-lagged analysis highlights its risks. *Computers in Human Behavior*, 71, 386–394. https://doi.org/10.1016/j.chb.2017.01.051
Handerer, J. (2022). Diversität, systemisch. *Blickpunkt EFL-Beratung* 2022/2, 7–16.
Hanson, K. R. (2022). The Silicone Self: Examining Sexual Selfhood and Stigma within the Love and Sex Doll Community. *Symbolic Interaction*, 45(2), 189–210.
Hartmann, T. (2017). *Parasoziale Interaktion und Beziehungen* (Vol. 3). Baden-Baden: Nomos Verlag.
Hawkley, L.C. & Cacioppo, J.T. (2010): Loneliness matters: a theoretical and empirical review of consequences and mechanisms. *Annals of Behavioral Medicine*, 40, 218–227.
Holt, M., Broady, T., Callander, D., Pony, M., Duck-Chong, L., Cook, T. & Rosenberg, S. (2021). Sexual experience, relationships, and factors associated with sexual and romantic satisfaction in the first Australian Trans & Gender Diverse Sexual Health Survey. *International Journal of Transgender Health*, 1–11.
Illouz, E. (2018): *Warum Liebe endet: eine Soziologie negativer Beziehungen.* Frankfurt/M.: Suhrkamp.
Joel, S. & MacDonald, G. (2021). We're not that choosy: Emerging evidence of a progression bias in romantic relationships. *Personality and Social Psychology Review*, 25(4), 317–343.
Johnson, D., Goldhaber, T & Clarkson, P. J. (2016). The impact of communication technologies on life and relationship satisfaction. *Computers in Human Behavior*, 57, 219–229. https://doi.org/10.1016/j.chb.2015.11.053
Karadağ, E., Tosuntaş, Ş. B., Erzen, E., Duru, P., Bostan, N., Şahin, B. M. & Babadağ, B. (2016). The virtual world's current addiction: Phubbing. *Addicta: The Turkish Journal on Addictions*, 3(2), 250–269.
Kast, V. (2000): *Lebenskrisen werden Lebenschancen: Wendepunkte des Lebens aktiv gestalten* (darin: Trennungsprozeß und Abschiedsrituale). Freiburg: Herder.
Kleinplatz, P. J., Ménard, A. D., Paquet, M. P., Paradis, N., Campbell, M., Zuccarino, D. & Mehak, L. (2009). The components of optimal sexuality: A portrait of »great sex«. *Canadian Journal of Human Sexuality*, 18(1–2), 1–13.
Kneale, D., Sholl, P., Sherwood, C. & Faulkner, J. (2014). Ageing and lesbian, gay and bisexual relationships. Working with older people.
Konrath, S. (2020). *What the Pandemic Has Done for Dating.* https://www.theatlantic.com/ideas/archive/2020/12/what-pandemic-has-done-dating/617502/ [Zugriff am 25.05.2021].
Lapierre, M. A. & Lewis, M. N. (2018). Should it stay or should it go now? Smartphones and relational health. *Psychology of Popular Media Culture*, 7(3), 384.
Leißner, L., Stehr, P., Rössler, P., Döringer, E., Morsbach, M. & Simon, L. (2014). Parasoziale Meinungsführerschaft. *Publizistik*, 59(3), 247–267.
Massey, K., Burns, J. & Franz, A. (2021). Young people, sexuality and the age of pornography. *Sexuality & culture*, 25(1), 318–336.
Matyjas, P. (2022). *Sexroboter.* Gießen: Psychosozial-Verlag.
Maupin, A. (2017). *Logical Family. A memoir* (3., gebundene Ausgabe). Harper: New York.
Müller, J.-W. (2021): Freiheit, Gleichheit, Zusammenhalt – oder: Gefährdet Identitätspolitik die liberale Demokratie? *Politik und Zeitgeschichte*, 26–27, 12–17.

Nadal, K. L., Whitman, C. N., Davis, L. S., Erazo, T. & Davidoff, K. C. (2016). Microaggressions toward lesbian, gay, bisexual, transgender, queer, and genderqueer people: A review of the literature. *The journal of sex research*, 53(4–5), 488–508.

Newerla, A. (2021). Love Struggles: Intime Beziehungen in Zeiten mobilen Datings. In: Wutzler, M. & Klesse, J. (Hg.) (2021): *Paarbeziehungen heute: Kontinuität und Wandel*. Weinheim: Beltz Juventa, 46–72.

Nichols, M. (2020). *The Modern Clinician's Guide to Working with LGBTQ+ Clients: The Inclusive Psychotherapist*. Routledge.

Nida-Rümelin, J. & Weidenfeld, N. (2022): *Erotischer Humanismus. Zur Philosophie der Geschlechterbeziehung*. München: Piper.

Perry, D. G., Pauletti, R. E. & Cooper, P. J. (2019). Gender identity in childhood: A review of the literature. *International Journal of Behavioral Development*, 43(4), 289–304.

Pilsl, A. & Heitkötter, M. (2020). *Bestandsaufnahme Online-Paarberatung*. Verfügbar unter DJI_Online_Paarberatung_Abschlussbericht.pdf [02.03.2022].

Przybylski, A. K. & Weinstein, N. (2013). Can you connect with me now? How the presence of mobile communication technology influences face-to-face conversation quality. *Journal of Social and Personal Relationships*, 30(3), 237–246.

Schulze-Heuling, D. (2022). Gleichheit – ein Missverständnis. *Politik und Zeitgeschichte*, 37–38, 11–15.

Reckwitz, A. (2019). *Die Gesellschaft der Singularitäten. Zum Strukturwandel der Moderne*. Berlin: Suhrkamp.

Retzer, A. (2022). Systemische Therapie und die Kunst des Weglassens (im Gespräch mit Stefan Beher und Markus Haun). *Kontext*, 53 (3), 285–308.

Roesler, C. (im Druck). *Psychodynamische Paartherapie*. Reihe: Praxis der psychodynamischen Psychotherapie (hg. v. Beutel, M., Doering, S., Leichsenring, F. & Reich, G.). Göttingen: Hogrefe.

Roesler, C. (2021). Innovative Strategien zur Prävention von Paarproblemen. *Familiendynamik*, 46 (1), S. 56–67.

Roesler, C. (2017). Der Sinn von Paarkonflikten. *Analytische Psychologie*, 48 (2), 392–413.

Roesler, C. (Hg.) (2012). *Interprofessionelle Kooperation, Mediation und Beratung im Rahmen des FamFG. Studien und Praxiskonzepte zur Arbeit mit hochstrittigen Eltern bei Sorge- und Umgangsrechtskonflikten*. Frankfurt/M.: Wolfgang Metzner Verlag.

Rosa, H. (2016). *Resonanz: Eine Soziologie der Weltbeziehung*. Berlin: Suhrkamp Verlag.

Şahinol, M., Coenen, C. & Motika, R. (2021). *Upgrades der Natur, künftige Körper*. Hamburg: Springer.

Schnell, R. (2002). *Sexualität und Emotionalität in der vormodernen Ehe*. Wien/Köln/Weimar: Böhlau.

Seiffge-Krenke, I. (2022). Partnerbeziehungen bei jungen Erwachsenen: Flucht vor der Intimität? *Psychotherapeut*, 1–10.

Schröder, M. (2020). *Wann sind wir wirklich zufrieden? Überraschende Erkenntnisse zu Arbeit, Liebe, Kindern, Geld*. München: Bertelsmann.

Stein, J.-P., Liebers, N. & Faiss, M. (2022). Feeling better…but also less lonely? An experimental investigation of how parasocial and social relationships affect people's well-being. *Mass Communication and Society*. Advance publication online. https://doi.org/10.1080/15205436.2022.2127369

Stiftung Männergesundheit (Hg.) (2022). *Junge Männer und ihre Gesundheit*. 5. Deutscher Männergesundheitsbericht. Gießen: Psychosozial.

Urban Dictionary, Eintrag *Gold Star Gay*. www.urbandictionary.com [20.11.2023]

Thaler, R. (2018): *Misbehaving: was uns die Verhaltensökonomik über unsere Entscheidungen verrät*. München: Siedler.

van Acker, E. (2008). Capacity challenges for service delivery of marriage and relationship education. *Family Relationships*, 9, 7–9.

van Anders, S. M. (2015). Beyond sexual orientation: Integrating gender/sex and diverse sexualities via sexual configurations theory. *Archives of Sexual Behavior*, 44(5), 1177–1213.

Weber, M & Alberstötter, U. (2022). *Psychologische und sozialpädagogische Grundlagen beim Sorge- und Umgangsrecht*. Köln: Reguvis.

Willi, J. (2012). *Die Zweierbeziehung: Das unbewusste Zusammenspiel von Partnern als Kollusion.* Rowohlt Verlag.
Willi, J. (1985). *Ko-Evolution. Die Kunst gemeinsamen Wachsens.* Reinbek: Rowohlt.
Wippermann, C. (2013). *Jungen und Männer im Spagat: Zwischen Rollenbildern und Alltagspraxis. Eine sozialwissenschaftliche Untersuchung zu Einstellungen und Verhalten.* Herausgegeben vom Bundesministerium für Familie, Senioren, Frauen und Jugend. Berlin: BMFSFJ.
Wirth, H.-J. (2022). *Gefühle machen Politik. Populismus, Ressentiments und die Chancen der Verletzlichkeit.* Gießen: psychosozial.

V Verzeichnisse

Autorinnen- und Autorenverzeichnis

Oliver Bendel, Prof. Dr. oec., ist Professor für Wirtschaftsinformatik sowie Informations-, Roboter- und Maschinenethik an der Hochschule für Wirtschaft FHNW in der Schweiz. Er ist assoziierter Forscher der PECoG-Gruppe (Universität Potsdam) und Mitglied des Stiftungsrats der Daimler und Benz Stiftung.

Prof. Dr. Sonja Bröning, Prof. Dr. phil., ist Professorin für Entwicklungspsychologie an der Medical School Hamburg (MSH) und Systemische (Sexual-)Therapeutin (DGSF, DGfS) sowie Mediatorin (BM) in freier Praxis. Sie forscht und lehrt zum Einfluss digitaler Medien auf intime Beziehungen sowie zu den vielfältigen Erscheinungsformen von Partnerschaft, Liebe und Sexualität. Ein Schwerpunkt ihrer paartherapeutischen Praxis liegt auf der Arbeit mit queeren und nicht-monogamen Beziehungen.

Maxime Charest, MA, ist Doktorand in Epidemiologie und Vanier-Stipendiat an der medizinischen Fakultät der University of Ottawa (Kanada).

Hailey DiCaita, MA, ist Wissenschaftlerin und Sexualpädagogin. Sie arbeitet im gemeinnützigen Sektor und ist stellvertretende Vorstandsvorsitzende der Organisation »Women's Initiatives for Safer Environments (WISE)« (Ottawa, Kanada).

Christiane Eichenberg, Univ.-Prof. Dr. phil. habil., ist Diplom-Psychologin, Psychotherapeutin, Psychoanalytikerin sowie Leiterin des Instituts für Psychosomatik an der Fakultät für Medizin der Sigmund Freud PrivatUniversität Wien.

Johanna L. Degen, Dr. phil., ist Sozial- und Medienpsychologin an der Europauniversität Flensburg und Gastwissenschaftlerin an den Universitäten in Verona und Oslo. Neben der universitären Anstellung ist sie in der Paar- und Familienberatung tätig, leitet das unabhängige psychologische Institut für Subjektivitäts- und Praxisforschung (psych-isp) und ist Co-Gründerin des Wissenstransferprojektes Teach LOVE, in dem Menschen in sozialen und therapeutischen Berufen fortgebildet werden. Sie ist aktives Mitglied in der DGFS und Direktoriumsmitglied im Center for Research on Sustainability and Transformation (CREST).

Peggy J. Kleinplatz, Ph. D., ist Professorin in der Abteilung für Familienmedizin und an der Schule für Epidemiologie und öffentliche Gesundheit der medizinischen Fakultät der University of Ottawa (Kanada). Dort ist sie Direktorin des Forschungsteams für optimale sexuelle Erfahrungen (www.optimalsexualexperiences.com).

Agostino Mazziotta, Prof. Dr. phil., ist Diplom-Psychologe, Master of Counseling in Ehe-, Familien- und Lebensberatung, Systemischer Sexualtherapeut und Supervisor. An der FH Münster lehrt und forscht er u. a. zu Themen rund um Queerness und alternative Beziehungsformen.

Birgit Möller-Kallista, Prof. Dr. phil., ist Diplom-Psychologin sowie Psychologische Psychotherapeutin für Kinder, Jugendliche und Erwachsene und Supervisorin. An der FH Münster lehrt und forscht sie u. a. zu den Themen geschlechtliche Vielfalt und alternative Beziehungsformen.

Thomas Müller-Schneider, Prof. Dr. rer. pol., ist Professor für Soziologie an der RPTU Kaiserslautern-Landau.

Karen Rayne, PhD, MA, CSE, ist die leitende Direktorin und Mitbegründerin von UN|HUSHED und Assistenzprofessorin für Unterricht an der University of Texas (Austin, USA).

Christian Roesler, Prof. Dr. habil. Dipl.-Psych., Psychologischer Psychotherapeut, Psychoanalytiker (C. G. Jung-Institut Zürich) ist Professor für Klinische Psychologie an der Katholischen Hochschule Freiburg und für Analytische Psychologie an der Fakultät für Psychologie der Universität Basel sowie Privatdozent für Psychotherapiewissenschaft an der Sigmund-Freud-Universität Linz. Dozent an den C. G. Jung-Instituten Zürich und Stuttgart sowie Lehranalytiker am Aus- und Weiterbildungsinstitut für Psychoanalytische und Tiefenpsychologisch fundierte Psychotherapie am Universitätsklinikum Freiburg (DGPT).

Sabine Walper, Prof. Dr. phil., ist Direktorin des Deutschen Jugendinstituts, langjähriges Mitglied des Wissenschaftlichen Beirats für Familienfragen und Vorsitzende des Wissenschaftlichen Beirats der Bundeszentrale für Gesundheitliche Aufklärung.

Stichwortverzeichnis

A

Affektoptimierung 51
Außenbeziehung 30

B

BDSM 67
Beziehungsanbahnung 134
Beziehungspflege 27
Bindung 18
Bindungslosigkeit 91
Bordell 171

C

Co-Parenting 31
Commitment 19
Communities 67
Cyborgs 171

D

Dating 134
Datingkultur 134
Doppelnatur
– biokulturelle 51
Dreierbeziehung 171

E

Ehe-, Familien- und Lebensberatungsstellen (EFL) 200
Einvernehmlich nicht-monogame Beziehungen 120
Elternschaft 27
Emerging adulthood 26
Emotionsregulation 206
Erwartungen 117
Erziehungsberatung 201
Exklusivität 118

F

Fantasyfiguren 173

G

Gleichberechtigung 65

H

HIV 74
Homosexuell 100

I

Ideal
– romantisches 17
Individualisierung 86
Inklusion 65
Instagram 142
Interdependenztheorie 19

K

Kink 67
Klimakrise 70
Konsensuelle Nichtmonogamie 120

L

Langzeitbeziehungen 33
Liebe 17
Liebesideal
– romantisches 54
Liebespuppen 171
Lovemap 21

M

Mediation 201
#MeToo-Bewegung 66
Minoritätenstress 22

Monogam 206
Monogamie 115
Mononormativität 52

O

Online-Dating 133
Online-Partnersuchplattform 87
Orgasmuslücke 68
Oxytocin 206

P

Paarbeziehungen 171
Partnermarkt 87
Partnerschaftszufriedenheit 27
Partnersuche 134
Partnerwahl 88
Polyamorie 57, 67, 122
Prädisposition 46

S

Scheidungsberatung 201
Scheidungsrate 195
Selektionseffekt 30
Sexpuppen 173
Sexroboter 171
Sexspielzeug 71
Sexualerziehung 73
Sexualität 86, 171

Sexuelle Fluidität 125
Sexuelle Orientierung 125
Silver Sex 34
Social-Media 142
Soziale Medien 117
Sozialkonstruktivismus 51
Soziosexualität 57
Stereotype 173
Swinging 67

T

Trennung 24
Treue 45
Triebfedern der Liebe 18

U

Unfreiwillig zölibatär Lebende
– Incels/Involuntary Celibates 67
Unfruchtbarkeit 72

V

Vielfalt 21

W

White privilege 35